WIZARD

アレキサンダー・エルダー【著】
木水康介【訳】

利食いと損切りのテクニック

トレード心理学とリスク管理を融合した実践的手法

The New Sell & Sell Short Expanded Second Edition
How To Take Profits, Cut Losses, And Benefit From Price Declines
by Dr. Alexander Elder

The New Sell And Sell Short:
How To Take Profits, Cut Losses and Benefit From Price Declines
Expanded Second Edition
Copyright © 2011 by Dr. Alexander Elder, elder.com
All rights reserved.

日本語版への序文
Foreword to the Japanese edition

　会社の見通しについていい話を聞いて、株を買うことは誰にでもできる。これであなたも株主の一員だ。しかし、売り時はいつなのだろうか。

　人間は、希望という感情が大好きだ。その株を持っているかぎり、人は希望を持ち続ける。株価が上昇すれば、もっと儲かるだろうという希望が芽生え、株価が下落すれば、底入れは目の前であり、すぐに反転するだろうという希望を抱く。

　ほとんどの素人は、こうやってトレードをしている。一方プロはというと、冷静にトレードをすることが多い。プロは、店主が野菜を売買するように株を売買する。まだ青いうちに仕入れ、熟したところで売る。そして、やわらかくなって傷み始めたら、投げ捨てるのだ。

　プロの利食いと損切りの手法を学ぶのに役立つだろうと思い、この本を著した。数々の上げ相場や下げ相場で私が学んできたことを、本書では紹介する。あなたは、価格の上昇だけでなく、下落からも利益を上げる方法を学ぶだろう。

　マーケットは２車線道路だ。上がりもするし、下がりもする。そして、抜け目のないトレーダーは、その両方で利益を上げる。

　私は米国在住だが、自分の手法を数々の国で教えてきた。それぞれの国でもトレードをしたが、その手法はしっかりと機能していた。

　成功するトレードというのは、３つのＭから成り立っている。それは心理（mind）、手法（method）、資金（money）である。それぞれが心理学、分析、リスク管理に対応する。

　トレードの感情は万国共通であり、リスク管理ルールも世界中で通

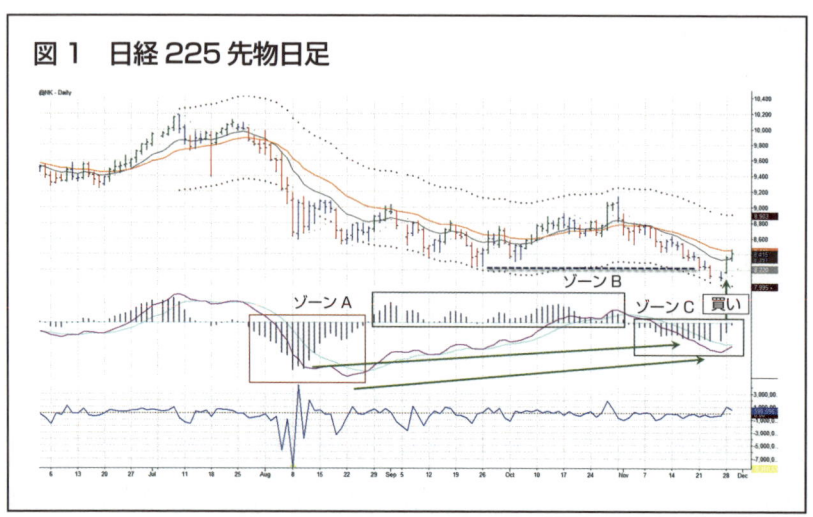

図1　日経225先物日足

用する。そして、私のお気に入りは、テクニカル分析だ。

　本書に掲載したチャート例は、ほとんどが米国市場のものだ。しかし、これらの手法やテクニックは、日本市場でもうまく機能している。いくつか例をみてみよう。

　図1は、2011年11月、日経225先物が下降トレンドにあったときのものだ。日経225先物が水面下で力をつけ始めていることを示すテクニカルサインが、ここでは同時に複数表れていた。

　まずMACDは、ゾーンAで非常に低いところまで下げた。これは弱気派の力強さを裏付けている（これについては本文で確認していただきたい）。しかし、ゾーンBでMACDはゼロラインを上回った。これは私が「ベア（弱気派）の背骨折り」と呼んでいるものだ。

　日経225先物は11月に安値を更新したが、MACDがゾーンCで形成した底は、ゾーンAよりもずっと浅いものであった。私たちは、このパターンを弱気乖離と呼んでいる。

　日経225先物が、チャート上に破線で示した支持帯を割り込みながら、支持帯よりも上に浮上して引けていることに注目してほしい。ダ

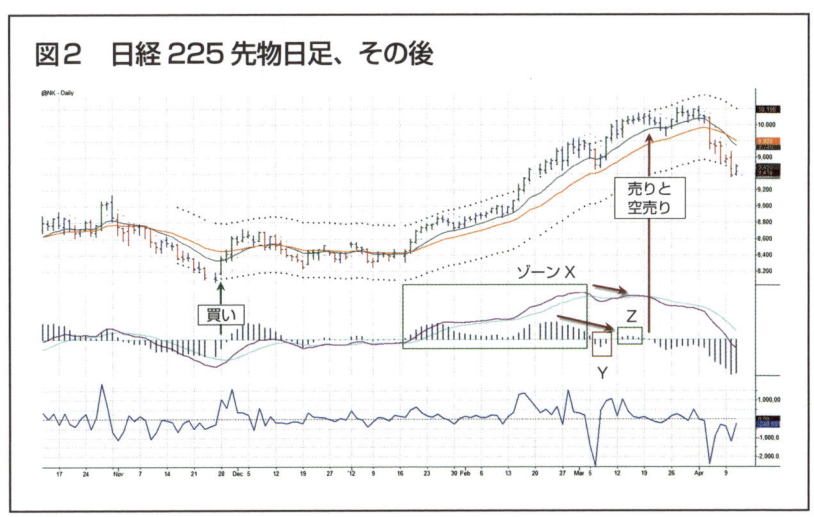

図2　日経225先物日足、その後

シの下方ブレイクアウトと強気乖離の連携は、テクニカル分析では非常に強力な買いサインである。そのあと何が起きたのかをみてみよう（図2）。

　先のチャートで確認した強気乖離は強力な上昇へとつながり、日経225先物は4カ月間で約20％も上昇した。

　2012年の春になると、弱気サインが現れた。MACDはゾーンXで極大値を更新し、強気派の力強さを表していた。しかし、ゾーンYではMACDがゼロラインを割り込んでおり、「ブル（強気派）の背骨折り」がみられた。また、日経225先物が3月に高値を更新していながらも、MACDの上昇は非常に弱々しく、弱気乖離を形成していた。これは明確な売りサインである。利益を確定し、空売りを検討するようにというメッセージだ。

　この序文を書いている2012年4月現在、日経225先物は急落している。そして、チャートの右端ではMACDヒストグラムが安値を更新し、もっとまずいことになりそうだと告げている。

　ここでは2つのチャートを紹介したが、読者は本文でもっと多くの

3

チャートを目にすることになるだろう。私たちが米国市場で用いている手法やシグナルが、日本でも非常によく機能することを、読者自身が確認されることを願う。

　読者が聡明なトレーダーとして成功する過程で、本書がその一助となることを願っている。みなさんの成功を祈る。

　　　　　　　　　　　2012年4月　ニューヨークにて
　　　　　　　　　　　アレキサンダー・エルダー（医学博士）

elder.comの管理者である
イナ・フェルトマンに捧げる
私たちの会社がこの12年間やってこられたのは
彼女の気づかい、優しさ、誠実さのおかげだった

目次

日本語版への序文 ——————————————— 1

はじめに ———————————————————— 11
 なぜ売るのか？……12
 確認テストと解答について……14

第1部　心理学、リスク管理、記録　　　　　　　17

第1章　買いについて ——————————— 21
 三大区分……21
 トレーダーのツールボックス……26

第2章　トレード心理学とリスク管理 ——————— 29
 トレードツールとしての心理……29
 リスク管理……32

第3章　記録をつける ——————————— 35
 良い記録は良いトレードにつながる……35
 トレーダーの表計算シート──最低限の義務……36
 トレード日誌──成功し続けるための鍵……38
 トレード計画の記録法……45
 マーグレット方式──壁に貼る……48
 成績評価の方法……49
 2種類のトレード……52

第1部確認テスト ——————————————— 55
第1部確認テストの解答と解説 ———————————— 73

CONTENTS

第2部　どのように売るか　89
売却の3タイプ……91

第4章　目標価格で売る　95
移動平均で売る……97
エンベロープまたはチャネルで売る……107
飽くなき欲望……114
上昇がつまずくとき……120
抵抗水準で売る……122

第5章　ストップで売る　137
鉄の三角形……141
成行注文と指値注文……143
ハードストップとソフトストップ……145
ストップを置いてはいけない場所……148
スリッページを減らす――1セント近づける……155
ニックのストップ――1日分近づける……158
ストップを遠くに置く場合……164
可動ストップ……167
セーフゾーンストップ……171
ボラティリティ・ドロップ・ストップ……173

第6章　「エンジンノイズ」で売る　179
モメンタムの衰え……180
「エンジンノイズ」で短期トレードを手仕舞う……182
裁量で長期トレードを手仕舞う……186
決算発表前に売る……190
マーケットの鐘が鳴る……195
新高値-新安値指数を用いたトレード……202
売却の意思決定木……205

第2部確認テスト　211
第2部確認テストの解答と解説　239

目次

第3部　どのように空売りをするか　　263

第7章　株の空売り ── 269
初めての空売り……274
天井と大底の非対称……277
天井での空売り……279
下降トレンドでの空売り……285
ファンダメンタルズでの空売り……289
空売り銘柄を探す……298
売り残……303

第8章　株以外の空売り ── 309
先物の空売り……309
オプションの売り……320
カバード売り……323
ネイキッド売り……324
FX……329

第3部確認テスト ── 337
第3部確認テストの解答と解説 ── 353

第4部　下げ相場の教訓　　367

第9章　弱気派が利益を上げる ── 371
暗がりで動き始めていた弱気派……371
センチメント指標は先行する……374
上げ相場の天井……377
2007年天井での弱気乖離……379
MGMのバブルがはじけた……381
過熱銘柄を空売りする……383

CONTENTS

  下げ相場は価値を破壊する……386
  大勢が下降トレンドにあるときのスイングトレード……390
  下降チャネルでのトレード……391
  サプライズに備える……394
  「上げ相場に抵抗なし、下げ相場に支持なし」……397
  誰がために鐘は鳴る、あるいは2度吠える犬……400
  バフェットの早すぎた買い……403
  その火に少し油を注ごうか？……406
  下がりゆく株を空売りする……409

第10章　底値を探る ―――――――――――― 413
  この株式市場はゼロまで下がらない……413
  「二重らせん」は買いシグナル……415
  パーティーにちょうど間に合った……417
  私の好きな大底シグナル……420
  上がってきたところで売る……422
  転ばぬ強気はない……426
  売りを叫ぶ声……429

さいごに ―――――――――――――――――― 433
  利益の始末――個人配当……434
  未来へと続く道……436

参考文献 ―――――――――――――――――― 439

謝辞 ―――――――――――――――――――― 441

訳者あとがき ―――――――――――――――― 443

はじめに
Introduction

　成長のときもあれば、衰退のときもある。種まきのときもあれば、収穫のときもある。リビングを跳ね回る愛らしい小犬も、いつの日か老い、衰え、病に苦しみ、獣医の手で最期を迎える。

　買ったときは希望に胸を膨らませ、その成長を見守ってきたあの株も、下落に転じて資金を増やすどころか食いつぶし始めれば、もはや手仕舞い売りを考えるときだろう。

　買いは楽しい。希望、大きな期待、息をのんで膨らんだ胸から喜びが湧き出てくる。

　売りはつらい。しかめ面でするような仕事だ。最期の注射のために老犬を獣医のところに連れていくようなものだ。だが、売らずにすますことはできない。

　売りについて語り始めたら話は尽きない。売り――それはいかなるトレードであれ、最後には向き合う現実だ。

　本書では、手仕舞いとしての売り、さらには仕掛けとしての売り、つまり「空売り」について論じる。素人は空売りの仕方を知らず、ただその行為を恐れる。一方、プロは相場の下落局面からも利益を出そうと、嬉々として空売りをする。

　株価は、上昇時よりも下落時のほうが、ずっと足が速い。そして空売りの方法を知っているトレーダーは、投資機会を２倍にしているのだ。

　しかし、空売りを実践する前に、売りの手順、そしてうまく売る方法について学ぶ必要がある。現実を直視して、売りの勉強を始めよう。

なぜ売るのか？

　マーケットは呼吸をする。胸いっぱいに息を吸い、そして吐き出す。上昇するし、下落する。マーケットで良き人生を送るためには、そのリズムにうまく乗る必要がある。
　これから株のトレードを始めようという初心者でも"息の吸い方"——つまり株の買い方は知っている。しかし"息を吐くタイミング"——つまり株の売り時を知らない。これを知ることで、初めて群衆よりも優位に立てるのだ。
　買いを仕掛けるのは、楽観的なときや、何かいいものを取り損ねたくないと感じるときだ。何かの記事で新製品について読んだときかもしれないし、合併の噂を耳にしたときかもしれない。またデータベースでスキャンをしたり、期待のもてるチャートパターンをみつけたりしたときかもしれない。ネット証券にアクセスするなり、証券会社のブローカーに電話するなりして買い注文を入れる。
　売買報告書をもらったら、その株の所有者だ。そしてストレスが始まる。
　株価が動かず、上がりも下がりもしなければ、落ち着かなくなる。また、まずい銘柄を選んだのだろうか。ほかの株は上がっていくのに。手仕舞うべきだろうか。
　株価が上がっても、また違った不安をおぼえる。利益を確定すべきか。買い増すべきか。それとも何もしないほうがいいのか。とはいえ、何もしないのは相当難しい。特に男性にとっては。男性は、小さいころから「突っ立ってないで、何かしなさい！」と、いわれながら育っているのだ。
　株価が下がるのも苦しい。そしてこう思う。「買った価格まで戻ったらすぐに売ろう」。
　心理学的に、大衆にとって最も居心地が良いのは、株価が若干下落

しているときである。苦しみをおぼえるほどの下げではない。また、株価は買った価格に近いわけだから、わざわざ売る理由もないように思える。何もしなくてもいいし、何もしなくてもいいと思えるだけの言い分もある。

カエルを熱湯のなかに入れると、すぐに飛び上がって、そこから逃げ出そうとする。しかし、冷たい水のなかに入れて、じわじわと火にかけていくと、カエルは逃げることなく、そのまま茹でガエルとなってしまう。同様に、どう売るかという明確な計画を持たず、じりじりと下げていく株を持ち続けるトレーダーは、最後に大打撃を被る可能性がある。

ストレスは正しい意思決定の敵だ。自分の"分身"がかかっているときに客観的な決断は難しい。だからこそ私は「事前にトレード計画を紙に書いておきなさい」と強く勧めている。

そのトレードを仕掛ける理由、仕掛ける価格、そして保護的ストップの価格と利益目標を具体的に数字で書いておくのだ。売りの意思決定も買いを仕掛ける前にすませておかなければならない。

この単純なルールのおかげで、本能ではなく知性で判断できる。哀れな茹でガエルにならずにすむ。購入する前に売却計画を書き出しておけば、利益は積み上がり、損失は減少し、投資資金の推移カーブは改善されるはずだ。

なぜ、こうした計画を書き出す人がほとんどいないのだろうか。理由は2つある。

ひとつは、ここで書かれたことを大抵のトレーダーは教わっていないからだ。単に知らないだけである。

そしてもうひとつは「人は夢をみたがるもの」だからだ。金持ちになるという、ぼんやりとした幻想をみるのは、楽しくて気持ちがいい。しかし、計画を書き出す作業は、甘美な白昼夢を妨げる。背筋を伸ばし、具体的に目的と緊急時の対策を書き出すことは、幸せな幻想とは

ほど遠い。

　あなたはこの本を手にとったわけだから、甘い白昼夢ではなく現実の利益を選んだのだと信じたい。ようこそ「売りの世界」へ。これから手仕舞い売りと空売りの話へと進むとしよう。

確認テストと解答について

　魅力的な銘柄をみつけて購入したあと、その銘柄が急騰するのを眺めていると胸が高鳴る。空売りをした直後に相場が急落するのも同じくらい刺激的だ。しかし、こういう楽しみは、このゲームのほんの一部でしかない。
　宿題は得てして大変な時間を要するものだ。大量の銘柄リストに目をとおしても、特に魅力的な銘柄がみつからないこともある。また、いいなと思う銘柄をみつけても資金管理ルールにひっかかって買えないこともある。実際のトレードはあっという間でも、そのトレードを日誌に記録する作業には、30分は費やしてほしい。
　真剣なトレーダーは面倒な宿題をするのに多大な時間を費やしている。「成功は10％のひらめきと、90％の努力である」というのは、ウォール街を生き抜いた人の言葉に違いない。
　本書には、読者の今後の役に立てばと確認テストと解答を入れた。目的は、最良の投資機会を紹介すること、最も危険なリスクを指摘して注意を喚起すること、そして読者に成績を記録する習慣を身につけてもらうことにある。
　私は自分の生徒たちに、よくこう語っている。「しっかりトレード記録をつけているかい？　それだけで、優れたトレーダーだって分かるよ」。本書を活用し、読者が難題に自力で取り組み、あらゆるアイデアを自分のデータで試し、そしてしっかりと記録をつける習慣を身につけてもらえればと思う。

各セクションの終わりに入れた確認テストの解説には、十分な時間をかけた。「Aは正解、Bは不正解」だけで終わらせたくなかったし、答えの背後にある考え方を説明したかったからだ。

　本書の流し読みは避けてほしい。トレードはマラソンのようなものだ。短距離走ではない。

　じっくり読み、しっかりテストに取り組む。そして答え合わせをして成績をつける。さらに2、3カ月すぎてからもう一度取り組み、成績が良くなっているか確認する。

　トレードはほかの真剣な営みと同じで、打ち込めば打ち込むほどそれだけのものが得られる。ただし、トレード自体は孤独な営みだ。したがって、ほかのトレーダーとつながりをもち、調査や学習を共有することをお勧めする。私の生徒にも良い友人関係を築いた人たちがいる。

　あなたは今、この本を手にとり、この難題に取り組み、現実に正面から向き合うことを選んだ。あなたがトレードで成功することを心から祈っている。

2011年　ニューヨークにて
アレキサンダー・エルダー（医学博士）

第 1 部

心理学、リスク管理、記録

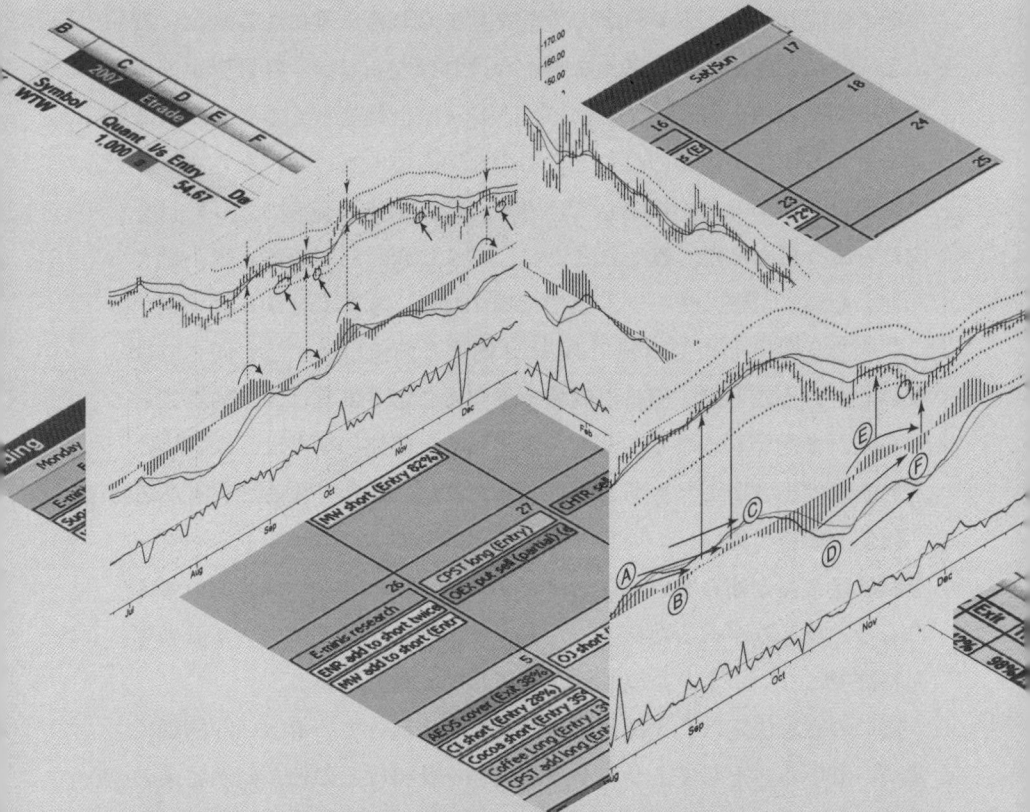

Part One: Psychology, Risk Management & Record-Keeping

トレーダーとして成功するためにはエッジ（優位性・強み）が必要となる。これは、投資機会をみつけたり、注文を出したりする手法のことだ。そして、エッジに加えて十分な規律があれば、群衆の先を行くことができる。

　初心者にはトレード計画もなければエッジもない。日々、さまざまな鐘の音を聞いては、それに無条件に反応して飛びつくだけだ。今日は収益に関するニュースをみて買いを仕掛け、明日はヘッド・アンド・ショルダーズをみて売りを仕掛ける。それも大抵は、想像上のヘッド・アンド・ショルダーズでしかない。最初の無知な段階として、よくあることだ。

　そこを脱却して、トレードで生計を立てられるようになるには、買いと売りに関して明確な考えを持たなければならない。投資資金の推移カーブを右肩上がりにするには、トレード計画をつくる必要がある。その計画も明快かつ非の打ちどころのないものでなければならない。

　私は自分のエッジを探求しているうちに、価格と価値のズレに目を向けるようになった。驚いたことに、ここに着目している人は、ほとんどいない。だが、チャート上で指摘すれば、すぐに分かるはずだ。

　この考えはきわめて単純である。「価格と価値は必ずしも同じではない」ということだ。価格が価値を下回ることもあれば、上回ることもあり、また等しくなることもある。価値と価格の開きは、大きいこともあれば小さいこともある。拡大したり縮小したりすることもある。

　価値と価格の違いについて考えたことのあるテクニカルトレーダーを私はほとんど知らない。ファンダメンタルアナリストは、この考えにもっとなじみがあるだろう。だが、これはファンダメンタル派の専売特許ではない。テクニカル派が利用しても構わない。

　買いの意思決定は、大抵は価格が価値を下回っているという認識に基づいている。そしてトレーダーが買いを仕掛けるのは、何か将来のイベントで投資対象の価値が増加すると考えている場合だ。

価値よりも安い価格で買って、価値よりも高い価格で売るのは理にかなっている。しかし、この考えを実践するには、３つの問題に答える必要がある——「価値をどう定義するのか？」「価値の変化をどうやってとらえるのか？」「価値と価格の開きをどうやって測るのか？」。

第1章　買いについて
On Buying

　トレードには自信が必要だ。しかし、逆説的だが謙虚さもまた必要である。マーケットは巨大すぎて、すべてに通じることはできない。完全に知り尽くすことは不可能だ。
　したがって、トレーダーは自分の「調査とトレード」の分野を選び、そこに特化する必要がある。金融マーケットと医学を比較してみよう。現代では、ひとりの医師が外科、精神科、小児科の専門家になることは不可能だ。そのような全網羅的な専門知識は数世紀前なら可能だったかもしれない。だが、現代医学の医師は何かの専門家になる必要がある。

三大区分

　真剣なトレーダーは、何かの専門家にならなければならない。調査とトレードに魅力を感じる分野を選ぶ必要がある。そのためには、いくつか大きな選択をしなければならない。

●テクニカル分析とファンダメンタル分析
　ファンダメンタル派は、株式なら上場企業の価値を調べる。商品ならその需給関係を調査する。
　対照的にテクニカル派は、あらゆる株式や商品に関するあらゆる知識が、すでに価格に織り込まれていると考える。チャートパターンと指標を調べ、トレードという戦場で強気派と弱気派のどちらが勝ちつつあるかを見極める。

いうまでもなく、この2つの手法には重なっている部分もある。真剣なファンダメンタル派ならチャートもみるし、真剣なテクニカル派なら自分が売買をしているマーケットのファンダメンタルズに関する考えを喜んで受け入れる。

●順張りと逆張り

ほとんどのチャートでは、レンジ内でのもみあいと、方向感のある動き（トレンド）が組み合わさっている。

初心者は強力なトレンドに魅了される。底値で買いを仕掛けて、上昇局面で保有し続けることができれば、大金を儲けられる。チャートの中央をみれば、大底の位置は非常に明確だ。もっとも、経験を積んだトレーダーにとっては自明のことだが、チャート中央であれほど明確にみえる大トレンドも、チャートの右端では霧のかなたである。

トレンドに乗るとは、節目節目であなたを振り落とそうとする野生馬に乗るようなものだ。順張りは、みた目よりもはるかに難しい。

マーケットについて科学的に証明されている事実など、ごくわずかである。しかし、マーケットが波打つという事実は科学的に証明されている。マーケットは常に過大評価と過小評価を行ったり来たりしているわけだ。その行き過ぎを利用するのが逆張りトレーダーである。

図1.1のチャートをみると、順張りと逆張りに関する賛否両論が聞こえてきそうだ。

左下端から右上端に向かう上昇トレンドであることはすぐに分かる。初心者は買い持ちが良さそうだと思うかもしれない。だが、じきにトレンドが明確なのは振り返ってみた場合だけだと気がつくはずだ。

買いポジションを持ち続けていると、上昇トレンドが終わったのではないかと常に悩まされる。1時間ごとに……というのは大げさだが、毎日悩まされる。だまって座っているだけというのも、精神的には大仕事なのだ！

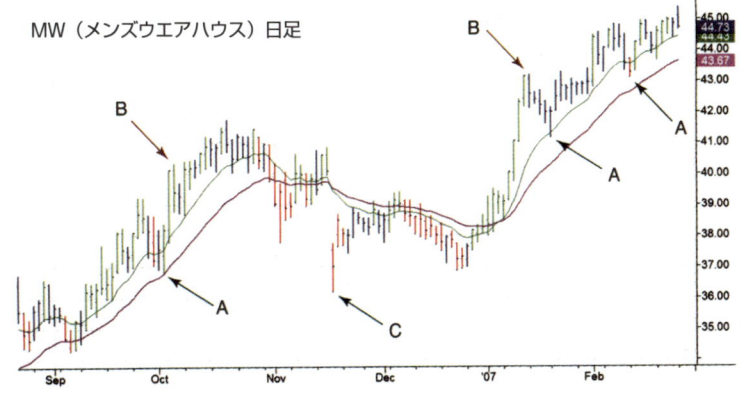

図1.1　2本の移動平均線は価値を示す

A．上昇トレンド上で、価値水準まで押している——買い！
B．価格は価値水準のずっと上にある——売り！
C．価格は価値水準のずっと下にある——買い！

　長期EMAはめったに方向を変えない。またその角度は、価値の増加や減少を表している。短期EMAのほうはもっと動きが激しい。上昇トレンド上で価格が2本の線の間にまで突っ込むとき、2本線は優れた買い機会を表す。価格は価値にゴムひもでつながれているようなものだ。価格がEMAから乖離すると、必ずといっていいほどぱちんと引き戻されているのが見て取れる。ゴムひもが限界まで伸びたとき、価値水準から乖離した動きも反転が近いことをEMAは警告してくれる。

　スイングトレード——価値以下で買って価値以上で売ること——にも、欠点もあれば利点もある。小さな動きをとっても小さな利益しか得られない。しかしトレードは、ほんの数日で終わることが多いため、辛抱は少なくてすむし、うまくコントロールできているという感覚も持てる。

　リチャード・ワイスマンは、そのすばらしい著作『メカニカル・トレーディング・システムズ——ペアリング・トレーダー・サイコロジー・ウィズ・テクニカル・アナリシス』で、トレーダーを明確に3つのタイプに区別した。順張り、平均回帰（逆張り）、デイトレーダーだ。それぞれ異なる気質を持ち、異なる投資機会をとらえ、異なる困難に向き

合う。

　大抵の人は自然と、いずれかのトレードスタイルにひきつけられる。自分はどのような人間なのか、好きなものは何か、嫌いなものは何かを考慮し、それに合わせて選ぶといいだろう。

●裁量トレードとシステムトレード

　裁量トレーダーは、チャートをみてシグナルを読み取り、それを解釈する。そして、買いもしくは空売りを仕掛ける判断を下す。チャートを監視し、どこかで手仕舞いのシグナルをみつけて仕切り注文を出す。大抵の人にとっては、チャートを分析して判断を下すのは刺激的で魅力的なプロセスだ。

　ところがシステムトレーダーは、このような不確実さには耐えられない。それぞれのステップでいちいち意思決定をしたいとは思わない。むしろ、ヒストリカルデータを研究して、過去データで良い成績を上げられるようなシステムをつくり、微調整を加えたうえで始動させるほうを好む。そしてシステムにマーケットを監視させ、売り買いのシグナルを出させる。

　システムトレーダーは、マーケットに繰り返し現れるパターンを利用しようとする。とはいえ、優秀なトレーダーは、パターンが繰り返すにしても、まったく同じように繰り返すわけではないと悟っている。

　優秀なシステムの最も重要な性質は、堅牢性だ。堅牢なシステムとは、マーケット状況が変化しても十分な成績を上げ続けられるシステムをいう。

　裁量にもシステムにも欠点はある。裁量トレードの問題は、初心者ほど衝動に意思決定が左右されがちなことだ。一方、システムトレードに魅せられた初心者も、カーブフィッティング（こじつけ）の罪に陥りがちだ。時間をかけて磨いた望遠鏡で過去を覗き、過去に当てはめ、完璧に機能するシステムをつくりあげる。過去がまったく同じよ

うに繰り返せばいいが、そんなことはまずあり得ない。

　私自身は裁量トレードの自由に魅せられている。さまざまな指数や業種を研究し、買いから入るべきか、売りから入るべきかを決めたい。仕掛けと手仕舞いのパラメータを設定し、資金管理ルールを適用し、トレードサイズを決め、最終的に注文を出す。トレードを監視し、予定どおりに手仕舞うか、少し早めに引き上げるか、それとももうしばらく保持してみるかと、意思決定を下すことにわくわくする。

　裁量トレーダーになるかシステムトレーダーになるかは、損得を考えて決めるものではない。たいていは自分の気質に基づいて判断する。これは住む場所や学校、結婚相手などを決めるのと同じだ。通常は自分の感情に基づいて決めることだろう。

　逆説的だが、超一流の世界では、裁量トレードとシステムトレードが、驚くほど区別がつかなくなっている。

　トップクラスのシステムトレーダーは、私からみれば裁量的な意思決定を繰り返している。いつシステムAを起動するか、いつシステムBのポジションを減らすか、新しいマーケットをいつリストに追加するか、いつ削除するのか決めているのだ。

　一方、経験豊富な裁量トレーダーは、厳格なルールをいくつも持っている。さながらシステムのようだ。例えば、私は週足の力積システムに逆らったポジションを絶対に持たない。いくら指標が良くても日足の上部チャネルラインよりも上で買わないし、下部チャネルラインよりも下で売らない。システムのアプローチと裁量のアプローチは橋渡しが可能なのだ。ただし、トレードの最中に手法を変えることだけは禁物である。

　もうひとつの大きな選択は、株式、先物、オプション、FX（外国為替証拠金取引）のどこに集中するかだ。特定の株式グループや特定の先物を数種というように、さらに絞って専門化したいと思う人もい

るかもしれない。あちこちに手を出してしまうという人は多い。だが、集中する対象を意識的に決めることで、そうした事態を避けやすくなるだろう。

これらの選択にも正解も不正解もない。このことをしっかりと認識しておいてほしい。何を選ぶかは基本的に自分の気質次第だし、それでまったく問題ない。自分と違う選択に見下した態度をとるのは、無知な人間のすることだ。

トレーダーのツールボックス

本書の初版では、私のトレードのツールボックスについて、その発展と現状を紹介するのに１セクションを費やした。一部の読者には好評だったものの、そのような情報は私の既刊本（コラム参照）ですでに知っていたという苦言も少なくなかった。そこで、今回の第二版では、私のツールボックスに関する言及は控えめにして、概略を解説するにとどめたい。

バーチャートやローソク足の日足には、始値、高値、安値、終値、出来高のたった５つのデータしかない。先物ならこれに建玉残高が加わる。

私には「弾倉に弾丸は５発」というルールがある。これはどのようなチャートでも指標は５つまでというものだ。どうしてもというならひとつ増やして６つでもいい。だが、そこまでだ。私は移動平均線、エンベロープ、MACD、勢力指数の４つで、うまくいっている。

私と同じ４指標を使う必要はない。自由にほかの指標を使ってもらって結構だ。ただし、それがどういう仕組みなのか、何を計算しているのか、どういうシグナルを発するのかだけは、しっかりと理解しておかなければならない。何個かツールを選んだら、しっくりくるまで掘り下げて研究するのだ。

> 私の手法とテクニックは次の本で紹介している。
>
> 『投資苑』（パンローリング）
> 　トレードの心理学とテクニカル指標を広く扱っている。ここではトリプル・スクリーン・システムと勢力指数を紹介した。
>
> 『投資苑2　トレードルームへようこそ』（パンローリング）
> 　心理学とテクニカル分析も扱っているが、資金管理とトレード計画に重点をおいた。また力積システムとセーフゾーンを紹介している。
>
> 『投資苑3』（パンローリング）
> 　苦楽をともにしてきた16人のトレーダーたちへのインタビューが目玉だ。各トレードに私がコメントをつけた。カラーの本だ。
>
> 　1冊だけ読むとすれば、私は『投資苑2』を薦める。すべて読むのであれば『投資苑』から順番に読むのがいいだろう。ここに紹介した本には、すべて別冊でスタディガイドがある。

　伝統的なチャートパターンについてはどうだろうか。例えば、ヘッド・アンド・ショルダーズ、レクタングル（長方形）、トレンドラインなどだ。よくいわれるこの手の解釈のほとんどは、みる人の側にあるものだと思う。自分がみたいものを確認するためにチャートに線を引いているにすぎない。

　私が伝統的なチャートパターン分析に懐疑的なのは、これがあまりにも主観的だからだ。私は単純なパターンしか信じない。例えば、支持線、抵抗線、ブレイクアウト、フィンガーまたの名をカンガルーテイル（長い下ヒゲ）などだ。

　私はコンピュータのはじき出す指標のほうが好きだ。シグナルは明確だし、解釈が割れる可能性もない。

とはいえ、初心者の多くは、テクニカル分析の力を子供のように過信している。そして大抵そこには、ちょっとした怠け心が潜んでいる。毎月私のところに、移動平均線、MACDなどの指標について"正確なセッティング"を教えてくれというメールが届く。私が使っている数字を利用して研究の手間を省けば、時間を節約してすぐにトレードに取りかかれるという。

調査の時間を節約するだって!?　自分の調査を自分でやらずに、必ず訪れるドローダウンで、自分のツールをどうやって信じられるというのだろうか。

私はトレードの成功が３つのMから成り立つものだと考えている。それは心理（mind）、手法（method）、資金（money）だ。手法（指標とツール）は、この３要素のひとつでしかない。心理（トレード心理学）と資金（リスク管理）も同じくらい重要だ。この３つはしっかりとしたトレード記録によって結ばれる。

第2章　トレード心理学とリスク管理
Trading Psychology and Risk Management

　あなたはどのようなトレードツールを持っているだろうか。コンピュータ、ソフトウェアパッケージ、データベースを持っているかもしれない。トレードに関するウェブサイトをみているか、棚いっぱいに投資本を所有しているかもしれない。

　しかし、これで全部だと思ったら、あなたはきわめて重要なトレードツールを見落としている。

トレードツールとしての心理

　感情、希望、恐怖は、直接かつ即座にトレードに影響する。テクノロジーに左右されるわけではない、頭のなかで起こっていることが成功や失敗を左右するのだ（なお、www.spiketrade.comでは、今の自分のトレード適性を測るテストを受けられる）。

　意思決定プロセスは明確でなければならず、また先入観を持ってはならない。そうすることで経験から学び、より優れたトレーダーになれる。

　トレード心理学については、私の書いたすべての本で、特に『投資苑』で論じているが、キーポイントを軽く紹介しておこう。

●孤独は不可欠

　人はストレスを感じると萎縮して、人のまねをするようになる。しかし、トレーダーとして成功している人は、自分で決断をしている。トレード計画をつくったり、トレードを実行したりするときは、ひと

りにならなければならない。

　これは隠遁しろという意味ではない。ほかのトレーダーとつながりを持つのはいい。ただ、トレード中は自分のトレード計画について、人と話をすべきではないのだ。

　自分のトレードと向き合い、できるだけ多くを学び、自分で決断し、計画を書き出し、だまって実行する。信頼のおける人たちと自分のトレードについて話し合うのは、トレードが終わってからである。ポジションに集中するには孤独が必要なのだ。

●自分を大切に

　心理がトレードの一部なら、心を大切にしなければならない。衝動的なトレーダーが楽しそうでも、そういうふうにみえるだけだ。敗者は自分自身に対してきわめて狂暴になり、驚くほど手厳しくなる。ルールを破っては自分を責めることを繰り返す。

　自分を責めても優れたトレーダーになれるわけではない。部分的にでもうまくいったり、冷静に自分の欠点を評価できたりしたら、褒めてやってもいいくらいだ。私自身も、うまくいったトレードをたたえる報酬システムを持っている。だが、損失を責めて自分を罰してはいけない。

●失敗する宿命にあるトレーダーたち

　マーケットには限りなく誘惑があるため、衝動をうまくコントロールできない人はトレードでうまくいかない傾向にある。

　酒飲みや薬物常習者が成功する可能性は低い。短期的に多少の幸運に恵まれることはあっても、長期的には厳しい。アルコールの問題や摂食障害など何か抑制がきかないという問題を抱えているなら、その依存症が解決するまでトレードを控えたほうがいい。

　強迫的に細部にこだわったり、病的なまでに強欲にとらわれたりし

ている人は、小さな損失を看過できず、トレードでもうまくいかない傾向にある。

●気分が悪ければトレードは控える

　優れたトレーダーでさえ、そのエッジはとても小さい。エッジを阻害するようなものがあると、力のバランスが不利に動く。落ち着いて、くつろいで、そして楽しい気分でいることは、成功にとって非常に重要なことだ。

　ひどい虫歯があったり、配偶者との間に問題があったりして集中できないなら、マーケットから離れたほうがいい。こういうことが頭から離れない場合は、ストレスがなくなるまでトレードを控えよう。

●トレード成功者は利益よりもゲーム性を愛している

　毎週日曜日には、週末の宿題も終え、翌週の計画も仕上がっている。こうした状態で月曜日に場が開くのを待つのは悪くない。翌朝ビーチに繰り出す予定のサーファーも、前の晩はきっとこんな気分なのだろう。この感覚は、準備ができているからこそ得られるものだ。

●記録をつけること——夢をみるより実際の行動を

　マーケットが開いていない週末に規律について語るのは簡単なことだ。しかし、実際にコンピュータの画面の前に座って開場の鐘が鳴った5分後には、どうなっているだろうか。

　トレード計画を紙に書き出し、厳格に遂行しなければならない。記録をつける能力をみれば、その人が今後成功できるかすぐに分かる。記録をしっかりつけられる人は、トレードで成功する可能性が高い。記録をしっかりつけられない人は、トレードで成功する可能性がほぼゼロだ。

リスク管理

　トレードが綱渡りなら、リスク管理は命綱だ。足を滑らせたときにあなたの命を救ってくれる。

　オーバートレードとは、口座資金に対して大きすぎるトレードのことである。掛け金が危険なほど大きくなると、人は緊張のあまり固くなり、衝動的に逃げ出してしまう。そして成績は悪化することになる。賢明なリスク管理とは、完全にリラックスできる水準にまでトレードサイズを抑えることだ。

　資金管理には２本の柱がある。２％ルールと６％ルールだ（詳細は『投資苑２』を参照してほしい）。このルールは、トレーダーを死に追いやる二大要因から口座資金を守ってくれる。２％ルールはサメの襲撃から、そして６％ルールはピラニアの襲撃からだ。

●２％ルール

　サメの襲撃とは、口座資金に壊滅的なダメージを与えるような１回のひどい損失のことだ。哀れな初心者は、得てして一撃で投資資金の３分の１を失ってしまう。残金で元に戻すには、50％ものリターンを生んでいく必要がある。

　さらにサメの襲撃では、金銭以上に大きなものを失う。自信だ。自信を失ったトレーダーは、恐怖心に駆られて引き金を引けなくなる。

　この問題は、２％ルールに従うことで回避できる。このルールは、一撃による損失を耐えられる程度に小さく抑えてくれる。

> ２％ルールでは、いかなるトレードでも、１回のトレードで口座資金の２％以上のリスクをとることを禁ずる。

　口座に10万ドルがあるとすれば、２％ルールが認める最大許容リス

クは、いかなるトレードでも2000ドルだ。40ドルの株を買って損切りのストップを38ドルに置くと決めた場合、1株当たりのリスクは2ドルとなる。最大許容リスクを1株当たりのリスクで割れば、最大トレードサイズは1000株だと分かる（2000ドル÷2ドル）。

それよりも小さなポジションでトレードをするのは、まったく問題ない。しかし、それよりも大きなポジションをとって2％のリスク枠を超えることは、けっして許されない。

私が「リスク管理の鉄の三角形」と呼んでいるものがある。その基礎をなしているのが2％ルールだ。

①仕掛けた価格からストップまでの距離が、1株当たりの最大リスクとなる。
②2％ルールでポジション全体の最大許容リスクを決める。
③最大許容リスクを1株当たりの最大リスクで割ると、トレードできる最大株数が算出される。

●6％ルール

大抵の人はうまくいかないときほど熱くなってしまう。負けているときほど、トレードを重ねて窮地を脱しようとする。

しかし、実際にはいったん身を引いて、しばらく離れたほうがいい。6％ルールは、口座資金の月間最大損失に上限を設けることで、まさしくこれを強制するものだ。

6％ルールでは、月間累積損失が口座資金の6％に1度でも達したら、それ以降はその月のトレードを禁ずる。

ピラニアは南米の河川に生息する狂暴な魚である。この魚が危険である一番の理由は、群れで行動するという点だ。不注意な牛がピラニ

アのはびこる川にうっかり入ろうものなら、骨だけの姿に変えられてしまう。

　６％ルールは負けが込んでいることを明確にしてくれる。そうなったら強気だろうが弱気だろうが、マーケットからいったん退場して、外で休む。

　このルールは、私が「利用可能リスク」と呼んでいる考え方の基礎となる。いかなるトレードに臨むときも、常に自分に問いかけてほしい――「このトレードは６％ルールを破っていないだろうか？」。

　負けが込んでいるなら、その月の損失がいくら出ているか分かっているはずだ。トレード中であれば、金額にしてどれだけの損失リスクをとっているかも把握しているだろう。当月累積損失と進行中のトレードのリスクを合計し、それが口座資金の６％リスクに達しているなら追加のトレードをしてはいけない。

　大抵のトレーダーは感情の振れを経験する。高値で高揚したり安値で落ち込んだりしながら、サメやピラニアにお金を食われていく。本気でトレードに成功したいと思っているなら、２％ルールと６％ルールは、その立派な志を安全なトレードで実現してくれるだろう。

第3章　記録をつける
On Keeping Records

　トレードでは、常に2つの目標を持たなければならない。ひとつは、もちろんお金を儲けること。もうひとつは、より優れたトレーダーになることだ。

　相場にでたらめな動きはつきものだ。十分に練られた計画でも外れることはある。一流のトレーダーでもすべてのトレードで勝つのは不可能だ。これが現実である。

　一方、より優れたトレーダーに成長することを毎回のトレードの目標とするのは可能だ。これは現実的かつ不可欠な目標である。

　経験から学び続けなければならない。ひとつのトレードが終わったら、勝っても負けても、より優れたトレーダーに成長していなければならないのだ。そうでなければ機会を無駄にしているだけである。時間とエネルギーを分析に費やして金銭的なリスクを取ったとしても、これではなんにもならない。

　最良の学習方法は、しっかりと記録をつけることだ。記録をつけないトレーダーの卵は夢をみるだけで終わる。トレードに関するあらゆる数字は、表計算シートに記録する。また、トレード日誌は図を用いて記録しなければならない。

良い記録は良いトレードにつながる

　経験から学ぶ最良の手段は記録をつけることだ。はかない経験も、記録をつけることで、強固な記憶と教訓に変換される。マーケット分析と売り買いの意思決定の記録は、自分のデータベースという財産に

なる。この記録を再利用できるし、再検討もできる。そして、それを使って、より優れたトレーダーに成長できるのだ。

　トレードに苦しい時期はつきものである。しかし、資金管理のルールがこうした時期を生き抜く助けになる。そしてこれから紹介する記録のとり方で、あなたの学びは確実に上昇トレンドに入るのだ。成績はあとからついてくるだろう。資金管理とトレード記録は、生き残りと成功への揺るぎない基礎をなしている。もうひとつのMである分析やテクニックなどについては、本書を含め私の著作で言及されているだけでなく、ほかにも真剣に書かれた本がある。

　マーケットをうまくとらえ、利益が転がり込むようなすばらしいトレードは誰にでも起こり得る。しかし、どんなにすばらしいトレードでも、たった1回では、あるいは数回あっただけでも、トレードの勝者にはなれない。長期にわたって繰り返されるような成功パターンをつくりあげなければならないのだ。

　投資資金の増加が、四半期ごと、または1年ごとにみてとれてこそ、トレードスキルが証明されたといえる。得てして、大勝ちや連勝のあとは傲慢で不注意になりがちである。しかし水の上だって歩けてしまうと勘違いしているときこそ、資金をマーケットにそっくり取り上げられてしまうのだ。

　どのようなトレーダーでも、マーケットをうまくとらえて利益を上げることが、たまにはある。サルが銘柄リストにダーツを投げても、ときには良い銘柄に当たる。1回だけの利益には何の意味もない。一番重要なのは、投資資金の推移カーブを上向きに保つことなのだ。そのために2種類の記録をつける必要がある。

トレーダーの表計算シート——最低限の義務

　トレーダーと話をしていつも驚かされるのは、表計算シートで記録

図3.1 記録の基本的な表計算シート

	A	B	C	D	E	F	G	H	I	J	K	L	M	N	O	P	Q	R	S	T	U	V	W	X
1			2007		Etrade															Webinar		Entry	Exit	Trade
2		Symbol	L/s	Quant	Entry	Date	Exit	Date	Slipp	Comm	Fee	P/L	Slipp	Comm	Fee	P/L	Total	Net	Spike					
3	spike	Shai K		1,000	s	54.67	02/12/07	9.99	\$60	50.40	2/14/2007			\$9.99	\$1.68		4,270.00		4,248.34	4,248.34		61%	42%	96%	A+

A. 情報源となったグループ
私は自分の銘柄選択がどこからきたか常に把握するようにしている。例えば、自分の調査、スパイクトレード、ウェブ講習会などだ。もちろん、人から得た情報もすべて自分のシステムで処理するし、全トレードの全責任を負うのは私自身だ。

B. 情報源となった個人名
スパイク、またはウェブ研究会のようなグループからの情報でトレードした場合、その銘柄選択の情報源を個人名で記録しておきたい。すばらしいトラックレコードを持つ人もいれば、一見情報が良いようでいて損ばかりしている人もいる。私は知り得た情報のよしあしを記録しておきたいのだ。

C. 銘柄コード（ティッカーシンボル）

D. 数量
1回でポジションを閉じないで2回以上に分ける場合、このすぐ下にひとつ挿入する。購入数量をすべて売買の数量に合わせて2つ以上の行に分割する。

E. ロング（買いポジション）、ショート（売りポジション）
エクセルの条件付き書式設定を利用し、ロング（l）ではシート（s）でセルの色分けをしている。プロなら空売りでも買いと同じように気持ち良くトレードできる。

F. 仕掛け価格

G. 取引開始日

H. 仕掛け時発注価格（発注どおりに執行されたら空白のままでよい）
指値を使わなかった場合、もしくは発注価格と違った約定

値が返ってきた場合、発生した価格を入力する。

I. 仕掛け時スリッページ
損益を計算し、結果によってセルの背景を赤と緑に塗り分ける。指値注文は、ときおり有利なスリッページを生むことがある。

J. 仕掛け時の売買手数料
Dと同じように、行を追加で挿入した場合は売買手数料も分割する。

K. 手仕舞い価格

L. 手仕舞い日付

M. 手仕舞い発注価格

N. 手仕舞いスリッページ
前出のH列と同様に処理する。

O. 手仕舞い時の売買手数料
前出のI列と同様に処理する。

P. SEC手数料
米国では株を売ったときに課せられる。したがって空売りをした場合は、空売りの売買報告書を受け取ってからこの

セルを入力する。それ以外は買いポジションを売ったあとに入力する。

Q. 損益
グロスの損益。売買手数料とSEC手数料を引く前の数字。スリッページがある場合はスリッページも引いたあとの数字。

R. 純損益
売買手数料とSEC手数料を引いたあとの損益。

S. スパイク純損益
私のトレードの多くはスパイクから着想を得たものなので、表計算シート上に専用の特別な列を設けている。

T. ウェブ講習会損益
S列に同じ。

U、V、W、X
この4つは各々のトレードの成績評価だ。これについては後章で解説する。

をつけている人の少なさだ。大抵はブローカーに任せきりだ。しかしそのような報告書は、詳細さという点で必要な水準を満たしていない。

したがって、自分自身の表計算シートを使うことをお勧めしたい。私の会社（www.elder.com）でも、基本的な表計算シートのひな型を無料で提供している（**図3.1**）。興味のある人はinfo@elder.comまでメールで請求してほしい。

表計算の専門家になる必要はない。数字を扱う基本的な操作ができるだけで、トレードを管理するのにおおいに役立つ。指標を眺めている時間の1割でもマイクロソフトエクセルの基礎を学ぶのに投資すれば、初心者なら収益は大きく改善するだろう。

基礎的な表計算シートをトレードごとに更新したとしても、それにかかる時間はたった1分だ。私の表計算シートには、口座ごとのタブと総計のタブがある。総計タブでは、すべての口座の時価合計が週次で記録されており、投資資金の推移カーブをたどることができる。

図3.1は、私の表計算シートから数行と見出しを引用したものだ。その列の意味を記しておいた。

トレード日誌──成功し続けるための鍵

間違いを犯そう。しかし繰り返してはならない！

探求心があり、学ぼうとする者なら必ず間違いを犯す。私が人を雇うときは常に「間違いを期待している」と告げるようにしている。職務内容にまで書いてあるほどだ！

間違いを犯すのは、学習と探求の兆候なのだ。ただし、間違いを繰り返すのは、不注意もしくは心理的な問題の兆候である。

間違いから学ぶ最良の方法は、トレード日誌をつけ続けることだ。それによって、成功の喜びと敗北の苦しみは蓄積可能な黄金の経験へと変わる。

トレード日誌では、図を用いてトレードを記録する。仕掛けたときと手仕舞ったときのチャートを記録し、矢印、補助線、コメントをつける。私は、あらゆる売買について日誌の見出しをひとつ割くようにしている。

　また日誌がいつでも最新のものになっているよう、ルールをひとつ設けた。前日の日誌を書き終えるまで朝食をとらないのだ。こうしておけば、立会が始まる前に日誌を更新することになる。

　すべてのトレードを記録することが肝要だ。唯一の例外は激しいデイトレードである。1日に10回以上もトレードをするのであれば、3回ないしは4回に1回を日誌に記録するようにしてもいい。

　表計算シートだけでなく、図入りの日誌も必要なのはなぜか。

　あなたはきっと、誰か大切な人、もしくは大切なものの写真を持ち歩いているのではないだろうか。財布やカバンのなか、机の上などに配偶者、恋人、子供、犬、家、車の写真があるだろう。

　今日からはトレードの写真も持ち歩いてほしい。こうすることで、そのトレードは前よりも身近な存在になる。トレード日誌をつくり、それをつけ続けることは、経験から学ぶための最良の手段だ。

　チャートをキャプチャしたり、そこに書き込みを入れたりするためのツールで、私が気に入っているのはスナグイットというソフトだ。どんなチャートソフトからでも簡単に画像をキャプチャできる。線を引いたり、書き込みをしたり、日誌に貼り付けるのも簡単だ。私は、自分の日誌を更新したり、トレードアイデアを友人と共有したりするのに、ほとんど毎日これを使っている。

　友人とのメールのやりとりで使うのも、スナグイットだ。チャートのキャプチャに書き込みを入れて送ることが多く、長たらしい文章を書かなくてすむ。

　トレード日誌には、マイクロソフトアウトルックを使っている。これはすばらしく強力なソフトなのに、大抵の人はメールに使う程度の

図3.2　アウトルック上のトレード日誌

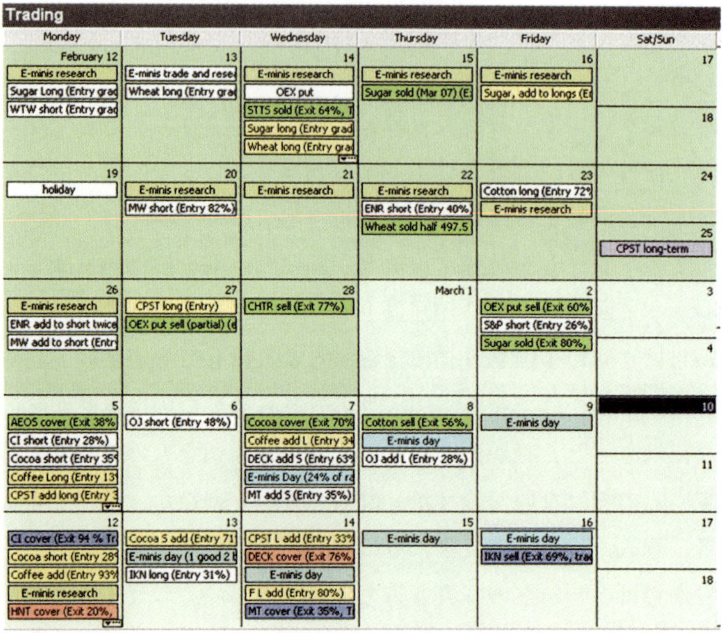

色分けの意味については図3.3の説明を参照してほしい。

表面的な使い方しかしていない。

　アウトルックの予定表タブを開いて、新規の予定表をつくる。「トレード」とでも名前をつけよう。日次、週次、月次、どの形式でも予定表機能が使える。私が気に入っているのは月次表示だ。月次なら、終了したトレード、進行中のトレードなど、すべてのトレードを一覧できる（図3.2）。

　私はケリー・ラボーンとジェフ・パーカーの2人の友人トレーダーと一緒に、アウトルック用のアドオンをつくった。これはトレード日誌をつけることに特化したものであり、私たちはAK-47と名付けた。本来は自分たち3人のためにつくったものだが、今は一般販売もして

> **図3.3　トレード日誌のラベル分け** 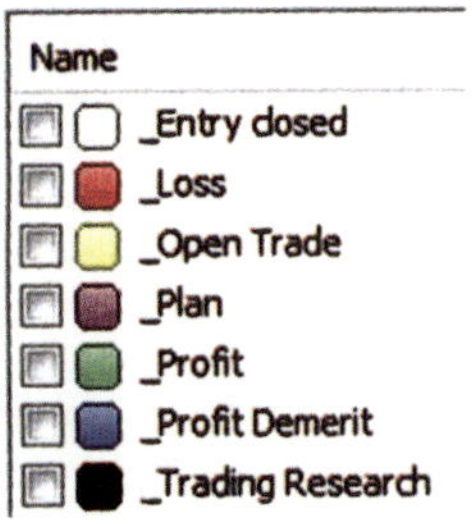
>
> | Name |
> | --- |
> | ☐ ◯ _Entry closed |
> | ☐ ■ _Loss |
> | ☐ ■ _Open Trade |
> | ☐ ■ _Plan |
> | ☐ ■ _Profit |
> | ☐ ■ _Profit Demerit |
> | ☐ ■ _Trading Research |
>
> 　アウトルックの予定表にはカラーリストがある。それぞれの色に名前を割り当て、ひと目でわかるようにできる。ここでは私が使っている色分けを紹介するが、私と同じにする必要はない。
>
> **色なし：手仕舞い済みの仕掛け**
> 　トレードを手仕舞ったら、私がすることは2つある。まず、日誌に新しい予定欄を追加し、その手仕舞いを記録する。そしてそのトレードを仕掛けたときの記録に戻り、ラベルを「手仕舞い済みの仕掛け」に変更する。
>
> **赤：損失**
> 　負けトレードの手仕舞い
>
> **黄色：現在進行中のトレード**
> 　私は、最初にトレードに取りかかるとき、ラベルを黄色に設定する。アウトルックの日誌をひと目見れば、黄色のラベルが注意を喚起してくれる。このトレードはまだ終わっておらず、何らかの処理が必要だと思い出すことができる。
>
> **紫：トレード計画**
> 　実際に執行したらそのアイコンをトレードした日の欄にドラッグし、ラベルを黄色にして進行中のトレードに変更する。
>
> **緑：利益**
> 　勝ちトレードの手仕舞い
>
> **青：利益、難あり**
> 　トレードで利益は出たがもっととれるはずだった場合、またはルール違反をした場合。
>
> **茶色：調査（仮想売買）**

いる。www.elder.comに詳しい利用解説がある（※英語のみ）。

　予定表をクリックして新しいトレードを記録するとき、アウトルックでは予定欄にラベルづけができる。月次画面で開くとラベルが現れる。ラベルの色分けに体系的なルールを決めておけば、それぞれのラベルがメッセージになる（**図3.3**）。

　日誌のほとんどに週足と日足を入れている。トレードによっては月足や日中足を入れることもある。**図3.4**と**図3.5**は日誌の記入例として載せた。

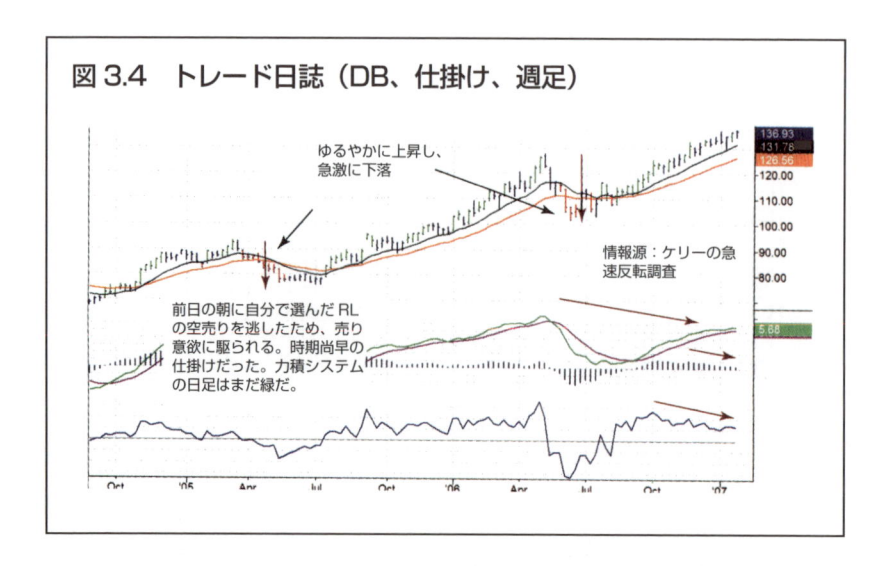

図3.4 トレード日誌（DB、仕掛け、週足）

ゆるやかに上昇し、急激に下落

情報源：ケリーの急速反転調査

前日の朝に自分で選んだRLの空売りを逃したため、売り意欲に駆られる。時期尚早の仕掛けだった。力積システムの日足はまだ緑だ。

　DB（ドイチェバンク）の週足には、トレードアイデアの情報源が書き込まれている（**図3.4**）。ここでは、友人からのメールだ。彼は複数のマーケットを調査しており、結果を私と共有してくれている。

　斜めの赤矢印は、弱気乖離を示している。細い垂直の矢印は、この銘柄が急落しやすいことを示している。トレードに対して若干身を乗り出しすぎていることを諭すコメントがついている。私は株式市場について非常に弱気だったし、自分の調査で発見したトレードをひとつ逃していたことを気にしていた。

　図3.5に示したDBの日足にはさらに、弱気乖離とダマシの上方ブレイクアウト（きわめて重要なトレードシグナルだ）が出ている。ここには、トレードの仕掛けと、2つの空売り注文を100段階基準で評価したものが記録してある。

　このようなチャートを目の前にすると、トレードの経験がありありと蘇ってくる。こうやって経験から学ぶことができるわけだ。うまくやった点はどこか。まずかった点はあるか。どうすればこのトレードの仕掛けをもっとうまくやれただろうか。

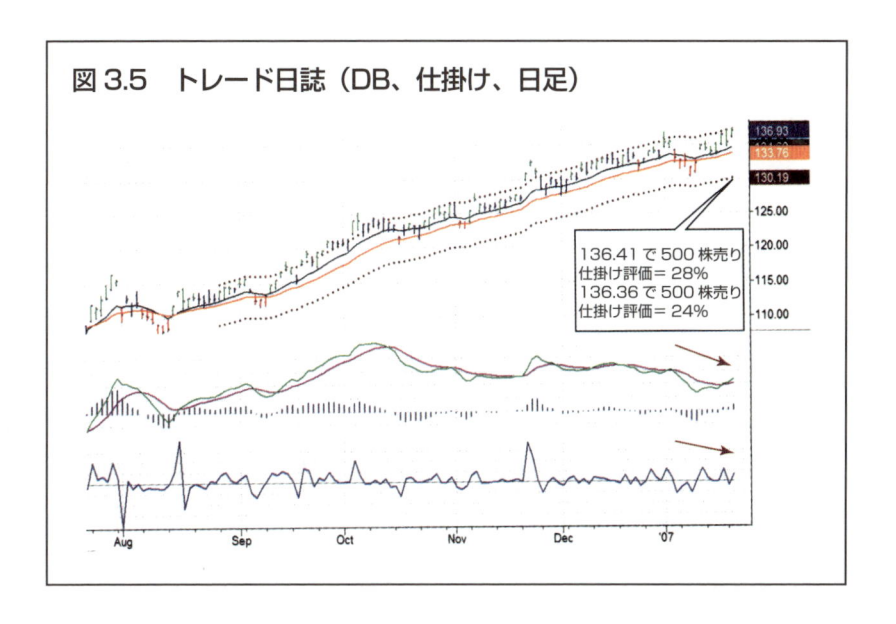

図3.5　トレード日誌（DB、仕掛け、日足）

136.41で500株売り
仕掛け評価＝28％
136.36で500株売り
仕掛け評価＝24％

　さて、ここで話を先に進める前に、このDBの空売りがどう手仕舞われたか知りたくはないだろうか。これで私が「仕掛けはすでに紹介したが、手仕舞いについては忘れた」といったら、どう思うだろうか。あるいは大げさな身振りで「DBは下げたので利食いをしたよ」といったら、どう思うだろうか。それで何の役に立つというのか。

　ここまで読んでくれた読者が、トレード日誌をつけることの重要性を強く感じてくれていることを願うばかりだ。日誌をつけると約束できるだろうか。約束できるならアウトルックをもう一度開き、その手仕舞い記録を披露しよう。**図3.6**と**図3.7**をみてほしい。

　手仕舞いが評価されているのに気づいただろうか。手仕舞いの評価45％はなかなかだ（計算方法は後述）。トレード全体では非常にすばらしい評価である。1000株で1株当たり9ドル強の利益なら、なかなかの稼ぎといえる。

　書き込みをみてみよう。「また空売りをするかもしれないので目を離さないこと」とある。ポジションを閉じたからといって、トレード

図3.6　トレード日誌（DB、手仕舞い、週足）

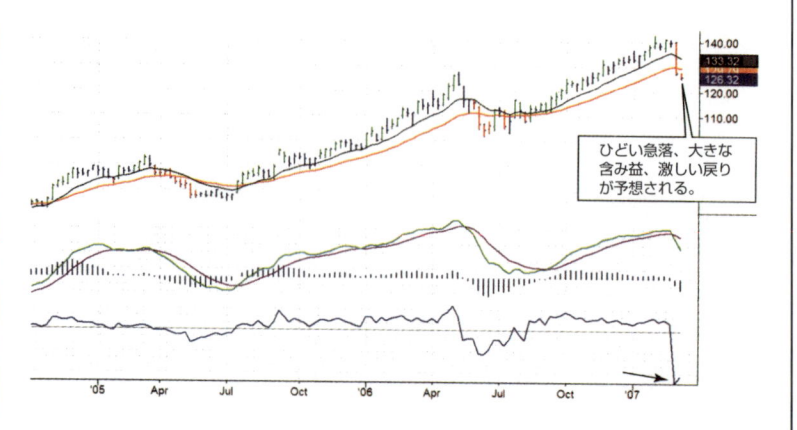

> ひどい急落、大きな含み益、激しい戻りが予想される。

　週足を見れば分かるように、価格が価値ゾーンである2本の移動平均線を下回っている。勢力指数の激しい突っ込みは、底入れの可能性を示している。MACDヒストグラムは上方反転しそうな領域の近くまで落ち込んでいる。

図3.7　トレード日誌（DB、手仕舞い、日足）

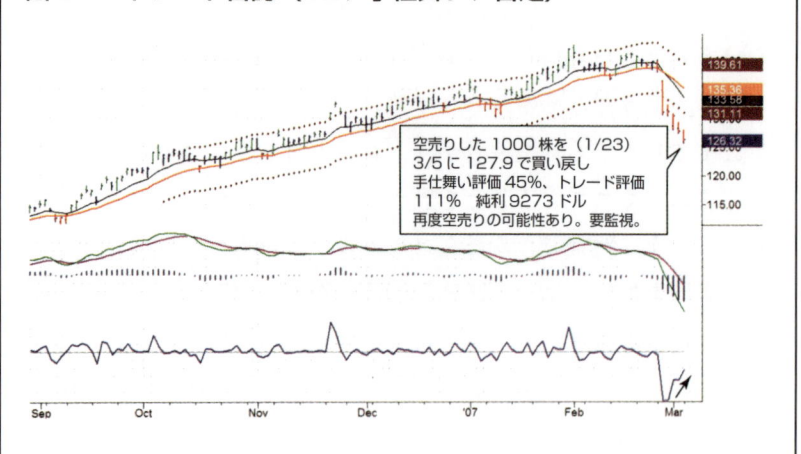

> 空売りした1000株を（1/23）3/5に127.9で買い戻し
> 手仕舞い評価45%、トレード評価111%　純利9273ドル
> 再度空売りの可能性あり。要監視。

　日足では、価格が下落してチャネルからはみ出してしまっている。一方で、勢力指数は強気になってもいい水準まできている。弱気派はおおいに下落を満喫したが、いつかは終わりが訪れる。この下落がいつまでも続く可能性はそれほど高くない。

を終わらせる必要はない。そこには検討すべき点や、学ぶべきことが多いし、次のトレード計画を立てることもできる。

　この説明で、読者がトレード日誌をつけることの重要性を感じてくれていると願うばかりだ。成功と失敗を記録し、その両方から学ばなければならない。

トレード計画の記録法

　トレード計画の最良の形式は、これまで紹介してきた日誌に近い形だと私は考えている。銘柄を探しているとき、興味をそそる銘柄の日

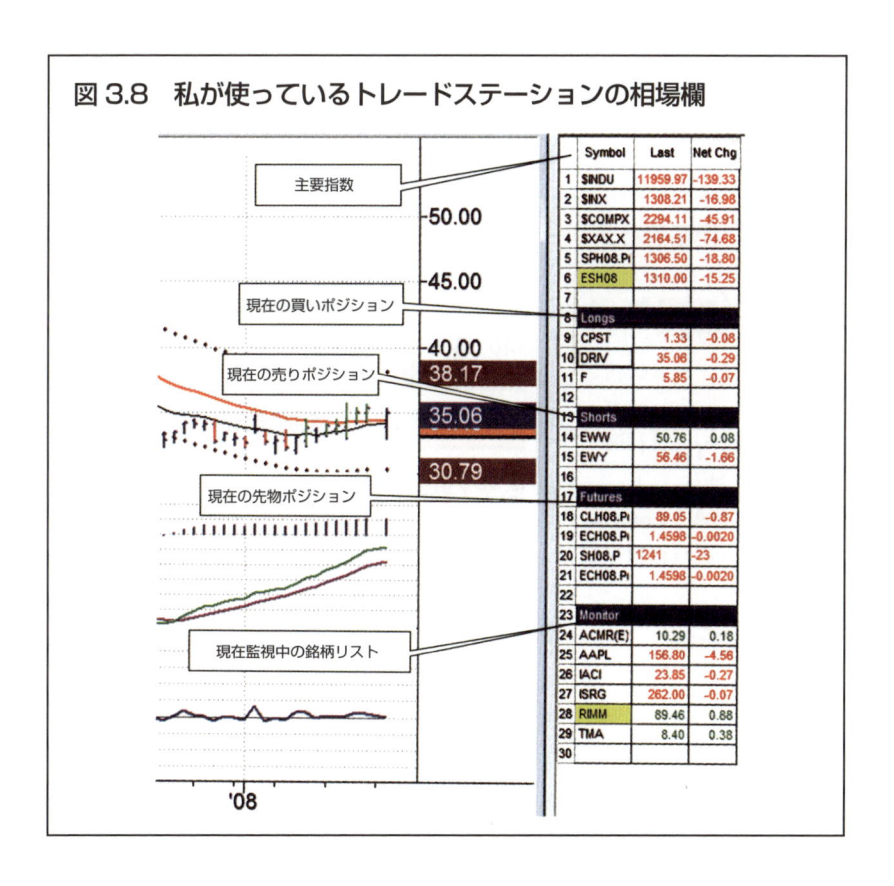

図3.8　私が使っているトレードステーションの相場欄

主要指数
現在の買いポジション
現在の売りポジション
現在の先物ポジション
現在監視中の銘柄リスト

45

付、銘柄コード、コメントの３つを表計算シートやノートにメモするくらいできるはずだ。自分の調査を実際にトレードできそうな銘柄に絞り込むのが目的だ。ひと握りの候補を手にしたらこれを練り上げ、それぞれの有望銘柄でトレード計画を立てる。

　数日後にでもトレードをしたくなる可能性がある銘柄をみつけたら、先に示したような日誌と同じ形式で計画を立てよう。

　まず、スナギットで週足をキャプチャし、シグナルを矢印と線でマークし、書き込みを入れる。いろいろと書き込んだそのチャートを、アウトルックの予定表の、新規につくった予定欄に貼り付ける。次に、日足をキャプチャし、矢印、線を入れ、アウトルックの同じ予定内の、週足の下に貼り付ける。カレンダーの予定欄には、銘柄名にちなんだ名前をつけてトレード計画のラベルをつける。

　こうすれば一目瞭然だ。新規につくった予定欄は保存しておこう。

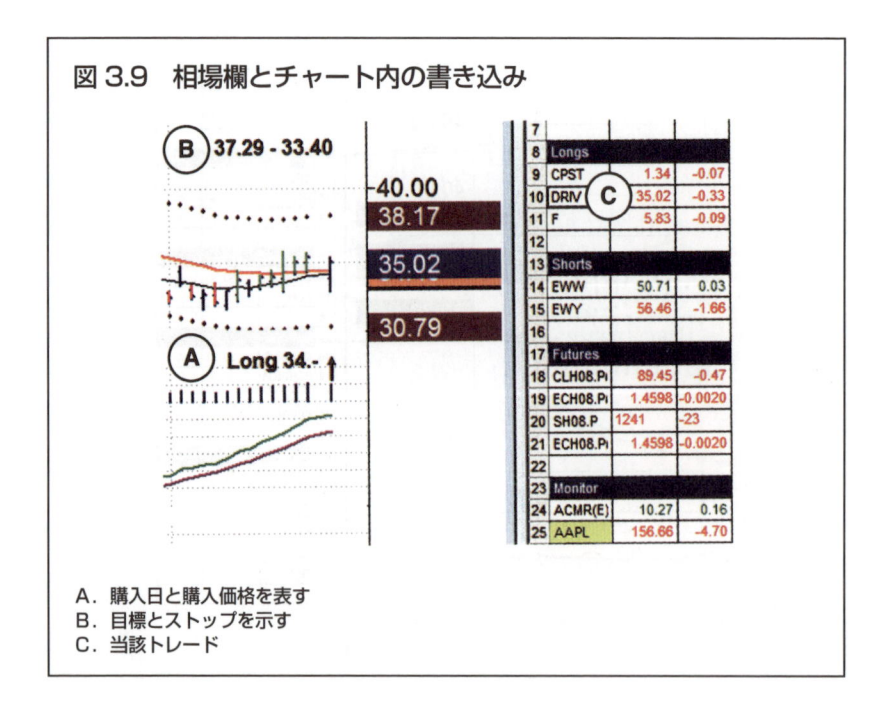

図3.9　相場欄とチャート内の書き込み

A．購入日と購入価格を表す
B．目標とストップを示す
C．当該トレード

ブローカーのウェブサイトを開き、計画どおりに発注する。注文が約定したらすぐに報告をもらえるようにしておこう。トレードを仕掛けたら、ストップロスと利益確定の注文をOCO（One Cancel the Other＝２つの注文を出し、一方が約定したら、もう一方はキャンセルされる）で出しておくといい。そうすれば、画面から離れているすきに不意を突かれることもない。

　計画を立てた銘柄のコードをマーケット分析ソフトで相場欄の要観察リストに追加しておく。パソコン画面の大きさで相場欄の大きさが決まってしまうが、逆にそれでいい。私は１画面に納まる程度の銘柄数だけをみるようにしている。そうすれば、何十もの銘柄で注意が散漫にならなくてすむ。

　私が気に入っているのは**図3.8**にあるような画面だ。S&P500のような主要なマーケット指数が表示されており、また別の枠では私の買いポジション、売りポジション、先物ポジションをみることができる。私は一番下の枠にモニター（監視）と名前をつけており、ここにはトレードを検討中の銘柄を入れている。私が使っている相場欄では、常に最新の価格と前日比を表示させている。

　トレードソフトを開いているときは、いつでもこの設定にしておきたい。主要指標、株式の買いポジションと売りポジション、先物ポジション、要観察銘柄リストなどの重要なデータがひと目で分かる。左側がチャート（途中で切れている）、右側が相場欄だ。右側にある相場欄の銘柄コードをクリックするだけで、自動的にそのチャートが、左のウィンドウに現れるように設定してある。

　またトレードの重要なキーワードは、チャートに書き込むことにしている（**図3.9**）。特に仕掛けたときの価格とサイズ、そして目標価格とストップだ。マーケットの動きが激しくなると、何がなんだか分からなくなることが多い。そんなときこそチャート上の書き込みが役に立つ。

計画を執行してトレードを仕掛けたら、アウトルックの予定表上で計画日にある予定ラベルを仕掛けた日にコピーしよう。そしてチャートを更新し、必要なら日中足も追加する。また、それに関連するコメントも書き込む。例えば、トレードサイズや仕掛け評価、または仕掛けのよしあしに関するあらゆるコメントや、そのトレードが引き起こした感情などだ。そして、ラベルの色をトレード計画から進行中のトレードに変更する。

　大抵の初心者は、マーケットの巨大さに手が負えなくなり圧倒されてしまう。計画の立案とトレード観察のこのシステムなら、より系統だった作業ができ、また収益を上げる可能性も高まる。

　しっかり記録をつけ続ければ、自分の手法の欠点に気づき、そこを直すことができる。十分な期間の記録をつけ続ければ、間違いが尽きてしまうかもしれない！

　そのときこそ、投資資金の推移カーブが上向きになろうとしているときなのだ。

マーグレット方式――壁に貼る

　電子媒体の日誌に加え、トレード計画から目を離さないためのローテクな方式を紹介しよう。

　チャートをみていると、すばらしいトレードのお膳立てができあがっていくのが目に浮かぶかもしれない。しかし、それはまだ想像でしかない。

　あなたはこうつぶやくだろう。「もう少し下げて、支持線で止まったら買おう」。では、3週間後、その銘柄が実際に期待どおりの動きをしたとして、この計画を覚えているだろうか。

　最良のトレードとは、ゆっくりとできあがっていくものだ。パズルがもう少しそろうまで待つ必要があるかもしれない。それから引き金

を引き、買いや空売りの注文を出すのだ。

　数年前、私はあるローテクなシステムを友人のマーグレットから取り入れた。そのシステムは、トレードアイデアを忘れないようにするために彼女が使っていたものだ。

　彼女の南国的なペントハウスを初めて訪ねたとき、彼女のトレードルームに大きな掲示板が２つかかっていることに気づいた。そこにチャートが貼り付けてあった。

　マーグレットはこう説明してくれた。トレードのお膳立てが整い始めると、彼女はその銘柄のチャートを印刷する。そして、その銘柄を仕掛けるために必要な条件を赤ペンで書き入れるのだという。チャートを掲示板に貼り付けることで、マーグレットが机にいくときは、行動開始を示す手書きの条件が必ず目に入る。これで彼女がおいしいトレードを見逃すことはあり得ない。

　なお、マーグレット方式を実践してみたいと思ったら、トレードに取りかかるときや計画を取りやめるときにチャートを壁からはがすことを忘れないでほしい。壁に貼ってあるチャートなどの情報は、常に最新のものにしておくこと。

成績評価の方法

　自分の成績を測ることも評価することもないトレーダーは、ストップウォッチも持っていないのに自分は速いランナーだといっている人と同じだ。趣味のランナーなら、そのあたりを走るだけでタイムも計らなくていいし、体を動かせて風景を楽しめればそれでいい。しかし"趣味のトレード"などというものはあり得ない。

　したがって、私はどんなトレードでも３つの基準で評価することを提案している。それは「買い評価」「売り評価」そして最も重要な「トレード全体の評価」だ。

買いと売りのよしあしは、当日の値動きのどこで売買を執行したかで評価できる。買いならできるだけ安値に近いところで執行したい。売りならできるだけ高値に近いところで執行したい。

買い評価 ＝（高値－買った価格）÷（高値－安値）

　結果はパーセンテージで表される。その日の底値で買えれば評価は100％だ。天井で買えば評価はゼロだ。20％未満ならお粗末、50％よりも上が望ましい、80％よりも上ならすばらしい。

売り評価 ＝（売った価格－安値）÷（高値－安値）

　結果はパーセンテージで表される。天井で売れたら評価は100％。底値で売れば評価はゼロ。ここでも、すばらしいという評価は80％以上で、20％未満はお粗末ということになる。

　私がトレードするときはいつも、50％よりも上の評価での仕掛けと手仕舞いを目標としている。これは、その日の値動き幅の中間点よりも下で買い、中間点よりも上で売るということだ。プロのトレーダーなら誰もが安く買って高く売ることで生計を立てている。仕掛けと手仕舞いを評価することで執行に集中するようになり、ゆくゆくは成績の向上につながるわけだ。

　図3.1に戻ってほしい。これでU列とV列の意味が理解できるだろう。これらは仕掛けと手仕舞いのよしあしを評価している。心のおもむくままに売買を執行しようとすると、得てして高いところで買ったり安いところで売ったりすることになる。しかし、その日の終わりに仕掛けと手仕舞いを評価することを分かっていれば、日中の上げ下げを追いかけないよう我慢するのに役立つだろう。

　そしてトレードが終了したときは、そのトレード全体のよしあしを

必ず評価する。金額も重要ではあるが、これで個々のトレードをうまく評価することはできない。1回のトレードの損益は、トレードのサイズや、マーケットのボラティリティで、ほとんど決まってしまう。

どのトレードでも、その成績を評価する最良の方法は、マーケットのそのときのボラティリティに対して何パーセントを取れたか、取り逃したかを測ることだ。「ここ数カ月のマーケットの通常の振れとは、何を意味するのだろうか？」「直近のトレードでは、その動きから何パーセントを取れただろうか？」。これらの問いに答えることが、成績を評価する手だてになる。

日足上で適切に設定されたチャネルは、そのときのボラティリティをきわめて適切に反映する。私たちのトレード評価とは、そのチャネルから何パーセントをとらえることができたかを表す。

私がスイングトレードをするときは、日足の長期移動平均線を挟むようにチャネルを設定している。デイトレードでは5分足にチャネルを使うが、これもより長期の移動平均線を挟むように設定する。

金融市場で科学的に証明されている事実などほとんどない。だが、相場が価値を上回ったり下回ったりして揺れ動いていることは、その数少ない事実のひとつだ。価格は熱狂と落胆を繰り返している。私は、チャネルから何パーセントをとらえることができたかで、個々のトレードに点数をつけている。

$$\text{トレード評価} = \frac{(\text{手仕舞い価格} - \text{仕掛け価格})}{(\text{上部チャネルライン} - \text{下部チャネルライン})}$$

チャネルラインの幅（上部チャネルライン－下部チャネルライン）は仕掛けた日に計算する。**図3.1**のW列は、それぞれのトレードがチャネルの何パーセントをとらえているかが分かる。これは私の記録のなかで最も重要な評価だ。

チャネルの30％超をとらえたトレードは「A」だ。ときには、さらに「A＋」をつけることもある。チャネルの20〜30％をとらえたトレードには「B」をつける。10〜20％なら「C」、10％未満なら「C−」だ。そしてマイナスなら「D」トレードとなる。

利益を上げるだけでは十分ではない。良い成績評価を得ることは、それと同じくらい大切だ。

トレード評価だけでなく、あらゆる仕掛けや手仕舞いにまで評価をつけることで、厳しく、また規律的な姿勢で作業に臨むようになる。個人トレーダーには監視する人がいない。勝つためには自分が自分の管理者になる必要がある。そのためにはトレードに点数をつけることが役立つのだ。

２種類のトレード

買いには主に２つのやり方がある。ひとつは価値をみて買うというもので、「安く買って、高く売る」というやり方だ。もうひとつはモメンタムで買うというもので、「高く買って、もっと高く売る」というやり方である。

価値をみて買う人は、価値を見極め、その価値水準近辺かそれよりも下で買おうとする。そして、過大評価された価格がついたときに売りを狙う。

私はどのようなチャートでも２本の指数移動平均線を表示させて、その２本の間を「価値ゾーン」と呼んでいる。私が使っているソフトでは、日足の長期移動平均線に平行するようにチャネルが引いてある。過去３カ月間についた価格すべてのうち、95％がそのチャネル内に入るようになっている。上部チャネルラインよりも上は買われ過ぎエリア、下部チャネルラインよりも下は売られ過ぎエリアを表す。

モメンタムトレードはまったく別の手法だ。モメンタムトレーダー

は、値動きが加速しているときに買い、勢いを失い始めたときに売る。

あなたはバリュートレーダーだろうか。それともモメンタムトレーダーだろうか。

人生で最も重要な意思決定のいくつかは、感情で決まる。安く買って高く売ることにひかれ、激しいトレンドには疑い深い気質の人もいる。一方、マーケットで上放れ下放れのトレンドを探している人もいる。飛び乗って、反転する前に飛び降りようともくろんでいるのだ。

バリュートレーダーになるかモメンタムトレーダーになるかを決められるのは、自分だけだ。いずれにしても忘れてはならないのは、トレード計画を書き出すことによって、あなたはすでにほかのトレーダーよりもはるかに先んじているということだ。

手法がなんであれ、計画を持っている人はマーケットの群衆に対してはるかに有利な立場にある。

第1部確認テスト
Questions

　初心者は、曖昧な情報が流れただけで買いを仕掛けてしまう。経験を積んだトレーダーには自明のことだが、真剣に買うためには真剣な調査が必要だ。
　また、真剣に買うためには優れた資金管理も必要だ。簡単な数学的ルールがいくつかあって、個々のトレードや進行中のトレード全体のリスク許容量を示してくれる。これらのルールを破る人は、マーケットで長生きできない。
　さらに、ある種の心理学的技法もある。これはマーケットで過ごす時間を、ストレスの少ない満足のゆくものにするのに役立つ。加えて記録をつけるためのすばらしい方法もあり、それは読者がトレーダーとして熟練し、成功するための助けとなるだろう。
　売りや空売りの話に入る前に、心理学、資金管理、買いの決断、記録に関する問題集に取り組まなければならない理由はこういうことだ。
　この作業はじっくり取り組む。問題をよく考え、答案をすべて書き出すこと。答えが分からない場合は、本書の必要な箇所を読み返してほしい。

答案をすべて書き出してから、解答と解説へ進むこと。

採点記録

問題	最大点数	1回目	2回目	3回目	4回目	5回目	6回目
1	1						
2	1						
3	1						
4	1						
5	1						
6	1						
7	1						
8	1						
9	1						
10	1						
11	1						
12	1						
13	1						
14	1						
15	1						
16	1						
17	1						
18	1						
19	1						
20	1						
21	1						
22	1						
23	1						
24	1						
25	1						

採点記録（続き）

問題	最大点数	1回目	2回目	3回目	4回目	5回目	6回目
26	1						
27	1						
28	1						
29	1						
30	1						
31	1						
32	1						
33	1						
総得点	33						

問題1　ポジションを持っているときのストレス

大抵の人にとって一番ストレスが少ないのは、株を買って、その株が（　　）場合である。

1．わずかに上昇する
2．急騰する
3．わずかに下落する
4．急落する

問題2　トレードでのエッジ

トレードでのあなたのエッジは（　　）から生まれる可能性がある。

1．ファンダメンタル分析
2．テクニカル分析
3．規律
4．これらすべて

問題3　三大区分

トレードの三大区分に含まれないものはどれか。

1．テクニカル分析とファンダメンタル分析
2．順張りと逆張り
3．テレビニュースへの依存と投資情報サービスへの依存
4．裁量トレードとシステムトレード

問題4　価格と価値
価値と価格に関する次の記述のうち、誤っているのはどれか。

1. 価値はゆっくり変化し、価格は急激に変化する。
2. 決算報告書や産業トレンドを研究すれば、価値が分かる。
3. 移動平均は一般のコンセンサスを反映しているので、価値ゾーンを定義するのに役立つ。
4. 価格と価値は常に一致している。

問題5　ファンダメンタル分析とテクニカル分析
ファンダメンタル分析とテクニカル分析に関する次の記述のうち、誤っているのはどれか。

1. ファンダメンタル派は、株を発行している事業の価値を計算する。
2. ファンダメンタルズに関する正確な情報を持っていれば、株価がどちらへ動くか正確に分かる。
3. テクニカル派は、価格データに繰り返し現れるパターンを探している。
4. 純粋なテクニカル派は、収益や会社に関するニュースには関心がない。彼らが知りたいのは現在価格とこれまでの価格推移だけだ。

問題6　順張りと逆張り
逆張りのほうが順張りよりも有利な点として、次の記述のうち誤っているのはどれか。

1. 1回のトレードで、より大きな利益を取れる可能性がある。
2. 売買手数料が安くすむ。
3. 決断に、より多くの時間がとれる。
4. ストレスが少ない。

問題7　システムトレードと裁量トレード
システムトレードのほうが裁量トレードよりも有利な点として、次の記述のうち誤っているのはどれか。

1．一定期間でどれだけの損益が期待できるか、あらかじめ分かる。
2．個々のトレードで、裁量トレードほど感情的にならない。
3．非常に自由。
4．マーケットの不確定性を処理する手法。

問題8　テクニカルツールボックス
テクニカルトレーダーは、意思決定にツールボックスから数々の指標を利用する。次の記述のうち正しいのはどれか。

1．自分が望むシグナルを発するツールを選ぶのは、健全な行為だ。
2．ツールが多いほど、より優れたツールボックスといえる。
3．「弾倉に弾丸は5発」ルールによれば、使っていい指標はたった5つだ。
4．最も優れた指標はよく知られているものであり、トレーダーはそういうものを使うべきだ。

問題9　トレード心理学
トレード心理学に関する次の記述のうち、誤っているのはどれか。

1．テクニカルシステムを正しく設定すれば、心理状態を気にかける必要はない。
2．トレーダーの心は、入ってくる情報を常に選別している。
3．願望があると、トレーダーにはありもしないテクニカルシグナルが「みえる」。
4．強気のトレーダーほど、売りシグナルを見落としがちである。

問題10　トレードでの規律
規律は不可欠である。マーケットからの誘惑にはきりがないからだ。次の記述のうち誤っているのはどれか。

1．衝動抑制に問題を抱えていたことがある人は、トレードで失敗する可能性が高い。
2．アルコール依存者救済団体は、マーケットの誘惑に対処するための有益なモデルを提供している。
3．優れた売買システムがあれば、規律はたいした問題ではない。
4．性格に問題があるために、失敗する運命にあるトレーダーもいる。

問題11　損失の扱い
トレーダーは損失を恥と感じる。次の記述のうち正しいのはどれか。

1．訓練では、報酬よりも懲罰のほうが効果的だ。
2．トレードで正しい手順をいくつか踏んだものの、ひとつ間違いを犯してしまった。あなたは自分を罰するべきだ。
3．トレーダーとして成功している人は、収益よりもゲーム性そのものを愛する。
4．負けトレードを記録しても無駄だ。

問題12　過剰トレード
口座資金に対して大きすぎるポジションでのトレードは（　　）につながる。次の記述のうち誤っているのはどれか。

1．自然体でなくなり、高度に緊張すること
2．平常心と適応性の低下
3．引き金を引くことに対する恐怖
4．よりマーケットに集中すること

問題13　2％ルール

2万ドルの口座資金を持つ初心者トレーダーが、資金管理の2％ルールを実行しようと決めた。12.50ドルの価格が付いている株をみつけ、その価格で買った。目標価格を15ドル、ストップロス注文を11.50ドルに設定した場合、2％ルールに従えば、このトレーダーが買ってもよい最大取引数量はおおよそ（　　）株である。

1．900
2．400
3．350
4．200

問題14　修正2％ルール

200万ドルの口座資金を持つ熟練トレーダーが、2％ルールに手を加え、トレード1回当たりのリスクに0.25％の上限を設けた。彼は9ドルの株をみつけ、12ドルまでの上昇に乗ろうと考えた。ストップロス価格を8ドルに設定した場合、彼のルールに従えば、買ってもよい最大取引数量は（　　）株である。

1．2000
2．4500
3．5000
4．1万2000

問題15　6％ルール
6％ルールに関する次の記述のうち、正しいのはどれか。

1．ひどいトレードによるドローダウンから口座資金を守る。
2．ひどいトレードがかさむことによるドローダウンから口座資金を守る。
3．損失が積み上がり始めたときの最良の対処法は、もっと積極的にトレードをして深みから抜け出すことだ。
4．6％ルールはトレードが始まってから適用する。

問題16　あらゆるトレードの二大目標
あらゆるトレードの二大目標とは何か。

1．お金を儲け、新しいシステムを試すこと。
2．困難に向き合い、勝利の喜びを感じること。
3．お金を儲け、より優れたトレーダーになること。
4．規律と、計画を実行する能力を試すこと。

問題17　経験から学ぶ
経験から学ぶ最良の方法はどれか。

1．たくさんトレードをすること。
2．しっかり記録をつけること。
3．自分のトレードについて友人と話し合うこと。
4．ブローカーからの売買報告書をよく読むこと。

問題18　記録用表計算シート
次の項目のうち、基本的な記録用表計算シートに必ず入れるべきものはどれか。

A．グロス損益、純損益
B．個々のトレード評価
C．仕掛けと手仕舞いでのスリッページ
D．あらゆるトレードアイデアの出所

1．A
2．AとB
3．AとBとC
4．上記すべて

問題19　トレードでの間違い
トレードで起こる間違いに関して、次の記述のうち誤っているのはどれか。

1．頭の良い人は間違いを犯さない。
2．何かを学ぶときや探求するときに、間違いを犯すことは避けられない。
3．間違いを繰り返すのは、衝動的であることの兆候だ。
4．日誌をつけることは、間違いから学ぶのに役立つ。

問題20　トレード日誌
トレード日誌に関する次の記述のうち、正しいのはどれか。

1．手仕舞ってから日誌につけるつもりなら、仕掛けに関する記録を残す必要はない。
2．負けトレードの日誌は、勝ちトレードの日誌よりも有益なことが多い。
3．最高のトレードができたときだけ日誌に新たな見出しを加える。
4．活発なトレーダーは、トレード全部を記録することはできないので、どのトレードを記録するかを選ぶことができる。

問題21　日誌の見出し
トレードを開始したときにつける日誌に含まれるべき項目として、誤っているのはどれか。

1．そのトレードをする理由
2．買いポジションをつくるときの買いの評価、あるいは空売りポジションをつくるときの売りの評価
3．投資対象の仕掛け時チャート
4．トレード評価

問題22　トレード計画とトレード日誌
トレード計画とトレード日誌の違いについて、次の記述のうち誤っているのはどれか。

1．チャートが2つの時間軸で入っている。
2．チャートには買いシグナル、売りシグナルを示す書き込みがある。
3．文書ファイルには、銘柄コードにちなんだ名前がついている。
4．買いと売りの評価が記入されている。

問題23　監視画面
トレードソフトの要観察銘柄を監視する画面に入れておくべきもので、誤っているものはどれか。

1. 主要なマーケット指標
2. 未決済ポジション
3. トレードを検討中の銘柄
4. トレードを終了した銘柄

問題24　画面上のコメント
画面上で未決済ポジションにコメントを残しておくことが有益である理由として、誤っているのはどれか。

1. そのトレードにどの程度の時間をかけたか思い出すことができる。
2. その未決済ポジションが、勝っているか負けているかが分かる。
3. 利益目標とストップロスから目を離さないようにするのに役立つ。
4. 成績を測るのに役立つ。

問題25　チャートを壁に貼る
マーグレット手法（チャートを壁に貼って、出現を期待しているトレードシグナルを書き込む）の利点のうち、誤っているのはどれか。

1. 価格がいくらになったら行動を起こすか、もしくはどういう指標が出たら行動を起こすかを強制的に明言させる。
2. 計画を忘れてしまうことを防ぐ。
3. 計画が変わったときにチャートを壁からはがすことで、気持ちを切り替えるのに役立つ。
4. 壁にチャートを貼っておくことで、適切なタイミングで確実に行動できる。

問題26　トレードアイデアの出所
トレードアイデアの出所としてあり得るのは次のうちどれか。

A．シグナルが出たらトレードをするという銘柄の、簡単なリストを作成
B．株式市場のデータベースをコンピュータでスキャン
C．友人や投資情報サービスからの情報
D．マスメディアのニュース

1．A
2．AとB
3．AとBとC
4．上記すべて

問題27　買いと売りの評価
買いと売りに関する次の記述のうち、誤っているのはどれか。

1．買った価格がその日の安値に近いほど、トレードの評価はより高くなる。
2．売った価格がその日の安値に近いほど、トレードの評価はより高くなる。
3．その日の高安の中間点よりも上で売れば、良い評価が与えられる。
4．その日の高安で、安値から25％以内で買えば、すばらしい評価が与えられる。

問題28　終了したトレードの評価

終了したトレードに関する次の記述のうち、正しいのはどれか。

1．儲けは、個々のトレードのよしあしを測る良い目安になる。
2．長期トレンドをとるトレーダーは、トレードのよしあしを測る手段としてチャネルを利用できる。
3．チャネルの30％超をとらえたトレードは「A」評価だ。
4．チャネルの20％未満しかとれなかったトレードは「D」評価だ。

問題29　買い

買いに関する次の記述のうち、誤っているのはどれか。

1．価値をみて買う場合の原則は「安く買って、高く売る」だ。
2．モメンタムで買う場合の原則は「高く買って、もっと高く売る」だ。
3．上部チャネルラインはマーケットの落胆水準を、下部チャネルラインは熱狂水準を指している。
4．モメンタムトレードは、上放れや下放れのトレンドでうまくいく。

問題30　価値

チャート上のアルファベットに対応する記述を組み合わせよ。

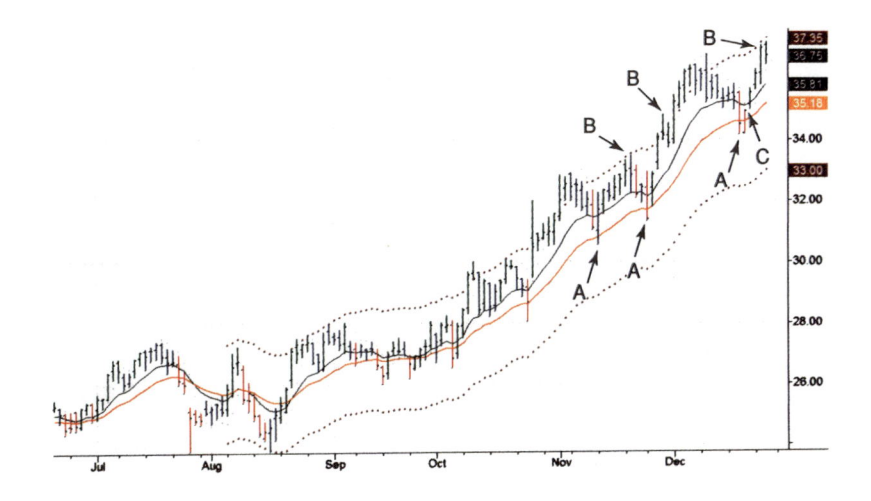

1．価値ゾーン
2．価値水準よりも下（買いを検討しよう）
3．過大評価（売りを検討しよう）

問題31　トレード日誌の一例

このチャートは、あるトレーダーの日誌から引用したもので、トレードの仕掛けが描かれている。チャート上のアルファベットに対応するものをそれぞれ選べ。

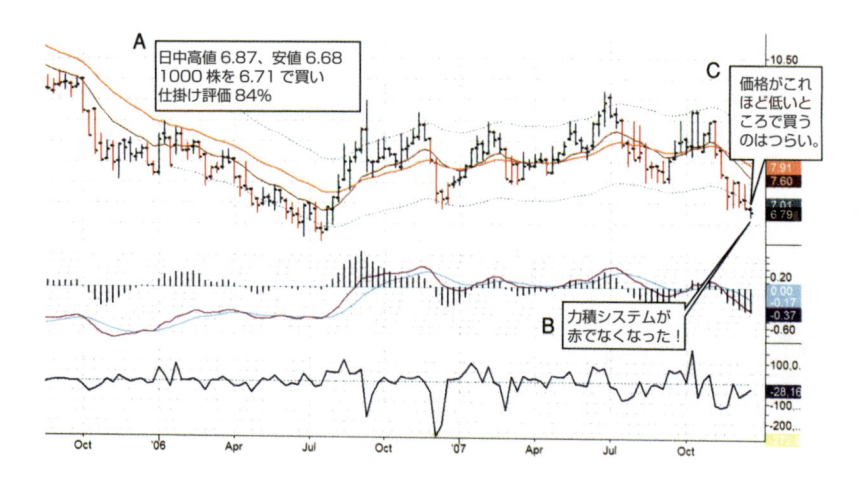

A　日中高値 6.87、安値 6.68
1000 株を 6.71 で買い
仕掛け評価 84％

B　力積システムが赤でなくなった！

C　価格がこれほど低いところで買うのはつらい。

1．トレードにつながったチャートパターンに関する、テクニカル分析のコメント
2．成績評価
3．心理的コメント

問題32　トレードの評価

このチャートは、情報源のひとつであるスパイクトレード（www.spiketrade.com）の銘柄選択に便乗してトレードしたときのものだ。週足は載せていないが、MACDラインと勢力指数の弱気乖離が日足上にみえるのは分かるだろう。問題は、このトレードをどう評価するかだ。90.71で空売りし、87.99で反対売買。上部チャネルラインは91.56、下部チャネルラインは83.67。トレードの評価は次のうちどれか。

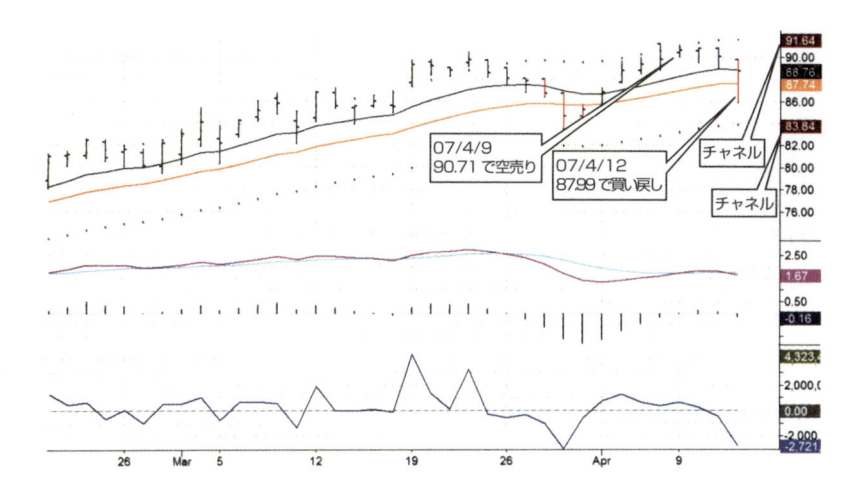

1．トレード評価A（チャネルの30％超）
2．トレード評価B（チャネルの20〜30％）
3．トレード評価C（チャネルの10〜20％）
4．トレード評価D（チャネルの10％未満）

問題33　価値をみて買うとモメンタムで買う

チャート上のアルファベットをみてほしい。価値をみて買う領域と、モメンタムで買う領域はそれぞれどこか。

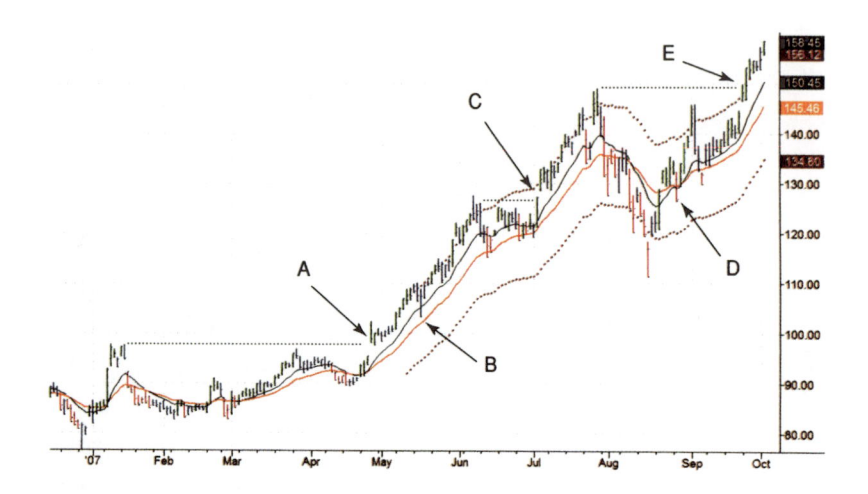

1．価値をみて買う領域
2．モメンタムで買う領域

第1部確認テストの解答と解説
Answers

問題1　ポジションを持っているときのストレス
解答：3　わずかに下落する

　気楽に腰掛けて何もしないのは簡単だ。考えて決断するのはつらいことだ。株価が急落するとつらいが、上がっていくのもまたストレスである。なぜなら上昇によって、手仕舞いの戦術、目標、ストップなどについて考えるよう強いられるからだ。
　驚いたことに、大抵の人はわずかに負けているポジションを抱えながら、良くなってほしいと希望を持つことに心地良さを感じる。

問題2　トレードでのエッジ
解答：4　これらすべて

　エッジ（優位性・強み）とは、投資機会の発見や発注に関する手法である。大多数の競合相手に対して優位に立てるのは、これがあるからだ。テクニカルであれファンダメンタルズであれ、エッジを持っていたとしても、シグナルには規律を持って従わなければならない。

問題3　三大区分
解答：3　「テレビニュースへの依存と投資情報サービスへの依存」
　　　　　は誤り。

真剣なトレーダーなら、調査やトレードに魅力を感じる分野を選び、専門化する必要がある。テクニカル分析かファンダメンタル分析か、順張りか逆張りか、裁量トレードかシステムトレードか、これらはすべて真剣に選ばなければならない。その選択は、ほとんどその人の気質と人格次第だ。

　トレーダーとして成功しているのは、自立心のある人間である。テレビニュースや情報サービスのどちらから情報を得るかなどまったく問題ではない。そこにたいした違いなどないのだ。

問題４　価格と価値
解答：４　「価格と価値は常に一致している」は誤り。

　価格は容易にみつかるが、価値は探さなければならない。価格は大衆の雰囲気で急激に変化するが、価値はゆっくりと変化する。個々の価格は、価値の一時的な総意でしかない。しかし、その総意も常に変化している。上がったり下がったりするなかで、価値から大幅に外れて買われたり売られたりする。

　２本の移動平均のような単純なツールは、価値がどのあたりにあるか、どちらへ動いているかという全体的な見立てをつけるのに役立ち、それに沿ってトレードができる。

問題５　ファンダメンタル分析とテクニカル分析
解答：２　「ファンダメンタルズに関する正確な情報を持っていれば、株価がどちらへ動くか正確に分かる」は誤り。

　たとえファンダメンタルズに関する正確な情報を持っていても、株

価がどちらに動くか正確に予測することはできない。ファンダメンタル分析の問題は、価値はゆっくりと変化するが、価格は激しく揺れ動くということだ。短期間でみれば、価格はファンダメンタルズに逆らった動きをすることさえある。

自分の基本的立場がファンダメンタル派であれ、テクニカル派であれ、もう一方の生き方や考え方にも興味を持ってほしい。ファンダメンタルズとテクニカルの両方の視点を持つことで、トレンドや反転をより深く理解できる。

問題6　順張りと逆張り
解答：4　「ストレスが少ない」は誤り。

順張りは逆張りよりも長期になるため、トレードに関する意思決定には、より時間をかけることができる。長い値動きをとらえることができれば、より大きな収益が確保される。順張りの売買手数料は、激しいスイングトレードに比べれば少なくてすむ。
しかし、ストレスが少ないことを期待するのは間違いだろう。トレンドに乗るとは、自分を振り落とそうとしている暴れ馬に乗るようなものだ。順張りトレードにしがみつくには、大変な忍耐と自信が求められる。これは精神的には大変なことだ。

問題7　システムトレードと裁量トレード
解答：3　「非常に自由」は誤り。

大量のバックテストを行っているシステムトレーダーは、予想される損益について、それなりに確信を持っている。自分のシステムが発

するシグナル全部に従うという規律を持っていれば、ストレスも少ない。だが、マーケットの不確実性のせいで、ある程度は自分を責めることになる。マーケット状況が変わって新しい脅威や投資機会が生じるときに、自分で判断するという自由を放棄しているのだ。

問題8　テクニカルツールボックス
解答：3　「弾倉に弾丸は5発」ルールによれば、使っていい指標はたった5つだ。

　初心者が犯す典型的な間違いは、ツールボックスに詰め込みすぎることだ。また自分の思い込みを確認するために、さまざまな場面でさまざまなツールを用いようとする。少数のツールを十分に検証して、それだけに絞ったほうがずっといい。ただし、どのツールを使うかは、トレーダーによってまったくさまざまだ。

問題9　トレード心理学
解答：1　「テクニカルシステムを正しく設定すれば、心理状態を気にかける必要はない」は誤り。

　私たちが入手できる情報量は、あまりにも多すぎるため、すべてを処理できるような人はいない。目、耳、脳は入ってくる情報の大部分を選別している。意識に上がってくるのは、マーケット情報のごく一部にすぎない。願望、希望そして恐怖が残りの大半の情報を除外しているのだ。売買システムには利点があるものの、マーケットの中だろうが外だろうが、個人的な心理現象のスイッチを切ることは、人間には無理だろう。

問題10　トレードでの規律

解答：3　「優れた売買システムがあれば、規律はたいした問題ではない」は誤り。

　一見簡単に儲かりそうな誘惑が、どの画面でもピカピカと瞬き、たくさんのトレーダーを、本当の危険性を顧みることなくマーケットに飛び込むよう誘い込む。意思決定のプロセスを設定し、従うためには規律が必要だ。どこで足を踏み入れ、どこで離れるかを決断しなければならない。誘惑に勝てない人は、どれほど賢い人でもトレードでうまくいかない可能性が高い。

問題11　損失の扱い

解答：3　トレーダーとして成功している人は、収益よりもゲーム性そのものを愛する。

　ムチを与えるよりも、アメを与えたほうが成績はずっと改善しやすい。トレードのやり方を勉強している間は、自分に優しくしたほうがうまくいく。学ぶために十分な時間をとってほしい。部分的な成功であっても自分を褒めてあげよう。

　トレードはすべてしっかり記録しておくこと。勝利よりも敗北から学ぶことのほうが多いだろう。小さなサイズでトレードしよう。そうすれば、お金ではなくゲームに集中できる。トレードサイズはあとからいつでも大きくできる。もっと知識と自信をつけてからだ。

問題12　過剰トレード

解答：4　「よりマーケットに集中すること」は誤り。

賭け金が危険なほど高くなると、人は緊張で硬直し、引き金を引くのが怖くなるものだ。落ち着いた自然な対応ができなくなり、成績はそれに応じて低下する。口座資金に対して大きすぎるポジションを持つトレーダーは、マーケットに集中できない。お金に集中してしまうのだ。緊張感が心を曇らせ、マーケットからのシグナルを読み取るときの邪魔になる。

資金管理の主な目的のひとつは、ポジションに現実的な上限を設けることで、口座資金にセーフティネットを張り、気持ちを楽にすることにある。

問題13　2％ルール

解答：3　350

いかなるトレードでも口座資金の2％以上のリスクを取らないと決めたトレーダーなら、2万ドルの口座資金に対して取り得る最大リスクは400ドルだ。もちろん、もっと減らすことは自由だ。

株を12.50ドルで買って、ストップを11.50ドルに置くことは、1株当たり1ドルのリスクを取っていることになる。理屈上はこのルールで400株買うことができる。

だが、現実的には売り買いのときに売買手数料を払う必要があるだろうし、スリッページを払うことも考えられる。350株が解答となる理由はこれだ。さらに少ない株数なら構わないが、増やしてはいけない。

問題14　修正2％ルール

解答：2　4500

原則として、口座資金が大きくなるほど１回のトレードで取るリスクの割合は小さくなる。そうした大口トレーダーの１トレードの最大リスクは、ほかのトレーダーと同じく２％とはいえ、その上限いっぱいまでいくのは、よほど特別な投資機会をみつけたときだけだ。そうでなければ１％よりもはるか下にリスク上限を設けるだろう。

　200万ドルの口座資金を持つトレーダーにとって、5000ドルは0.25％にすぎない。しかし、１回のトレードとして、これはかなりの額となる。１株当たり１ドルのリスクを取れば、理論上の最大数量は5000株だ。さらに、実際には売買手数料を払い、想定されるスリッページを補うため、サイズを落とさなければならない。

問題15　6％ルール
解答：2　ひどいトレードがかさむことによるドローダウンから口座
　　　　　資金を守る。

　２％ルールは１トレードのリスクを限定するが、６％ルールはひどいトレードがかさむことで生じる損害を限定する。損失が積み上がってくると、６％ルールは一歩引くことを強制する。大抵のトレーダーは逆で、必死にトレードすることでさらに深みにはまっていく。６％ルールを適用するのはトレードに入る前で、入ったあとではない。このルールはトレードを追加してリスクを取ることが可能か判断するのに役立つ。

問題16　あらゆるトレードの二大目標
解答：3　お金を儲け、より優れたトレーダーになること。

トレードをする第一の理由は、お金を儲けることだ。しかし、マーケットの不規則性のせいで、すべてのトレードで利益を出せるわけではない。

より優れたトレーダーになることは、あらゆるトレードに課した目標として相当現実的なものだ。勝とうが負けようが、個々のトレードを終えたあとには、より優れたトレーダーになっていなければならない。勝ちトレードと負けトレードの両方から学び続けなければならない。規律と計画を遂行する能力を試すことは、より優れたトレーダーになるための鍵だ。

問題17　経験から学ぶ
解答：2　しっかり記録をつけること

人間がはっきりと思い出せる量には限界がある。しっかりと記録をつけることで、いっときの経験を強固な記憶に変えられる。メモ書きを「脳外記憶」として利用することで、経験を再検証し、より優れたトレーダーになれるのだ。資金管理ルールで自分の投資資金を守り、しっかりと記録をつけ続けることで経験から学ぶ人は、成功への道を歩んでいる。

問題18　記録用表計算シート
解答：4　上記すべて

トレーダーが表計算シートをつける理由は、トレードの厳しい現実を記録するためだ。仕掛け価格や手仕舞い価格のような基本的データに加え、スリッページを計算し、情報源の評価を記録し、個々のトレー

ドでの仕掛けや手仕舞いすべてに成績評価をつける必要がある。

問題19　トレードでの間違い
解答：1　「頭の良い人は間違いを犯さない」は誤り。

　間違いを犯すことは、学びと探求の要である。頭の良い人がしばしば間違いを犯す理由はこれだ。間違いを犯すことには何の問題もない。まずいのは同じ間違いを繰り返すことだ。日誌をつけることがこれを防ぐのに役立つ。

問題20　トレード日誌
解答：2　負けトレードの日誌は、勝ちトレードの日誌よりも有益なことが多い。

　負けは、トレーダーの視野を広げ、新しいことに気づかせてくれる。記憶が細部にまで新鮮なうちに、トレードのあらゆる側面を研究し、その記録を残すことは大切なことだ。
　積極的なトレーダーで一部のトレードしか記録を残せない場合は、規律的なシステムが必要になる。例えば、そのトレードの勝ち負けには関係なく、2回ごと、5回ごと、10回ごとに記録をつけるようなやり方だ。

問題21　日誌の見出し
解答：4　「トレード評価」は誤り。

　どのシグナルが良い結果につながるか調べるため、トレードを仕掛

けた理由を記録したいと思うだろう。どのマーケットでも、複数の時間軸で分析することは有益だ。長期と短期でみることで、何が起こっているか、より深く理解できる。このルールに従うなら、トレードを仕掛けたときのチャートを複数の時間軸で保存しておく必要がある。

仕掛けはその日の終わりに評価しなければならないが、トレード全体の評価はトレードを終えるまで分からない。

問題22　トレード計画とトレード日誌
解答：4　買いと売りの評価が記入されている。

トレード計画は、トレード日誌と同じ形式を使う。チャートは複数の時間軸で表示し、トレードシグナルには印をつける。ラベルは違っても名前のつけ方は同じだ。

ひとつ違うのは、トレード計画には売り買いの評価が入れられない点である。それが分かるのはトレードが始まってからだ。

問題23　監視画面
解答：4　「トレードを終了した銘柄」は誤り。

買いだろうが売りだろうが、未決済ポジションの監視は不可欠だ。また、ダウ平均やナスダック指数のような主要なマーケット指標に注意を払っておくことも大切だ。当然だが、特に関心の高い銘柄のリストは簡潔につくっておきたい。

しかし、トレードが終わった銘柄は画面上を散らかすだけだ。当面は再び仕掛ける予定がないなら、別のウィンドウかタブに移してしまおう。

問題24　画面上のコメント

解答：4　「成績を測るのに役立つ」は誤り。

　あなたのトレードソフトが画面上に書き込みのできるタイプなら、その機能を活用しよう。仕掛けの日付と価格を書き込めば、そのトレードに関する自分の状況がひと目で分かるようになる。目標価格とストップ価格に印をつけておけば、トラブルや利益確定のチャンスに注意が向くようになる。
　画面上のメモでは成績を評価できない。成績の評価はトレーダー用表計算シートで行い、日誌に転載しよう。

問題25　チャートを壁に貼る

解答：4　「壁にチャートを貼っておくことで、適切なタイミングで確実に行動できる」は誤り。

　チャートを印刷し、行動開始のシグナルに印をつけておくことは、トレードアイデアに注意を向けておくのに効果的だ。机に向かうときはこれらのチャートが必ず目に入るので、計画を強烈に思い出させてくれる。古いアイデアの倉庫にならないように、掲示板は定期的に整理する必要がある。
　ただし、どれほど論理的なシステムでも行動を強制してくれることはない。行動を起こすのは、あなたにしかできない。

問題26　トレードアイデアの出所

解答：4　上記すべて

アイデアはどこにでもある。ロシアの偉大な詩人、アンナ・アフマートヴァはこう書いている。「どんなガラクタから詩が生まれるか知ったとしても、がっかりしないでほしいものだ」。

大切なのは、これらのアイデアが売買システムの原材料でしかないということだ。システムという製粉機にアイデアを20個放り込んで、トレードがひとつできるくらいが妥当だろう。

問題27　買いと売りの評価

解答：2　「売った価格がその日の安値に近いほど、トレードの評価はより高くなる」は誤り。

できるだけその日の安値近くで買いたいし、その日の高値近くで売りたい。日足の上から4分の1で買うのと、下から4分の1で売るのは負け試合だ。中間点よりも下での買いや、中間点より上での売りは非常に好ましい。また、日足の下から4分の1での買いや、上から4分の1での売りには、すばらしい評価が与えられる。

問題28　終了したトレードの評価

解答：3　チャネルの30％超をとらえたトレードは「A」評価だ。

金銭的な結果は口座資金の推移カーブに反映され、トレードスキル全体の良い評価基準にはなる。しかし、個々のトレードの評価基準としては貧弱だ。

チャネルはスイングトレードの良い尺度になる。ただし、長期トレーダーには別の評価基準、例えば資本を何パーセント増やしたかなどの基準が必要だ。

短期スイングトレードのよしあしを評価するには、日足のチャネル間の距離と、そこからどれだけとらえたかを比較するのが一番良い。少なくともチャネルの30％をとらえれば、A評価だ。20％ならB、10％ならC、損失が出たらDだ。

問題29　買い

解答：3　「上部チャネルラインはマーケットの落胆水準を、下部チャネルラインは熱狂水準を指している」は誤り。

　穏やかなマーケットなら、価値水準よりも下で購入し、チャネルを利用して価値水準よりも上で売るのが賢明だ。上方ブレイクアウトで買うようなモメンタムトレードなら、上放れのトレンドでうまくいく。
　価格が上部チャネルラインを上回ることは、長くはもたない一瞬の楽観主義を表している。これはマーケットの熱狂ゾーンだ。下部チャネルラインを下回れば、恐怖と悲観主義の領域だ。

問題30　価値

解答：1—C　2—A　3—B

　個々の価格がスナップショットなら、移動平均は合成写真だ。これはマーケットでの価値が反映されている。移動平均近辺で買うことは、価値をみて買うということだ。EMAよりも下で買うことは、過小評価された資産を買うことになる。価格が価値を上回ったり下回ったりと波打つことは、マーケットでは珍しく科学的に証明されている事実だ。上部チャネルラインよりも上で売るなら、過大評価された資産を売ることになる。

問題31　トレード日誌の一例
解答：1―B　2―A　3―C

　図入りのトレード日誌には、いくつか外せない要素がある。テクニカルなトレードシグナルに印をつけることや、トレードにつながった戦略にコメントをつけることだ。日誌には、あらゆる仕掛け、手仕舞い、トレード全体に対する評価の点数が含まれなければならない。初心者は、個々のトレード中の感情も記録する必要がある。ただし、もっと経験を積んだトレーダーはトレードに感情を持たないので、そのようなコメントは書かなくてもいい。

問題32　トレードの評価
解答：1　トレード評価A（チャネルの30％超）

　90.71ドルで空売りをして87.99で反対売買。売買手数料を考えなければ2.72ドルをとれた。トレード当時のチャネル幅は7.89ドルだった。このトレードはチャネルの34％をとらえ、A評価を得た。
　とらえた幅と割合に集中することは有益だ。トレード中にお金を数えるのは無駄である。

問題33　価値をみて買うとモメンタムで買う
解答：1―BとD　2―AとCとE

　価値をみて買う場合の原理は「安く買って、高く売る」だ。モメンタムで買う場合の原理は「高く買って、もっと高く売る」である。価値をみて買うとは、価値水準を下回っているときに買うということだ。

モメンタム買いの主な例として、過去に付けた重要な高値をブレイクアウトしたところで買うというものがある。

このチャートにアルファベットで示したところ以外でも、買い機会をいくつかみつけてほしい。

答案の評価

問題の解答がひとつで正解なら1ポイントが得られる。解答が複数あれば、比例して点数をつける。例えば「次の4つの記述のうち、正しい2つはどれか」という問題で、両方正解なら1ポイント、ひとつだけ正解なら0.5ポイントだ。

28～33点　すばらしい
買い、資金管理、記録をつけることについて十分に理解している。売りに目を向けるときだ。

21～27点　なかなかいい
トレードで成功するには、最高レベルの成績が必要だ。間違えた問題の解答を調べて、よく検討すること。数日後にもう一度問題を解いてから、次章に進んでほしい。

21点未満　注意！
正答率が7割を割っても許されるようなプロの世界もあるだろう。だが、トレードでは致命的だ。プロのトレーダーたちはあなたの金を巻きあげようと、マーケットで待ち構えている。彼らと戦う前に、十分力をつけておく必要がある。第1部をすべてよく読んでから、もう一度問題を解いてほしい。2回目でも成績が悪いままなら、第1部で推薦した本を調べて研究すること。

第2部

どのように売るか

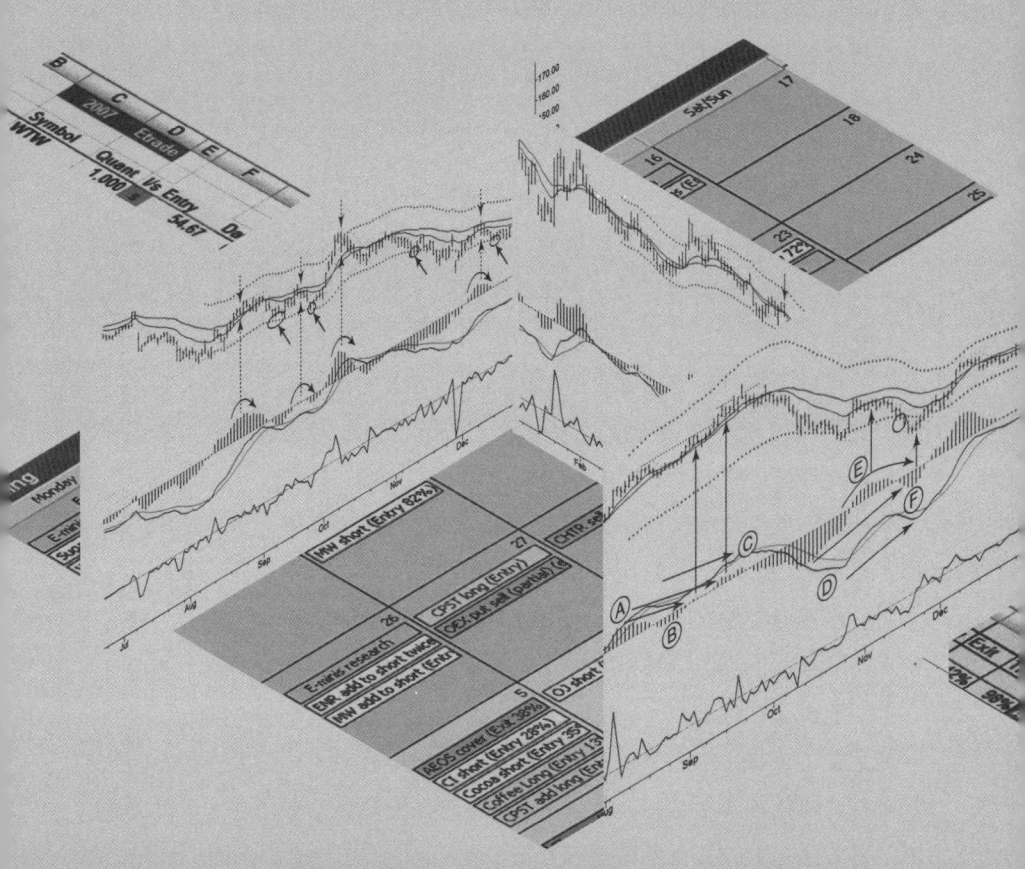

Part Two: How to Sell

売りの計画を書き出すのは、買い注文を出す前だ。計画を紙に書き出すことで、大抵の人は心理的に強い影響を受ける。ストレスが減ることで収益性の向上につながる。最もうまく意思決定ができるのは、リラックスしているときだ。手仕舞い計画を書き出すことで、分析とトレードという２つの仕事が分離され、緊張がほぐれる。

　あなたのなかの「アナリスト」に、平穏という贅沢を与えよう。考えをめぐらして計画を書き出すのは、マーケットが閉まっているときだ。

　あなたのなかの「トレーダー」には、簡潔という贅沢を与えよう。地図に従って走ることで、決定事項の遂行だけに専念させるのだ。

　仕事を２つに分離し、アナリストには思考を、トレーダーには執行をさせる。互いの足を引っ張りあうのではなく、チームとして仕事をさせるのだ。

　ウォーレン・バフェットは、世界で最も成功している投資家だろう。彼によると、株を買うことは気分の浮き沈みの激しい男とパートナーになることをいう。バフェットはこの男を"マーケットさん"と呼んでいる。

　この男は、毎日自分のところに駆け寄ってきては「株を買いましょう」「売りましょう」と勧めてくる。しかし、ほとんどの場合、無視すべきだ。彼は正気でないのだから。

　マーケットさんは、時々ひどく落ち込んで株を売りましょうと申し出てくるものの、とるに足らない価格を提示することがある。そのときこそが買い時だ。またあるときは熱狂的になりすぎて、あなたの株にとんでもなく高い価格で買いたいと申し出てくることもある。そのときこそが売り時だ。

　残念なことに、マーケットさんの気分は感染しやすい。大多数の人がそれに感化されてしまい、マーケットさんが熱狂しているときに買い、落ち込んでいるときに売ってしまう。

これこそやってはならないことだ。手仕舞い計画を書き出してからトレードに取りかかるおかげで、あなた自身はマーケットさんから過剰な影響を受けずにすむ。

本書の第2部は、売却のメニューのようなものだ。選ぶのは一品だけでもいいし、複数の料理を選んで組み合わせてもいい。いずれ分かるだろうが、マーケット状況はさまざまなので、さまざまな選択肢があったほうが望ましい。

ただし、売るときの時間軸は明確に決めておく必要がある。数カ月単位のポジショントレードをするつもりだろうか。自分の分析は数日間のスイングトレードを勧めているのだろうか。もしかすると、リアルタイムで動く画面の前で、デイトレードを狙って釣り糸を垂らしているのだろうか。

デイトレードなら、引き金に指をかけながら画面の前に座っていなければならない。万年負け組がやることだが、最悪の過ちはうまくいっていないデイトレードを長期ポジションに変更することだ。

一方、ポジショントレードでは、リアルタイムで動いている画面をみるのは逆効果だ。リアルタイム画面をみていると、必ずといっていいほどポジションから振り落とされる。ちょっとしたシグナルが目に入って早めに撤退してしまい、大きなトレンドを狙っていたにもかかわらず、それを取り損ねてしまうのだ。

売却の3タイプ

株を買おうとするときは常に自問してみよう。一生にわたって保有し続け、相続人に遺すつもりだろうか。答えは大抵ノーだろう。したがって、次にくる質問はこうなるはずだ——「どうなったら、この株を売るのか？」。

●どこまで上がったら「十分だ!」といって利益を確定するか

　そこに達したら売りを検討するというような、特定の価格や価格レンジが念頭にあるだろうか。上昇トレンドが息を切らし始め、利益確定を入れるタイミングだと教えてくれるような指標パターンがあるだろうか。これらの疑問に答える最良のタイミングは、トレードを始める前だ!

●買いの判断が間違っていて、株価が下げ始めたらどうするか

　どこまで下げれば引き金を引いて行動を起こすのか。このような決定を下すのに最悪なのは、株価が下げているときだ。下へ下へと滑り落ちるたびに、その株は売られ過ぎのサインを繰り返し発するだろう。下落は止まり、切り返すようなそぶりを繰り返す。小さな損失を素早く受け入れる用意がなければ、いつまでも夢をみて自分をだまし続けることだってできるのだ。

　大抵のトレーダーは、深刻な損失を被ってから、うんざりしながら売りを出す。それもその苦しみに耐えられなくなってからようやくだ。どの価格で売るかを決める最適なタイミングは、買う前だ!

●期待どおりの動きをしなかったり、チャートや指標があやしい動きをみせ始めたりしたらどうするか

　売却を決断することになるだろう。強気の見通しに対してこの株が異議を唱えるのは、どういう場合だろうか。私はこれを「エンジンノイズによる売却」と呼んでいる。経験を積めば、あなたの耳にもノイズが聞こえるようになる。

　まとめると、売却は大きく3つに分類できる。

①現在値よりも上の目標価格で売る。

②保護的ストップを用いて、現在値よりも下で売る備えをしておく。
③マーケット状況が変化し、もはや保有しておきたくないときは、目標にもストップにも達していなくても売る。

　ひとつずつじっくり論じていこう。ただし、念頭に入れておいてほしいことがある。トレードという領域は巨大で、あらゆる手法を習得することなど誰にもできない。たくさんの手法を知り、そこから魅力的なものを選べばよい。そして、それをうまく使いこなせるよう訓練を重ねるのだ。

第4章　目標価格で売る
Selling at a Target

買い候補を選んだら、いくつか考えなければならないことがある。

①利益目標はどこか。この銘柄はどの程度上がりそうか。
②どこまで下がれば、買いの判断が間違っていたこと、損切りしなければならないことを確信できるか。
③その銘柄のリスク・リワード・レシオ、つまり潜在的な収益（リワード）とリスクの比率はいくらか。

プロのトレーダーは、この3つの問いを常に考えている。ひとつも考えないようでは、ギャンブラーと同じだ。

最初の問題から始めよう。利益目標はいくらか。

スイングトレードの目標設定には、移動平均もしくはチャネルを使うとよい。長期トレードの利益目標を見積もるとき、長期の支持線や抵抗線を検討すると役立つ。

トレードを仕掛けるのは、流れが速い川に飛び込むようなものだ。ただし、飛び込む場所を探すのに、川岸を上下に動けばよい。川岸には、仮想売買に終始して一生を終える人もいるくらいだ。

川岸にいれば安全だ。水に濡れることもない。MMF口座で現金が金利を稼いでくれる。

トレードで完全に自分でコントロールできるのは、飛び込むタイミングぐらいだ。落ち着かない、不安にかられたからといって、適切な場所をみつける前に飛び込んではならない。

飛び込む位置を探すとき、もうひとつ調べなければならない重要な

場所がある。下流をみなければならないのだ。

　水が白く濁っているのは、岩があるところだ。流れが急なところは危険なので、そこに至る前に川から出なければならない。そのために向こう岸をよく見回して適切な場所を探す必要がある。トレードでは、利益目標を定めなければならないのだ。

　私がトレードを始めたばかりのころ、ある見当違いの考えを持っていた。トレードを仕掛けて「ちょうどいいときに」撤退しようと思っていたのだ。利益目標を定めることは、収益の可能性を抑えることになると考えていたわけだ。素人が明確な利益目標を持たずにトレードに取りかかると、混乱して道に迷うことは間違いない。

　『投資苑3』でケリー・ラボーンが答えていたことは的確だった。

　「みんな金を儲けたいんだけど、マーケットからどれだけ儲けたいか分かっていないんだ。トレードをするとき、僕はそこから何を期待するのだろう。仕事を始めるなら、賃金がいくらか分かっているだろう。収益は仕事の対価にあたるものだ。利益目標を持つことで僕はうまくやっている。時々は早く売りすぎてしまうけどね」

　本章では、私の日誌からトレードをいくつか紹介する。仕掛け、手仕舞い、その後の動きも含めて。この章では売却を取り上げるので、買いトレードの手仕舞いに焦点を置く。仕掛けに関しては最低限必要なことだけを述べるにとどめ、トレードの動機となった一般的なアイデアをおおまかに示すことにする。

　本書にあるトレード後のチャートについて、先に説明しておこう。天井をとらえて手仕舞うような目を見張るチャートもあるが、取り損ねた金額のほうが多いというのもよくあることだ。

　初心者がチャートをみると、その強力なトレンドに陶酔してしまうことも多い。経験を積んだトレーダーなら分かっているように、大きなトレンドは、あとからみて初めてはっきりとみえるものだ。どんなトレードでもバックミラー越しならはっきりとみえる。しかし未来と

なると、ぼんやりして移ろいやすく、はっきりしない。

　トレードとは荒々しい野生馬に乗るようなものだ。ご存じのように、ロデオ競技ではゲートから飛び出して50秒も馬の背中に乗っていられれば、優秀な乗り手とみなされ、賞がもらえる。長い距離を乗る話は後述する。乗る馬もまた違うものになる。長期ポジションの売却については、この章で後述しよう。

　これらトレードの大半は、私の個人的なトレード日誌から抜いてきたものだ。これをみるときは、いくつか注目してもらいたい特色がある。

　あらゆるトレードを３つのやり方（仕掛けや手仕舞いのよしあし、そして最も重要なトレード全体のよしあし）で評価していることに注意してほしい。私はいつでもトレードアイデアの出所を書きとどめている。それは自分の宿題、あるいはスパイクの銘柄選択情報からかもしれないし、ウェブ研究会のようなものからかもしれない。

　私は記録用表計算シートに、各々の情報源での損益総計を記録するセルを設けている。理由は分かるだろう。この先、誰に耳を傾け、誰を無視すべきかを知りたいからだ。

　利益目標を定める前に、私たちが利用できるツールを挙げておこう。私のお気に入りは次のとおり。

①移動平均
②エンベロープ、またはチャネル
③支持線、抵抗線
④そのほかの手法

移動平均で売る

　20世紀前半、ロバート・リアは、テクニカル派として傑出した存在

だった。彼は上げ相場の３段階を説明した。

　最初の段階では、その前の下げ相場による売られ過ぎから価格が回復してくる。ひどく過小評価された水準から、価値水準まで上昇するのだ。

　２番目の段階では、価格の上昇は改善しつつあるファンダメンタルズを反映する。やがて３番目の最終段階で、熱狂、楽観、強欲によって価格は上昇する。「価格がこれまでずっと上昇し続けてきた」という理由で買われるわけだ。

　リアは、ダウ理論が一般に浸透するのに大きく貢献した。彼は数年にわたる上げ相場について記しているが、彼の考えをもっと短い時間軸にも適用できることに私は気づいた。

　移動平均には、価値に対する長期的な総意が反映されていることはすでに論じたとおりだ。移動平均を割り込むように値を崩して、価格が移動平均を引きずっている状態なら、弱気な動きが進行中であるとみる。下落が止まり、移動平均が横ばいになってきたら、弱気派が死亡している可能性に注意すべきだ。

　マーケットは二大政党制で成り立っている。弱気派が支配力を失えば、次の選挙では強気派が勝つと予測できる。強気の動きが最初に目標とするのは、価値まで持ち直すこと、つまり移動平均までの戻りだ。

　この方法は、価値水準よりも下で買って、利益目標を価値ゾーンに設定するもので、特に週足でうまくいく。トリプル・スクリーン・システムでは、週足で戦略上の意思決定がなされ、その意思決定を日足で執行する。売買タイミングという戦術上の選択を日足上でするわけだ。

　友人トレーダーのケリーからメールが届いた。それは彼がトレードしていたEXTR（エクストリームネットワークス）に関するものだった。彼の指摘によると、その株は数年来の安値を最近割り込んだが、動きは落ち着いているとのことだった。

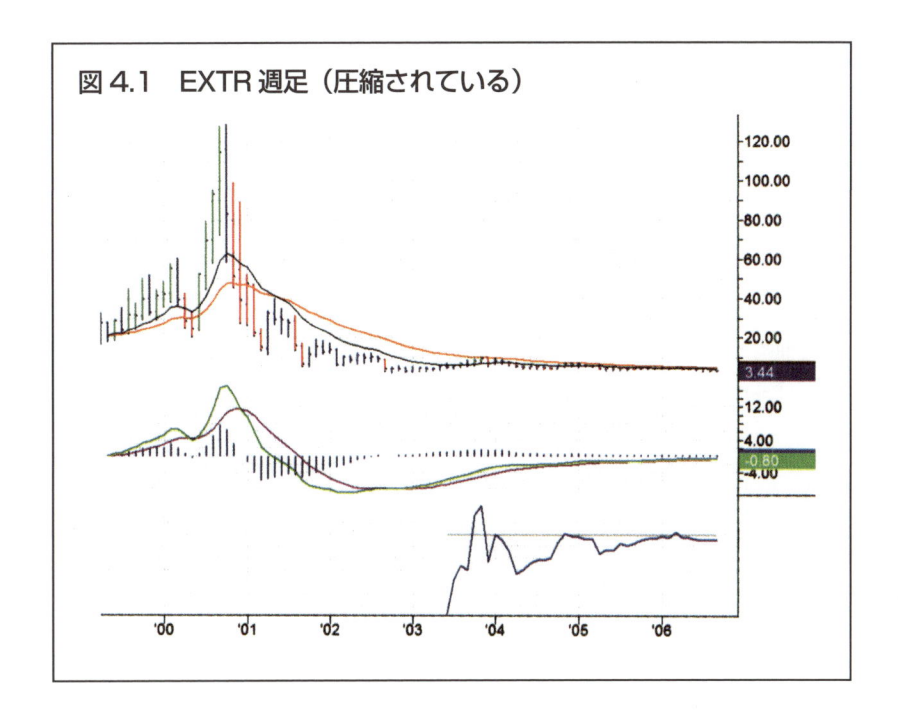

図4.1　EXTR週足（圧縮されている）

　私は、しばらくみていなかった銘柄をみるとき、まずは過去の推移全体がひとつの画面に収まるように、圧縮した週足を出すようにしている（図4.1）。過去の推移からみて高いか安いかが、ひと目で分かるようにしたいからだ。

　EXTRは、120ドルを超える高値と3ドル近い安値を付けたことがあり、現在は3.50ドルよりも下で取引されている。高いか安いかはきわめて明白だ。

　次に、その銘柄の週足を開き、ここ2、3年の推移を検討する（図4.2）。週足なら、価格と指標の長期的なパターンをみつけることができる。

　ここでは、株価が最近4.05ドルの長期支持線を割っていることがみてとれる。下落は一服し、トレンドは下向きから横ばいに変わっている。MACDヒストグラムと勢力指数は両方上向きのトレンドであり、

図4.2　EXTR週足

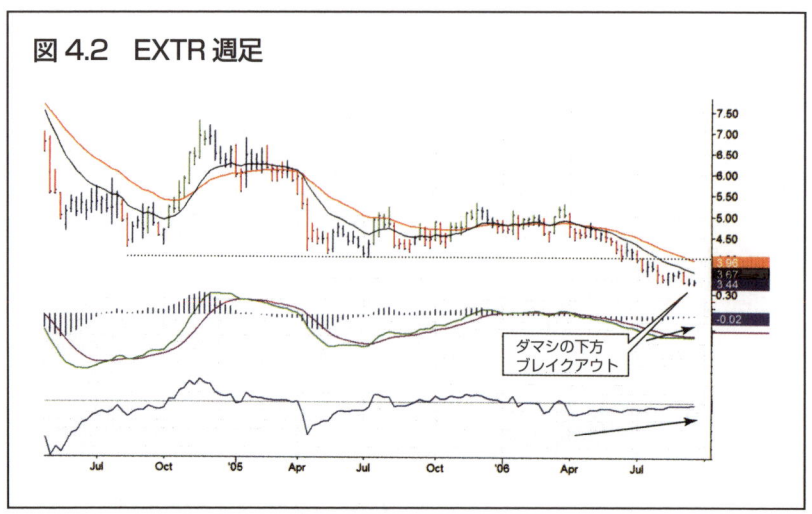

ダマシの下方ブレイクアウト

図4.3　EXTR日足、仕掛け

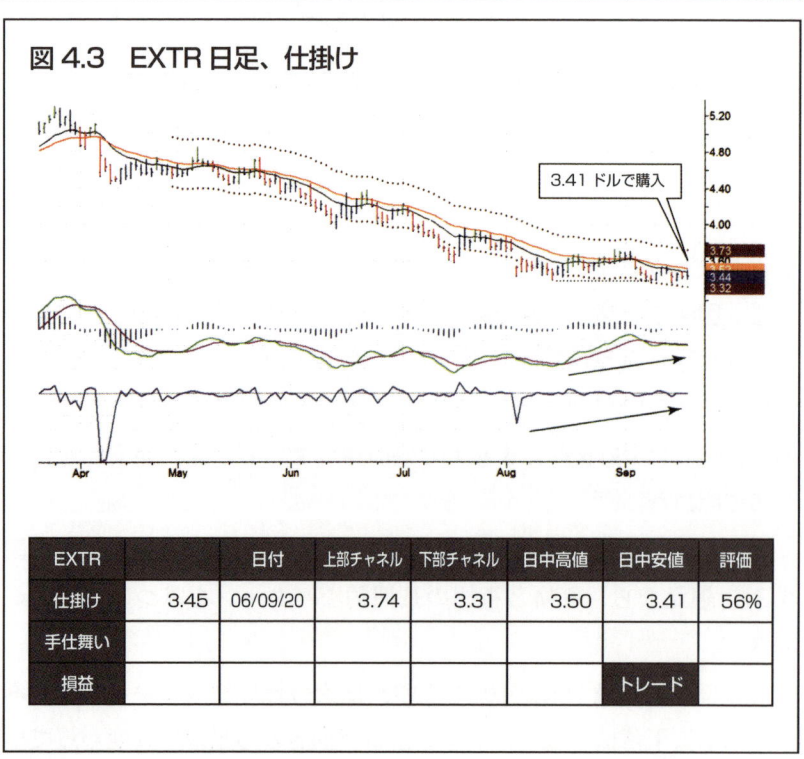

3.41ドルで購入

EXTR		日付	上部チャネル	下部チャネル	日中高値	日中安値	評価
仕掛け	3.45	06/09/20	3.74	3.31	3.50	3.41	56%
手仕舞い							
損益						トレード	

強気のサインを示している。株価は反発して週足の価値ゾーンまで戻るだろうと判断した。価値ゾーンは3.67ドルと3.97ドルの間、2本の移動平均の間だ。

日足の右端では、EXTRにダマシの下方ブレイクがみられる（**図4.3**）。これは、テクニカル分析では非常に強気のサインだ。MACDラインの強気乖離もこれを裏付けている。さらに、勢力指数の強気乖離が発している重要なメッセージによれば、下方ブレイクの試みは力不足だったようだ。

私はEXTRを買うことに決めた。ストップは3.31ドル、目標は上部チャネルラインを上回る3.81ドルだ。直近の終値から目標までの距離は37セント、ストップまでの距離は13セント。リスク・リワード・レシオはほぼ3対1だ。この比率は、最高とまではいかなくとも十分であることは間違いない。

その日は穏やかな日で、申し分のない仕掛けができた。日足の下半分で買うことができ、仕掛け評価は56％だ。

EXTRを買った翌日、株価は弱含んだ。さらにその翌日には新安値をつけた。ストップにかかった人もいたに違いない。直近安値のすぐ下にストップを置くことが好きな人は、その代償を払ったことになる。大切なのは、通常のマーケットノイズに対して余裕を持たせ、少し離れたところ、こんな値段はつかないだろうというところにストップを置くことだ。

翌週EXTRは爆発した。1日で上部チャネルラインに達しそうな勢いだった。ほぼ高値引けだ。しかし、翌日は小幅な値動きにとどまり、それ以上は上がらなかった。私はそこに抵抗帯があるサインだと判断し、3.63ドルで売却した（**図4.4**）。

ここでは、マーケットが進んで差し出してくれる分以上には望まないという選択をした。私は売却目標を未確定の見立てとして考えている。マーケットが非常に強いようであれば、最初の目標よりも遠くま

図4.4　EXTR日足、手仕舞い

3.63ドルで2万株売却

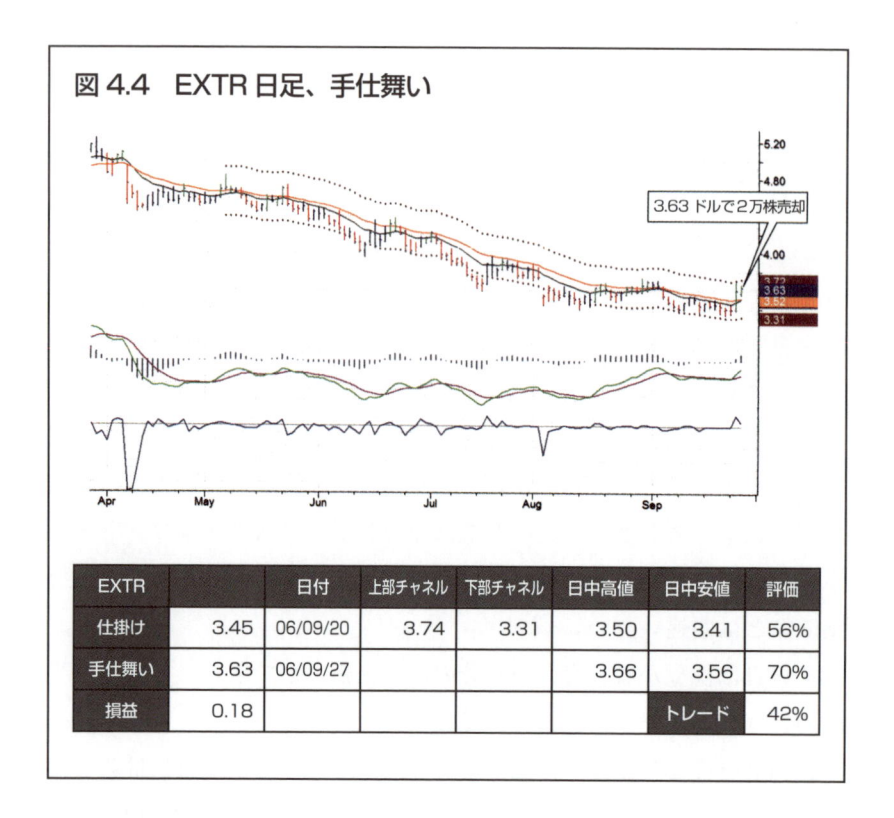

EXTR		日付	上部チャネル	下部チャネル	日中高値	日中安値	評価
仕掛け	3.45	06/09/20	3.74	3.31	3.50	3.41	56%
手仕舞い	3.63	06/09/27			3.66	3.56	70%
損益	0.18					トレード	42%

で、その動きに便乗しようと試みる。一方、マーケットが非常に弱いようであれば、早めに撤退してしまう。

　結果的に非常にうまく手仕舞うことができた。その日の高値近辺で売ることができ、手仕舞い評価は70％だ。さらに良かったのがトレード全体の評価だ。43セントのチャネルから18セントをとらえることができ、42％の評価である。これはA＋の評価だ。価値水準よりも下で買い、過大評価水準近辺で売れたのだ。

　トレード日誌をつけることの非常に重要な意義のひとつに、1〜2カ月たってから、終了したすべてのトレードに目を向けるようになる点がある（**図4.5**）。自分の成績をあとから振り返って再評価するわけだ。経験から学び続けていれば、明日は今日よりも優れたトレーダー

図 4.5　EXTR 日足、その後

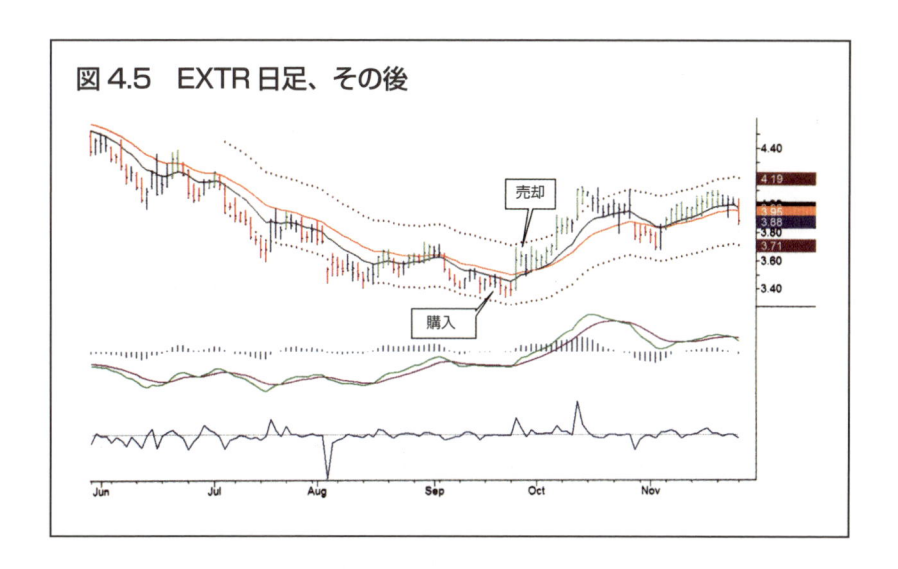

になっているだろう。

　あとからみればもっと長く持ち続けることもできた。しかし手仕舞った当時は、これほどの上昇になるとは知る由もなかった。

　大底と天井をすべてとらえる絶対確実な方法が２つある。ひとつは古いチャート上での仮想売買、もうひとつは自分のトレードにウソをつくことだ。本物の現金を賭ける本物のトレーダーなら、未来の大金ではなく、少額でも目の前の確実なお金を取ろう。

　しっくりくる自分のトレードスタイルを開発し、それに従ったことに後悔すべきではない。後悔はトレードにとって有害だ。相当な額を取り損ねてしまったと自分を責めれば、明日は欲をかきすぎて失敗することになる。

　別のトレードをみてみよう。

　先物市場の利点のひとつが、銘柄の少ないことである。何千銘柄もある株とは違い、数十の主要な先物市場をじっくりみるという宿題は難しいことではない。私もそうやって次に紹介する金先物市場のパターンを発見した。

図4.6　金日足

577.80ドルで買い仕掛け

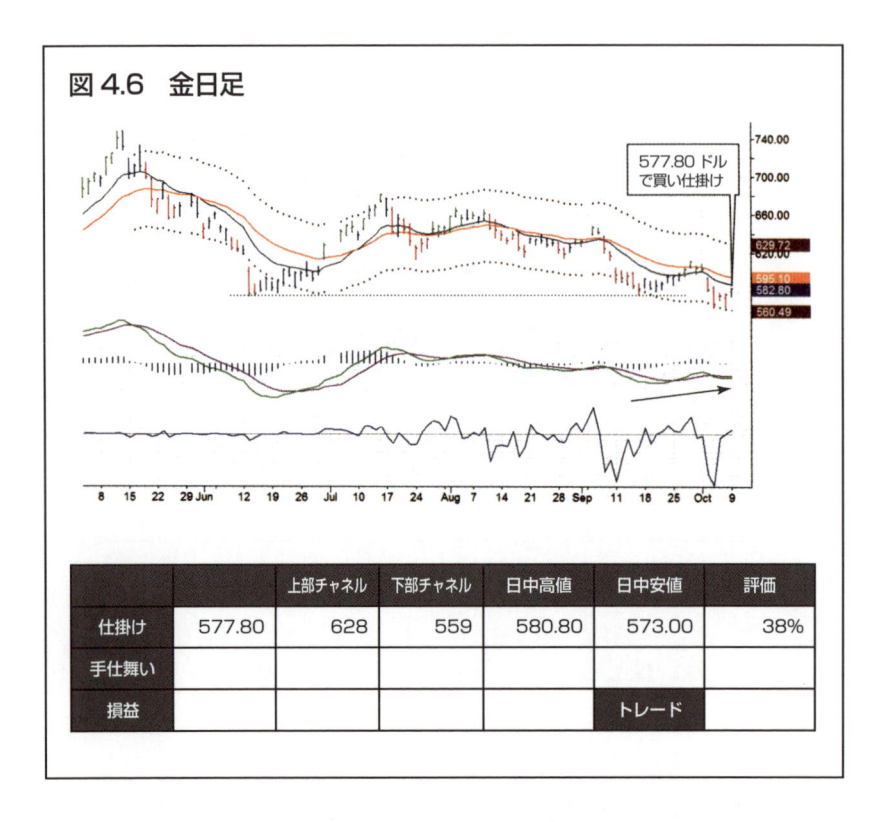

	上部チャネル	下部チャネル	日中高値	日中安値	評価
仕掛け	577.80	628	559	580.80	573.00	38%
手仕舞い						
損益					トレード	

　図4.6では、日足の右端で、金は支持線を割り込みながらもその上で引けていた。私が主催するトレーダーズキャンプにゲスト講師として何度も来てもらっているデビッド・ワイスから教わったことだが、ダマシの下方ブレイクは、テクニカル分析で非常に強力な強気シグナルを表している。

　また、力積システムは、週足でも日足でも青が点灯していた（週足は載せていない）。下落トレンドの一番ひどい時期は終わっており、買ってもよいという合図だ。

　数日前にみえる、勢力指数の激しい突っ込みをみてほしい。このような突っ込みは、パニックや弱ってきた買い方による投げの表れであり、上昇のために露払いの役目を果たす。9月から10月にかけての底

図4.7 金日足、手仕舞い

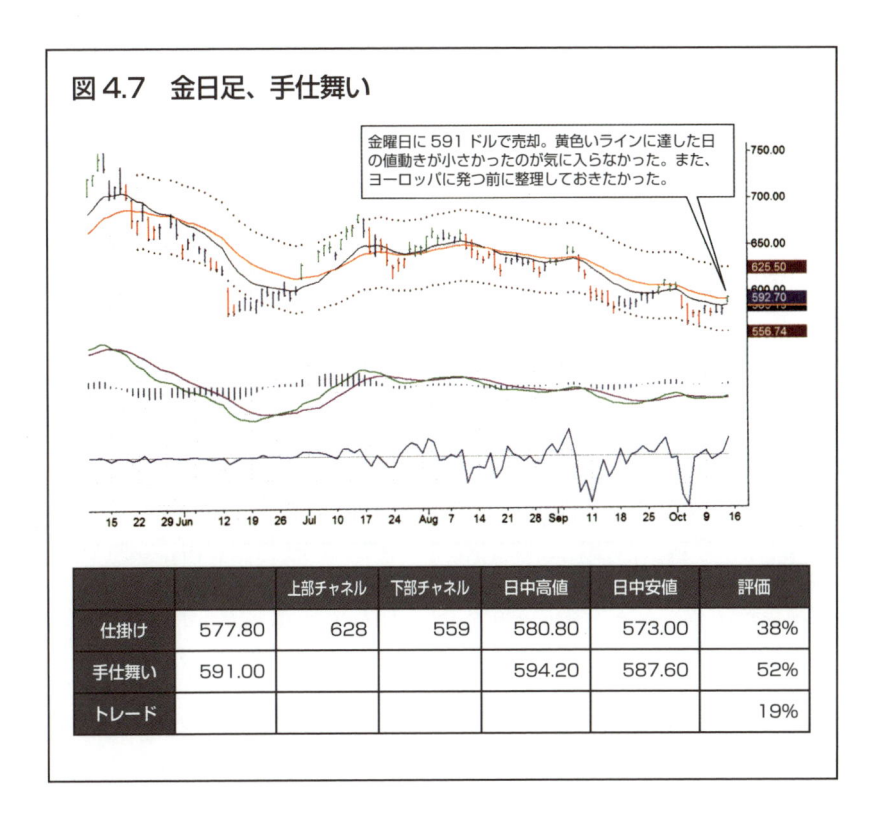

金曜日に591ドルで売却。黄色いラインに達した日の値動きが小さかったのが気に入らなかった。また、ヨーロッパに発つ前に整理しておきたかった。

		上部チャネル	下部チャネル	日中高値	日中安値	評価
仕掛け	577.80	628	559	580.80	573.00	38%
手仕舞い	591.00			594.20	587.60	52%
トレード						19%

入れ局面で、MACDラインとMACDヒストグラムの両方に強気乖離が出ているのは強力な買いシグナルだ。

　私は金先物12月限を2006年10月10日に577.80ドルで買った。目標は週足の価値ゾーン近辺で630ドル以上、ストップは直近安値のすぐ下だ。

　仕掛け日の高値は580.80ドル、安値は573ドルだった。私の仕掛け評価は38％で、なんとか及第点といったところだ。目標はEMAの向こう、上部チャネルラインだ。

　そして3日後の10月13日金曜日に売却した（**図4.7**）。テクニカル的には、金が日足の長期移動平均に達した日に、1日の値動きが非常に小さかったのが気に入らなかった。価値ゾーンは、下落と上昇の両方で天然の抵抗帯として働く。値動きが小さいのは、抵抗が予想され

図4.8　金日足、その後の動き

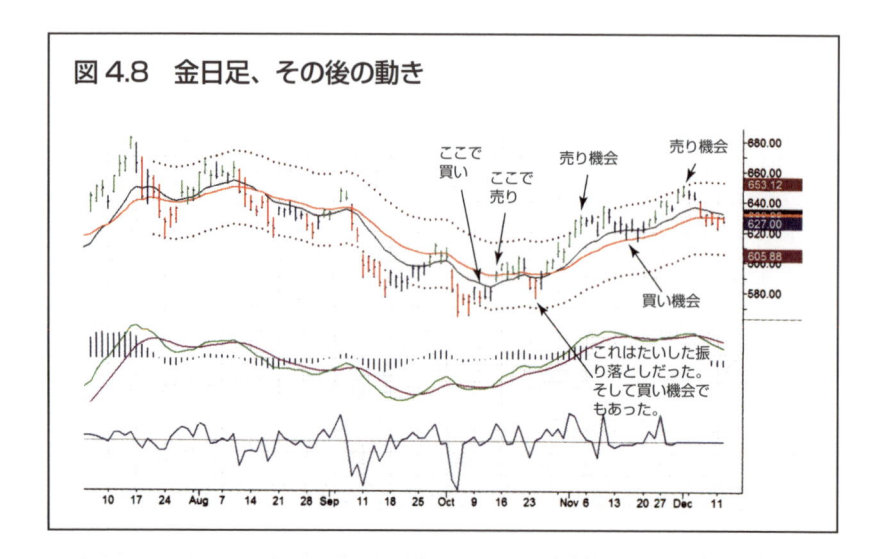

（図中ラベル：ここで買い／ここで売り／売り機会／売り機会／買い機会／これはたいした振り落としだった。そして買い機会でもあった。）

る価格帯で足踏みをしているということだ。

　また心理的にはマーケットとは別の理由で、売却してしまいたい動機があった。翌週ヨーロッパへ行く予定があり、マーケットでのポジションを最小限に落としたかったのだ。時間と注意と手間のかかりそうなものは持っていたくなかった（みなさんは撤退する理由を探していただけだろうと思っているかもしれない）。

　手仕舞い評価は52％だった。これは、その日の中間点のすぐ上で売ったことを意味する。69ドルのチャネルから13.20ドルをとらえたので、トレード評価はB－だ。なかなかの評価だが、改善の余地があるのは確かだ。

　日誌がなければ、トレードを終えて次へ進むだけだっただろう。日誌があるから過去を振り返ることができる。振り返ってみると、トレードのできはどうだっただろうか。２カ月後の金をみてみよう（**図4.8**）。

　過去を振り返るときは、過去の強力なトレンドに陶酔しないよう気をつけなければならない。それは、あとからみて初めてはっきりみえるものだ。私が手仕舞った４日後、金は一度上昇してから買ったとこ

ろまで崩れてきた。日足で、EMA間の価値ゾーンから上部チャネルライン近辺の過大評価ゾーンへの動きが２回あり、さらなる投資機会を提供していた。

　私は、価値水準より下で買い、価値水準より上で売った。この売却は非常に適切だった。金は下げ相場を脱したばかりであり、上げ相場に賭けるには慎重にならなければならなかった。あやしいと思ったら撤退だ！

エンベロープまたはチャネルで売る

　ここまで、週足と日足の移動平均が、弱気相場の底入れから切り返していくときの利益目標として、どう役立つかをみてきた。

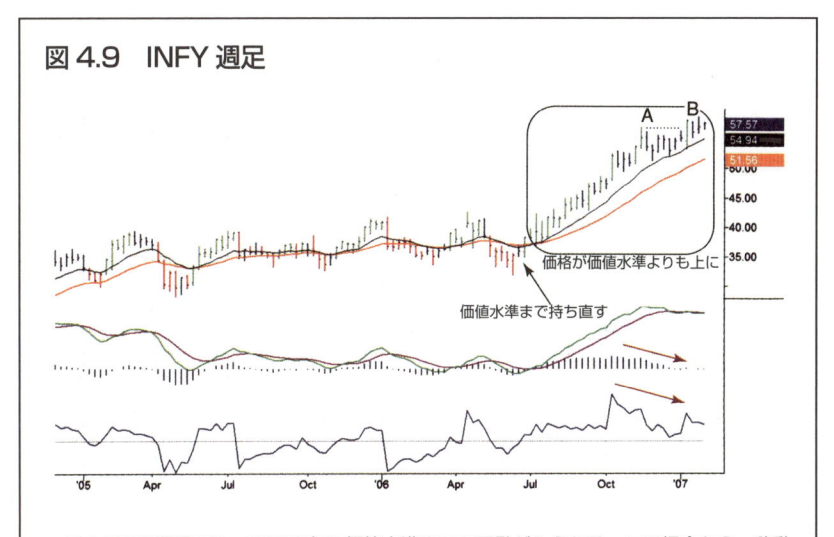

図4.9　INFY 週足

このINFY週足では、2006年に価値水準までの反発がみられる。この場合なら、移動平均の週足は目標として機能しただろう。しかしその後、強力な上昇が続き、価格は数カ月間にわたって価値水準よりも上を推移した。このような状況では移動平均が目標として機能しなかったのは明らかだ。上昇トレンド中に手仕舞い目標として使えるような、別のツールを探す必要がある。

そこから強気トレンドが形成されると、この種の目標をみつけるのは難しくなる。株価がどんどん上げ続け、移動平均は遅れてついていくからだ。安定した上昇トレンドで、移動平均が目標としてふさわしくない理由はこれだ。

適切な目標を探す前に、**図4.9**のINFY（インフォシス）の週足にみられる重要なパターンに目を向けよう。ここには、テクニカル分析の非常に重要なシグナルが現れている。価格と週足MACDヒストグラムの弱気乖離だ。

ポイントAで高値をつけたあと、MACDヒストグラムはゼロを割り込んでいる。私はこれを「ブル（強気派）の背骨折り」と呼んでいる。株価はポイントBで新たな上げ相場へと昇っていくが、この指標はさらに下落を続け、ほとんどつぶれてしまった。これは強気派への大警報だ。

このシグナルを裏付ける弱気サインは数多くみられた。新高値をつけるブレイクアウトとその後の尻すぼみ、勢力指数の弱気乖離、そして完全につぶれたMACDラインだ。

図4.10の日足では短期的な動きがみられる。

このような上昇トレンドで、価値水準で買って上部チャネルラインで売ることを繰り返していると、ATMにでも行っているような気分になる。もっとも、あまりこういう言い方はしたくない。ATMに行くような簡単な話はマーケットではあり得ないからだ。それでもそこには、繰り返し現れる安定したパターンをみいだせる。

上昇を続ける価値ゾーンと、上昇を続ける過大評価ゾーンを株価が行ったり来たりしているのだ。このパターンなら、トレーダーも優れた利益目標をみつけることができる。すなわち、上部チャネルラインでの売却だ。

移動平均が価値を規定するのに使えるなら、それに平行なチャネルやエンベロープは買われ過ぎゾーンや売られ過ぎゾーンを規定するの

図4.10 INFY 日足

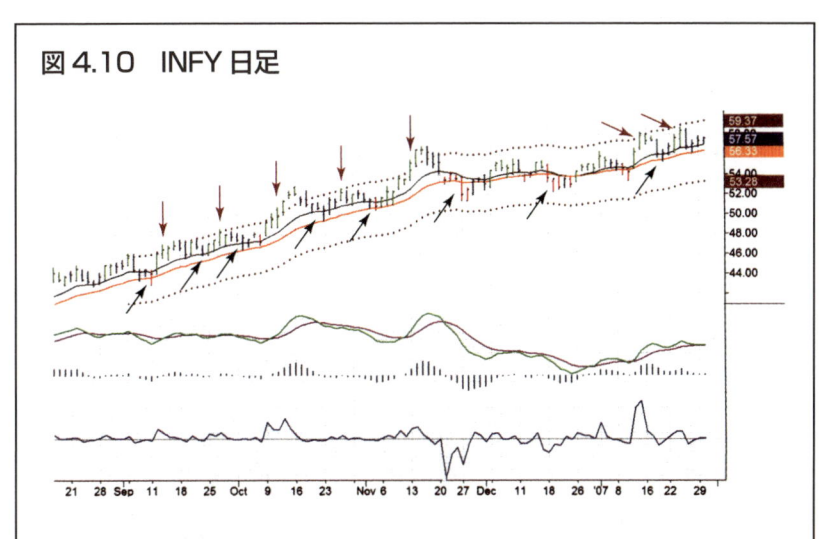

INFYの週足では、数カ月にわたって価格が移動平均よりも上を推移しているが、同じ銘柄の同じ時期の日足では、まったく違うパターンが現れている。価格はそのチャネルから出ないように上昇を続け、あたかも見えないレールの上を走っているかのようだ。このように規律的なパターンは、安定した上昇トレンドではきわめて典型的なものだ。上昇を続けながら価値水準（移動平均）と上部チャネルラインの過大評価水準を行ったり来たりする。株がこのように上昇する場合、2本のEMAの間、すなわち価値ゾーンは、買いを入れるのにふさわしい場所だ。上部チャネルラインは買われ過ぎ水準を表し、利益確定に適した水準を示している。

に使える。理想的には価値水準よりも下、すなわち移動平均よりも下で買い、過大評価された水準、すなわち上部チャネルライン近辺で売りたいところだ。トレードがチャネルの何パーセントをとらえられたかで、成績が評価される。30％以上とらえられれば、そのトレードはA評価になることをおぼえておこう。

毎月開いているウェブ研究会で、ジェフ・パーカーというトレーダーが要チェック銘柄としてCEGE（セルジェネシス）を提案した（**図4.11**）。

このウェブ研究会は、私が毎月主催しているものだ。1回が2部に分かれており、1部と2部の間に1週間を空けている。20人ほどのトレーダーが、バーチャルな教室に集まってマーケットと個別銘柄

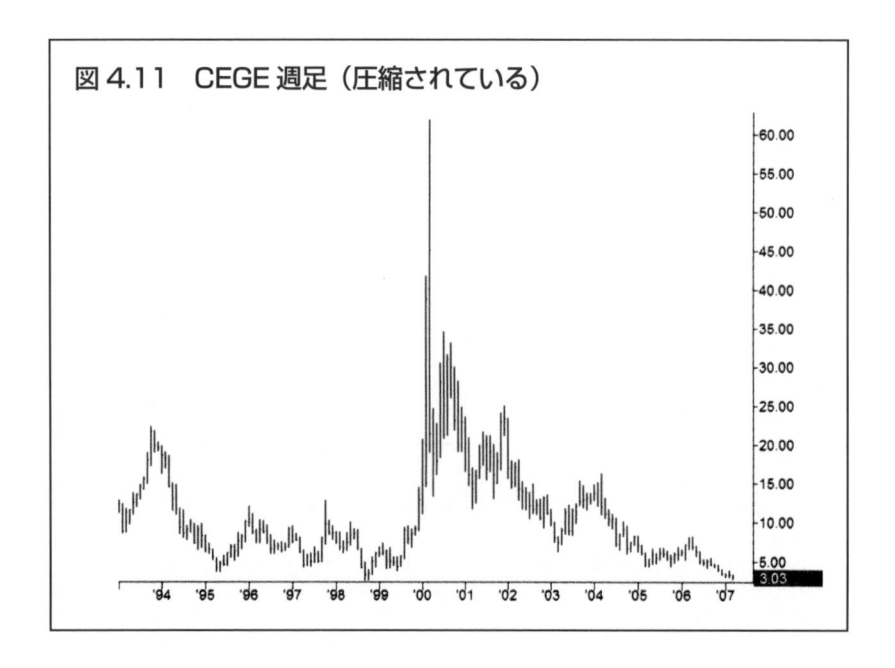

図4.11　CEGE週足（圧縮されている）

を検討する。私はたくさんのトレーダーが持ち寄った推奨銘柄を検討し、非常に気に入った銘柄があれば、翌日トレードすると宣言している。CEGEもそのひとつだった。

　CEGEの週足を圧縮してひとつの画面に収めてみた。幸福な時代だったあの1990年代の上げ相場で、株価は60ドル超まで上昇していたのが分かる。そこから暴落して焼け落ち、何回か反発を試みたものの、チャートの右端では3ドル近くまで沈んでしまっている。上げ相場の頂点から比べてみると95％以上の落ち込みだ。

　90％以上も下落した銘柄を私は「堕天使」と呼んでいる。そういった銘柄のなかから買い候補を探すことも多い。私がCEGEに仕掛けた様子を**図4.12**と**図4.13**に示した。

　翌週、ウェブ研究会の後半があり、CEGEを再びチェックした。この銘柄を選んだジェフの話では、これは相当に買われ過ぎているということだった。株価は上部チャネルラインを目指して跳ね上がっ

図4.12　CEGE 週足

（失われた右肩）

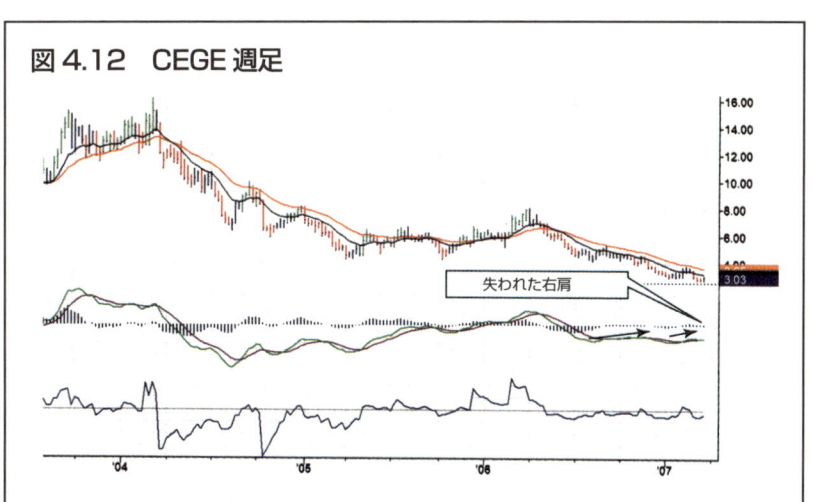

　この週足には強力な連携がみられる。ダマシの下方ブレイクと、それに伴うMACDヒストグラムの強気乖離だ。力積システムは右端で青が点灯しており、買いが解禁された。直近の強気乖離は「失われた右肩」タイプだ。つまり、指標はゼロを割ることすらなかったのだ。これは弱気派の息が上がっていることを表す。

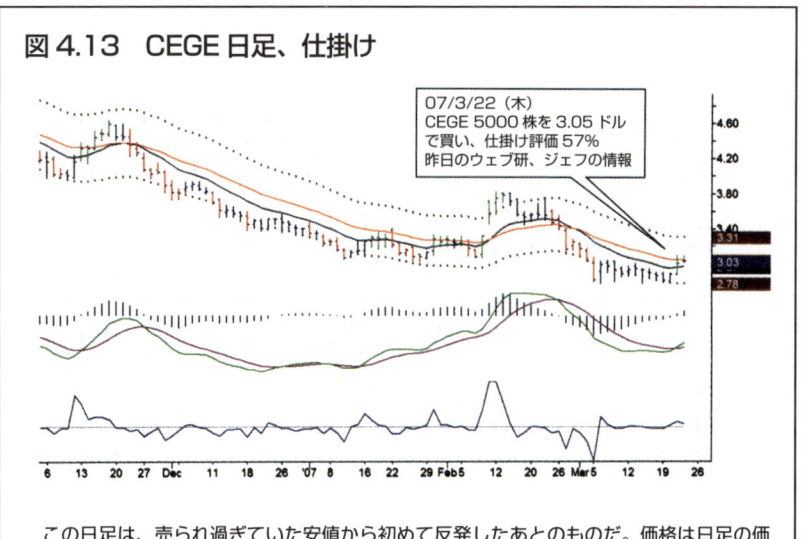

図4.13　CEGE 日足、仕掛け

07/3/22（木）
CEGE 5000株を3.05ドルで買い、仕掛け評価57%
昨日のウェブ研、ジェフの情報

　この日足は、売られ過ぎていた安値から初めて反発したあとのものだ。価格は日足の価値ゾーン内にある。日足の上部チャネルラインは、2発目の反発の目標としてよさそうだ。同時に、週足の強力な強気パターンを考えれば、この目標を飛び越えていくという可能性も十分に考えられた。

図4.14　CEGE日足、手仕舞い

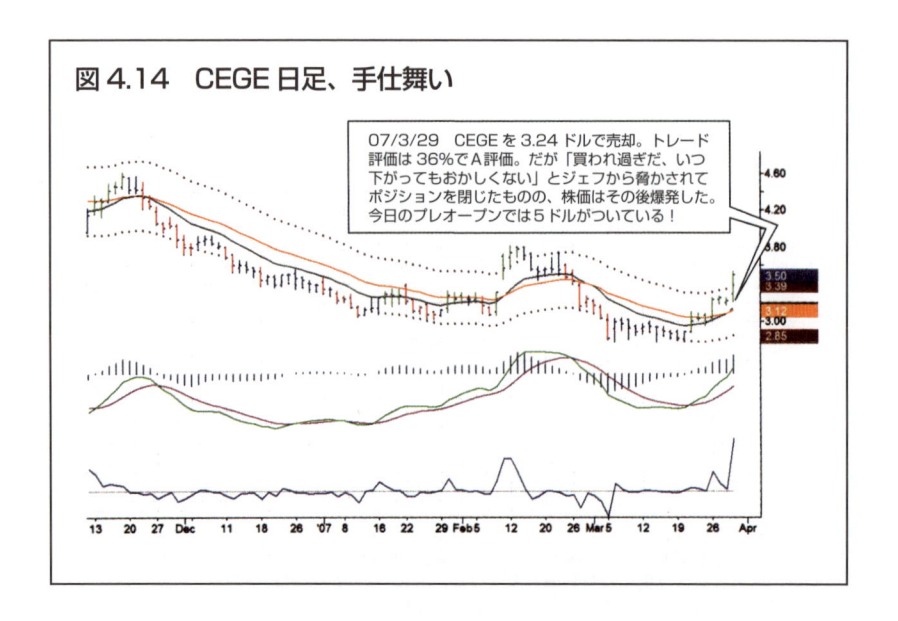

07/3/29　CEGEを3.24ドルで売却。トレード評価は36％でA評価。だが「買われ過ぎだ、いつ下がってもおかしくない」とジェフから脅かされてポジションを閉じたものの、株価はその後爆発した。今日のプレオープンでは5ドルがついている！

てはいるが、達してはいない。こういう状態で2日間足踏みしている。MACDヒストグラムは買われ過ぎ水準に達している。当時、私はたくさんの買いポジションを持っていたので、翌日場が開いたらすぐにCEGEを外してポジションを落とそうと決めていた（**図4.14**）。

　私が売ったあと、株価は鋭く反発した。そのため、手仕舞いの評価はたったの6％だった。ひどい評価だったが、すべての売却で好成績を取ることはできない。大切なのは評価の平均を50％以上に維持することだ。それでもトレード評価はAだった。チャネルの36％をとらえることができたからだ。

　私が手仕舞った数日後、ジェフは電話をくれた。早く売りすぎたと自分を責めていた（**図4.15**）。私も彼に話を合わせることにした。

　「ほら、早めに売ったおかげで、上放れによる莫大な利益の使い道に悩まずにすんだよ！」

　しかし、冗談は抜きにしても、このトレードは大切な教訓を教えてくれている。

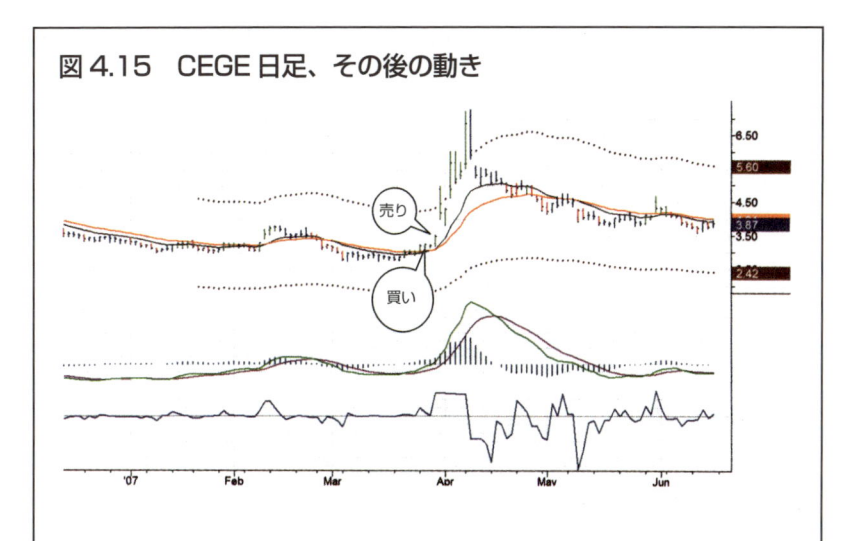

図4.15　CEGE日足、その後の動き

このトレードのその後の動きは、喜劇と悲嘆が合わさったものだった。株価は私が売却したあとで爆発し、私はウェブ研究会の参加者からメールをいくつか受け取った。彼らは私が売った翌日か翌々日に売却しており、はるかに大きな利益を得ていたのだ。ところが、株価はさらに爆発した。そしてさらにもう一度爆発したのだ。

　第一に、大切なのは自分の利益目標には自信を持って、早く売りすぎないこと。第二に、投資機会を逃したことで自分を責めても意味がないことだ。そんなことをしていても、そのうち無鉄砲なトレードをするようになるだけである。

　ジェフには「こんなにすごい銘柄を選んだのだから、自分を褒めなければならない」と伝えた。良い銘柄を買い続けていれば、そのうち思ってもみない利益が舞い込むことになるだろう。

　図4.15のその後のチャートで、チャネルがどれだけ太くなっているか注目してほしい。

　私はオートエンベロープというソフトウェアを使っている。このソフトウェアは、最近の価格のうち約95％を含むようにチャネルラインを自動で引いてくれる。価格が跳ねればオートエンベロープも太くなる。

これで思い出すのは、トレードは定まった目標を狙うものではないということだ。目標が常に動いているからこそ、このゲームは難しいのだ。私はチャネルの壁に近いところで利益確定を入れた。だが数日後、その「壁」が動いたのだ！
　CEGEは束の間の爆発のあと、日足の狭いレンジに戻っていった。ジェフと私が買ったスタート地点に向けて下げ始め、再び魅力的な買い機会に向かって歩みを進めていった。

飽くなき欲望

　人生の好ましいものに対して、大多数の人は満足することを知らない。もっと大きい家、もっとピカピカの車、場合によってはもっと新しくて、もっとすてきなパートナーさえも求めかねない。
　今でも忘れられないのが、パーティーである夫妻と話をしていて、その場で凍りついてしまったときのことだ。その夫はちょうど大きな昇進を果たしたばかりだった。彼の妻は「付き合う仲間をもっと上流の人たちに変えたい」といっていた。
　広告業界は、一丸となってもっと求めるようにと私たちの背中を押してくる。檻のなかで自分の尻尾を追い回す動物のように、ばかげたレースに人生を費やしている人は多い。この終わりのないレースは、人間らしさを著しく破壊する。
　このネズミ競争に邁進している人たちは、マーケットでも満足することを知らず、もっともっとと手を伸ばす。彼らは、利益の出たトレードにさえも満足しない。大底で買って天井で売って、全部取り尽くさないと気がすまないのだ。この悔しさに駆り立てられ、早すぎる買いを仕掛けるか、遅すぎる手仕舞い売りをすることになる。
　通常は、満足を知らない人たちが、検証済みの手法を用いている私たちを負かすことはない。マーケットが進んで差し出してくれる以上

に欲しがる人は、結局ずっと少ない結果に甘んじることになる。

　トレードでも人生でも、鍵となる言葉は同じだ――「十分」である。何があれば幸せなのかを決め、それに合わせて目標を定める。自分自身の目標を目指していれば、自分を管理できていると感じるだろう。常により多くを求める人は、強欲と広告の奴隷である。足るを知ることで自由になれるのだ。

　ただ、誤解しないでほしいのだが、清貧の誓いをたてるよう勧めているわけではない。私だってビジネスクラスで旅をしたいし、いい家に住んで、いい車にも乗りたい。私がいいたいのは、自分が満足する水準をみつけ、そこにたどり着いたら満足しようということだ。常に落ち着かなくて物足りなさを感じ、はっきりしない「もっと」を追い求めているよりも、このほうがずっといい。

　もし、その「もっと」があなたの目の前に飛び込んできたら、どうするだろうか。ある月、あなたはマーケットをうまくとらえ、とんでもない利益が口座に入ってきたとする。

　とんでもない利益を経験すると、大抵の人は心のタガが外れてしまう。さらに多くを求め、細い枝をよじ登って大きなリスクを冒そうとする。そしてとんでもない利益は、とんでもない損失に変わるわけだ。

　冷静になろう。利益を管理する個人的な計画が必要だ。個人配当の項で、このテーマに戻るとしよう。

　満足することを知らないトレーダーは、上部チャネルライン近辺で利益を確定するという考えに、大変なストレスを感じることがある。目標に達しないトレードもあれば、目標を上回るトレードもある。

　チャネルを絶対的な利益目標として決めつけてもいけない。マーケットが弱含めば、最初の目標よりも下で売却することには何の問題もない。

　先に示したチャートでも、上部チャネルラインに達していたわけではなかった。EXTRはもう少しというところだったし、金に関しては

図4.16　小麦日足

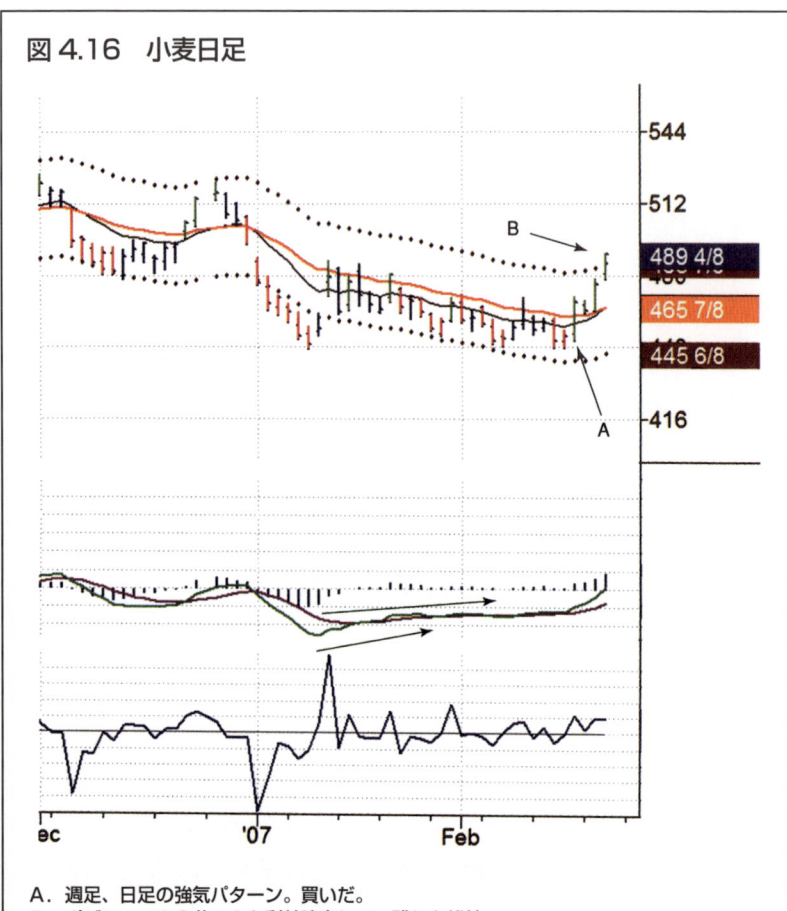

A．週足、日足の強気パターン。買いだ。
B．ポジションの3分の1を利益確定して、残りを維持。

　この小麦のチャートには、安値近辺での買いが示されている。複数の強気乖離もみられた。価格は加速して上部チャネルラインを突き抜けた。このとき私は小麦に対して非常に強気だったので（週足を根拠にしているが、ここには載せていない）、部分的な利益確定にとどめた。上部チャネルラインよりも上で売らなかったことで、自分のルールを破った。

全然だった。しかし、両方とも相当な利益をもたらしてくれた。

　逆説的だが、少ない利益を進んで受け入れることで、より多くを得られることになるのだ。

　図4.16と図4.17のトレード例をみてほしい。

図4.17 小麦日足、その後の動き

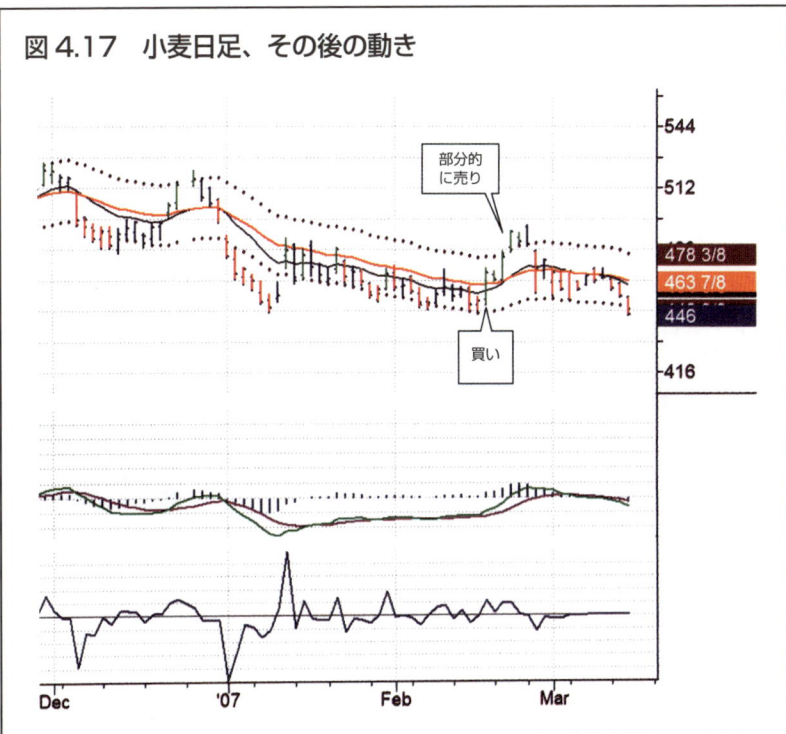

部分的に売り

買い

部分的に手仕舞ったあと、小麦はさらに2日間にわたって私の強欲を満たしてくれた。いったんは上部チャネルラインよりも上にとどまったものの、しばらくして値を崩した。含み益が消えていくなかで脱出しなければならなかった。今回の小麦のトレードでは、欲を出さずにマーケットが差し出してくれたものを感謝して受け取っておけば、全体の収益はもっと大きなものになっていたはずだ。

　目標に達してからもさらに突き進むような強力な動きをみてしまうと、強欲なトレーダーはストレスを感じてしまうものである。トレーダーは、すばらしい利益で手仕舞えたマーケットに、その後も注目するものだ。そしてさらにマーケットが同方向に進み続けると、自分だけが、のけ者にされた感じがして、自分を責めてしまいがちなのだ。
　別のトレード例を検討してみよう（図4.18と図4.19）。
　2007年1月、週足（ここには載せていない）を根拠に、私は粗糖に関して非常に強気になっていた。2007年3月限で買いポジションをつ

図4.18 粗糖日足

部分的な利食い

買い

　ロールオーバーのあと、粗糖の価格はすぐに跳ね上がった。このチャートで分かるように、この日は足全体が完全にチャネルラインの上に出ている。このような強い動きがみられたので、買いポジションの利食いを部分的なものにとどめ、ポジションの3分の2を残しておいた。粗糖の強さが印象的であったこと、またこの強さは私の強気予想を裏付けるものであったことから、私は重要な事実を無視してしまった。上部チャネルラインより上にある足が、ほぼ安値引けしている。これは相場の弱さを疑うべきサインだった。

第4章　目標価格で売る

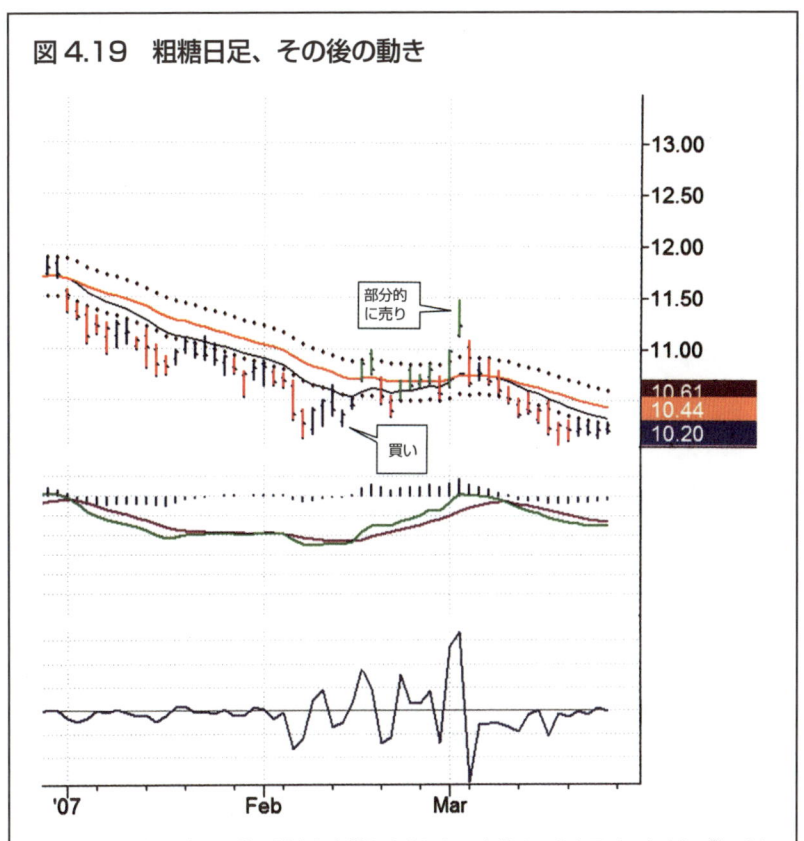

図4.19　粗糖日足、その後の動き

部分的に売り

買い

翌日粗糖は値を崩し、私は脱出を余儀なくされた。上部チャネルラインを上にブレイクしたときにポジションを全部売っておけば、このトレードの合計利益はずっと大きかったはずだ。部分的にしか利食わなかったことで、大きな機会を逃してしまった。

くり始め、結局は利益を確定しながらロールオーバーしていった。

　価格が上部チャネルラインを上抜き、チャネルに沿って慎重に進捗するような例は、いくらでもみつけることができる。もちろんこれはよくあることだ。しかし、私がいいたいのはそんなことではない。

　重要なのは「十分」が「もっと」に勝るということだ。これによって平静を保ち、自分を管理できるようになる。そしてこのような精神状態は、長い目でみればもっと大きな収益へとつながることになる。

119

この簡単な議論のおかげで、もうひとつの重要なポイントが浮き彫りになる。第2章ですでに論じた「自分を大切にしよう」だ。

　すべてのトレードで成功することはできない。あるときは損をし、またあるときは、すでに示したように目の前にあるものが手に入らないこともある。

　自分の間違いをみつけても、私は自分の頭を叩くことはない。日誌の見出しをひとつ割いて、起こったことを分析し、自分の失敗からできるだけ多くを学ぶのだ。自分の欠点を受け入れ、トレードから何がしかを学ぶことができれば、それは生産的で望ましい経験といえる。

上昇がつまずくとき

　トレードの利益目標をエンベロープに設定したものの、この上昇はもっと大きな可能性を秘めていると、あとになって思うようになったらどうすればいいだろうか。どこまで持っていられるだろうか。私の経験からすると、トレードを引っ張りすぎるのはよくないようだ。

　それでも大きく急上昇していくことも時々はある。最初の計画よりもう少し持っていたいという誘惑を感じることもある。

　価格が最初の目標を突破したら、どこで利益を確定すべきだろうか。私のお気に入りの方法がひとつある。一連の動きのなかで高値更新に失敗する日を待ち、その日の引け前か、翌日場が開いてからすぐに売るのだ。

　トレードに関することなら何でもそうだが、大切なのは極端なものを求めないことだ。反発の最高値を取りにいくと、最も高い代償をマーケットに払うことになる。欲張ると身を失うのだ。

　「高値更新失敗で売り」というルールの背後にある理屈は単純である。非常に強力な動きが高値を更新できないのは、強気派は息を上げ始めながら高みへと手を伸ばしているということだ。私の場合、最高

第4章 目標価格で売る

```
図4.20  YHOO 日足
```

A．高値更新に失敗した最初の足

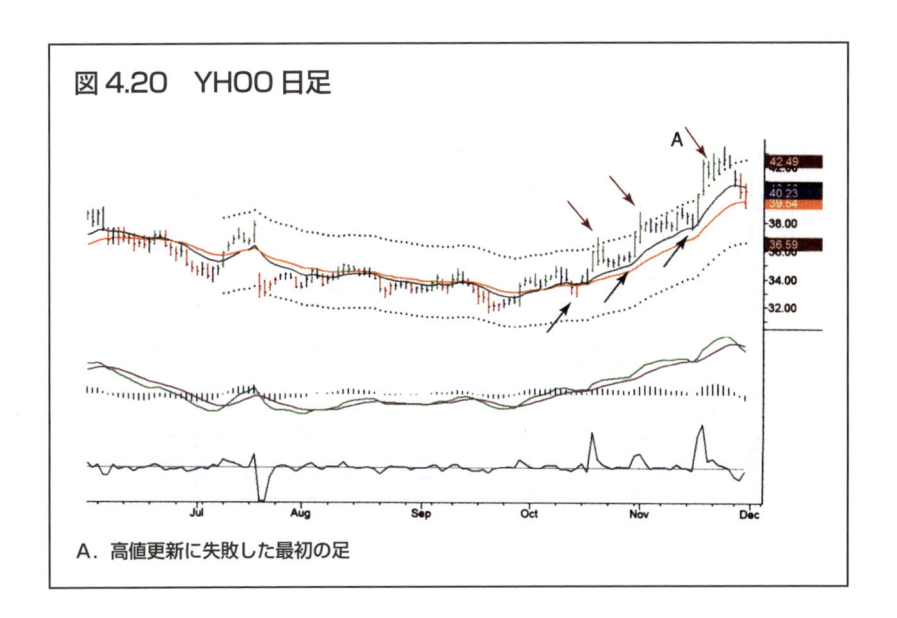

値をとらえる試みはずいぶん前に断念した。最高値は最も高くつくことを忘れないでほしい。

　図4.20はYHOO（ヤフー）が10月から反発を始めたときのチャートだ。この銘柄の、最初のころの動きはよくあるものだった。価値水準の下から上部チャネルラインへの反発、そしてまた価値水準への後退、そしてまた上部チャネルラインへの反発が続いた。

　2回目の反発のあと、価格はほとんど下がらなかった。これは、強気派が非常に強固で、弱気派には一歩も譲らなかったことを表している。

　11月に価格が価値ゾーンにタッチしたとき、上部チャネルに向けて爆発的な動きが始まった。1日で上部チャネルラインに達し、翌日にはさらに上へと飛んでいった。

　しかし、この反発の3日目、強気派は自信を失ったか、もしくは休息をとっているかのようだった。3日目には値動きも小さくなり、出来高もしぼんだ。これは勢力指数に表れている。さらに重要なことに、

強気派はこの反発の高値を更新することに失敗した。これは売りのシグナルだ。

翌日には若干上げたものの、上昇は大方終わっていた。「高値更新失敗」の３日後、価格は価値水準へと沈んでいった。

早売りは遅売りに勝る。あらゆる動きで天井を当てられるのは、水晶玉を持つ者だけだ。しかし水晶玉を持つ者も痛い目をみることはある。トレードで大切なのは後悔しないこと。鍵となる言葉は「十分」だ。

抵抗水準で売る

移動平均は、大きく売られ過ぎた水準から反発するときの目標になる。チャネルやエンベロープは、短期トレーダーにとって目標になる。これらのツールは、短期のスイングをとるのには役立つ。

しかし、このような動きは、長期のポジションをとるトレーダーにはちっぽけに映る。そういう人たちは、かつて投資家と呼ばれていた。

だが、これは世界が加速化して誰もがトレーダーになる前の話だ。長期トレーダーの時間軸は数カ月から数年にわたることもあり、必要な目標も大きなものになる。

シカ撃ちには、ウサギ撃ちよりも大きな銃が必要だ。

支持帯や抵抗帯は、長期トレードの目標になる。すぐ上やすぐ下の水準に比べて際立って大きな出来高で取引されていた価格水準を探せば、支持帯や抵抗帯がみつかる。

なんであれテクニカルツールを信頼するためには、そのツールがどういう仕組みで、何を計算しているのかを理解していなければならない。支持帯や抵抗帯を当てにするなら、その背後で起こっていることを理解する必要がある。

一つひとつの歩み値には、買い手と売り手の合意が反映されている。そこにはまた、両者を取り囲んでいる群衆の意見も反映されている。

買い手と売り手のどちらにも同意できなければ、誰かがそこに介入して、違った価格が付いていたはずだ。

　ある価格水準で取引が活発に行われているということは、その価格には価値が反映されていると考える人がそれだけ多いということになる。チャート上の密集ゾーンが表すのは、マーケット参加者の多くがそこを妥当な価値水準だとみなしており、そこでならいつでも売り買いする用意があるということだ。

　どのチャートをみても明らかなように、価格がまっすぐ動くことなどまずない。むしろ、価格は一定のレンジ内にとどまり、壁の向こうにせき止められた水のように渦を巻く。せきが決壊すれば、次の桶をみつけるまで急騰する。次の桶がいっぱいになるまで、じっくりと時間をかける。そして次の決壊が起き、再び急騰するのだ。

　一つひとつの歩み値が買い手と売り手の取引を表すなら、取引レンジは、大量の買い手と大量の売り手から、価値に関して広く合意が得られていることを表す。

　価格がレンジの端にひたひたと波を寄せているときに、胸を躍らせるのは素人だ。彼らはブレイクアウトを期待し、新高値で買って新安値で売る。一方プロはというと、ほとんどのブレイクアウトがダマシであって、結局戻ってしまうと分かっている。彼らは反対方向にトレードをすることが多く、密集ゾーンの上限で売って密集ゾーンの下限で買う。

　ごくまれに素人が勝つこともある。だが、長期でみればプロに便乗したほうがうまくいく。

　この行ったり来たりの動きで取引レンジが描かれているチャートは珍しくない。レンジは水平なパターンを描き、また上下にはそれなりにはっきりした境界線がある。これは抵抗帯と支持帯を表している。価格レンジが意味するのは、多数の買い手と売り手が、経済的、感情的にそこに大きく関わっているということだ。そのレンジ内での１日

当たり平均出来高をレンジ内の日数で掛け、そしてさらにその期間の平均株価を掛けてみよう。1銘柄の取引レンジで、簡単に何十億ドルになるとすぐに分かるだろう。

ご存じだろうか。人間は、お金が絡むと若干感情的になる。何十億ドルもの金額に絡んでいる群衆は、自分たちの関与している状況が危うくなったとき、行動を起こそうとすると思わないだろうか。

支持帯と抵抗帯は、2つの強力な感情から成り立っている。それは苦痛と後悔だ。

レンジ内で買ったものが下がってくると苦しくなる。そういう人は、価格が戻ってきて「損益ゼロで撤退」できるようになるのを待っている。苦しみから出てくる売りは、どんな上昇にもふたをしてしまう。

レンジ内で空売りをしている人も、再び戻ってくることを待っている。もっと売っておけばよかったと後悔しているからだ。後悔しているからこそ、空売りした水準まで価格が戻ってくると空売りを仕掛け、上昇の抵抗になる。

苦痛と後悔は、取引レンジへ突き進む上昇と、レンジへの下落にも歯止めをかけるわけだ。

支持帯と抵抗帯を、よく知られたマーケットであるIBMとユーロ通貨の例で検討してみよう。

2005年、IBMは73〜78ドルのゾーンに落ち込み、そこに約3カ月間とどまってから反発を始めた（**図4.21**）。

この領域では5億株が取引された。金額にすれば全部で370億ドルになる。どれだけの感情がこの巨額の金に絡んでいるかを感じ取れるだろうか。

IBMが1年後にこのゾーンまで落ち込んだとき、そこには十分な買いが控えていた。買い手が前回の船に乗り遅れたことを悔やんでいたからだ。彼らは供給を飲み込みながら、IBMを上へ上へ、さらに向こうへと押し上げていった。

第4章 目標価格で売る

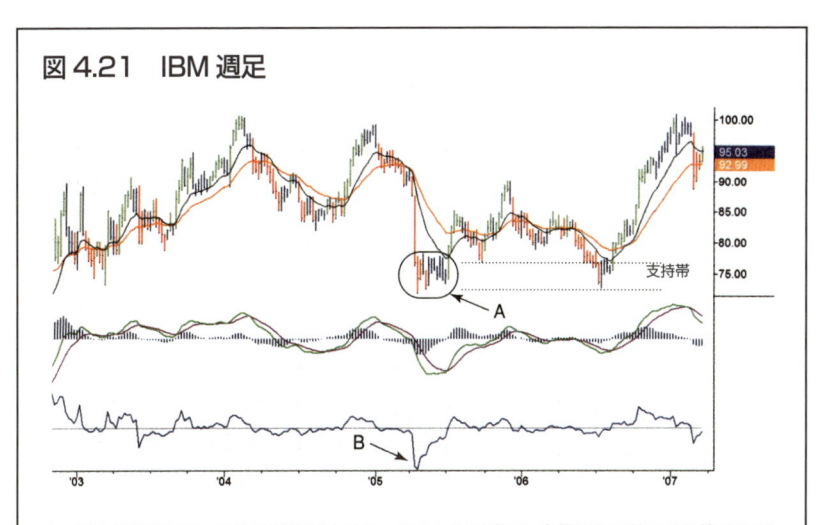

図4.21 IBM週足

A. 75ドル近辺で、5億株が取引された。このレンジ内で、金額にして約370億ドルだ。
B. 勢力指数の突っ込みが、マーケットの重要な大底を見極めるのに役立っていることに注意してほしい。このチャート内には、さらに2つの突っ込みがある。分かるだろうか。

　大規模な上昇の場合、どうやって利益目標を設定できるだろうか。先ほどのチャートでIBMの過去の推移をみてほしい。

　ここ数年は、95～100ドルのゾーンに突入すると大量の売りがこれを押し下げている。2004年に100ドル近辺で購入した、あの哀れな人たちのことを考えよう。冷や汗を流して苦しんだ弱気トレンドのあと、彼らはIBMが再び上昇して買った価格まで戻ることを待ち望んでいた。そこで「損益ゼロで撤退」できるようにと。

　もちろん「損益ゼロ」は本当に損益ゼロというわけではない。取り損ねた金利、インフレによる購買力低下、そして機会損失を考慮してほしい。負けポジションを抱える精神的ストレスや、ほかのもっとましな投資機会に集中できなかったことも考慮しよう。

　この敗者たちは待っていた。そのうち買った価格まで戻ってきたら、何百万もの株を投げ売ろうと待ち構えていたのだ。あなたが75ドル近辺で買った賢明なトレーダーだとすれば、上昇は100ドル近辺で一服

125

図4.22 ユーロ通貨週足

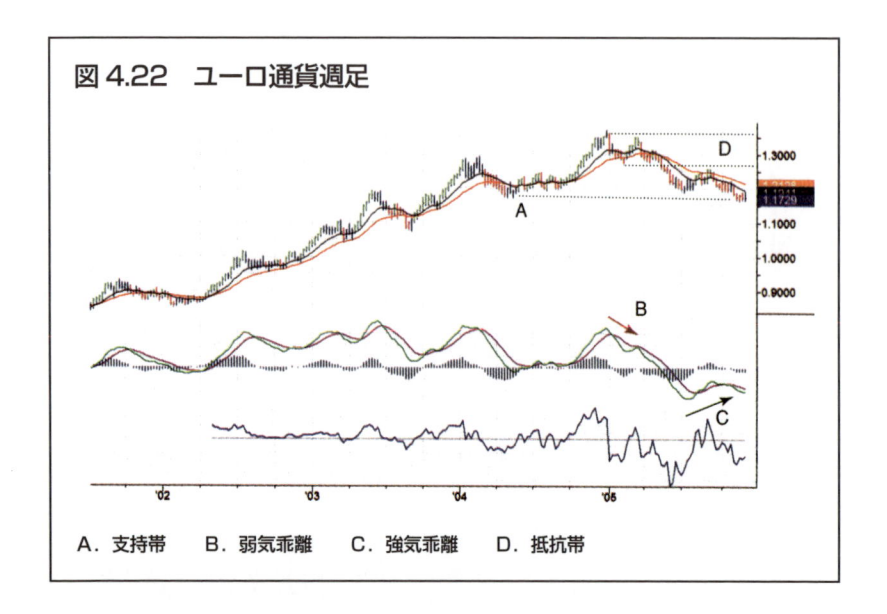

A. 支持帯　B. 弱気乖離　C. 強気乖離　D. 抵抗帯

すると思わないだろうか。このはるか上にある抵抗ゾーンは、利益目標を設定するのに非常に望ましい水準だったはずだ。

　ユーロ通貨（**図4.22**）は2001年に導入されると、すぐに爆発した。0.85ドルから1.36ドルまで上昇するのに3年とかからなかった。ところが、チャート上の赤い矢印で示した2005年の激しい弱気乖離は、上昇トレンドに水を差し、価格を押し下げた。ユーロ通貨は2004年の安値で支持帯をみつけながらも、弱っていた買い方を振り落としながら、その水準を割っていった。

　支持帯も抵抗帯も、ガラスの板でできているわけではない。このことを忘れないでほしい。むしろワイヤーの柵のようなものだ。強気派も弱気派もそれにもたれ掛かることはできる。

　実際のところ、最高の買いシグナルは、弱気派がなんとか価格を押し下げて支持帯をわずかに割り込んだときに発生しやすい。ここでストップが発動して、弱りきった買い方が放り出される。そして、強気派が支配力を強め、価格を持ち上げる。

図4.23 ユーロ通貨週足

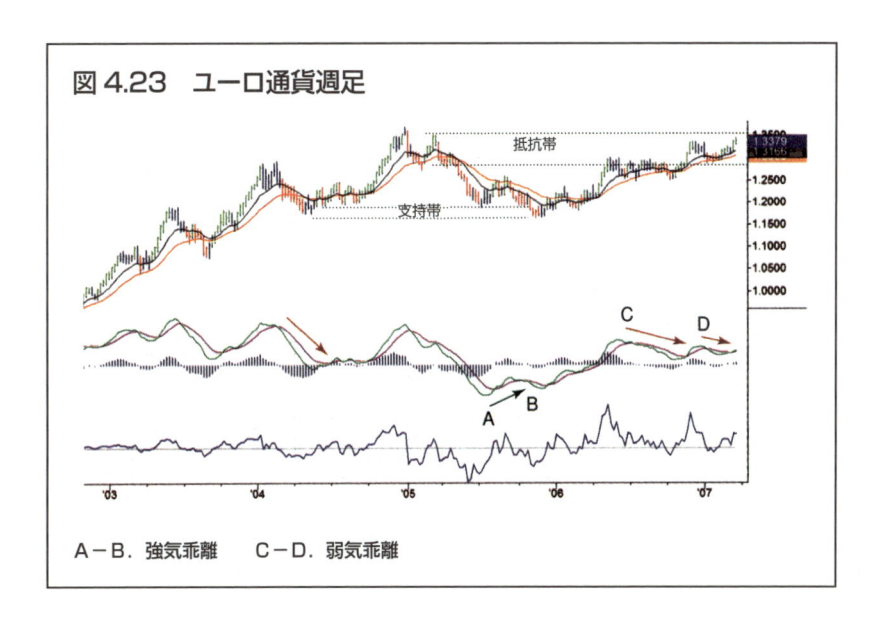

A－B．強気乖離　　C－D．弱気乖離

　図4.22の右端には強気乖離がみられる。最後の足では青が点灯していた。この力積システムの変化は、弱気派が抜け出たこと、買いが解禁されたこと表している。

　ここで買いを仕掛ければ、上昇の目標はどこになるだろうか。密集ゾーンで抵抗がありそうなのは、2005年の高値である1.30ドルと1.35ドルの間だ。FXはほぼ24時間動いており、トレードの難しさはよく知られている。あなたが静かに眠っている間にも、地球の裏側で敵に懐をまさぐられているかもしれないのだ。数日から数週間の動きを狙うスイングトレーダーなら、FXには手を出さないほうがいい。FXはデイトレーダーと長期のポジショントレーダーに任せておこう。

　FXは安定して長期トレンドに従う傾向がある。そこから利益を上げられるのは、デイトレーダーや長期のポジショントレーダーだ。

　ユーロ通貨のその後の動きをみてみよう。**図4.23**ではシグナルの連携がみられる。MACDの強気乖離、ダマシの下方ブレイク、そして青が点灯した力積システムの週足だ。ポイントB近辺では、これら

のシグナルは互いのシグナルを裏付けながら、きわめて強い買いのメッセージを発している。

このユーロ買いトレードの仕掛けは非常にうまくいった。買いシグナルのおかげで、長期の利益目標を適切なところに設定できた。2005年の天井だった取引レンジの抵抗帯だ。

ユーロは、ポイントＣで抵抗帯にぶつかって一服し、数カ月間横ばいを続けた。同時にＣではMACDヒストグラムが新しい山を形成し、この１年強で最も高い値をつけた。これは、強気派が大変な力を持っていることを示している。つまり株価が、この指標のピークに対応する価格水準を超えていく可能性が高いということだ

まさにこれが起きたのが、2006年末と2007年初頭だった。しかしこのとき、MACDヒストグラムは別のメッセージを発していた。その弱気乖離シグナルは、上昇が終わりに近いことを示していたのだ。

抵抗帯と支持帯に注目すると、長期の動きで適切な目標を定めるのに役立つ。長期目標の優れた点は、距離はあってもなんとか手の届くような目標に注意が向くようになることだ。これによって長期の動きにしがみつくことができ、価格や指標、もしくはその両方の短期的な動きに振り回されずにすむ。

長期目標には、もうひとつメリットがある。あらかじめ決めた場所で売ることを思い出すのだ。多くのトレーダーは、マーケットのほかの群衆と同じように、天井付近でさらに強気になる。しかし目標があると、目的に到達したとき、それに気がつく。「利益を確定し、家族で楽しい休暇をとり、次のトレードを探すように」と自分で設定した目標が教えてくれるのだ。

心理的には、長期トレンドをとるトレードのほうが短期の振れをとるトレードよりもはるかに難しい。短期トレードは激しく、毎日マーケットをみることになる。ストップと利益目標を調整したり、ポジションを増やしたり、部分的に利食ったり、トレードを完全に手仕舞った

図4.24　STTSY　月足

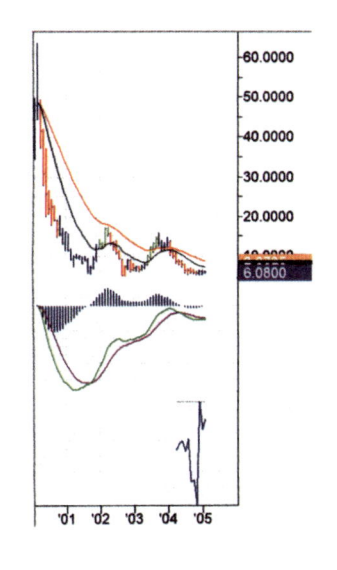

STTSY（スタッツチップパック＝STTSから名称変更）は、2004年11月のウェブ研究会で目についた銘柄だ。当時、非常に積極的な参加者であったジャッキー・パターソンはカリフォルニア在住で、専業トレーダーになるために会社を辞めていた。彼女は銘柄選択がうまかったが、そのなかでもSTTSYほど私が興奮した銘柄はない。

このコンピュータチップ検査の会社は、90年代のすごい上げ相場では60ドル以上で取引されていたが、弱気相場のなかで6ドルまで落ち込んでいた。これは先述の「堕天使」だ。もちろん考え方としては、下げ止まってから買いを入れるべきだ。安く買うのはいいことだが、下げている途中に買うのはよくない。

この週足はきわめて魅力的だ。60ドル強から6ドル以下まで墜落し、17ドル強まで反発したことが分かる。次の下落では5ドルを割ったが、16ドル近くまで反発した。死を目の前にしたこのあがき方をみれば、価値の90％を失ってもまだ死ぬ気はないと分かる。弱気相場を生き抜いた銘柄は、次の上げ相場での主要な買い候補となる。

りと身構えていることになる。大抵の人は、このように自分で管理しているという感覚に大変な満足感をおぼえる。

　長期トレードの感情は、また趣が異なる。何週間、何カ月間と何もしないこともある。短期の天井と底に気づくが、長期目標を狙っているので何もしないように我慢する。目標価格が重要な理由はこれだ。目標価格によって、持ち続けるための精神力が強化される。

　支持帯と抵抗帯に利益確定目標を置くという議論の締めくくりとして、日誌からもうひとつトレードを紹介しよう。**図4.24**をみてほしい。

　技法だけでなく、心理的に重要なポイントも紹介できるだろう。また短期トレードよりも長期ポジションを持ち続けるほうが難しい理由も分かる。さらに利益目標の設定だけでなく、トレード管理に関する重要な問題についてもいくつか論じられるだろう。

　週足の右端を拡大してみると、さらに魅力的な絵柄になる（図

129

図4.25　STTSY週足

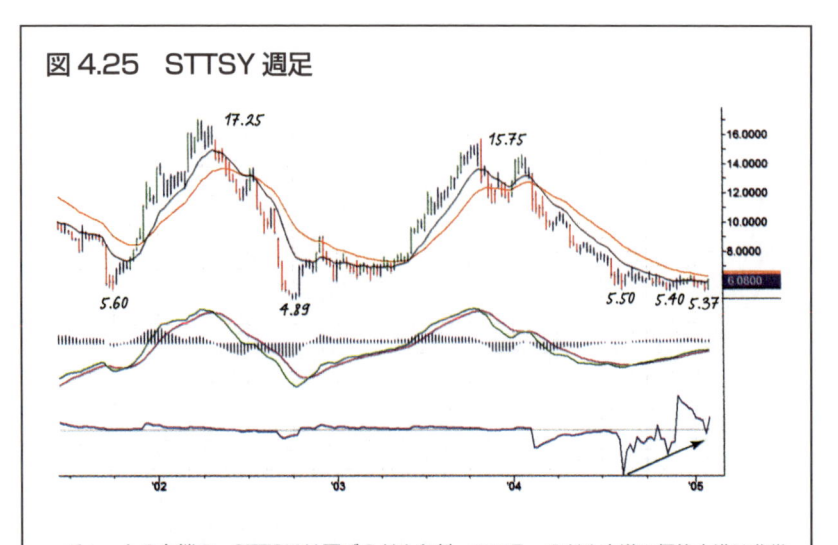

チャートの右端で、STTSYは再び6ドルを割っている。6ドル未満の価格水準は非常に強力な支持帯のようだ。また、このチャートを見れば、16ドル近辺が強固な抵抗になっていることは明らかだ。STTSYは、この水準まで上がってくると常に天井に突き当たって床まで転げ落ちるようだ。

4.25)。この銘柄は過去6カ月間で、5.50ドル、5.40ドル、そして5.37ドルと3つの安値を形成した。このパターンから支持帯の強固さが分かる。

　安値をわずかに割り込んだときでさえ、さらに下に走るというよりも、むしろあとずさりをしながら戻っている。このような瞬間的な突っ込みから分かるのは、この銘柄に強い関心を持つ人たちがおり、株価をむしろ少し押し下げようとしていることだ。つまり、彼らは弱りきった買い方を驚かせることで株を売らせ、自分たちでそれを買おうとしているのだ。

　弱気派があまりにも衰えていたことから、直近の下落でもMACDヒストグラムはゼロよりも上を推移していた。チャートの一番下の欄にある勢力指数には、3つの突っ込みがみられるが、段々と浅くなっている。これは弱気派の衰えを裏付けている。

図4.26　STTSY 週足

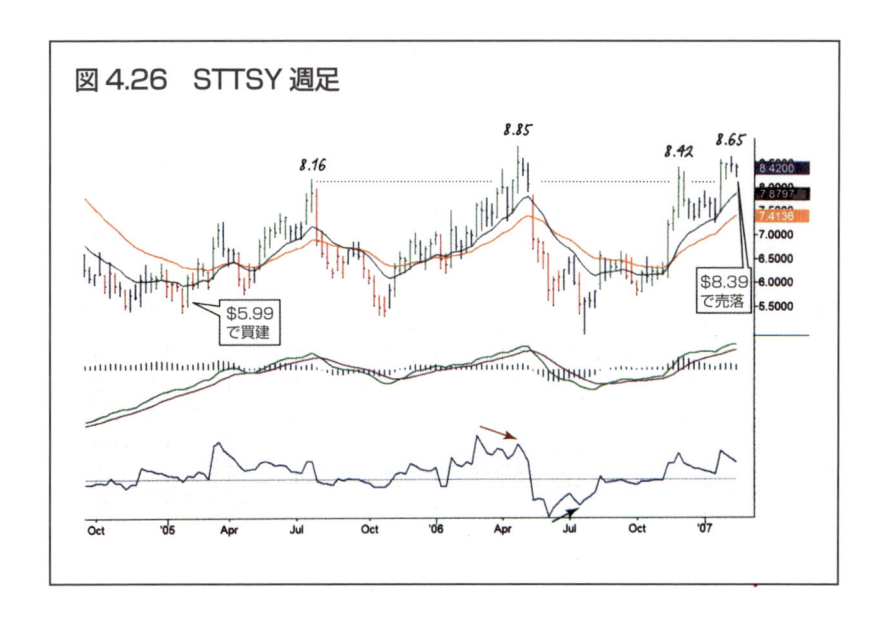

　チャートの右端で力積システムが青に変わったとき、買いを阻むものは完全になくなった。私は1万株を5.99ドルで購入した。数年はかかるだろうが、STTSYが16ドルに達するまで持ち続けようと考えていた。私はこのトレードで10万ドルの利益を上げるつもりだった。

　株価がいい方向に動いたので、6.13ドルで5000株を追加購入したが、数週間後にはその分を6.75ドルで外した。62セントの利益を清算し、片手間に簡単に入ったこの利益を記録した。

　私は長期保有を計画していたものの、それは慌ただしくトレードするよりも自分にはずっとストレスになることに気づかされた。

　STTSYは8.16ドルまで元気よく跳ね上がったものの、そこから買った価格まで売られてきた。それでも、私は最初の計画の正しさに自信を持っていたので、そのまま保有し続けた。

　STTSYは再び上昇し、8.85ドルに達した。このとき、天井を示すシグナルがいくつも目に入った。チャート上の赤矢印で示してある勢力指数の弱気乖離もそのひとつだ（**図4.26**）。しかし、16ドルという

目標に目を据え、歯をくいしばって保有し続けた。このときの下落では、3万ドル近くの含み益があっという間に消え去り、ポジションは一瞬含み損の状態にまでなった。STTSYは私の仕掛けポイントを割り込んだのだ。

　私は最初の計画に固執し、細かな強気シグナルに目を向けた。例えば、長い足が1本下に突っ込んでいる「カンガルーテイル」がみられた。しかも、チャート上の緑矢印で示したように勢力指数の強気乖離が伴っていた。

　STTSYは再び上昇し、このときは8.42ドルに達した。しかし、長期ポジションを持っていることが徐々につまらなくなってきた。

　このトレードをしている間にも、ほかの銘柄でずいぶんとスイングトレードをした。短期トレードのほうがずっと楽しかったし、ずっと儲かった。

　私は、STTSYと似たような長期ポジションをほかにもいくつか持っていた。長期ポジションを持つ勉強をするという計画からだ。それでもSTTSYポジションは頭痛の種になってきた。あの8～9ドルゾーンへの反発と、そのあとに続く買った価格までの下落にうんざりしていた。自分の仕事と忍耐に対して、目にみえた収益がないのだ。

　私がSTTSYを買ってから2年後となる2007年2月、株価は8.65ドルまで反発し、その前の高値である8.42ドルをわずかに更新した。反発はそこで一服し、週足のレンジは狭くなった。このようなサインはしばしば下落の前触れとなる。STTSYが重荷になってきたので、売り注文を出して1万株を8.39ドルで外した。

　10万ドルの目標に達することはできず、このトレードで上げた利益は2万4000ドルにも満たなかった。このゲームの序盤でのSTTSYの片手間のトレードでも利益はあったが、これを合わせても2万7000ドルだ。

　私はSTTSYから解放されてうれしかった。この株が目まぐるしく

図4.27　STTSY 週足、その後

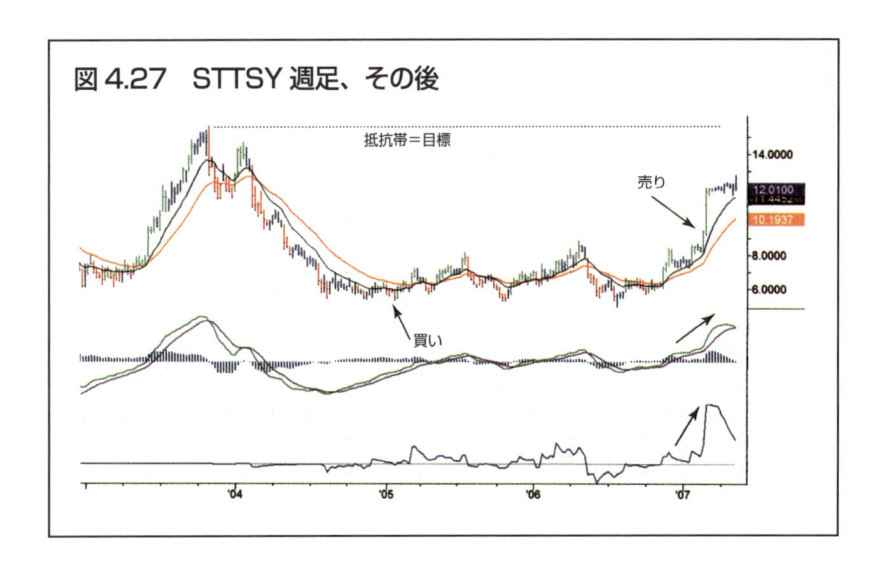

行ったり来たりするのを、もうみなくてすむのだ。とはいえ、この銘柄をチェックするのが習慣になっていたので、その後も目を離さなかった（**図4.27**）。そして、これには本当に驚かされたとしかいいようがない。

　STTSYを売って安堵したのもつかの間、それからほんの数日後に株価は跳ね上がり、うなり声をあげたのだ。2週間後には12ドル近辺で取引されていた。

　ほとんどの指標が高値を更新し、強気派の大変な力強さを裏付けていた。指標によれば、短期的に弱さをみせることはあるかもしれないが、強気派の力強さはかなりのものであった。12ドルがSTTSYの最終的な天井ではないようだ。この株はもっと上がりそうだった。16ドルという最初の目標が現実味をおびてきた。

　では、私は買い直すべきだったか。もちろん、そんなことはない。2年間にわたるSTTSYとの関係は終わったのだ。目まぐるしい動きだったわりに、得られた利益は小さかった。しかし、これ以上を望むことはできなかっただろう。本来なら得られるはずだったものから、

実際に取れたのはわずかだった。

　私がこのトレードを紹介した理由が分かるだろうか。そこから学べるものはないだろうか。もちろんたくさんある。得られた教訓を順不同で挙げていこう。

①このトレードの仕掛けは、すばらしかった

　私は重要な底を正しく見抜き、適切なタイミングで行動を起こした。さらに利益目標も予想どおりだったようだ。十分な期間を保有し続けることができず、私の分析を完全に活用できなかったが、それはまた別の話だ。

②このトレードのおかげで、私の気質が短期トレード向きであることを確認できた

　私は長期ポジションについて勉強するつもりだったので、短期トレード的要素を長期ポジションに加えながら慣れていくしかなかった。

　今後の長期トレードでは、核となるポジションをつくり、最初から最後まで持ち続けようと決心した。そのポジションを小さくすれば、ストレスも小さくなるだろう。同時に、もっと大きな短期トレードを長期トレードと同じ方向で入れようと思う。

　図4.26を振り返ってみよう。上がっていく過程で追加の買いを仕掛け、上のほうにある破線で天井が形成されたら売りを仕掛ける。そして最初の買いゾーン近くまで下がってきたら再び買いを仕掛ける。これをやらない理由はない。

③このトレードで思い出すのは、自分を大切にすることの大切さだ

　心理はトレードの道具のひとつだ。早く手仕舞いすぎたなどの間違いで自分を責めるのは、コンピュータにあたるようなものだ。そんなことで成績が良くなることはない。間違いから学ぶことが目的であり、

それで自分を罰することが目的ではない。

④たとえプロであっても間違いを犯すことをみてほしかった
　これは、最後に回したからといって重要ではないと思わないでほしい。私は今でも間違いを犯す。日誌をつけない、資金管理ルールを破るといった大きな間違いを摘み取ることが大切だ。大きな間違いを摘み終えれば、小さな間違いに集中できる。

　トレードが始まったら目指す目的は２つ。お金を儲けること、そしてより優れたトレーダーになることだ。最初の目的を遂げられるかは分からない。しかし、２つ目の目的は必ずなし遂げなければならない。トレードから学べないなら、それは時間とお金の無駄だ。
　このトレードをとおして、私はしっかりと記録をつけ続けた。それも図入りの日誌と表計算シートの両方の形式で。そうすることで、経験から教訓を得ることができるのだ。金銭的な利益など小さなものだが、トレードの教訓は豊かで大きい。
　この本の執筆中も、私は長期トレードをいくつか続けている。私の見立てでは、米国のある大手工業会社の株が７ドルから20ドル強レンジまで上昇しそうだと考えている。
　さらに刺激的なのは、ナスダックのある小さな企業が１ドル強で取引されていることだ。1990年代には100ドル近い価格で取引されていたこの堕天使は、そこから99％も値を下げた。私はポジションの大半を１ドル未満で購入しており、この銘柄が数年後20ドルに達するまで持ち続けるつもりだ。
　両方の銘柄で核となるポジションを持っており、そこには手を触れない。さらに大きな短期ポジションも持っており、こちらはトレンドに沿って頻繁に売り買いを繰り返している。STTSYの教訓は今でも生きているのだ。

第5章　ストップで売る
Selling on a Stop

　もし株の購入を結婚にたとえるなら、ストップの設定は婚前契約書にサインをするようなものだ。幸せな日々が壁にぶつかったとき、婚前契約書が苦しみを取り除いてくれるわけではない。それでも煩わしさ、不安、離婚の費用を抑えてくれる。

　強気派のあなたは幸せな日々を過ごしながらも、愛する銘柄がこっそりと家を抜け出して弱気派とねんごろになっているのを発見したらどうするだろうか。別れはいつでもつらいものである。しかし、どちらが何を持っていくかを決めるのに最適なタイミングは、まだお互いに手を優しく取りあっているときだ。

　現実をみつめなおすことは、いかなるトレードにも欠かせない。ストップが提供してくれるのはこれだ。その銘柄が好きなのは分かる。大きな期待を寄せているのも分かる。だが、もしうまくいかなかったらどうすべきだろうか。株に関するあなたのアイデアは、これまですべてうまくいっただろうか。それとも、ひとつやふたつはうまくいかなかったことがあっただろうか。ひとつやふたつではない、もっとたくさんなかっただろうか。それでもストップが必要だとは思わないだろうか。チャートを検討し、トレードがまずいほうに動きだしたらどこで撤退するかを決めなければならない。

　有望なトレードでも保護的ストップを設定したほうがいい。ストップは、株が逆方向に動いて売却するときに役に立つ。トレイリングストップを用いて、上放れや下放れに乗るのが好きなトレーダーもいる。これは急速な値動きについていくストップだ。

　一度トレードが始まると、有害な「所有効果」が出てきて売り時を

決めるのがずっと難しくなる。売り時を決めるのは、トレードに入る前が最善だ。

クローゼットに掛かっている流行遅れの上着について考えてほしい。どうしても捨てられないのは、その上着はあなたのものであり、持っていることに慣れてしまっているからだ。そしてまた、今までもずっと持ってきたからでもある。

もっとも、その使い道のない上着には、クローゼットの場所をとる以上の害はない（とはいえ、心のなかの場所も占有する。もっといえば、無駄な物を持つと、ほんの小さなスペースが無駄になる。しばらくすると、ほんの小さなスペースが増え、融合して大きな無駄なスペースになる）。少なくとも、その上着が掛かっているスペース分の家賃を払う必要はない。だが、口座内の忘れられたトレードはひどく高くつくことがある。破滅につながることすらあるのだ。

1回のまずいトレードが口座に大きな穴を空けることもある。まずいトレードが集まれば、口座が崩壊することもあり得る。

ストップを用いないこと、そしてまずいトレードにしがみつくことの副作用は、まずいトレードが良いトレードの邪魔をすることだ。歯痛が計画を立てるときの邪魔になるように、まずいトレードが余計に気になってしまう。

また、ほかにもっと良いトレードを探すときにも邪魔になる。まずいほうに動いているトレードでいらいらすると、新しいトレードを始めるのが難しくなるのだ。まずいトレードに支払う犠牲は、お金、苦痛、そして機会損失である。

ストップなしの売買システムは、売買システムではない。ただのジョークだ。そういうシステムでトレードをするのは、シートベルトなしで自動車レースに臨むようなものだ。勝つこともあるだろう。だが、最初の事故で死ぬこともある。

ストップがあることで、あなたは現実とつながっている。収益に関

して人は都合のいい考えを持ってしまう。しかし、ストップをどこに置くか決めることで、どこまでなら下がり得るか考えるようになる。そこでは本質的な問いが強いられる。

「潜在的な収益は、リスクに見合っているだろうか?」

保護的ストップは、いかなるトレードにも必要だ。次の簡単なルールを守ってほしい。

「ストップをどこに置くかはっきりさせずに、トレードを始めないこと」

これはトレードに入る前に決めなければならない。リスク・リワード・レシオを測るためには、ストップと利益目標を決める必要がある。目標のないトレードは、ギャンブルのようなものだ。

20年ほど前、私の友人が会社を解雇されてブローカーとして働くことになった。私は口座の一部を彼のもとに移した。彼は、私が電話で注文を出したとき、ストップの注文を出すまで、けっして電話を切らせてくれなかった。その後、彼は資産運用者として成功した。私が思い出すのは、私の知るなかで最も規律あるブローカーとしての彼の姿だ。

可動ストップはどうだろうか。マーケットは変化し、価格も変化する。銘柄に対する見通しも変化するだろう。もっと強気になるかもしれない、もっと弱気になるかもしれない、どうなるか分からなくなるかもしれない。

リスクとリターンの見通しが変われば、ストップの位置も変えたくなるだろう。しかし、どうやって変えるのか。マーケットの世界はほとんど何でもありだ。そしてほとんどの人がお金を失う。可動ストップには、どのようなルールを設定したらいいのだろうか。

可動ストップの最も大切なルールは「一方向にしか動かしてはいけない。それもトレードと同じ方向にだけ」だ。買ったあとに現在値よりも下に置いたストップは、上げてもいいが、けっしてそれよりも下

げてはならない。空売りをして現在値よりも上に置いたストップは、下げてもいいが、けっして上げてはならない。

ストップは一方通行だ。厳しくすることはあっても、緩めてはならない。

株を買うのは上昇を期待するからだ。下落を見込んでいたら買っていなかっただろう。もしも株が下げ始めたら、それは自分の意思決定がまずかったことを教えてくれている。自分の間違いを抱え込むためにストップを遠くにずらすのは、失敗を悪化させるだけだ。よしたほうがいい。

ここまで述べてきたことをまとめよう。

> ①ストップは必要だ。ストップのないトレードはギャンブルだ。
> ②トレードを仕掛ける前に、どこにストップを置くか分かっていなければならない(リスク・リワード・レシオが低ければトレードはよそう)。
> ③ストップを動かしてよいのは、トレードと同じ方向だけ。
> ④ハードストップが必要ない人はいない。ソフトストップが許されるのは熟達した裁量トレーダーだけだ。これについては後述する。

これらの点にひとつでも疑問があったら、前に戻ってこの章を読み直してほしい。賛同できたなら、先へ進んでストップの置き方について議論しよう。

ストップに関する重要な補足がある。ストップにかかったとしても、その後マーケットに再び参加することには何の問題もない。大抵の初心者は、突っついてみて放り出されたらそれでおしまいだ。一方プロは、買いや空売りを繰り返し試みることを問題だとはまったく思っていない。エラをしっかりつかむまで、逃げ回る魚を追い回すようなものだ。

鉄の三角形

　ストップを用いる第一の目的は、トレードでの損失をあらかじめ決めた範囲に限定することで、逆方向への動きから自分の身を守ることだ。第二の目的は、未決済利益を守ることである。ストップの第一の目的が損失管理であることから、ストップの設定が資金管理と密接に結びついていることには何の不思議もない。
　リスク管理には３つのステップがある。

> ①チャート分析を基にストップを設定し、仕掛け予定価格とストップ水準との距離を測ることで、１株当たりの金額リスクを計算する。
> ②資金管理ルールを使って、トレード１回あたりの最大リスクを計算し、どれだけのリスクを取るかを決める。
> ③上記②で求めた数字（金額）を、上記①で求めた数字（金額）で割り、トレードをしてもいい株数を求める。

　私はこれを「リスク管理での鉄の三角形」と呼んでいる。その一辺は１株当たりリスク、もうひとつの辺はトレード当たりの総リスク。３つ目の辺は、最初の２つから求められる最大取引数量だ。
　よく冗談でいうように、問題なのは大きさではない。問題なのはリスクだ。
　トレーダーは、IBM、EBAY、大豆を実際に取引しているわけではない。金銭の取引をし、リスクを扱っているのだ。だからこそ、ポジションサイズは、リスクを基準に決めなければならない。
　次の２つを比べてほしい。20ドルの株を1000株買って、ストップは17ドル。40ドルの株を2000株買って、ストップは39ドル。株数も金額も後者のほうが大きい。だが、リスクは後者のほうが小さいのだ。
　ここまで述べた３つのステップを要点だけ見直してみよう。トレー

ド例もそのあとに載せておく。

① 1 株当たりの金額リスクを計算する
　次のケースを想定してみよう。18ドルで取引されている株を買うことに決めた。自分のチャート分析によれば、株価が17ドルを割ったら強気シナリオを放棄しようと考えている。保護的ストップは16.89ドルに設定すると決めた。そうすると1株当たりリスクは1.11ドルになる。スリッページを考えるともっと大きくなるかもしれないが、1.11ドルは妥当な見立てだろう。

②トレード当たりの金額リスクを計算する
　トレード口座に5万ドルあり、先に解説した2％ルールに従うとしよう。これは、トレード当たりの最大リスクが1000ドルであることを意味する。口座の大きさを考えると、このリスクは相当大きい。リスクを1％未満に抑えるという人も多いだろう。

③トレード当たりのリスクを1株当たりのリスクで割る
　これが最大取引数量の求め方だ。トレード当たりの最大許容リスクが1000ドルで、計画しているトレードの1株当たりのリスクが1.11ドルなら、最大株数は900株未満だ。ただし、トレード当たりの最大許容リスクが1000ドルというのは、売買手数料とスリッページを含んだ数字であることに注意してほしい。また、すべてのトレードで最大許容リスクいっぱいにトレードをしなければならないという法はない。それ以上のリスクを取ってはならないが、それ以下のリスクなら何の問題もない。

　この18ドルの株に大きな期待を寄せている場合はどうしたらいいだろうか。もう少し余裕を持たせて、ストップを15.89ドルまで離して

おきたいと思うかもしれない。しかし、そうなると1株当たりリスクは2.11ドルになる。トレード当たりの最大許容リスクは同じままなので、最大購入量は470株まで小さくなる。

一方、画面の前に座ってその株を鷹のように目を光らせながら見張るなら、ストップを17.54ドルに置いて、リスクを46セントに抑えてもいいだろう。最大許容リスクは1000ドルのままだが、2170株の大きめのサイズでトレードができる。

ストップに関する決定は、利益目標に関する決定と密接に結びついている。取ろうとしているリスクを、収穫しようとしている潜在的利益と比べなければならない。おおまかにいって、リスク・リワード・レシオが3対1か、もしくはそれよりも良ければ魅力的なトレードだといえる。リスク・リワード・レシオが2対1かそれ以下であれば、そのトレードをしたいとはあまり思わない。

ストップを使う習慣は非常に大切だ。ストップにもいろいろあることを論じる前に、きわめて重要な2つの区別をはっきりさせておこう。ストップの注文には、成行か指値のどちらを用いるかを決めておかなければならない。さらに、ソフトストップかハードストップのどちらを用いるか決めておく必要がある。

成行注文と指値注文

あらゆる注文は大きく2つのグループに分けられる。成行注文と指値注文だ。

成行注文の約定値は、ブローカーによれば最良価格ということだが、実際にはどんな価格で約定するか分からない。往々にして、そのときの最悪の価格だったりする。

成行に対するもうひとつの注文方法が指値だ。これは特定価格での注文執行を求めるものであり、そうでなければ執行されない。指値注

文はスリッページを回避するのに役立つ。

　成行注文は執行を保証するが、約定値は保証しない。一方、指値注文は約定値を保証するが、執行は保証しない。どちらかを選ばなければならないのは、ひとつのトレードで両方を選ぶことはできないからだ。どちらが重要か決めておく必要がある。執行重視かスリッページ回避か——この質問の答えは、状況によって変わってもいい。

　1株当たり19ドルで1000株を購入したとしよう。自分の調査によると、この株が17.80ドルまで下げれば、上昇トレンドにないとする。ブローカーに電話をするかウェブサイトにログインをしてストップ注文を出そう。キャンセルするまで有効（GTC）な1000株の売りストップ注文を17.80ドルに置く。

　通常、売りストップ注文は、現在値よりも下に、MIT注文（Market If Touched＝その価格がついたら成行で執行）として発注される。MITのストップを17.80ドルで出したら、その株が17.80ドルで取引された瞬間、その注文は1000株売りの成行注文になる。これで自分のポジションが保護されたことになる。

　成行注文はすべりやすい。マーケットが穏やかなときなら、そのまま17.80ドルで約定するかもしれない。非常に運が良ければ、価格が17.80ドルをつけたあとで反発し、17.81ドルや17.82ドルで約定することもある。

　しかし、もっとありがちなのは、激しい急落で株価が17.80ドルで止まらないケースだ。MITのストップを17.80ドルで出していても、返ってきた約定値が17.75ドルなら、1000株のスリッページで、ちょうど50ドルかかったことになる。おそらく売買手数料の数倍になったはずだ。

　価格が緩やかに動くのは、マーケットが穏やかなときだけである。しかし動きが激しくなると、価格は数ティックも値を飛ばすことがある。17.80ドルでMITのストップ注文を出しても、その価格で約定す

る保証はない。下げ足が速いとスリッページを被るだろう。その銘柄に突然の悪材料が出れば、はるか16ドル、またはもっと下まで値を飛ばすかもしれない。

したがって、ストップ注文は利益を守ったり損失を減らしたりするための道具として完全というわけではない。しかし私たちの手元にある道具としては最善のものだ。

スリッページを支払わされたことで、指値注文を使うようになったトレーダーもいる。私の場合、トレードを仕掛けるときと目標水準で利益を確定するときは、ほとんどいつも指値注文を使う。

指値注文は、つまるところ「無理ならいらない」だ。私がビジネスをするのは、自分の条件にあった水準だけである。したがって、仕掛けや利益確定ではスリッページを受け入れたくない。指値注文のせいでトレードに入り損ねたとしても、文句はない。これからもトレードの機会はいくらでもあるからだ。指値注文でトレードに入ろうとして失敗しても、失うものは何もない。

しかし、保護的ストップは話がまったく変わってくる。もしもトレードから逃げ遅れたりすると、滝のような下落に捕まってしまう。ほんの少しを惜しんで、指値注文を入力している間に大金を失うこともある。問題が起こったら値切らずに走って逃げよう。

こうした理由から、私は仕掛けと利益確定では指値注文を使うが、ストップ注文にはMITを使っている。

ハードストップとソフトストップ

ハードストップとは、マーケットに実際に発注したストップ注文のことである。一方、ソフトストップとは、頭のなかにある数字で、マーケットがその水準に達したら即座に行動を起こすというものだ。

ここでソフトストップについて論じるのは、あまり気が進まない。

これは、プロまたはセミプロのトレーダー向けの話題である。また、初心者がソフトストップを誤解して、誤用するのも気がかりだ。ほとんどの初心者にとって、ソフトストップはストップがまったくないのと同じである。

　ここで思い出すのが、あるジュースのテレビコマーシャルだ。オートバイが急斜面を高速で行ったり来たりする画面の下に、大きな白文字で警告が現れる――「これらの技はすべて訓練を受けたプロによるものです。子供たちは家でまねしないように！」。これこそまさに、私がソフトストップについていいたいことだ。

　この話題がそれほど危険なら、本書で一言も触れなければよいのではないかと思うかもしれない。わざわざソフトストップについて言及した理由は、より高度な専門知識を得ようとする人や、ハードストップがあまりに硬直的すぎると考える人にも役立つ本にしたいと考えたからだ。分別ある判断を信じ、判断は読者に任せたい。

　これだけは忘れないでほしい。ハードストップは万人向きであり、ソフトストップはプロと真剣なセミプロのためのものだ。

　ストップを設定するのにどういう手法を使うにせよ、結局は何らかの数字を求めることになる。それは、次の立会日のためのストップ水準だ。あなたはその数字をハードストップにするだろうか。ソフトストップにするだろうか。

　ハードストップは一定の注文としてマーケットに出される。ブローカーに実際に発注するのだ。ハードストップの大きな利点は、マーケットから目を離せることだ。取引時間中に画面の前に座っていることが難しい人、もしくはリアルタイムで決断するのが苦手な人にとっては最適だ。

　初心者はハードストップを使わなければならない。専門的な知識も持っていないし、リアルタイムで意思決定をするような修練もしていないからだ。

プロのシステムトレーダーはハードストップを用いる。しかし、プロの裁量トレーダーはハードストップとソフトストップのどちらかを使う。調査をしてストップの水準を求め、それを自分の記録システムに入力できるプロであっても、必ずしもその注文をブローカーに出さなければならないわけではない。その水準をみながら、価格がそこに近づけば手仕舞う準備をするが、多少は自分の判断も認めている。

ソフトストップを使うには鉄の規律が必要だ。また１日中画面を見張っていなければならない。画面の前にいて、設定した水準にマーケットが達したら取引を執行できるように準備をする。それが無理なら、ソフトストップを使う権利はない。絶対の規律も必要だ。マーケットが悪い方向に動くと、恐怖で凍りつき、勝手な希望的観測による運頼みとなってしまいがちだ。こんな初心者もソフトストップを使うべきではない。

ソフトストップはハードストップよりも柔軟に使えることから、大きな利点もある。マーケットがストップに向かって下がり出すと、その銘柄は重そうなので早めに逃げようと考えるかもしれない。早めに切って損失を抑えようとするかもしれない。一方、出来高の小さな下落はダマシである可能性もあるし、もう少し持ってみて回復する可能性をみようと考えるかもしれない。

経験を積んだプロならソフトストップの恩恵を受けられる。だが、過剰な自由は、初心者には致命的だ。

少なくとも１年にわたって利益を出し続けたトレーダーでなければ、ソフトストップを使う権利はない。それから徐々にソフトストップを使い始め、画面から離れるときはハードストップを使い続ける。

ストップ水準を決める意思決定はハードストップでもソフトストップでも同じだ。したがって、本章では今後この２つを区別しない。どうやって、どこに、いつストップを置くかをこれから論じる。ハードストップを使うかソフトストップを使うかは、自分の知識水準に従っ

て自分で判断してもらうことになる。

ストップを置いてはいけない場所

ストップに関する最もひどい誤解は、買いポジションの場合、直近安値のすぐ下に置くべきだというものだ。これはずいぶん前からある考え方で、またとても広く知られている。とても単純だし、大して考えなくてもよい。私も最初のころ、この考えに食いついてしまい、現実の厳しさに打ちのめされるまで、ほかの人に教えていたくらいだ。

このストップの置き方には問題がある。マーケットではダブルボトムが頻繁にみられるのだ。それも二番底のほうが最初の底よりもわずかに低いことが非常に多い。そういうチャートだけで1冊の本になるくらいだ。

直近安値のすぐ下の水準は、素人が大急ぎで逃げ出し、プロが買いを仕掛けるところだ。

価格が底値近辺に近づいたときは、さらなる安値に突き抜けることを必ず警戒する。価格が新安値まで下落しながらも、指標が徐々に安値を切り上げて強気乖離を形成する場合は、価格がわずかでも反発するのを待つ。最初の底よりも上の水準まで上げてくれば、買いシグナルの点灯だ。

私はこのダマシの下方ブレイクアウトを、最も強力で最も信頼できるトレードシグナルと考えている。強気乖離を伴うダブルボトム、そして最初の底よりもわずかに深い二番目の底だ（**図5.1**と**図5.2**）。

驚いたことに、毎年毎年、何千もの人々がストップを直近安値の少し下に置いている。まさに最もひっかかりそうな水準にストップを置いてしまうのはなぜだろうか。なぜ、最もプロが買いそうな水準にストップを置いてしまうのだろうか。

群衆は単純さを求める。ストップを直近安値のすぐ下に置くのは、

図5.1　CPWR 日足

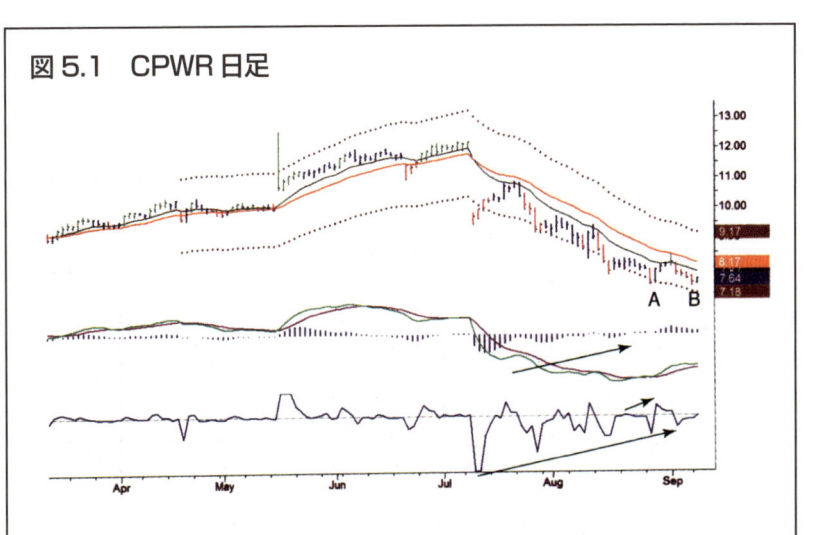

良いトレードはゆっくりと形作られる。CPWR（コンピュウェア）のケースはまさしくそれだった。この銘柄は7月、8月に崩れ落ち始めた。このとき複数の強気乖離を形成し、それは8月のMACDラインが強気乖離したことで最高潮となった。ポイントAで7.46ドルの安値に達した。

ところが、買いを入れたあとに「直近安値よりもほんの少し下」にストップを入れたトレーダーは、9月に放り出された。この月、ポイントBで瞬間的に7.44ドルまで下がったのだ。画面の右端をみながら考えてみてほしい──「ここで買うとしたら、どこにストップを置くだろうか？」。

簡単で誰にでもできる。トレードに関する大量の書籍がこのパターンを助長している。

プロのトレーダーは、群衆がストップを直近安値のすぐ下に置く傾向につけこんでいる。彼らはストップがどこにあるか知っているのだ。プロがチャートをみてはいけないという法はない。プロたちは、密集ゾーンのすぐ外にストップが集まっていることを当てにしているわけだ。

株価が重要な安値水準に向かって下げだすと、出来高は枯れてくる。その株に注目している人は大勢いても、手を出す人は少ない。支持帯が保ってくれるか、誰もが見極めようとしているのだ。マーケットに出た売り注文が小さくても、買い注文が薄いせいで株価は押し下げら

図5.2 CPWR日足、その後

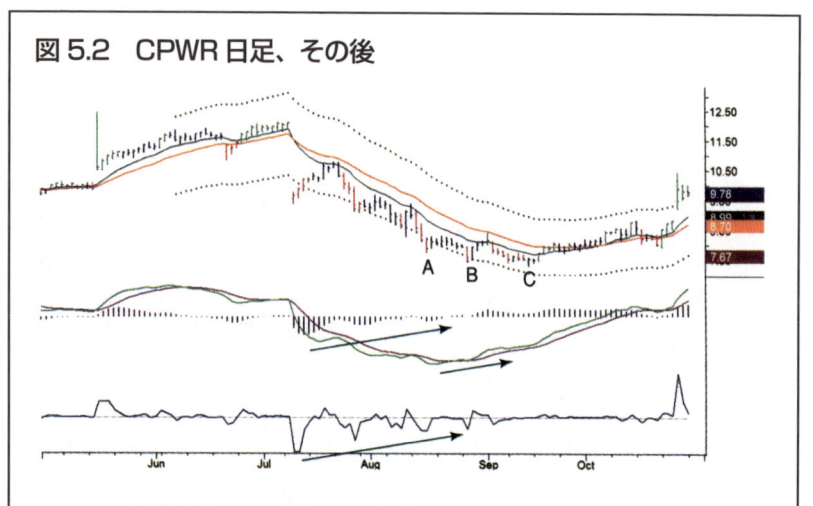

マーケットが力を蓄えている間は、しばしば行ったり来たりの動きをする。CPWRはポイントCで一瞬7.9ドルまで下落し、直近安値のすぐ下に気楽にストップを置いていた人たちを突き落とした。ここは初心者が大急ぎで逃げ出し、プロが買い物にいそしむところだ。このような狩猟は犯罪だろうか。そんなことはないだろう。抜け目のないプロたちが、不用意で臆病な素人と取引しているだけだ。

れ、前回の安値を割り込む。真剣なプロが手を出す領域はここだ。

　株価の下落で一般投資家のストップが発動し、プロは安く株を手に入れられるわけだ。投げ売りがあまりに多すぎて下げが加速すれば、プロはさっさと損切りをして手を切る。しかし、これはまれなケースだ。通常は、ストップにかかって投げ売られる数量はそれほど大きくない。そうした売りが吸収されて下げ止まると、プロが飛び込んできて安値の下でむさぼるように買いつけるのだ。

　株価はレンジ内に戻っていき、鋭い突っ込みの傷跡だけを残す。プロたちが狩りに出たあかしだ。彼らは名前も知らない素人たちを大勢すくみ上がらせて、安く品物を売らせる。あなたは大丈夫だっただろうか。

　ストップはどこに置くべきだろうか。**図5.3**から**図5.6**の例を検討してほしい。

図5.3　S&P500 日足

2007年2月、小さめの鋭いクラッシュで、S&P500指数はチャネルの外に飛び出した。しかしその後は底入れした様子をみせ、力積システムは青に変わった。

図5.4　S&P500日足、その後

　価格は力強く反発し、チャネルの上端にまでタッチした。ただし、その前に最初の安値を割り込み、大勢の初心者を巻き込んでから、上に飛び去っている。
　反発の予想は正解だった。しかし、ストップを近くに置いていたら、利益ではなく、損失に終わっていたかもしれない。

第5章　ストップで売る

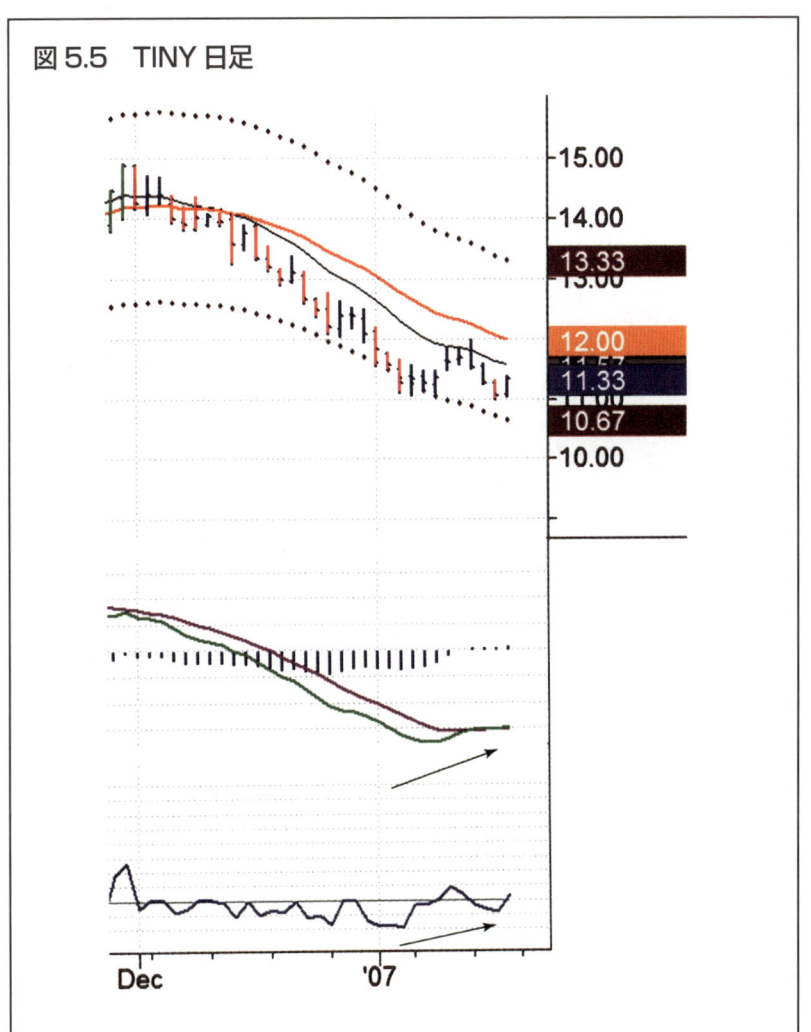

図5.5　TINY 日足

初心者は、この TINY（ハリス＆ハリスグループ）のチャートにダブルボトムをみつけて、こういうだろう。「この乖離を見ろ！　これを買って一番低い安値の1ティック下にストップを置こう」。

図5.6 TINY日足、その後

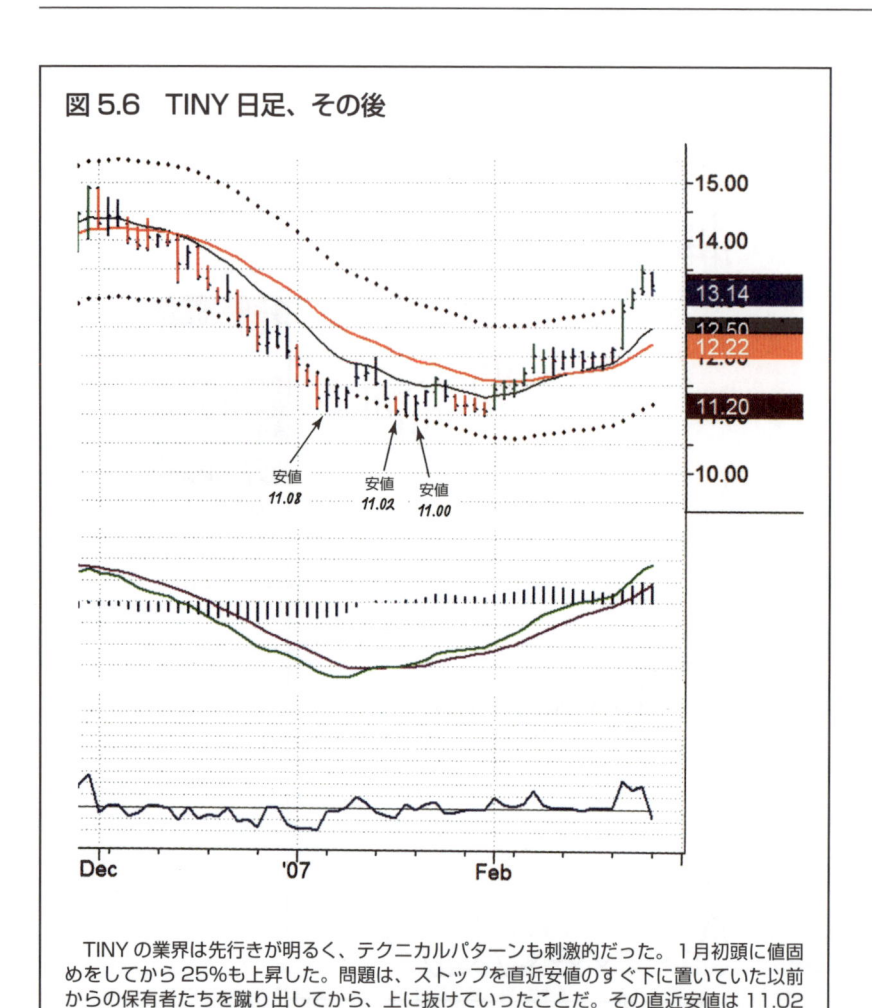

安値 11.08
安値 11.02
安値 11.00

TINYの業界は先行きが明るく、テクニカルパターンも刺激的だった。1月初頭に値固めをしてから25％も上昇した。問題は、ストップを直近安値のすぐ下に置いていた以前からの保有者たちを蹴り出してから、上に抜けていったことだ。その直近安値は11.02ドルであり、原始的なストップをひっかけながら株価は一瞬11ドルまで下落した。

　ストップを直近安値のすぐ下に置くやり方は、どうやら負けにつながるようだ。では別の選択肢があるだろうか。打開案をいくつか検討してみよう。

スリッページを減らす——1セント近づける

　大抵のチャートでは、不用意なトレーダーたちがストップを置いている場所を見極めるのは難しくない。群衆がストップを使うときは、非常に分かりやすい水準に置くことが多いからだ。買いなら支持帯のすぐ下、空売りなら抵抗帯のすぐ上だ。

　金融市場では、人と違うことをするとうまくいきやすい。こういう分かりやすい水準のほかに、別のやり方をいくつか検討してみよう。

　ストップを近いところに置けば、1株当たりの金額リスクは小さくなる。だが、相場の振れにひっかかるリスクは大きくなる。一方、ストップを離れたところに置けば、相場の振れにひっかかるリスクは小さくなるものの、ストップにかかった場合の1株当たりの損失は大きくなる。両方のやり方に利点と難点があるが、トレードでは常にどちらかを選ばなければならない。マーケットでは選択すべきことが多いが、ほかの選択と同様、これも自分のスタイルに従って決めることだ。

　私のストップの使い方はゆっくりと形作られてきたが、大抵は苦い経験を通してだった。最初にトレードを始めたころ、私はストップを使っていなかった。何回かマーケットの仕打ちを受け、自分を守るためにストップが必要だと気づいた。

　ストップを使い始めたものの、やり方は素人だった。買いポジションでは直近安値の1ティック下に置き、売りポジションでは直近高値の1ティック上に置いていた。いうまでもなく、相場の振れでストップにひっかかり続けた。

　さらに気づいたのは、単純に直近安値の1ティック（次ページコラム参照）下にストップを置くと、追い打ちをかけるように大きなスリッページを被っていたことだ。株価が私のストップ水準まで達して売買報告を受けると、得てして数ティック下で約定していた。私のストップ水準にはあまりに多くのストップが置かれていたことから、株価が

> **ティックとは何か**
>
> 　私のこれまでの著作を読んでくれた人たちから「ティックとは何か？」という問い合わせを受けた。そのあまりの数に驚かされた。
> 　グーグルでの調べ方をご存じない方のために説明しよう。ティック（呼値）とは、その投資対象に許された、最小の価格変動のことだ。この原稿を書いている今、大抵の米国株の1ティックは1セントだ。トウモロコシ先物の1ティックは1/8セントだ。粗糖先物の1ティックは1/100セントだ。気になるマーケットのティック幅を知りたければ、ブローカーがパンフレットを持っているはずだ。

　そこに達すると値が走っていたのだ。私の注文も含めてマーケットは売り注文で溢れかえり、買い方は瞬間的に圧倒されていたのだ。

　では、どうしたらいいのだろうか。これまでずいぶんと負けていたから止めるわけにはいかなかった。私はストップをさらにきつくし、直近安値の1ティック下ではなく、その安値ちょうどに置いた。

　チャートをずいぶんみてきたが、株価が下落して、前回の安値水準でちょうど止まってそこから1ティックも下がらないという例は、ほとんどない。通常は、そこよりも十分に上で止まるか、もしくはずっと下まで行ってしまう。つまり、ストップを安値の1ティック下に置いても、自分の安全域が大きくなるわけではなかったのだ。私はストップを、1ティック下ではなく安値ちょうどに置き始めた。

　この手法のおかげで、ストップでのスリッページを大幅に減らすことができた。株価は繰り返し前回の安値まで下がるが、じわじわとした動きをする。そこでは大量の取引が行われており、動きは静かである。やがて前回の安値を1ティック割り込んで真空地帯に入ると、シュッと一瞬で数ティックも値を飛ばすわけだ。

　前回の安値水準が、プロたちが自分のポジションを再調整する場所

なのだと私は気づいた。そこではスリッページがほとんど発生しない。株価が前回の安値を1ティック割り込むと、そこは大勢の人がストップを置く領域なので、強烈なスリッページが発生する。それに気づいてから、私はストップを前回の安値ちょうどに置くようになり、スリッページは劇的に小さくなったのだ。

なお、私は何年かこの手法を使っていたが、その後さらにタイトなストップの置き方をするようになった。

ニックのストップ──1日分近づける

2003年のトレーダーズキャンプで、ニック・グローブというトレーダーと出会った。彼がトレードを始めた経緯は、ある意味、典型的だ。オーストラリア育ちの彼は、若いとき実家の不動産ビジネスに関わっていたが、そのうち独立して造園業を始めた。50歳をまわるころに、おきまりの生活に飽きてしまうと、事業を売却してしまい、パリに飛び、小さなアパートを借りてフランス語の勉強を始めた。そして、何かお金になることを探しているうちに、トレードと出会った。彼は、たまたま私の本を読んだのをきっかけにトレーダーズキャンプに参加し、私たちは親しくなった。

上げ相場のなかでニックと私は調査結果を共有し、一時的にEMAまで押し下げられている銘柄を買っていた。私たちは若干タイトなストップを置きながらも、上部チャネルラインまで戻る反発を見込んで保有していたかった。そこでニックが提案したのは、大抵の人がストップを置くような安値を探し、それを両側から挟みこんでいる安値を調べることだった。彼は、その2つのうち低いほうの安値の少し下にストップを置くことを提案した。

このアイデアは、説明するよりもみてもらったほうが早い。図5.7から図5.12をみてほしい。

図 5.7　CVS 日足

　CVS（CVS/ファーマシー）は週足（ここには載せていない）が上昇トレンドに乗っていた。この日足では、2本のEMA間の価値ゾーンまで下落しているのがみてとれる。最も低い安値は30.46ドルで、30.76ドルと30.66ドルの安値に挟まれている。CVSを買うなら、最安値を挟みこんでいる2つの安値のうち、低いほうのすぐ下にニックのストップが置かれることになる。30.66ドルのほうが安いので、30.64ドルか、さらに下げて30.59ドル（切りのいい数字の下）にストップを置くことになる。

図5.8　CVS日足、その後

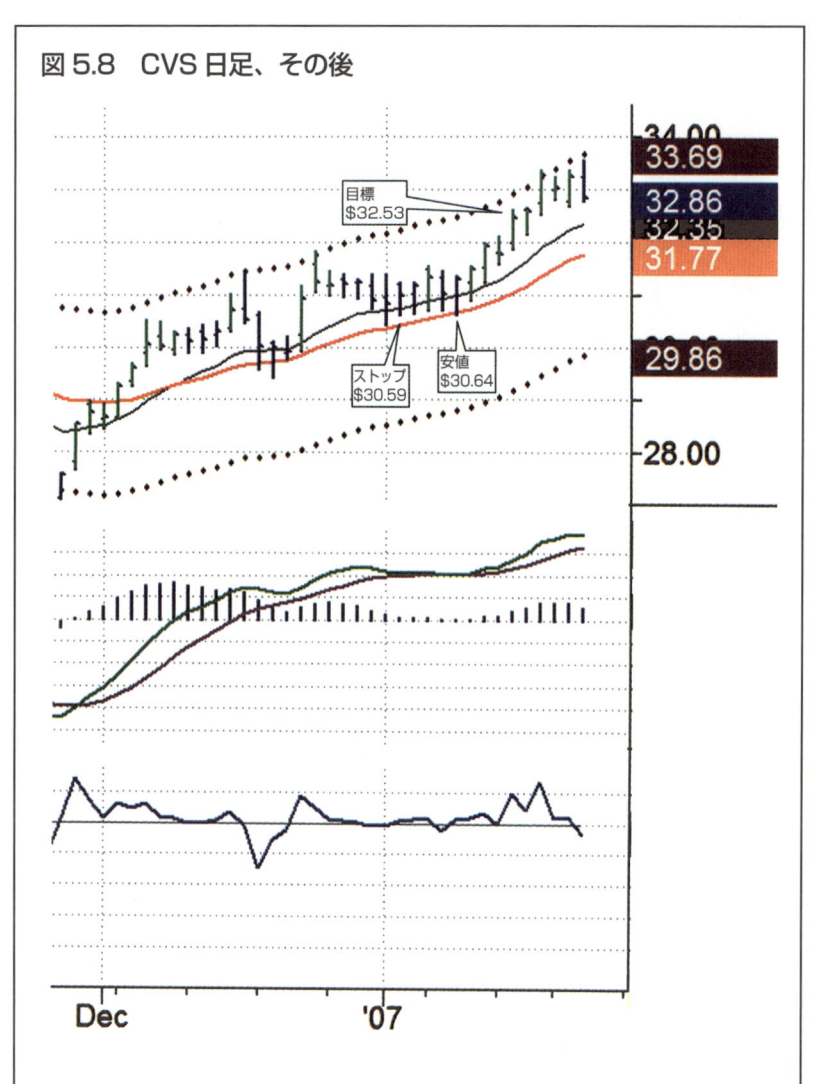

　CVSは価値ゾーン近辺をさらに数日間うろついたあと離陸し、目標の上部チャネルラインに到達した。2番目に低い安値の下に置いたストップが危険にさらされることはなかった。

図 5.9　金日足

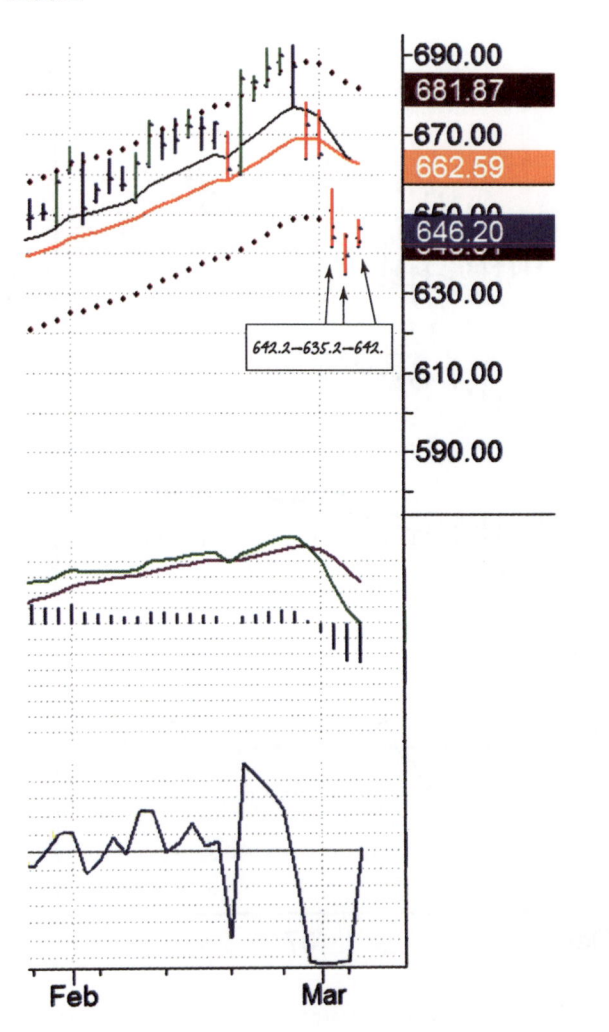

金は週足(ここには載せていない)では上げ相場だったものの、悪材料が出たことで押し下げられ、下部チャネルラインよりも下、つまり売られ過ぎエリア深くまで売られた。一番低いところでは635.20ドルまで下がり、642.20ドルと642.00ドルの2つの安値に挟まれた。私なら、2つのうち安いほうのすぐ下にストップを置く。切りのいい数字は避けて641.90ドルか641.40ドルだ。

第5章 ストップで売る

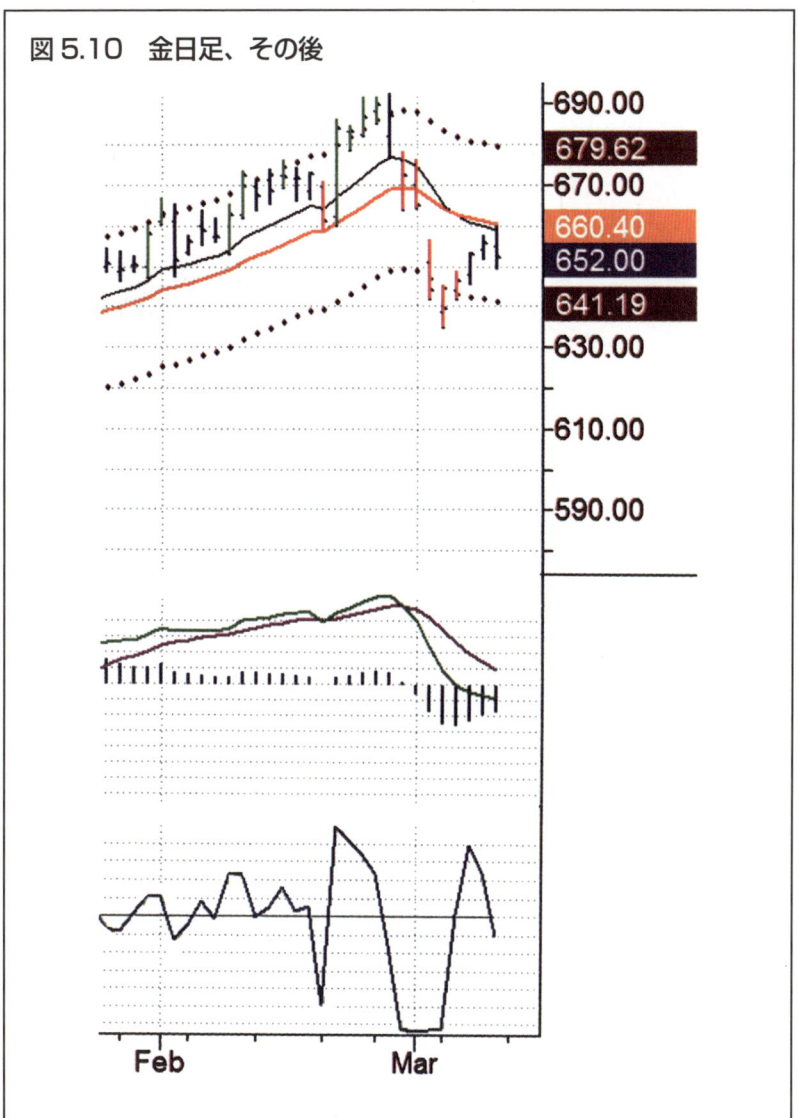

図5.10 金日足、その後

金は659.80ドルまで反発した。価値ゾーンである2本の移動平均線にまで達し、そこで一服したようだ。ストップにはかからなかったが、利益を確定するにはいいころだろう。金は価値水準にあるわけだし、上がりそうにもみえない。

図5.11 金日足、その後2

金は下部チャネルラインを再び割り込んだ。2回目の下落は前回ほど強力ではなく、勢力指数は強気乖離を示し始めた。右端では金の買いは再び魅力的になってきた。今回の下落による最安値は637.70ドルであり、648.80ドルと645.00ドルの2つの安値に挟まれている。私ならこのうち安いほうのすぐ下、644.40ドルに「ニックのストップ」を置く。

図5.12 金日足、その後3

このチャートは、反発が続いていることを示している。ストップは、発動することなくトレードを守ってくれている。

　近いところにストップを置くこの手法は、特に短期のスイングトレードに向いている。底値をとらえようとするのは危険を伴う。このように非常に近いところにストップを置けば、夢をみている暇はなくなる。これは、マーケットにのるかそるかの決断をせまる。

ストップを遠くに置く場合

　トレード期間がどのくらいになりそうかは、ストップと仕掛け価格の間にどの程度距離をとるかに影響を与える。概して、短い時間軸ではストップを近めに置く必要があり、長い時間軸ではストップを遠めに置く必要がある。

　どんな時間軸にも長所と短所がある。長期トレードの重要な利点としては、ゆっくり考えながら決定を下す時間が持てることが挙げられる。一方、デイトレードで立ち止まったり考え込んだりすれば即死だ。

　長期トレードなら、考えたり決断を下したりするのにもっと時間がとれる。しかし、この贅沢の代償は、仕掛け価格からストップまでの距離が長くなることだ。株価は、3時間よりも3週間のほうがずっと大きく動く。トレーダーは、動いている標的を狙っているようなものだ。時間がたつほど、標的は大きく動く。

　初心者は、デイトレードはよしたほうがいい。このきわめてテンポの速いゲームが、素人をこてんぱんにしてしまうことはよくある。また、長期の順張りも初心者には勧められない。一番勉強になるのは、小さなトレードをたくさん重ね、日誌をつけ続けながら仕掛けと手仕舞いの練習をすることだ。長期トレードには、こういう経験が十分にできるほどの激しさはない。

　スイングトレードは、トレードの勉強をするのにふさわしい。投資資金の推移カーブが1年にわたって上昇トレンドを描き、ひどいドローダウンを経験せずにするなら、それでようやく上達したといえる。スイングトレードに集中し続けるか、それとも時間軸を広げてみるか決めるのは、それからでいい。

　もし長期トレードを学ぶと決めたら、ストップを遠くに置く必要があるだろう。相場の振れにひっかからないために必要なことだ。論理的に正しいストップの位置とは、その価格がつきそうにない場所だ。

図5.13　KO月足

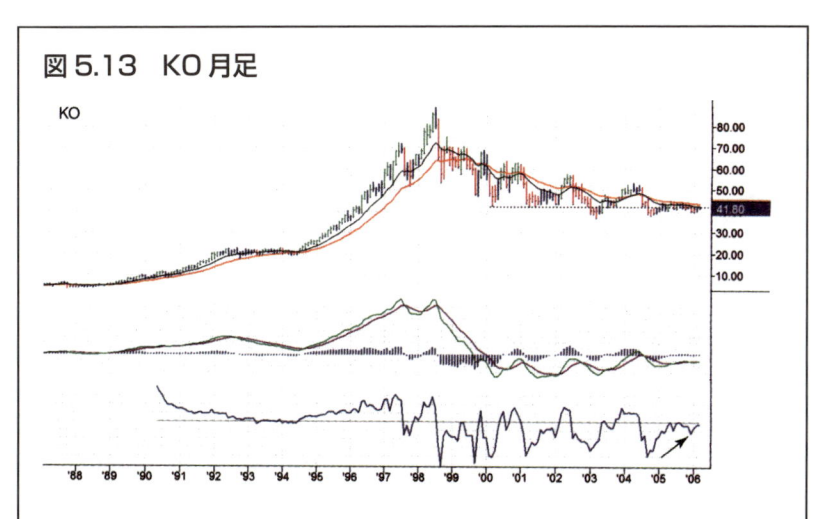

きわめて長期のトレード（かつては投資と呼ばれていたもの）を始めるなら、月足の分析から始めるのがいいだろう。このチャートは、KO（コカ・コーラ）の過去20年分の価格推移だ。上げ相場で、4ドル以下（分割調整済み）から1998年には90ドル近くまで上昇し、その後の下げ相場で40ドル以下にまで落ち込んでいることがみてとれる。40ドルの下は強力な支持帯になっており、2001年以来下落を4回くい止めている。チャート右端では力積システムの月足が赤から青に変わっており、買いが解禁された。

よく考えよう。買いを仕掛けてストップを現在値よりも下に置くとき、ストップを置きたいと思うのは、そこまで下がらないと思う水準だろう。トレンドが転換してようやく実現するような水準だ。

上昇トレンドをみつけて買いを仕掛けるなら、ストップは通常の価格の振れにひっかからない水準に置かれる。大きな上昇トレンドは、価格の小さな動きに比べると振れが大きくなるので、ストップは遠くに置かなければならない。

トリプル・スクリーン・システムの原理は、長期チャート（**図5.13**）で戦略的な決断を下し、短期チャート（**図5.14**）で戦術的な計画を立てるというものだ。月足で買ってもいいという合図が出たら、週足をみてどこで仕掛けるかを決める。

10万ドルの口座資金で、2％ルールに従ってトレードをしていると

図5.14　KO 週足

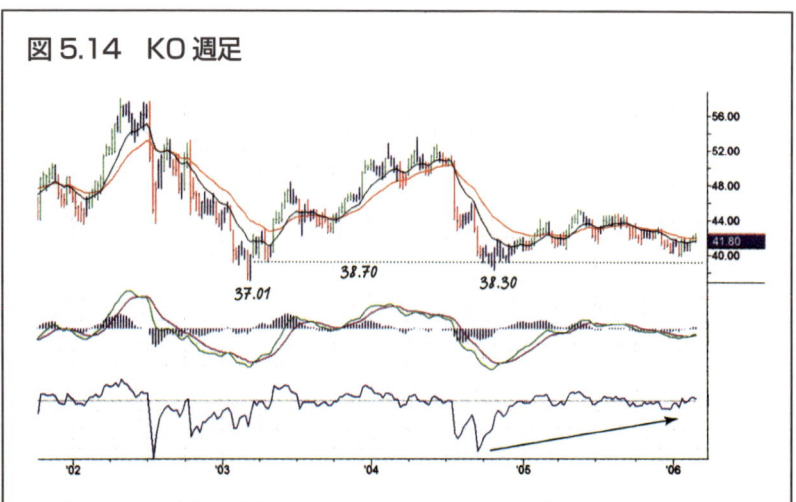

短期トレンドの変化は、長期トレンドに先行する。週足の上方反転はすでに始まっている。勢力指数の強気乖離は、底入れを探るのに役立つ。価格はすでにEMAを上抜いている。
　このチャートは、買いの決定を支持している。価格は、買いを入れる水準としては十分に価値水準に近づいている。私は、目標価格を決めるのに長期のチャートを使うほうが好きだ。60ドルあたりの水準は、現在値と高値のおおよそ中間にあたり、妥当な見立てだろう。しかしストップはどうすべきだろうか。
　直近の最安値は38.30ドルで、隣接する安値（ニックのストップ）は38.75ドル。この水準にストップを置くとしたら、1株当たり3ドル強のリスクを取ることになる。

する。ここまで論じてきたような水準にストップを置くなら、最大トレードサイズは600株近くになるだろう。

　長期ポジションのストップは広めにとらなければならない。だが、トレードサイズを殺すほど広くしてはならない。プロのトレーダーは、1回のトレードで何度も手を出すということを思い出してほしい。

　さてKOがそこからどうなったのか、みてみよう（**図5.15**）。

　ストップを遠くに置くのは長期トレードの特徴だ。資金管理の鉄の三角形から外れないようにするなら、ストップまでの距離を大きくとるほどトレードのサイズを小さくしなければならない。これは、肝に銘じておかなければならない重要なことだ。

図5.15　KO週足、その後

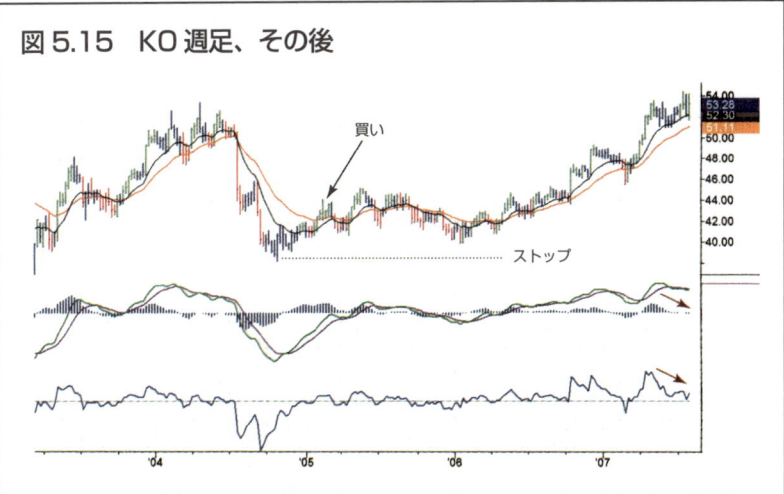

忍耐について話そう。先ほど話した水準でKOを購入していたら、上昇トレンドが始まるまで1年近くも待たなければならなかった。株価は買った価格を下回ったが、ストップにかかることはなかった。チャートの右端は、株価が2004年の高値を突き抜けたところだ。指標のいくつかは弱気乖離を示している。当初の目標である60ドルに固執すべきか、それともここで利益を確定すべきか。これは長期トレーダーが向き合わなければならないジレンマだ。

可動ストップ

　保護的ストップとポジションサイズは「鉄の三角形」でつながっている。こうすることで、明確なストップを念頭に置いてから個々のトレードに取りかからざるを得なくなる。

　しかし、時間がたつにつれ、ある問題に直面するだろう。ストップも利益目標もそのままにしておきたいかもしれないし、またストップを動かして含み益を確保しておきたいかもしれない。

　もちろんストップを動かしていいのは一方向だけだ。買いポジションなら上、売りポジションなら下だけである。トレードをよりしっかりつかむのはいい。だが、手を緩めてはならない。

　最初からトレイリングストップを置いて、トレードと同じ方向に動

かしていくトレーダーもいる。また最初は"伝統的なストップ"を使って、そのうち価格が目標に近づき、トレンドが最初の目標を超えてまだまだ先まで行きそうだと判断したときは、利益確定の指値注文をキャンセルし、トレイリングストップに切り替えるトレーダーもいる。こうすればこのトレードは、押し目でストップにかかるまでは行けるところまで行くことができる。

　この切り替えでは、トレード当初と同じ計算が必要になる。つまり、潜在的利益と現実のリスクとの比較だ。目標価格からトレイリングストップに切り替える場合、利益の一部を諦める覚悟が必要となる。

　ほかのトレード手法と同様、トレイリングストップにも長所と短所がある。長所としては、目標を超えた動きがあれば特別な利益をもたらしてくれることだ。短所としては、トレンドが転換した場合に含み益の一部を失うリスクを負うことだ。

　トレイリングストップを置くにもさまざまなやり方がある。

●複数足の安値をトレイリングストップとして用いる

　例えば、直近3本の足で、最も低い安値にストップを合わせるように動かし続けることができる（ただし、トレードと逆方向には動かさないこと）。

●価格を非常に短期の移動平均線でたどり、それをトレイリングストップとして用いる

●シャンデリアストップを用いる

　これは、マーケットが高値更新をするたびに、高値から一定の距離内にあるようにストップを動かすというものだ。この一定の距離とは特定の価格レンジ、もしくはATR（average true range）に基づいた数字である。これは、天井に吊り下がったシャンデリアに似ている（こ

パラボリックストップ

　パラボリックシステムは、1976年にJ・ウエルズ・ワイルダー・ジュニアによって開発された。これは時間の概念をストップの設定に組み込む試みとして、最も古いもののひとつだ。このシステムでは、ストップがマーケットのそのときの価格に日々近づいていく。さらに、株式または商品がトレードと同じ方向に極端な価格を更新した場合、ストップの動きが加速する。

明日のストップ ＝ 今日のストップ ＋ AF ×（EPtrade － 今日のストップ）
今日のストップを置く場所 ＝ 現在のストップ
明日のストップ ＝ 翌立会日のストップ
EPtrade ＝ そのトレードが始まって以降で、マーケットが付けた極端な数値（EP＝Extreme Point）。買いポジションであれば、買った日以降で付けた最も高い数値。売りポジションであれば、売った日以降で付けた最も低い数値。
AF ＝ 加速係数（AF＝Acceleration Factor）

　トレード初日のAFを0.02とする。これは、EPと最初のストップ間にある距離の2％分だけストップを動かさなければならないということだ。上昇過程で高値が更新された日、もしくは下落過程で安値が更新された日に、AFは0.02増加する。ただし、AFの上限は0.20だ。
　敗者は負けポジションに執着する。そして反転を祈りながら一文なしになる。パラボリックは、こうした優柔不断に陥ることを防ぐ。
　これは上放れや下放れのトレンドでは非常に有効だ。押し目をつけずに急騰したり、戻りをつけずに急落したりする場合、通常のチャートパターンや指標を用いてもストップを設定するのは簡単ではない。このような状況でストップを設定するときこそ、パラボリックが非常に役に立つときだ。
　パラボリックは、トレンドが出ているマーケットではうまく機能するが、方向感のないマーケットでは相場の振れにひっかかることになる。つまり、トレンドが出ているときは目を見張る利益をもたらすが、取引レンジ内では口座資金をいためつけることになるわけだ。自動的なトレード手法としては使わないほうがよい。

の手法については『投資苑2』で解説した)。

● **パラボリックストップを用いる**

詳細はコラムを参照してほしい。

● **セーフゾーンストップを用いる**

後ほど紹介する。

● **ボラティリティ・ドロップ・ストップを用いる**

これも後ほど紹介する。トレード関連書では初公開となるだろう。

● **タイムストップを用いる**

　これは、一定時間動きがなかった場合、トレードから撤退するというものだ。例えば、デイトレードを始めたものの、15分、20分たっても株価が動かない場合、期待どおりの動きをしていないのは明らかだろう。トレードをやめるのがベストだ。数日間の予定でスイングトレードを始めたものの、1週間たっても株価が動かなかったら、これが自分の分析に反していることは明らかである。最も安全な策は逃げることだ。

　もしトレイリングストップに興味を持ったら、ほかの手法同様に自分で検証してみよう。ルールを書き出し、チャート上で検証するのだ。そのシステムが仮想売買でも機能するなら、実際のお金を使ってやってみる。しっかりと記録をつけることは忘れないように。
　利益が出ても損失が出ても気にならないように、小さなサイズのトレードで試してみる。そうすれば新しいやり方を習得することに集中できる。お金を儲けるのは、新しい手法に自信をつけてからだ。

セーフゾーンストップ

セーフゾーンストップは、金融マーケットのシグナルとノイズという考えに基づいている。価格トレンドがシグナルなら、トレンドに反する動きはノイズだ。

エンジニアは、ノイズを抑制するためのフィルターをつくってシグナルだけを抽出しようとする。ノイズを特定してそれを測ることができれば、ストップをそのノイズ水準の外に置くことができるというわけだ。これによって、シグナルがトレンドを示している間はトレードを続けられる。

この考え方は『投資苑2』で詳述した。それ以来、いくつかのトレードプログラムに実際に導入されている（Elder.comにあるエルダーディ

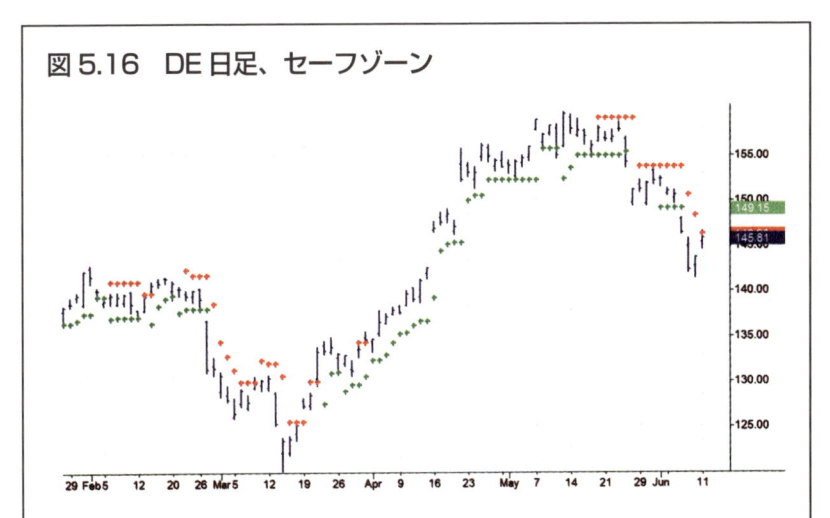

図5.16　DE日足、セーフゾーン

順張りのシステムは、強力なトレンドでは本領を発揮するが、方向感のないマーケットでは相場の振れにひっかかってしまう。チャートの中央あたりで、セーフゾーンがDE（ディーア＆カンパニー）の強力な上昇をとらえているのがみてとれる。ここではトレイリングストップが本領を発揮している。左端、右端近辺の比較的方向感のない領域では、順張りの手法は何度も相場の振れにひっかかっている。このチャートからのメッセージは明白だ。トレイリングストップを使うのは、強力なトレンドが出ているときだけにすること。

スクには、セーフゾーンが入っている。エルダーディスクはトレードステーション、メタストック、eシグナル、TC2007、ストックファインダーなど、一般的なプログラム用のアドインだ。）。

トレンドの定義はさまざまだ。22日EMAの傾きのような単純なものもある。

トレンドが上向きのときのノイズの定義は、各日の値動き幅のうち前日安値よりも下に突き出ていた部分（下方突出）だ。これはつまり、トレンドと逆へ動いている部分である。トレンドが下向きのときのノイズの定義は、各日の値動き幅のうち前日高値よりも上に突き出ていた部分（上方突出）だ。

トレーダーは、突き出ていた「ノイズ」部分を計測するために振り返る期間（ルックバック期間）を決めておく必要がある。そのようなルックバック期間は十分短くし、そのときのトレードに関わるデータとして意味のある範囲にしなければならない。日足なら、直近データのおおよそ１カ月だ（**図5.16**）。

『投資苑２』で次のような説明をした。

> トレンドが上向きの場合、ルックバック期間中の下方突出すべてに印をつけ、その深さを合計して突き抜けた回数で割る。これが、選択したルックバック期間の下方突出平均になる。
>
> これは、そのときの上昇トレンドの平均的なノイズを反映している。それよりも少しでもストップを近づけると自滅することになる。現在値から、平均的なノイズ分以上離したところにストップを置きたい。
>
> 下方突出平均に係数をかけるが、最初は２からだ。もっと大きな数字でも試してみてほしい。その結果を前日安値から差し引き、その水準にストップを置く。今日の安値が前日安値を下回っても、ストップを下げてはならない。買いポジションの場合、ストップを上げることは許されるが、下げることは許されない。

> 下降トレンドでは、これらのルールが逆になる。22日EMAが下降トレンドを示したら、ルックバック期間中の上方突出すべてを合計して上方突出の平均を求める。そしてこれに係数をかける。最初は２からだ。空売りの場合は、上方突出平均を２倍し、前日高値からそれだけ上にストップを置く。マーケットが高値を切り下げたら必ずストップを下げるが、けっして高くしてはならない。

ほかの手法と同様、セーフゾーンは自分の代わりに考えてくれるような機械的な道具ではない。ルックバック期間を決めておく必要があるし、セーフゾーンストップを設定するには、通常のノイズにかける係数を決めておく必要もある。通常、係数は２から３の間で値をとれば安全な余裕を持たせられるが、自分のマーケットデータで自分で調査する必要がある。

ボラティリティ・ドロップ・ストップ

ケリー・ラボーンというトレーダーは、トレイリングストップが大のお気に入りだ。ここでのインタビューで彼が紹介している手法では、株価が良い方向に動いている間はトレードにとどまり、直近の行き過ぎが反転し始めたらすぐに逃げることになる。

> 私は、価格が目標に達するまで、トレイリングストップを使わない。使うのは、価格がその義務を果たしてもなお、マーケットが動きを続けており、まだ潜在的な追加利益をもたらしそうなときだ。
> マーケットが目標を達成したとき、ある選択をすることになる。利益を確定し、いい気分にひたりながら次のトレードへと進むのもありだ。しかし目標が保守的すぎるだけで、この動きにはもっ

と大きな利益が潜んでいるのかもしれない。

　ただし、トレードを続けた結果、積み上げた利益をすべて返上してしまうのは避けたい。それでも、今回の動きがまだ続く可能性を確認するためなら、喜んで利益の一部でリスクを取りたい。

　私の決断は、それを確かめるためにどれだけの利益をマーケットに返上する気があるかで決まる。トレイリングストップの問題は、ほかのストップと同様、どこに置くかだ。近すぎればトレードが始まってもすぐに終わってしまう。

　マーケットは、いったん動き始めると想像をはるかに超えた動きをする。トレイリングストップを置くことで、どこまで行きたいのか、どこで手仕舞うのかをマーケットにゆだねることができる。

　私にいわせれば、トレイリングストップを使うとは、こう尋ねることだ。「マーケットがもっとくれるというなら、これだけ払うので、どれほどのものか、とくと拝見させてもらおう」。

　私はこれを、このゲームをするために払う対価と考えている。これは、新しいトレードを始めるときの計算と似ている。リスクと利益を比較してみるのだ。

　問題も同じだ。どれだけ払う気があるかだ。いったんトレイリングストップに切り替えると決めたら、そこから先どこまで行くかはマーケットにゆだねてしまう。

　私は自分のトレイリングストップを「ボラティリティ・ドロップ・ストップ」と呼んでいる。マーケットが熱狂的に激しい勢いをみせるなら、私は喜んでそれに乗ってみたい。

　トレードに取りかかるとき、目標価格を設定するためにオートエンベロープを用いたとしよう。エンベロープの通常の幅を2.7標準偏差とした場合、目標に到達してからトレイリングストップに切り替えたいときは、1標準偏差分狭くして1.7標準偏差にト

レイリングストップを置く。通常のエンベロープの境界線に沿って動くかぎり、ポジションをそのままにする。だが、価格が狭いほうのチャネル内で引けたらすぐに手仕舞いだ。手仕舞うのが日中でもその日の終わりでも、プログラマーなら自動化できる。

――当初の目標で利益を確定するか、それともトレイリングストップに切り替えるか、どうやって決めるのか？

　目標達成後に弱気のシグナルがみえたら、私はトレイリングストップを使わない。ネガティブな動きがあった場合は、目標で利益を確定して終了する。例えば、値動きの大きかった日に、大きな出来高を伴いながら安値に近いところで引けるような場合だ。
　マーケットの動きが良くて高値安値ともに切り上げている場合は、それに乗ってみる。それは美しい女性のようなものだ。ついていきたくなってしまう。
　目標を達成したときが決断のタイミングだ。トレイリングストップに切り替えるなら、十分にポジティブな動きがみえなければならない。

――どのくらいの頻度で、目標からトレイリングストップに切り替えているのか？

　私は、自分のトレードのうち、3回に2回くらいは切り替えている。だが、常にうまくいくとは限らない。トレイリングストップを置いて5分後に、ストップにかかってしまうこともある。とはいえ、おおよそ2回に1回は、トレイリングストップが当初の目標よりも若干多い利益をもたらしてくれる。まれに上放れや下放れの動きのおかげで、特大級の利益を生むようなことがある。

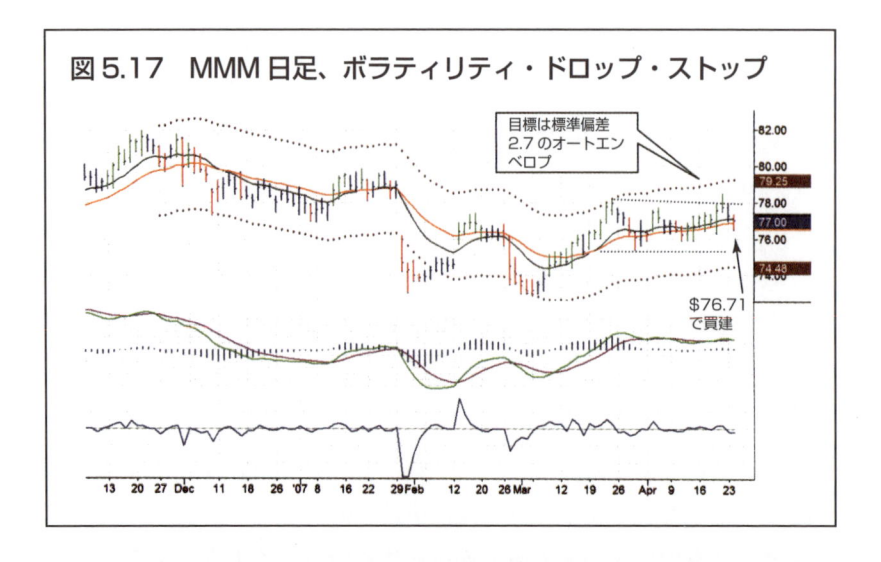

図5.17　MMM日足、ボラティリティ・ドロップ・ストップ

チャート内注記：
- 目標は標準偏差2.7のオートエンベロプ
- $76.71で買建

　ほかのマーケットツールと同様、トレイリングストップも万人向きというわけではない。だが、私の意思決定には役立っている。そのトレードから撤退すべきか否かを決めかねて悩んでいるような人には、トレイリングストップは有益だ。トレイリングストップを使うことで決断を自分の手からマーケットにゆだねることができる。私がトレイリングストップを使っている理由はここにある。

　図5.17のMMM（スリーエム）のチャートは、トレードの仕掛けを説明している。週足は中立的だ（ここには載せていない）。日足は狭いトレードレンジを示している。私はこのパターンを「保ち合いプレイ」と呼んでおり、そこからのブレイクアウトをとらえるようにしている。MACDヒストグラムの直近高値をみて上方ブレイクアウトを期待し、買いポジションを建てた。

　2日後、MMMはその保ち合いから爆発し、私の目標を超えて飛んで行った。目標は上部チャネルラインで、80.63ドルだったが、この動きはきわめて強力で、足全体がチャネルの上を抜け出てい

図5.18　MMM日足、ボラティリティ・ドロップ・ストップ、その後

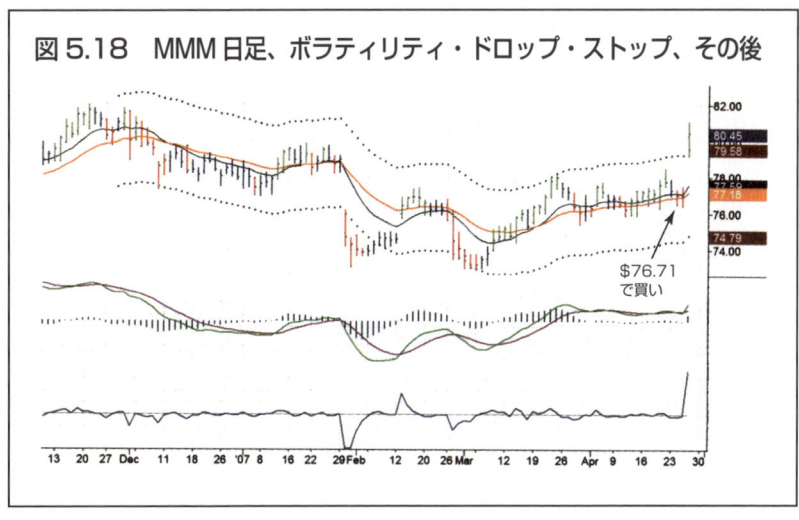

$76.71で買い

図5.19　MMM日足、ボラティリティ・ドロップ・ストップ、さらにその後

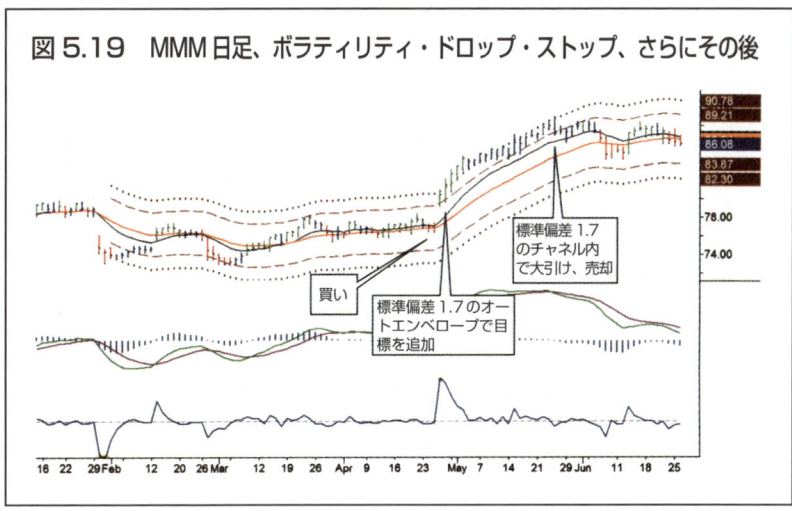

買い

標準偏差1.7のオートエンベロープで目標を追加

標準偏差1.7のチャネル内で大引け、売却

た（図5.18）。

　私はすぐにトレイリングストップに切り替えることに決め、わずか1.7標準偏差のオートエンベロープをチャート上にもうひとつ描き込んだ。私の計画は、狭いほうのチャネル内で引けたらMMMを売却するというものだ（図5.19）。

> 　MMMはさらに数週間にわたってライン上をしっかり歩み続け、やがて動きがなくなり、狭いほうのチャネル内で引け、5月24日に87.29ドルで手仕舞った。当初の目標である80.63ドルに比べると、大きく改善されている。
>
> 　振り返って、オートエンベロープがどれほど変化しているか注目してほしい。手仕舞いをするころには、仕掛けがまったく違ってみえる。これは、オートエンベロープが直近100本の足の動きに基づいているからだ。マーケットの動きがより激しくなれば、オートエンベロープの幅は、より広くなる。

　ケリーが提供してくれたボラティリティ・ドロップ・ストップ戦術は、便利なトレードツールであり、また重要なメッセージも発している。それは、トレイリングストップが有効なのは、一定期間だけということだ。

　マーケットが穏やかで規律的なときは、トレーダーは最初の利益目標とストップを使ったほうがいい。マーケットが強力な動きをみせ始めたら、トレーダーはトレイリングストップに切り替えてもいい。

第6章 「エンジンノイズ」で売る
Selling "Engine Noise"

　いつもの順路で車を運転したとする。次第にガタガタという、ひどいノイズに気づき始めた。アクセルを踏むとその音は大きくなる。運転を続けるだろうか。深刻なノイズではない、そのうち消えるだろうと祈りながら、アクセルを踏み続けるだろうか。それとも車を降りて調べるだろうか。

　ひどいノイズとパワーの低下は、エンジントラブルの兆候だ。運が良ければ、たいした問題ではなく、木の枝でも車台の裏にひっかかっているだけかもしれない。なんでもないようなことで、簡単に取り除いたり修理できたりするかもしれない。

　一方、車に何か深刻な事態が起こっている可能性もある。危険を示すサインを無視しながら運転を続ければ、そのうち深刻な故障につながることもあり得る。

　あなたは、ちょっとした用事をすますように気軽にトレードに取りかかるかもしれない。これといって問題はないと思うかもしれない。だが、もしひどいノイズが聞こえたり、ボンネットから煙が出てきたりしたら、アクセルを踏むのをやめよう。アクセルペダルから足を離して車を停車させ、車から降りて、何が起きているかを調べるのだ。

　すべてのトレードで当初の計画どおりの目標にこだわる必要などない。マーケットに耳を傾けよう。もしかすると、マーケットは自分が望む以上に差し出してくれるかもしれないが、おそらくは期待外れに終わるだろう。トレーダーなら、何が起こっているか注意を向けておかなければならないし、エンジントラブルが疑われたら逃げ出すのだ。

　システムトレーダーと裁量トレーダーには、さまざまな違いがある。

システムトレーダーにとってストップは絶対だ。ストップは、利益確定の注文と同様に、システムが指示する水準で発注される。日中は画面を監視する必要もない。

　裁量トレーダーが参加しているゲームは、また別物だ。目標もストップもある。しかし、自分の分析からまた違った動きを想定した場合、早めに手仕舞ったり、または少し長めに持ったりもできる。トレード中にコース変更をする権限は、人によってさまざまな意味がある。システムトレーダーの友人たちは、これにストレスを感じるようだ。

　一方、裁量トレーダーたちは計画を変更できることに自由を感じている。確かに私には自分の計画があり、自分のストップがある。しかし、選択という贅沢も同時に持っているのだ。

　マーケットの動きが気に入らなければ、ストップ幅をきつくしたり、早めに利益を確定したりできる。またマーケットの動きが気に入れば、当初の利益目標を超えて保有し続け、当初の計画より利益を出すこともできる。

　裁量トレーダーが、トレード中に手仕舞い戦術を変更するような状況をいくつか検討してみよう。私はこの種の手仕舞いを「エンジンノイズ」と呼んでいる。最初、そのトレードを始めたときは行き先が決まっていたはずなのに、エンジンからのノイズで停車を余儀なくされたからだ。

　ただし、ぜひともおぼえておいてほしいのは、エンジンノイズに反応して売却するには豊富な経験が必要だということだ。初心者なら、この章を飛ばし、トレーダーとして技量を上げてから読んでみるのもいいだろう。

モメンタムの衰え

　株価がだらけた動きになり始めても、利益を確定していったんマー

図6.1　AAPL 日足

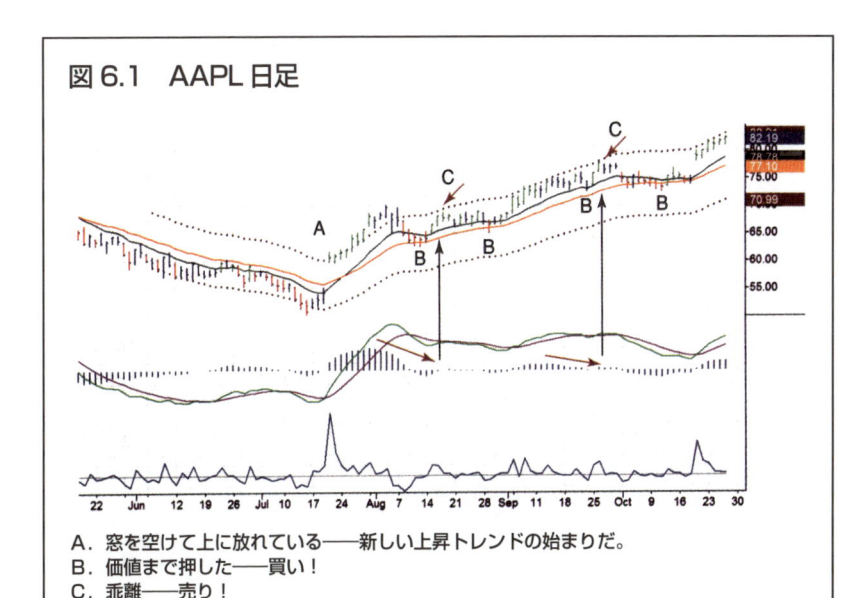

A．窓を空けて上に放れている──新しい上昇トレンドの始まりだ。
B．価値まで押した──買い！
C．乖離──売り！

　AAPL（アップル）の長期にわたる下降トレンドは、上に窓を空けて終わった。この上放れの窓は、上方反転の決定的な旗印だ。買いからトレードに入るのが賢明だ。上昇トレンドを扱う方法として、価値ゾーンまで押したところで買い続け、上部チャネルラインよりも上の過大評価された領域まで反発したところで売り続けるというものがある。

ケットから離れ、いつでも買い直す用意をしておけば、何の問題もない。その歩みが減速し始めたとき、すなわち上に行かずに横ばいになり始めたときは、その未決済ポジションに疑念を持つべきだ。

　マーケットモメンタムを測る方法は数多い。トレード関連の書籍をひもとけばいくらでも書かれている。**図6.1**は、よく知られた指標であるMACDヒストグラムを使ってモメンタムを測ったものだ。

　過去のチャートをみていると、買いと売りのシグナルは明白にみえる。しかし、チャートの右端へいくほどシグナルは曖昧になってくる。トレンドや反転にリアルタイムで気づくのは難しい。

　チャートの右端では、ほとんど常に相反するシグナルが存在する。だが、私たちが決断をしなければならない場所は、まさしくその右端

なのだ。したがって、価値水準近辺で買って過大評価ゾーンで売るという短期トレードのやり方は理にかなっている。

価値水準で買って価値水準よりも上で売るという計画なら、このやり方を変えるのは、どういう場合だろうか。抜け目のない短期トレーダーがMACDヒストグラムと価格の乖離をみたら、上部チャネルに達するのを待たずに売る備えをする。

価格は目標に達するかもしれないし、達しないかもしれない。それでもいったん利食いを入れ、外から状況を再評価するのが賢明だ。

このチャートには2つの弱気乖離が出ている。だが、その両方で、弱気乖離後に価値ゾーンまでの押しがみられる。このような押し目は、買いポジションを再構築する優れた投資機会を提供してくれている。

買いポジションの動きが気に入らない場合、2つの選択肢がある。短期トレードならポジションを閉じ、予定よりも小さい利益に甘んじて次のトレードへと進む。長期トレードなら、ポジションを全部売ることには抵抗があるだろうから、部分的に利益を確定しながら核となるポジションを維持し、売った分を安く買い直せないか見張っておく。この技法なら、1ドルの動きから1ドル以上の利益を上げられる。

私の日誌から、この2つのやり方を紹介しよう。

「エンジンノイズ」で短期トレードを手仕舞う

私は、短期トレードのきっかけとしてスパイクからの情報を気に入っている。このグループのメンバーたちは、短期向けの銘柄を毎週末に何十とみつけだしてくれる。私は、大抵そこからひとつを取り上げて翌週にトレードをする。

ある週、ジム・ローシュコルブが提案したIKN（アイコン・オフィス・ソリューションズ）が特に気に入った。彼が送ってくれた提案書を図6.2に掲載した。この買いトレードは、57セントのリターンを狙っ

```
図 6.2  IKN 計画
銘柄選択          IKN        Long  ▼  Select your trade direction
仕掛け価格       $14.19      Limit ▼  Select your entry order type
保護的ストップ   $13.84
目標価格         $14.76      Red indicates a need for action or an error
                                                    Spike 3/12/2007
考察                                                 Jim R
トレード日：2007年3月12日
1日当たり平均出来高：57万9455株
決算発表日：当面はない
リスク利益比率：1対1.63

業種：MG761-ビジネス／経営指導。力積システムは青が点灯。短期EMAよりも
     上で引けている
週足：力積システムは青。価値水準まで押してきている。

日足：力積システムが緑に変わった。勢力指数（2日）は強気乖離を示している。
     RSI（21日）は先週末に底入れし、上昇を始めている。価格は金曜に上昇し、
     大きな出来高を伴っていた。
```

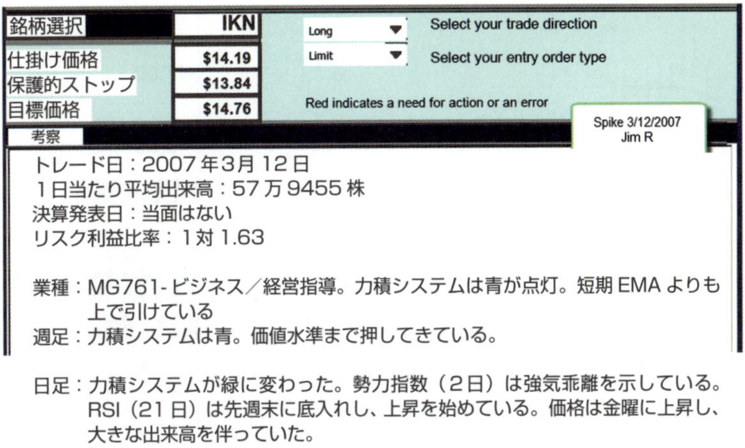

て1株当たり25セントのリスクを取っていた（**図6.3**と**図6.4**）。

　その日の値動き幅の上から3分の1で売ることができ、私の手仕舞い評価は69％という高い評価になった。ただし、トレード全体は18％という月並みな評価である。トレード評価は私が日足上でとらえたチャネルのパーセンテージを反映しており、20％の評価だとB評価になるので、18％だとB－という評価だ。

　スパイクからのこの銘柄選択は、その週の私のトレードで銅メダルとなった。マーケット環境が非常に厳しかった週での第3位である。私は裁量的な手仕舞いで利益を上げることができた。

　このトレードではとりわけ刺激的なことなどなかった。しかし、だからこそ、このトレードを紹介したいと思った。日々のトレードに刺激的なことなど、ほとんどない。はらはらするトレードなど、ほとんど起きないのだ。

　合理的なトレードアイデアを思いつく。仕掛けに多少しくじり、トレードも思ったほどうまくいかなかったが、手仕舞いはうまくいった。

図6.3 IKN仕掛け

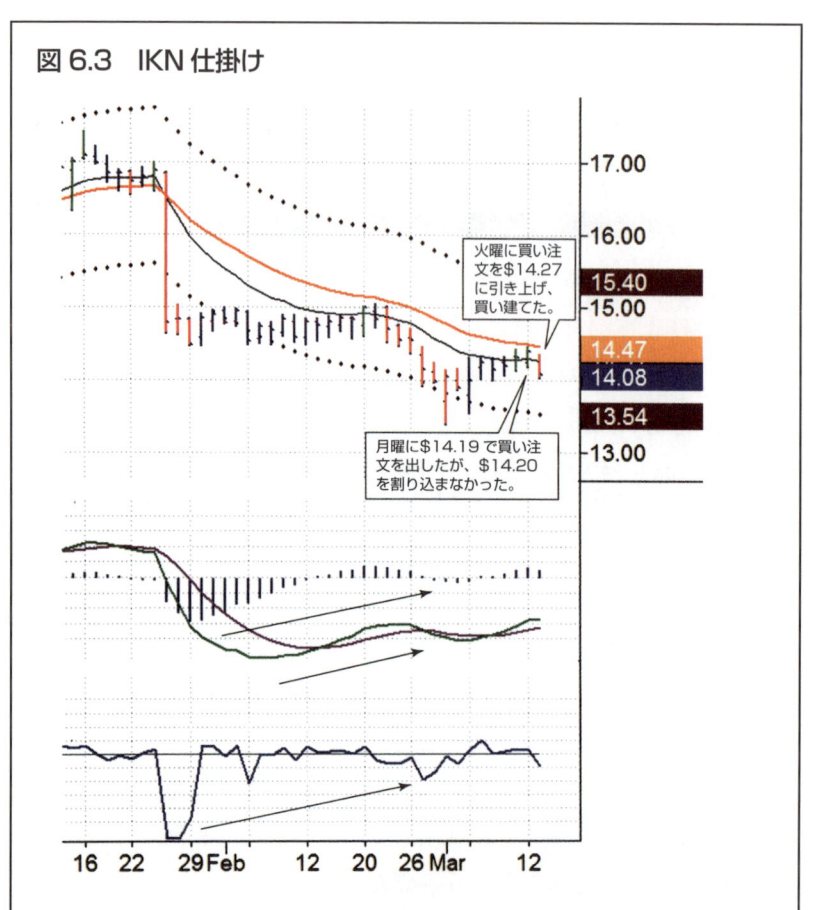

火曜に買い注文を$14.27に引き上げ、買い建てた。

月曜に$14.19で買い注文を出したが、$14.20を割り込まなかった。

　月曜にIKNの買い注文を14.19ドルで出した。ここは、この銘柄を選んだスパイクのメンバーが買い推奨をした水準ちょうどだ。IKNはその日、力強い動きをみせ、その日の安値は14.20ドルだった。その注文は約定しなかったが、引け後、私はさらに強気になった。私は日中足で支持帯と抵抗帯を研究したあと、翌日の買い注文を14.27ドルまで引き上げた。ところが、マーケットは仕掛け注文を動かすのが割にあわないことを、すぐに思い出させてくれた。IKNは下落して私の買い注文は約定し、その日の安値に近い14.08ドルで引けた。その日の値動き幅の上から3分の1で買ってしまったので、仕掛け評価はたったの31%だった。

IKN	買い	日付	上部チャネル	下部チャネル	日中高値	日中安値	評価
仕掛け	14.27	07/03/14	15.4	13.54	14.37	14.05	31%
手仕舞い							
損益						トレード	

第6章 「エンジンノイズ」で売る

図6.4　IKN 手仕舞い

3月16日金曜、IKN は前日の安値を割ったあと切り返し、長期移動平均（黄色線）の上まで反発した。週末も近かったことから、ぐずぐずせずに価格が価値水準を上回っているうちに、利益を確定することに決めた。私は14.60ドルで IKN を売却した。

IKN	買い	日付	上部チャネル	下部チャネル	日中高値	日中安値	評価
仕掛け	14.27	07/03/14	15.4	13.54	14.37	14.05	31%
手仕舞い	14.60	07/03/16			14.75	14.27	69%
損益						トレード	18%

最終的にはいくらかの利益が出て、投資資金の推移カーブを軽く押し上げることができた。トレードで生計を立てるとは、大体がこういうことなのだ。

裁量で長期トレードを手仕舞う

2007年1月、ある友人からメールを受け取った。そのメールによれば、彼はF（フォード）に非常に強気であるということだった。

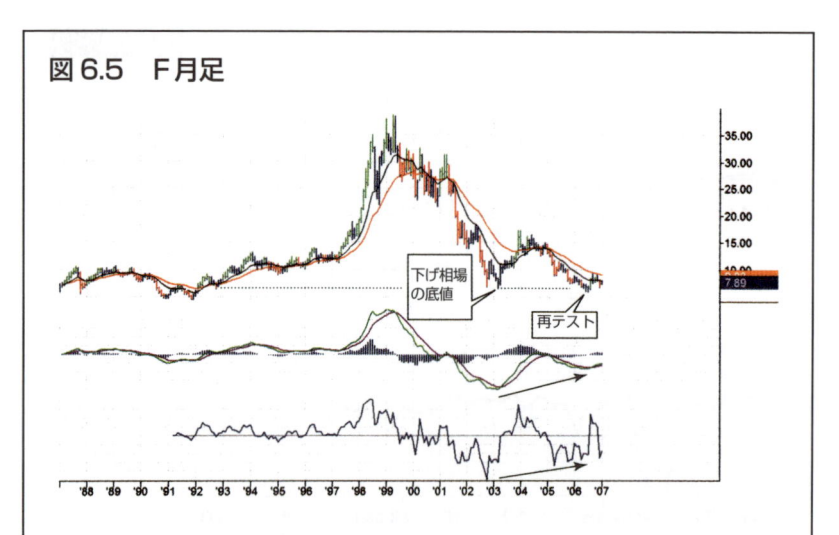

図6.5　F月足

F（フォード）の20年分の月足をひと目みれば、上げ相場は40ドル近辺で高値をつけ、その後ひどい下げ相場が続いて2003年には6ドルまで値を下げていたことがわかる。フォードは反発したあと、ずるずると下がり、2006年には前回の安値をわずかに割り込んだ。私は、安値をわずかに割り込んで大規模な強気乖離を伴うパターンが大好きだ。ファンダメンタル派の友人によれば、会社の見通しも非常に魅力的だった。それに月足チャートも非常に良さそうだ。これは週足をチェックすべきだ（注）。

注：さらに心理学的な確認もとれていた。その冬、私はあるリムジンの運転手を使っていた。好感のもてる若者だった。株に興味を持っていたが、私のことは知らなかった。最後に乗車したとき、気分の良かった私はフォード株を保有していることを話した。ファンダメンタルズ的にあまりにひどい悪材料が出たあとだったので、彼はひどく驚いて急に振り返った。凍結した高速道路を走っていたので、タイヤを滑らせないかと私はヒヤヒヤした。逆張り派は、群衆が目を背けるときに株を買うのが大好きなのだ。

図6.6　F週足

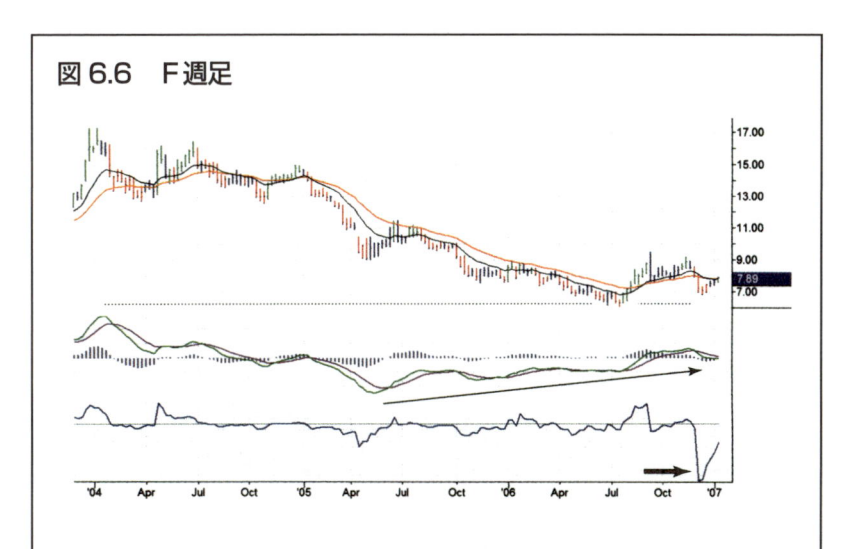

この週足は、2006年の底入れでいくつもの強気乖離を示していた。さらに、チャート上の矢印で示したように、勢力指数の週足で鋭い突っ込みもみられた。これは強力な買いシグナルだ。このような突っ込みは、取引の大量の出来高を反映している。トレーダーの大半が、その株に見切りをつけてマーケットで売り払ってしまったのだ。勢力指数のこの突っ込みは、買い方が「嘔吐ポイント」とも呼ばれるところにまで達し、それまでの保有分を投げてしまったことを表している。気弱な買い方は消え去り、強固な買い方だけが残り、株は上昇する準備ができた（このシグナルは大底を当てるのにはよく機能するが、その逆、つまり天井を探る場合には役に立たない）。

　フォードはちょうど、会社を設立して以来、四半期ベースで最大の損失を発表しそうだといわれていたところだった。しかし、私の友人であるジェラルド・ド・ブルーインは、新しいCEOが会社を再建すると考えており、その理由を私におおまかに説明してくれたのだ。
　彼は元資産運用者であり、その銘柄選択はファンダメンタルズに基づいたものだった。私は彼の判断を尊重し、チャートをチェックしてみた（図6.5と図6.6）。
　私がどうやって情報を得ているかについては、すでに述べた。情報とは、自分自身で調査を始めるための、ただのきっかけでしかない。ファンダメンタルアナリストからの情報は歓迎だ。私自身の仕事が基本的にテクニカルなので、そういう情報があれば株を多面的な観点か

図6.7　F日足

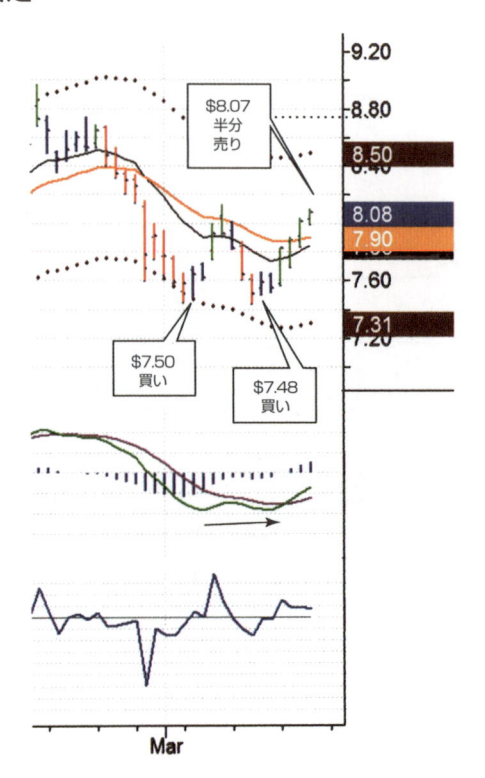

　私は、最初のポジション（予定の約5分の1）を7.50ドルで、2番目のポジションを7.48ドルでつくった。両方とも、勢力指数がゼロを割り込んだときに、日足の下部チャネルライン近辺で購入した。2つの底は軽快な反発で隔てられている。2番目の底からは、さらなる反発が始まっている。しかし、勢力指数の弱気乖離とMACDヒストグラムが若干買われ過ぎの位置であったことに気づき、反発は抵抗帯に入っているのではないかと心配になった。買った価格が高いほうのポジションを8.07ドルで売却し、7.50ドルの支持帯まで下げてきたらサイズを倍にして買い直すつもりだった。上のチャートには、私のフォード作戦での3つのステップが示されている。すなわち、7.50ドルで買い、7.48ドルで買い、8.07ドルで半分売りだ。

らみることができる。

　私は、フォードのポジションを少し大きめに積み上げ、それを数年間持ち続けるという計画を練っていた。高値までのほぼ中間点という

第6章　「エンジンノイズ」で売る

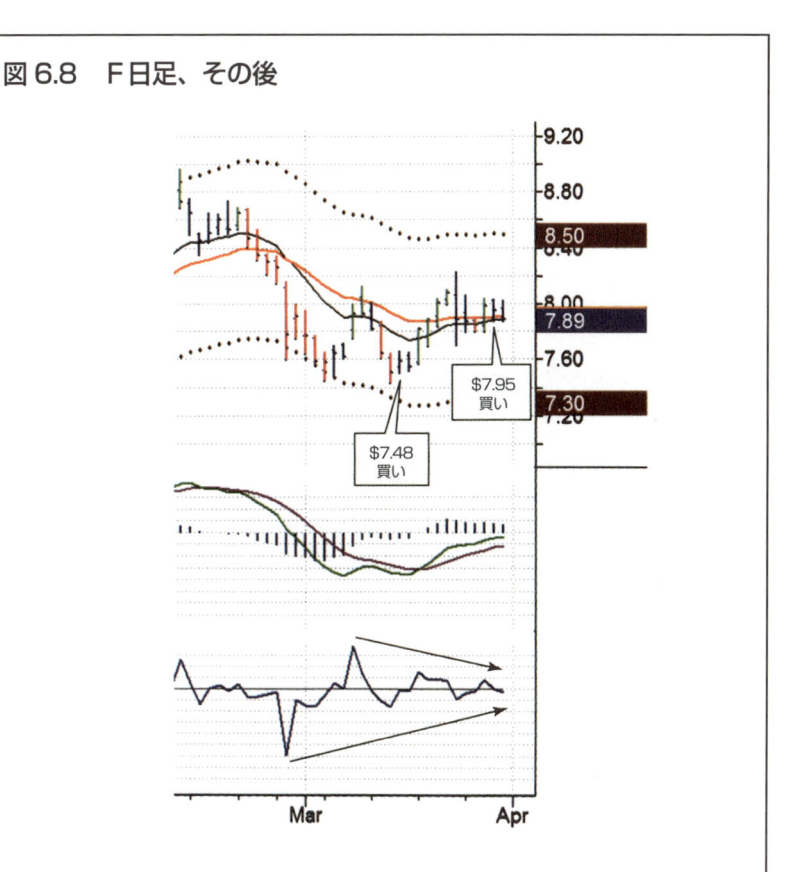

図6.8　F日足、その後

$7.48
買い

$7.95
買い

　私が売った翌日、フォードは若干上昇してから値を崩したものの、沈んでいくことはなかった。その上昇は頭打ちになったが、下がることもなかった。フォードに関する私の基本的なスタンスは強気だった。下げを拒んでいる銘柄というのは、おそらく上に行きたいのだろう。上昇を逃すリスクは下落に捕まるリスクよりも大きいと思い、新しい買い注文を出した。
　8.07ドルで売ったときと同じ数量を、7.95ドルで買った。この原稿を書いている今、フォードは9ドルのずっと上にある。私は、下落を買いポジションの構築のために利用し、反発を部分的な利益確定のために利用している。

ことで、とりあえず20ドルあたりに目標を設定していた。
　この計画はかなり長期の視点でみていたので、1月終わりの反発も含め、どんな反発でも追いかける気はなかった。短期的な下落を待って、そこでポジションを積み上げるつもりだった。

私の計画は今でも進行中だ。下がってくれば買い、反発すればポジションを部分的に売却する。再び下落すればもう一度買う。最近買った株を高いところで売り続ける一方で、以前に安く手に入れた核となるポジションは長期目的で維持している。

　図6.7が示しているのは、このゲームの最初の3ステップであり、**図6.8**は4つ目のステップを示している。

　この長期ポジションは、2つの情報に基づいて構築されている。ファンダメンタルズの情報と強力なテクニカルシグナルだ。買いと売りの作戦は、エンジンノイズに耳を澄まし、プスプスというちょっとしたサインで売却することにかかっている。エンジンノイズに問題がなければ、売った株を安いところで再購入する。そして核となるポジションは、その間ずっと長期用に維持している。

決算発表前に売る

　大抵のファンダメンタルズ情報は、株価に反映されている。ファンダメンタル分析の資産運用者たちに常々いっているのだが、私には、彼らが私のために働いてくれているかのように感じられる。彼らが自分の調査に基づいて売買をすると、その行動は株価のパターンをつくりだし、テクニカルアナリストがそれに気づくわけだ。

　ファンダメンタル分析ということになれば、最低でもその株が属している業種くらいは知っていなければならない。株は、人間と同じでグループで動く。強いグループの株を買い、弱いグループの株を空売りするのは悪くない考えだ。

　ファンダメンタルズ情報の問題のひとつは、マーケットに徐々に広まるのではなく、一気に流れ込むことだ。ファンダメンタルズ情報ひとつで株価は跳ね上がる。これは特に会社が決算発表をするときによくみられる。

収益が重要なのは、長い目でみると株価を動かしているのは収益だからだ。株を買うことは、実質的には将来の収益と配当を買っている。だからこそ、アナリスト、ファンドマネジャー、トレーダーの多くが、自分が注目している会社の収益に目を凝らしているわけだ。

念頭に入れておいてほしいのは、目を凝らしてその会社をチェックしていた人にとって、決算発表がサプライズなるようなことはめったにないということである。なにしろ、その産業全体の収益を観察したり予測したりしている人たちがいるのだ。事実、経験豊富なプロたちの予想はよく当たる。

普通、彼らの調査にお金を払っている人たちは、レポートが公表される前にすでに売り買いをすませている。したがって、決算発表で株価が跳ね上がることは、ほとんどない。頭の切れる強気派の連中はすでに購入をすませているし、また頭の切れる弱気派の連中はすでに売却をすませている。

プロは、決算発表で何が期待されているかをよく分かっていることが多いし、決算発表に対する大衆の期待を価格が織り込んでいることも多い。決算発表がニュースに流れて大きなサプライズになることはめったにない。

決算発表で株価が跳ね上がることのない理由は、ほかにもある。決算発表の内容が、公式発表の前にあらかじめ漏れていることが多いのだ。この手のレポートの要点が、公式発表の前にすでに漏れていることが多い。

私の考えでは、株式市場でのインサイダー取引の量は、一般に考えられているもずっと多いといえる。SEC（米証券取引委員会）がのろまな連中を捕まえ、インサイダー取引で立件して塀の向こうに送ったとしても、それは氷山の一角をとらえたにすぎない。捕まるのは強欲でまぬけな連中だけだ。

要領のいい連中は、地域の社交クラブでお友達情報を得て、生涯に

わたってインサイダー情報の恩恵を受ける。私がこのことを知ったのは、2つの上場企業で役員を務めている男と知り合ったときだ。トレードを始めて数年のころだった。その男は、会社関係者からのインサイダー情報に基づいてトレードをしていることを自慢していた。

それ以降、私はマーケットに関するニュースに対して非常に懐疑的になった。大衆向けのニュースは、上流階級向けとは別なのだ。

パスカル・ウィランというベルギー人トレーダー（パンローリング刊『EVトレーダー』の著者）は『投資苑3』のインタビューでインサイダー取引について話してくれた。

> トラのシマ模様は洗っても落ちない。インサイダー取引は会社経営の手法や、事業内容と関係していると思う。契約が大きければ大勢の人を巻き込むし、交渉に何週間もかかって情報が漏れる可能性もそれだけ大きくなる。会社は事業への取り組み方や経営手法を変えることはできない。つまり、過去に情報が漏れたということは、これからも漏れるということだ。だから、その会社に関する昨年のニュースをみて、その動きに何かシグナルがあるかを調べるのを私は好む。

会社の秘密を守る能力に懐疑的な人たちは、買いだろうが売りだろうが決算発表でポジションを持ち越すことが多い（**図6.9**と**図6.10**）。決算ニュースがすでに漏れているようであれば、マーケットでは無視されるため、決算発表前のトレンドは継続すると期待できる。ただし、システムに多大な信頼を置いているトレーダーたちはもっと慎重で、決算発表前にはポジションを解消している。

私の経験では、決算発表のインパクトには懐疑的なほうがうまくいく。会社は情報を漏らし、インサイダー取引が行われ、決算報告書は行き交っている。

図6.9　CSCO日足

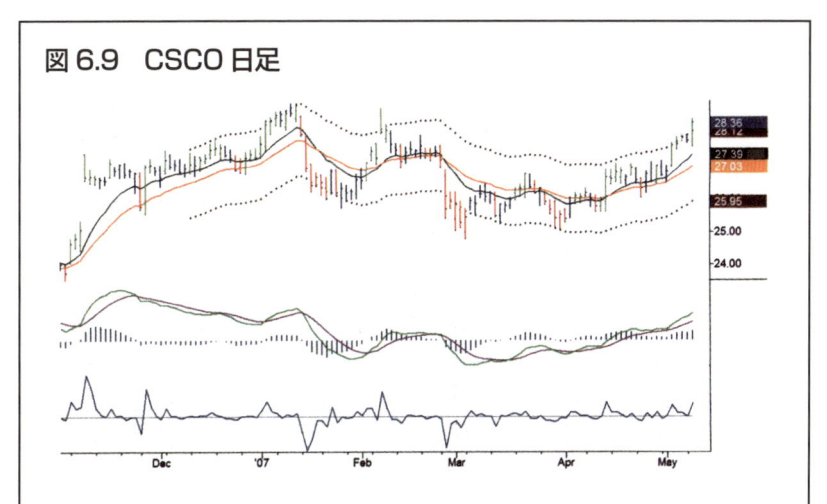

　決算発表の前日のCSCO（シスコ）のチャートをみてほしい。ゆっくりではあるが安定した上昇トレンドを続けており、高値と安値を切り上げているのをみてとれる。チャートの右端では、上部チャネルラインの上の過大評価ゾーンにまで突入している。買いポジションを持っていると想定してみよう。あなたなら右端でどうするだろうか。売ってしまうか、それとも決算発表を持ち越すだろうか？

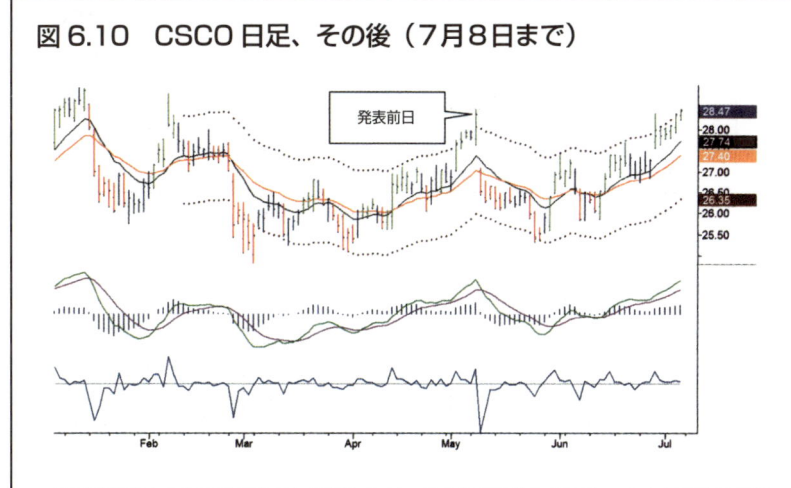

図6.10　CSCO日足、その後（7月8日まで）

発表前日

　決算が発表された直後は株価も下落したが、その後は回復していた。2カ月後をみてほしい。メッセージは明白だ。黒字だろうが赤字だろうが、上部チャネルラインよりも上の過大評価ゾーンで売るとうまくいった。

図6.11　RIMM週足

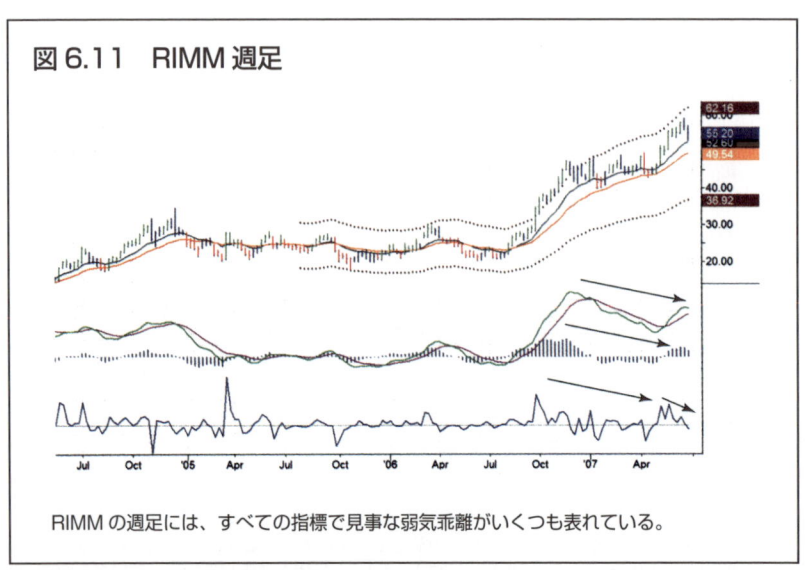

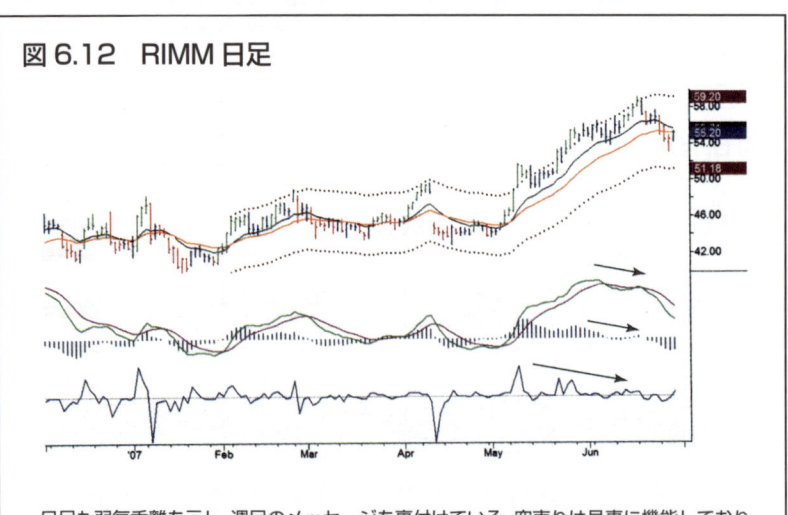

RIMMの週足には、すべての指標で見事な弱気乖離がいくつも表れている。

図6.12　RIMM日足

　日足も弱気乖離を示し、週足のメッセージを裏付けている。空売りは見事に機能しており、利益を積み上げていった。チャート右端の木曜は、決断の難しいところだ。空売りを買い戻すか、それとも決算発表を持ち越すかを木曜の場が引けるまでに決めなければならない。一方このトレードは、利益目標である下部チャネルラインに達していないものの、それも時間の問題のようにみえる。また一方では水曜の安値でおじけづいたようにもみえる。

図6.13　RIMM日足、その後

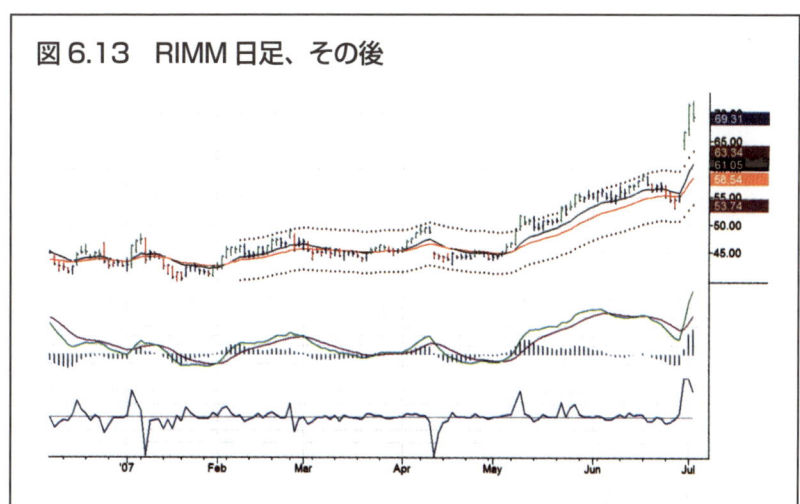

「おっと！」。誠実な会社で、情報が漏れていないという場合は衝撃的だ！　RIMMは好材料の3連発をやってのけた。計画していた収益を上回り、次の四半期計画を上方修正し、さらに3対1の株式分割を発表したのだ。マーケットは本当に肝をつぶした。株価は跳ね上がり、窓を空けて上昇し、弱気乖離を否定しながら上場来高値を付けた。

　もっとも、懐疑論者たちが火傷を負うこともある。図6.11から図6.13に示したRIMM（リサーチ・イン・モーション）のチャートをみてほしい。直近の決算発表直前には、強力な空売りシグナルが点灯していた。

　不正は一般に思われているよりも広く行われている。しかし、誠実さの力は強大だ。安全な場所にいたいなら、決算発表前にポジションを閉じておこうというのが、ここでの教訓だ。

マーケットの鐘が鳴る

　非常にまれではあるが、マーケットの鐘が鳴り、長期トレンドが終わりに近いと知らせてくれることがある。ただ、マーケットのうなり声にかき消されるため、鐘の音に気づくのは難しい。

それを聞いている人はほとんどいない。これを聞いて反応できるのは、抜け目のないトレーダーたちだけだ。

マーケットの鐘の音を聞くには、豊富な経験が必要だ。また、そのシグナルに従って行動するには、大変な自信が求められる。

マーケットの鐘は、本当にめったに鳴らないため、注意を払っておかなければならない。このシグナルに気づくためには、心を開いて耳を傾ける必要がある。これは初心者がやるようなことではない。マーケットの鐘の音が聞こえ、それに基づいて行動するのであれば、あなたは真剣なトレーダーになり始めている。

私が初めてマーケットの鐘の音をじかに聞いたときは、それがそうだったのだと、あとになってから気づいた。そのせいで大儲けのチャンスを逃してしまったが、そのおかげで私の耳は、それからかなり研ぎ澄まされていったように思う。

1989年、私はアジアに向かう飛行機に乗っていた。ボーイング747の２階デッキは雰囲気も良く、特に居心地も悪くなかった。しかし夕食後の消灯で、ほとんどの乗客が眠りについても、太平洋上を横断するのが初めてだったので、気が張って眠れなかった。

ギャレー（調理室）に行くと、日本航空の客室乗務員と親しくなって長話をした。その男性は50歳くらいであり、戦後の貧困のせいで十分な教育を受けられなかったという生い立ちを話してくれた。国営航空会社（当時）の主任客室乗務員という地位に上りつめるため、大変な苦労をしたという。彼は、自分がなし遂げてきたことに大変な誇りを持っていた。

おしゃべりを続けるうちに、この男性は、日本株がこの20年間上げ続けており、自分も日本株を活発に取引しているのだと語った。給与よりも株の儲けのほうが大きく、早めに引退し、すでに決めてある太平洋上の島に自分の屋敷を建てる予定だという。

ただ、彼には不快なことがひとつだけあった。同僚の事務職の女性

図6.14　日経平均株価

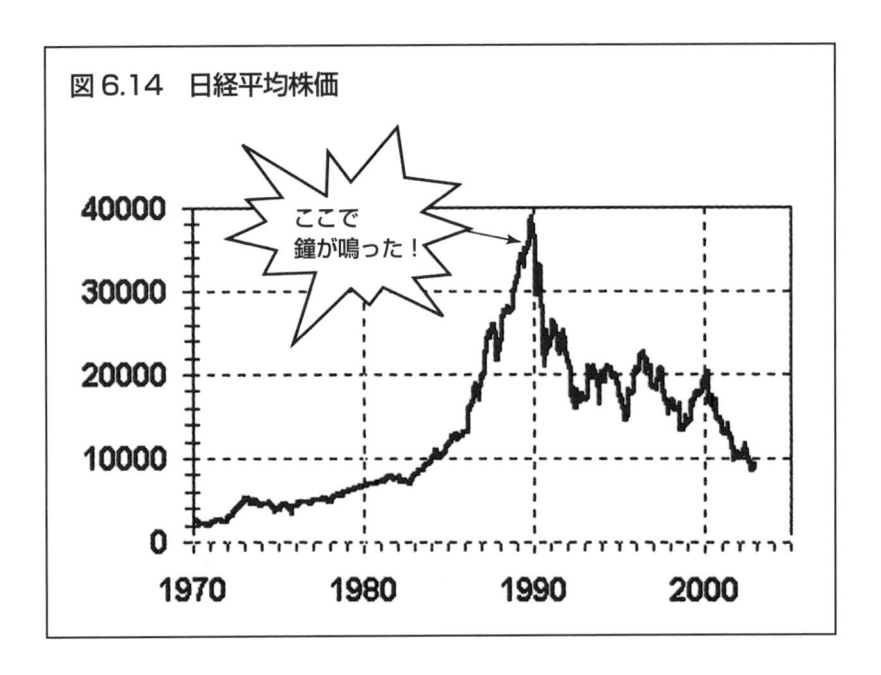

ここで鐘が鳴った！

たちは実家で両親と住んでおり、結婚している男性のように家族を養う責任もない。そのため、彼よりも大きな金額を株式市場に投入でき、彼よりも大きな利益を上げているというのだ！

　数カ月後、日本の株式市場は反転し、それは暴落となった（図6.14）。最初の1年で半分の価値を失ったが、それはひどい下げ相場の序章にすぎなかった。私はまさに天井付近にいながら、並外れた空売りの機会を逃したわけだ。これを教訓に、私は次にこのような心理的シグナルが出たら逃すまいと決心した。

　マーケットが無法地帯になったかのように、通常とはまったく違う出来事が起きたり、さらにそういうことが連続して起きたりすることもある。それに気づくときが、マーケットの鐘が聞こえているときだ。

　重力の法則がなくならないように、実際にはマーケットの法則もなくなることはない。ところがバブルの最中になると、マーケットの法則が一時停止し、通常のルールはもはや通用しないという幻想を引き

起こすことがある。

　この客室乗務員が話してくれたように、株に関してほとんど何も知らないような人が仕事で成功し、キャリアの頂点にありながら、給料以上に株で稼ぐという事態は尋常ではない。その辺の事務職の若い女性たちが彼よりも株で稼いでいるというのも、尋常ではない。

　マーケットは素人が儲けるために存在しているわけではない。外部者や、遅れて参加した人たちが大金を稼ぐようになったら、マーケットは天井に近い。今になってあのときの会話を考えてみると、まるで鐘を持った人が私のところやってきて「売れ売れ売れ！」「空売りだ！」と耳元で鳴らしてくれたかのように感じる。経験が足りなかったせいで、その音を右から左に聞き流しただけだった。

　20世紀前半の株式市場の泰斗としてよく知られるバーナード・バルークは、1929年の暴落で仲間が資産を崩壊させるなか、うまくしのぐことができた。彼は1929年のある１日について記している。彼がオフィスを出て靴を磨いてもらったところ、その靴磨きが株の耳寄り情報をくれたのだ。

　バルークは鐘の音に気づいた。当時の社会で最も生活水準の低かった人たちでさえ株を買っていたら、もはや買う人は残っていない。彼は保有する株を売り払った。別の時代に別の経済のなかで、日本人の客室乗務員は同じシグナルを発してくれていたわけだ。

　もうひとつ、別の心理的シグナルがある。トレーダー向けの博覧会や展示会に長年足を運んでいると、無料で配られる手土産の質と量が株式市場の水準と強い逆相関にあると気づいた。

　株式市場が天井で活況なときは、ベンダーが配るグッズを持ち運ぶのに大きな買い物袋が必要になる。1987年にマーケットが天井を打つ１カ月前、シカゴのとある取引所は高級サングラスを配っていた。フレームに刻まれていた言葉は「あまりにも明るい未来。サングラスが必要だ」だった。ところが、下げ相場の底値近辺では、無料のボール

ペンすら手に入らない。トレード展示会で配られる無料の手土産の質と量は、大衆の空気を反映する。マーケットが上向きで誰もが幸せなとき、人々は金を使い、ベンダーも熱くなってグッズをたくさん配る。

2007年2月24日、ニューヨークで開かれたトレーダーズエキスポでのことだ。株式市場は4年近く上げ続け、その前の7カ月間は押し目をつけることなく上げっぱなしだった。展示会で提供される品々の豪華さはとんでもないもので、スキーキャップやベースボールキャップ、スカーフ、Tシャツの山などなど、いろいろもらった。しかし、その日のメインがナスダックのブースで待ち構えていた。この取引所は、現金を無料で配っていたのだ（図6.15）。

図6.15　マーケットの天井時に配られていた無料の現金

1ドル紙幣が丸められ、小さな広告のついたプラスチックの管に入っている。私は自分の目を疑い、そのお金が本物か尋ねた。自分で確認してはいかがですかといわれ、私は管を開けてパリパリの新札である1ドル紙幣を取り出した。2つもらえるか尋ねたら、どうぞといわれた。そのとき一緒にいた友人も2つ受け取っていた。私はその日の午後にセミナーがあった。「株式市場は天井に来ている。教室のすぐ外の展示会場で、大きな売りシグナルが発せられている」と生徒たちに教えた。

翌月曜は祝日だったが、私は火曜には空売りを増やし始めた。私の指標は何カ月も売りシグナルを点灯し続けていた。そして今、この無料で提供されている現金は、誰かが鐘を鳴らしてくれたかのようだった。

　上昇トレンドは、合理的な目標をすべて通り越しており、無料の現金は、この上昇トレンドが狂気であることを証明していた。私は買いポジションをほとんどすべて手仕舞い、空売りを積み上げていった。個別銘柄と株価指数先物を空売りし、さらに株価指数オプションのプットをいくらか買った。

　そこからは長くはかからなかった。展示会のあとマーケットは１日だけ上昇し、そこから急落したのだ。空売りをするには最高のタイミングだった（**図6.16**と**図6.17**）。

　マーケットはポンプのようなものだ。何も知らない大勢の人からお金を巻き上げ、少数の抜け目のない人たちの口座に送り込む。勝者が受け取るのは敗者が失うものよりも多い。

　ただし、これはマイナスサムゲームである。なぜなら、このゲームを取り仕切っている人たちが、運営コスト（売買手数料、スリッページ、SEC手数料などの諸費用）として多額の金を吸い上げているからだ。マーケットでは常に敗者よりも勝者のほうが少ない理由は、ここにある。

　素人は継続的な長期トレンドでしか儲けられない。このような一方通行の長い動きは、むしろ例外的な動きだ。あらゆる人が強気になって儲けるというのは尋常ではない。

　長い目でみれば、大多数の人が負ける。勝てるのは少数派の人だけだ。常軌を逸した動きもさすがに度が過ぎ、多数派があまりにも大きくなってくると、マーケットの鐘が鳴り、大半のトレーダーがまさに奈落の底へと飛び込もうとしていることを教えてくれるのだ。

　こうしたシグナルを察知できるようになるには、マーケットの真面

第6章 「エンジンノイズ」で売る

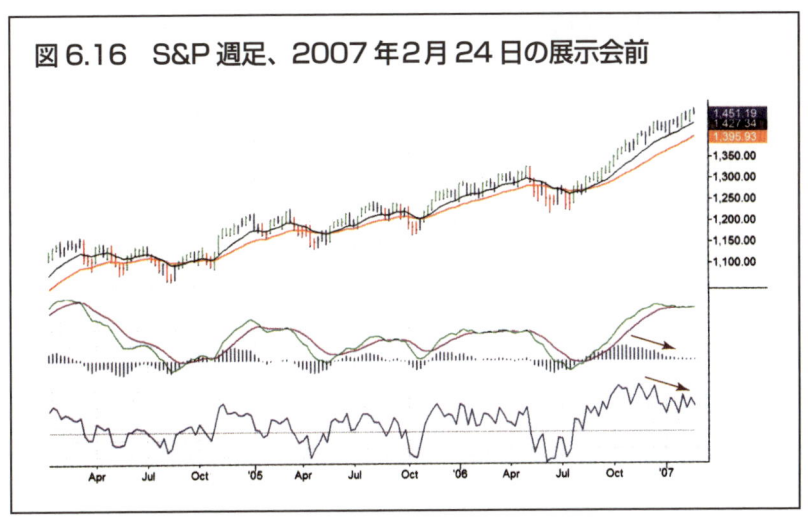

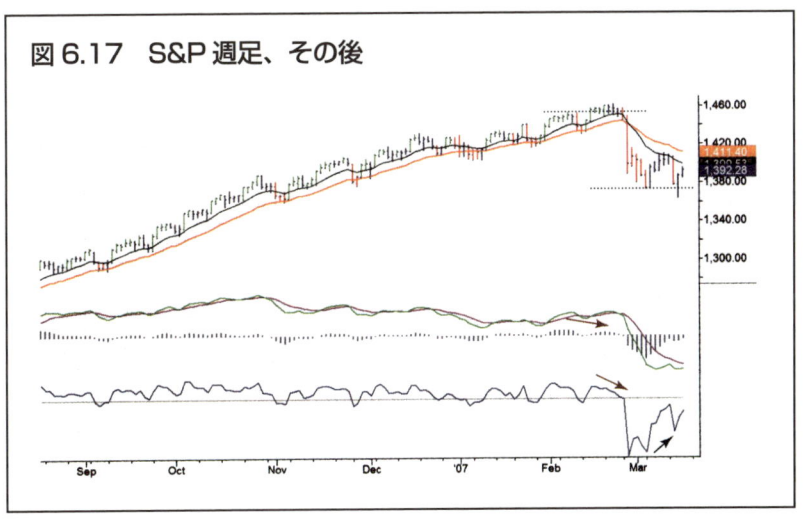

図6.16　S&P週足、2007年2月24日の展示会前

図6.17　S&P週足、その後

目な生徒になり、何にでも心を開いておかなければならない。鐘が聞こえ始め、それを理解し、そのシグナルに基づいて行動する。それができたら、あなたがもはや初心者ではないというあかしだ。こうしたシグナルに基づいて行動を始めるなら、自分がマーケットゲームを得意とする数少ないトレーダーの一員となっていることに気づくだろう。

201

新高値－新安値指数を用いたトレード

　トレードをしているマーケットが、個別株だろうが、株価指数先物だろうが、トレンドを確認できたり、やがて来る反転の警告を発してくれたりする指標を持つことは有益だ。この指標が株価の転換を示唆するシグナルを発し始めたら、保有している株のテクニカルシグナルに、特に注意しなければならない。

　私にとって株式市場で最も優れた指標は、新高値－新安値指数だ（新高値－新安値指数は非常に重要なので、立合がある日は、www.pricetrade.comに更新したチャートと分析を毎日掲載している）。

　新高値銘柄とは、強さを主導する銘柄群である。その日に過去52週で一番の高みに達した銘柄群だ。

　新安値銘柄とは、弱さを主導する銘柄群である。その日に過去52週で最も安いところに達した銘柄群だ。

　新高値と新安値の相互作用が、トレンドの健全性や脆弱性に関してすばらしい情報を提供してくれる。

　新高値－新安値指数のつくり方は簡単だ。その日の新高値銘柄の数から、その日の新安値銘柄の数を引くだけである。5日分の新高値－新安値指数を合計すると、新高値－新安値指数の週足が得られる。

　新高値－新安値指数がポジティブであれば、強気派が支配的であることを表している。また、新高値－新安値指数がネガティブであれば、弱気派が支配的であることを表している。新高値－新安値指数が、価格の上昇や下落と足並みを合わせていれば、これはトレンドを裏付けている。

　この指数と株価トレンドとの乖離は、天井と大底を探るのに役立つ。マーケットが高値を更新し、新高値－新安値指数も極大値を更新すれば、強気派の支配が強くなっており、上昇トレンドが続く可能性が高いことを表している。

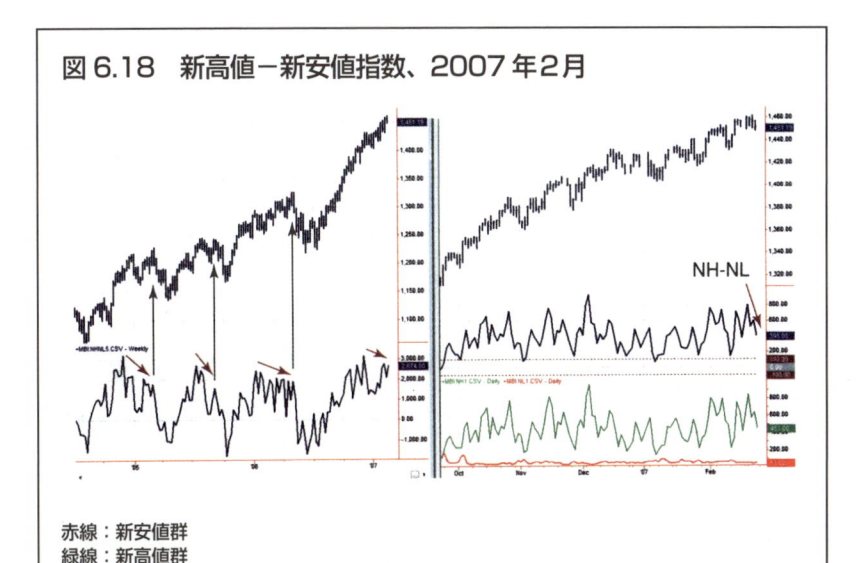

図6.18　新高値-新安値指数、2007年2月

赤線：新安値群
緑線：新高値群

　左側のチャートではS&P500が上げ相場の高値を更新し続けているが、一方そのすぐ下の新高値-新安値指数は弱気乖離を示している（チャートの右端付近に赤い矢印で示してある）。その前にみられる類似の乖離を垂直の矢印で示した。これらは上げ相場の重要な高値を示していた。日足には新高値-新安値指数の小さな弱気乖離がみられる。一番大きな売りシグナルは、週足から発せられていた。

　一方、マーケットは上昇しているものの、新高値-新安値指数がしぼんでいれば、上昇トレンドは危ういと分かる。
　同じ理屈が、下降トレンドの新安値群にも適用できる。
　私は新高値-新安値指数の画面を分割し、左側に週足を、右側に日足を表示するのが気に入っている。新高値-新安値指数の週足が一本線で示されているのに対し、日足にはさらに補助的な画面を設け、新高値銘柄を緑線で、新安値銘柄を赤線で表示している。図6.18は、2007年2月につけたピーク時のチャートの様子だ。
　新高値-新安値指数がこの売りシグナルを発しているとき、まさしくマーケットの鐘が鳴っていた。さまざまな原理に基づいたさまざまな指標が、同じようなシグナルを発しながら互いのメッセージを裏付

図6.19　新高値－新安値指数、2007年2月、その後

新高値－新安値指数の弱気乖離のあと、株価は崩落した。いったん反発しながらさらなる安値へと沈んでいったが、新高値－新安値指数の日足は底を切り上げていた。この強気乖離によれば、弱気派の支配はうまくいっていない。空売りを買い戻して新規に買いを入れるときだ。

けていたのだ。その後の展開は図6.19のとおりである。

　新高値－新安値シグナルのタイミングは、MACDや勢力指数ほど正確ではない。だが、株を買い増したり減らしたりするとき、適切なタイミングを計るのに非常に役立つ。

売却の意思決定木

　いかなる分野でも、真剣なプロは意思決定木を持っている。書き出されることはあまりないが、普通は頭のなかに入っている。実際にはもっと深いところ、骨のなかにまで染み込んでいるかもしれない。

　意思決定木は一揃いのルールだ。何をすべきか、何をすべきでないかを判断するのにあらゆる状況で役立つ。プロたちは、訓練、教育、実践のなかで、自分の意思決定木を育て上げる。非常に優秀な人たちは、意思決定木を生涯にわたって育て続ける。

　最近知り合った友人に、ルー・テイラーというすごい男がいる。70代後半に差しかかったこの友人は、冗談めかして「毎年0.5％ずつでも賢くなっていけば、死を迎えるころには天才になっているだろう」と語っていた。

　意思決定木を書き出す人はほとんどいない。こういうものは断片的に構築されることが多く、一貫した全体像は徐々に現れてくるものだ。思い出すと今でも苦笑してしまうが、私がまだ尻の青いトレーダーだったころ、ニューヨークからロサンゼルスに向かう5時間のフライトの途中で、意思決定木を書き出そうと決心した。ところが1カ月たっても、テーブルサイズの紙のあちこちに矢印を引いたり修正液をはね飛ばしたりしていた。

　印刷された形で意思決定木を常に携行しているプロは、航空会社のパイロットだけだ。彼らにはマニュアルが与えられており、飛行機上のあらゆる問題を解決するための方法が示されている。

　パイロットがコクピットで煙のにおいを嗅ぎつけたとしても、眉間にしわを寄せながら、「なんてこった。煙だ。さて、どうするんだったかな……」とつぶやくことはない。頭を掻きむしって考え込むのではなく、マニュアルで煙のページを開く。明確に規定された想定ケース集のQ&Aを副操縦士と一緒に探し、特定の行動に行き着く。

アトゥール・ガワンデという医師が最近著した『アナタはなぜチェックリストを使わないのか？』（晋遊舎）は、チェックリストの開発について書かれたすばらしい本だ。

　だが、印刷された意思決定木で、最良の航空会社から承認を受けたものであっても完全ではない。マルコム・マクファーソンは、そのすばらしい著書『墜落！の瞬間』（ヴィレッジブックス）のなかで、墜落した飛行機のブラックボックスから何十もの録音記録を取り上げている。プレッシャーを受けて支離滅裂になるパイロットや、きびきびと問題に取り組むようなパイロットをみることから、トレーダーなら得るものは少なくないだろう。

　私のお気に入りは、ある飛行機のブラックボックスの記録に関する章だ。この飛行機は、テールエンジンが爆発し、油圧系統が全部だめになっていた。搭載されていたマニュアルには、制御不能に陥った飛行機の操縦方法は書かれていなかった。パイロットは飛行機メーカーに連絡を取ったが、その飛行機が飛んでいることなどあり得ないと告げた。パイロットは通信を切り、勘に頼って着陸方法を編み出した。彼と搭乗員、そして大勢の乗客の命を救ったのは、体系的な操縦法ではなく、彼の裁量的な操縦法だったのだ。

　それでも、100回のうち99回は意思決定木を書き出すことが役に立つ。したがって、意思決定木に入れておくべきポイントについて、いくつか論じることにする。

　売却に目を向ける前に、買いに関する意思決定に関しても簡単に思い出してもらおう。これは、資金管理に始まり資金管理で終わらなければならない。最初の問いは必ず、「トレードをすることが６％ルールに反していないか？」である。そしてトレードに取りかかる前の最後の質問は必ず、「２％ルールが許容するトレードのサイズはいくらだろうか？」だ。これらのルールについては、本書の鉄の三角形のところでもすでに論じた。

> **意思決定木**
>
> 　マーケット状況は常に変化するので、完全に自動的なシステムは最終的に自滅することになる。初心者が機械的なシステムを用いると最終的には必ず金を失ってしまう理由はこれだ。
> 　システムに自動操縦をさせているプロは、鷹のように目を光らせている。プロのシステムトレーダーは、裁量トレードができるからこそ、機械的なシステムも正確に使いこなすことができるのだ。
> 　売買システムはマーケットでの行動計画のようなものだが、どんな計画でもすべてを予測することはできない。非常に信頼のおける最高のシステムであっても、ある程度の判断は常に必要とされる。システムは型通りの行動を自動化するが、必要なときは裁量での執行もできる。そして、これこそがマーケットで必要なことなのだ。トレードを探し、ストップを設定し、利益目標設定してくれるようなシステムだ。
>
> 　　　　　　　——アレキサンダー・エルダー著『投資苑2』（パンローリング）より

　うまく買うことができただけ、うまく売ることが容易になる。資金管理ルールに従って買えば、口座資金に対して大きすぎるトレードによるストレスにさいなまれることもない。

　さて、売却に関する意思決定木を描くために、いくつか問題に回答する必要がある。

①これは短期トレードか、それとも長期トレードか

　短期トレードなら、目標はチャネルやエンベロープ近辺にする必要があるだろう。また長期トレードであれば、距離をとって大きな支持帯や抵抗帯近辺に利益目標を置くことができる。順張りは長期志向であり、スイングトレードは短期志向である。

　『投資苑3』でインタビューをしたトレーダーのソハイル・ラバニ

は、この2つのタイプのトレーダーをゾウ撃ちとウサギ撃ちにたとえた。一方は大きな獲物をごくたまに仕留める。もう一方は小さな標的を頻繁に仕留める。

狩猟の手法がまったく違うように、その装備にも大きな違いがある。初心者の多くは口の立つ店主から銃を売りつけられ、不ぞろいの銃を持って茂みへと入っていく。何を撃てばよいか、はっきり分かっていないし、ゾウを撃つのかウサギを撃つのかさえ分かっていない。自分の足を撃つのが関の山だろう。

トレードの標的を決めただろうか。どの水準で利益を確定するのか書き出してみただろうか。そのトレードには、おおよそどの程度の時間がかかりそうかを書き出してみただろうか。

特に短期のトレーダーは、トレード評価をしっかりチェックしておく。株価がAレベル（日足でチャネルの30％をとらえること）に達したら、すぐに手仕舞わなければならない。

一方、長期のトレーダーは、もっと離れたところにある利益目標に達するまでポジションを保有し続けなければならない。

②どこにストップを置くか

短期トレードでは、利益目標を近いところに設定するだけでなく、ストップもある程度近いところに置く必要がある。順張りなら目標は遠く離れたところになる。目標到達に要する時間は、何年単位とまではいかなくとも数カ月単位になるだろう。ゾウはまっすぐに歩かない。したがって、ゾウを狩るにはストップを置くのに相当な距離をとる必要がある。

一般的に、短期トレードのストップは近いところに置くべきであり、長期トレードのストップは遠くに置くべきだ。時々、強固な支持帯の上で非常に静かに止まっている銘柄を運良くみつけることもある。非常に小さなリスクで、大きな長期ポジションをとることができる。だ

が、ほとんどの長期トレードには、もっと余裕を持たせる必要がある。長期トレーダーは自分のポジションに対して少し遠いところにストップを置くことが多く、短期トレーダーはストップを近くに置いてトレードすることが多い。

　鉄の三角形がトレード当たりの総リスクを制限している。したがって、ストップとの距離が広がるほど持てる株数は小さくなる。１株当たりのリスクが大きくなるほど購入する株数を小さくし、総リスクが資金管理の上限に収まるようにしなければならない。

　小さな口座資金でトレードをしているなら、大抵のトレードで２％の上限いっぱいまでをリスクにさらす必要があるだろう。一方、大きな口座資金を持つトレーダーは、短期トレードのリスクをトレード資金の0.25％にまで制限できるかもしれない。また、長期トレードのリスクなら１％にまで引き上げるかもしれない。この場合、長期トレードでは、１株当たりのリスクが大きくなっても、ポジションサイズはかなり大きくなる。

③長期トレードや短期トレードのさまざまなタイプの「エンジンノイズ」に耳を傾ける

　トレードが目標に向かわず、プスプスと音をたて始めながらエンスト気味になってきたら、裁量トレーダーであれば飛び降りるかもしれない。トレンドが変わってストップにかかるまで待つ必要はない。小さな利益をとって次に進むのが当然だ。

　警告を発するノイズの種類も、短期のトレーダー向けと長期のトレーダー向けではまた別だ。

　短期のトレーダーはチャートと指標を日足でみており、マーケットが買われ過ぎて天井を迎えるサインに気をつけている。MACDヒストグラムの日足で弱気乖離が現れたら、逃げ出すのはほぼ間違いない。勢力指数の弱気乖離や、MACDヒストグラムが下落するだけのよう

な若干小さめのサインでも、緊急脱出するかもしれない。まだ十分な利益がとれそうだとしても、息切れを表すかすかな兆候や、きわめて小さなエンジンノイズが、短期的な視点では、飛び降りるシグナルになるかもしれない。

　長期トレードでは、小さなノイズに対してもっと寛容でなければならない。日足のシグナルに反応して飛び降りるべきではない。そんなことをしていたら、長期ポジションを持ち続けることなどまずできない。トレードから撤退するなら、週足に集中し、もっと大きな「エンジンノイズ」を待つ必要がある。

　シグナルを探すのは日足ではなく週足だろう。長期ポジションを持つトレーダーが、日足に目を凝らしすぎるのはあまりよくない。

　経験を積んだトレーダーは、ひとつの作戦で２つのやり方を結合できる。核となるポジションの片手間に、短期トレードの手腕を用いてトレードをするのだ。核となるポジションは苦しいときも楽しいときも持ち続ける。そのうえで、長期ポジションと同じ方向で短期トレードを続けることができる。

　これに使うのは口座資金の一部だけにしよう。例えば、８ドルの株を1000株保有しており、目標は20ドル台前半だとする。500株のポジションを核として保有し続け、残りはその株の動き次第だと考えれば、株価が移動平均まで押してきたところで、ポジションを1500株にまで積み上げ、チャネルを上抜いたら売却して500株まで減らすのもいいだろう。核となる長期ポジションを保有しながら売り買いを続けてもいい。

　いずれにしても、意思決定と行動は日誌につけること。しっかり記録することで学習が加速し、必ず訪れる苦しい時期を乗り越え、収益を上げられるようになる。

第２部確認テスト
Questions

　買った株に利益が乗った。ポジションを売却し、含み益を現実の利益に変えるタイミングを決めなければならない。
　今すぐ売って、そこにある金をもぎ取るべきだろうか。しかし、放っておけば、もっと儲かるかもしれない。とはいえ、そのままにしておいて、株価が反転して利益が消えてしまったらどうしよう。
　売却、それは買いポジションの利益確定と損切りに不可欠な過程だ。真剣かつ感情を交えずに実行する。購入した株の利益目標の設定方法も知っておかなければならないし、保護的ストップの置き方も知っておく必要がある。購入した株が上昇するという保証はない。だからこそ、どこで投げるか前もって決めておく必要がある。こうした意思決定は、トレードを仕掛ける前に行う。保護的ストップは不可欠だ。
　株を買ったら、利益確定の注文とストップロス注文で挟みこむ。そして時間がたったら、両注文を調節する用意が必要となる。またポジション全体を一度に売却するのか、それとも部分的に利益を確定して残りを放っておくのか決めなければならない。
　確認テストではすべて自分の経験に照らし合わせて答えてほしい。すでに日誌をつけていると思うので、それを参照すること。
　本書では、売りに一番のスペースを割いている。問題の数も一番多い。このテーマは非常に重要なのだ。高得点を得られるように、必要なら何回でも受けてほしい。

答案をすべて書き出してから、解答と解説へ進むこと。

採点記録

問題	最大点数	1回目	2回目	3回目	4回目	5回目	6回目
34	1						
35	1						
36	1						
37	1						
38	1						
39	1						
40	1						
41	1						
42	1						
43	1						
44	1						
45	1						
46	1						
47	1						
48	1						
49	1						
50	1						
51	1						
52	1						
53	1						
54	1						
55	1						
56	1						
57	1						
58	1						
59	1						
60	1						

採点記録（続き）

問題	最大点数	1回目	2回目	3回目	4回目	5回目	6回目
61	1						
62	1						
63	1						
64	1						
65	1						
66	1						
67	1						
68	1						
69	1						
70	1						
71	1						
72	1						
73	1						
74	1						
75	1						
76	1						
77	1						
78	1						
79	1						
80	1						
81	1						
82	1						
83	1						
84	1						
85	1						
86	1						
総得点	53						

問題34　売却計画
売却計画を書き出すことに関して、誤った記述を選べ。

1. 成功を保証してくれる。
2. ストレスを軽減してくれる。
3. 分析とトレードを分離してくれる。
4. マーケットの蛇行に、影響されにくくなる。

問題35　売却の３タイプ
売却は論理的に３つのタイプに分類できるが、そこに含まれないのは次のうちどれか。

1. 現在値よりも上にある利益目標で売却する。
2. 現在値よりも下にあるストップで売却する。
3. マーケット状況の変化を表す「エンジンノイズ」に反応して売却する。
4. トレードにいらいらして売却する。

問題36　売却計画を立てる
株の購入に先立って、真剣なトレーダーなら次のように自問する。誤っているのはどれか。

1. この株はどのくらい上がるだろうか。利益目標はいくらだろうか。
2. どのくらい下がれば保護的ストップを発動させるか。
3. この株のリスク・リワード・レシオはどのくらいだろうか。
4. 目標に届いたら、目標をさらに遠くに動かすべきだろうか。

問題37　売却目標
次のツールのうち、売却目標の設定に役立つのはどれか。

A．移動平均
B．エンベロープもしくはチャネル
C．支持帯と抵抗帯
D．そのほかの手法

1．A
2．AとB
3．AとBとC
4．上記すべて

問題38　株価が移動平均よりも下にあるとき
移動平均よりも下で取引されている株に関して、正しい記述を2つ選べ。

A．その株は、価値水準よりも下で取引されている。
B．その株は、間違いなく下がる。
C．その株は、間違いなく上がる。
D．指標が上向きなら、最初の目標は移動平均だ。

1．AとD
2．BとD
3．AとC
4．AとB

問題39　売却目標としての移動平均
移動平均を目標として用いることに関し、誤った記述を選べ。

1．移動平均での売却は、とりわけ週足ではうまくいく。
2．価格は、移動平均を上回ったり下回ったりと波打つ傾向にある。
3．目標までの距離がストップまでの距離よりも大きいのは、非常にすばらしいことだ。
4．目標で売るなら、売却の評価など重要ではない。

問題40　売却での後悔
移動平均線で売却したあとに価格が上昇を続けると、トレーダーはひどく後悔することが多い。次の記述のうち正しいものを選べ。

1．後悔は望ましい。なぜなら、このおかげで次のトレードでは早まった手仕舞いをしなくなるからだ。
2．手仕舞いが早すぎたことを強く後悔するあまり、次のトレードを引っ張り過ぎてしまうきらいがある。
3．自分の分析が正しければ、早く売りすぎるべきではないと分かっているはずだ。
4．取り得るお金を全部取らないのは、トレーダーが下手な証拠だ。

問題41　利益目標としてのEMA
EMAを反発の目標として用いるのに適切な場合はどれか？

1．下げ相場の安値から反発してくるとき。
2．上昇トレンドの真っ最中。
3．価格が歴史的な高値近辺にあるとき。
4．上記すべて。

問題42　目標価格としてのチャネル

チャネルを目標価格として用いる場合の記述として、正しいものを選べ。

1. 週足で強力な上昇がみられたときは、日足のチャネルを目標とする最適なタイミングだ。
2. 上昇トレンドが、山と谷を繰り返すような規律的パターンを示すことはめったにない。
3. 上昇トレンドで買いを仕掛けるのに最適なタイミングは、上部チャネルに達したところだ。
4. もっと上まで行くかもしれないので、チャネルで売ってもうまくいかない。

問題43　チャネルを用いた成績評価

トレードにおいて、チャネルの何パーセントをとらえたか計測することは、次の点でスイングトレーダーに有益だ。

A. 金額ではなく、パーセンテージに集中できる。
B. 成績評価の尺度を提供してくれる。
C. 現実的な利益目標を設定してくれる。

1. A
2. AとB
3. 上記すべて

問題44　売却目標
次の２つのグループから、正しい組み合わせを選べ。

A．安値から反発するときの、最初の売却目標
B．上昇トレンドにおける、最初の売却目標

1．移動平均で規定される価値水準、もしくはその下
2．上部チャネルラインによって規定される、過大評価ゾーン近辺

問題45　飽くなき欲求
より大きな収益を狙うトレーダーは（　　）。

A．もっとリラックスできる
B．もっとストレスを感じる
C．もっと成功できる
D．もっと活動過多になる

1．AとB
2．AとC
3．BとD
4．BとC

問題46　上昇の頂点
上昇時の最高値について、正しい記述を選べ。

1．最高値を予想することで、適切な売却目標を設定できる。
2．最高値は、相当な確率で予想できる。
3．最高値で売ろうとする試みは、非常に高くつくことが多い。
4．常に最高値で売却ができる人なら、最高値で空売りすることもできる。

問題47　上部チャネルラインよりも上の価格
価格が上昇して上部チャネルラインを超えた。正しい記述を選べ。

1．トレーダーは、すぐに利益を確定しなければならない。
2．価格が、2日連続で上部チャネルラインよりも上で引けたら、トレーダーは利益を確定しなければならない。
3．価格が上部チャネルラインよりも上で引けることは、上昇が続くことを表す。
4．上部チャネルラインよりも上で引けながら、高値更新に失敗したら、トレーダーはその日のうちに売ることを考えるべきだ。

問題48　利益目標
利益目標の設定に関して、正しい記述を選べ。

1．目標は気にせず、トレードは行けるところまで行かせてみよう。
2．どんなマーケットにも完璧な利益目標というものがある。
3．時間軸を大きくとるほど、利益目標は遠くなる。
4．移動平均は、あらゆるトレードにとって最良の利益目標になる。

問題49　支持帯と抵抗帯
支持帯と抵抗帯は、長期的なトレードの魅力的な目標となる。その理由として不適切なものを選べ。

1．密集ゾーンとは、マーケット参加者の多くが、買いまたは売りに備えている場所だ。
2．取引レンジとは、大多数のトレーダーによって、価値に関する一般的な合意が広く形成されていることを表している。
3．取引レンジの期間は、トレンドの期間に比べると長期間になる傾向がある。
4．トレンドは、常に取引レンジの端で止まる。

問題50　保護的ストップ
保護的ストップを使う理由として、不適切なものを選べ。

1．保護的ストップで現実を顧みることになり、価格がまずい方向に動くこともあると思い出させてくれる。
2．その株に恋をしてしまったとき、保有効果を防いでくれる。
3．トレード中に、意思決定のストレスを軽減してくれる。
4．あらゆるトレードで起こり得る損失に絶対的上限をかけてくれる。

問題51　抵抗帯の突破
株価が上昇して抵抗帯の水準で一服し、さらに上昇してその水準よりも上で引けた。ここで発せられているシグナルは次のうちどれか。

A．すぐに買いを仕掛けろ。
B．株価が抵抗帯に戻ってきた場合に空売りできるよう備えておけ。
C．すぐに空売りを仕掛けろ。
D．株価が抵抗帯に向けて下落してきた場合に買えるよう備えておけ。

1．AまたはD
2．AまたはB
3．BまたはC
4．CまたはD

問題52　ストップを使わないトレード
ストップを使わずにトレードをするのは（　　）。

1．経験を積んだトレーダーにのみ許される
2．ギャンブルだ
3．より柔軟になるためのやり方だ
4．現実的なトレード方法だ

問題53　ストップの変更
次のうち、トレードの最中に許されるのはどれか。

A．買いポジションのストップを引き上げる。
B．売りポジションのストップを引き上げる。
C．売りポジションのストップを引き下げる。
D．買いポジションのストップを引き下げる。

1．AとB
2．BとC
3．AとC
4．CとD

問題54　トレードの再仕掛け
株を買って、ストップにかかった。同じ株を買い直して再仕掛けすることは（　　）。

1．プロにとってはよくある戦術だ
2．損失を大きくするだけだ
3．頑固さの兆候だ
4．時間と金の無駄だ

問題55　ストップをどこに置くか
ストップを置くうえで最も重要な問題は、次のうちどれか。

1．トレードをしているマーケットのボラティリティはいくらか。
2．どの程度のリスクを取るつもりなのか。
3．利益目標はいくらか。
4．どれくらいの株数を買うつもりなのか。

問題56　直近のトレードが与える影響

直近の損益の大きさは、次のトレード計画にどういう影響を与えるだろうか？

1．儲かったトレードのあとには、トレードサイズが大きくなる。
2．儲からなかったトレードのあとは、トレードサイズが小さくなる。
3．儲からなかったトレードのあとは、トレードサイズが大きくなる。
4．上記はすべて当てはまらない。

問題57　「鉄の三角形」

リスク管理の「鉄の三角形」について、その各々の構成要素に対応する記述をひとつずつ選べ。

A．資金管理
B．ストップの設定
C．ポジションサイズの決め方

1．チャート分析に基づいて定める。
2．そのトレードで、どれだけのリスクを取るかを決める。
3．この3つの要素のひとつを、もうひとつの要素で割る。

問題58　指値注文

指値注文が成行注文よりも好ましい理由として、誤っているのは次のうちはどれか。

1．スリッページを防いでくれる。
2．執行を保証してくれる。
3．トレードに入るときに最もうまく機能する。
4．目標水準での利益確定に役立つ。

問題59　ソフトストップ
ソフトストップについて、次の記述のうち正しいものはどれか。

1．システムトレーダーにとっては便利だ。
2．トレード初心者にとっては望ましいやり方だ。
3．相場の振れにひっかからずにすむ。
4．ハードストップを置くよりも簡単だ。

問題60　直近安値から1ティック下のストップ
直近安値の1ティック下に保護的ストップを置くことは、次の理由で問題がある。当てはまらないものはどれか。

1．直近の安値近辺に出された小さな売り注文でも、一瞬なら直近安値の下まで価格を押し下げることができる。
2．前回の安値を少しだけ抜いてから反転するのは、強気のパターンだ。
3．プロは、喜んでブレイクアウトに向かう。
4．安値を抜けると、さらに下落することが多い。

問題61　前回の安値水準にストップを置く
前回の安値水準ちょうどにストップを置くことは望ましいことかもしれない。その理由として誤っているものを選べ。

1．下降トレンドは、前回の安値水準に近づくにつれ減速することが多い。
2．前回の安値まで下がると、さらに下げ続けることが多い。
3．前回の安値をとらえると、すぐに動きが加速することが多い。
4．前回安値の1ティック下よりも、前回安値にストップを置くほうが、スリッページは大きくなることが多い。

問題62 「1日分近い」ストップ

「1日分近い」ストップ（ニックのストップ）に関して、正しい記述を選べ。

1. 直近の安値を挟んでいる両側の足をよく調べ、この2つのうち低いほうの少し下にストップを置く。
2. 短期トレードで、近いところにストップを置くことは好ましくない。
3. この手法は、長期ポジションをとるトレードで特に役立つ。
4. このようにストップが近いと、スリッページが小さくなる。

問題63 トレード期間

トレードの結果は、ある程度はトレード期間に左右される。トレード期間の及ぼす影響について誤った記述を選べ。

1. 長期トレードでは、考えたり決定を下したりするのに、十分な時間をとることができる。
2. デイトレーダーが考えるのに立ち止まることは、負けを意味する。
3. 時間がたつほど株は大きく動く。
4. 長期ポジションをとるトレードは、最も勉強になる経験だ。

問題64 ストップを遠くに置く

ストップを遠くに置くことに関して、次の記述から正しいものを選べ。

1. 小さな上昇トレンドは、大きな上昇トレンドよりも動きが激しい。
2. ストップを遠くに置くほど、相場の振れにひっかかるリスクは大きくなる。
3. ストップが置かれるのは、価格がみせる通常の振れの外だ。
4. ストップを遠くに置くほど、持てるポジションは大きくなる。

問題65　可動ストップ
可動ストップに関する次の記述のうち、誤っているのはどれか。

1. トレードと同じ方向になら動かしてもいいが、けっして反対には動かさないこと。
2. 価格が目標に達したあとにトレイリングストップに変更すると、リスクは大きくなる。
3. 価格が、ストップのすぐ上をうろうろしている場合は、相場の振れにひっかかるリスクを軽減するためにストップを下げるのが賢明だ。
4. 価格が有利な方向に動いたときは、未決済利益の一部を守るためにストップを引き上げるのが賢明だ。

問題66　セーフゾーンストップ
セーフゾーンストップに関して、正しい記述を選べ。

1. トレンドのシグナルを抑制するフィルターとして機能する
2. 当日の値動き幅のうち、前日の値動き幅から突き出た部分は、すべてノイズだ。
3. セーフゾーンは、上昇トレンドにおける上方突出平均と下降トレンドにおける下方突出平均を反映している。
4. セーフゾーンは、トレンド上で最もよく機能し、取引レンジ内ではまったく役に立たない。

問題67　セーフゾーンを用いたトレード

セーフゾーンストップに関する次の記述のうち、誤っているのはどれか。

1. セーフゾーンは、機械的なトレードシステムだ。
2. セーフゾーンのために、ルックバック期間を決める必要がある
3. セーフゾーンストップを設定するために、通常のノイズに掛ける係数を決める必要がある。
4. 通常なら２～３の係数で十分余裕を持たせることができる。

問題68　ボラティリティ・ドロップ・ストップ

ボラティリティ・ドロップ・ストップの手法に関する次の記述のうち、誤っているのはどれか。

1. ボラティリティ・ドロップ・ストップは、あらゆるトレードでより大きな利益が得られることを保証する。
2. この手法によって、トレーダーは控え目な目標で出発しながらも、そのトレードでより多くを狙うことができる。
3. ボラティリティ・ドロップ・ストップを使うには、未決済利益の一部でリスクを取ることになる。
4. この手法を使うと、利益確定の決定を自動化するのに役立つ。

問題69　マーケットの「エンジンノイズ」

「エンジンノイズ」で売却するというのは、どういう場合か。

1. 目標が達成されたとき。
2. ストップにかかったとき。
3. 部分的に利益確定をしたいとき。
4. マーケットの値動きが気に入らないとき。

問題70 「エンジンノイズ」での売却
「エンジンノイズ」に関する次の記述のうち、誤っているのはどれか。

1. システムトレーダーは「エンジンノイズ」で売ってはならない。
2. 裁量トレーダーは予定よりも早め遅めに手仕舞ってもよい。
3. 「エンジンノイズ」での売却は、特に初心者に向いている。
4. 「エンジンノイズ」での売却には、利益を減らすリスクがある。

問題71 新高値-新安値指数
新高値-新安値指数に関する次の記述のうち、誤っているものを選べ。

1. 新高値-新安値指数は、新高値を更新することで上昇トレンドを裏づけ、新安値の更新で下降トレンドを確認する。
2. 新高値-新安値指数のシグナルは、天井と大底で対称的だ。
3. 新高値-新安値指数の弱気乖離は、マーケットの天井が迫っていることを警告している。
4. 新高値-新安値指数の突っ込みは、しばしばマーケットの重要な大底を示す。

問題72 マーケットの気に入らない動き
買いポジションを持っているが、指標が天井のシグナルを示しているのが気に入らない。あなたの選択に関して誤っている記述はどれか。

1. システムトレーダーなら、予定どおりポジションを保有しなければならない。
2. 裁量トレーダーなら、ポジションを売ってもよい。
3. システムトレーダーなら、早めの手仕舞いを許容するような別のシステムに切り替えてもよい。
4. 裁量トレーダーなら部分的に利益を確定してもよいが、核となるポジションは維持しよう。

問題73　決算発表
決算発表のインパクトに関する次の記述のうち、誤っているものはどれか。

1. 価格は、将来利益の予想に大きく左右される。
2. 決算発表が、株価の長期トレンドを変えることはない。
3. プロの観察者にとって、決算発表がサプライズになることはめったにない。
4. 通常、インサイダー取引は会社の経営と結びついている。

問題74　マーケットの「鐘が鳴る」
マーケットの「鐘が鳴る」とは、どういう場合か。

1. 数年来の高値を付けたとき。
2. 数年来の安値を付けたとき。
3. そのマーケットにとって、通常とはまったく違う出来事が起きたとき。
4. マーケットが、誰にでも分かるシグナルを発したとき。

問題75　新高値－新安値指数を用いたトレード
新高値－新安値指数に関する次の記述のうち、誤っているものはどれか。

1. 新高値－新安値指数がゼロよりも上にある場合、これは強気派が弱気派よりも優勢であることを表している。
2. 新高値銘柄はマーケットの弱さを主導し、新安値銘柄はマーケットの強さを主導している。
3. 弱気乖離は上げ相場の終わりごろによくみられる。
4. 新高値－新安値指数の週足が激しい突っ込みをみせるのは、通常はマーケットの底入れを示すシグナルだ。

問題76　意思決定木と売買システム

意思決定木と売買システムの主な違いは、どちらかだけに（　　）があることだ。

1．トレードの仕掛けに関するルール
2．トレードの手仕舞いに関するルール
3．手仕舞いルールを変更する権限
4．トレードサイズに関するパラメータ

問題77　意思決定木

次の問いのうち、意思決定木に含まれないものはどれか。

1．短期トレードか長期トレードか。
2．ストップをどこに置くか。
3．トレード中にどのような「エンジンノイズ」に耳を傾けるか。
4．どのようにトレードの記録をつけるか。

問題78　価値をみて買い、目標で売る

チャート上のアルファベットで示された場所から、価値をみて買うゾーンと売却目標を選べ。

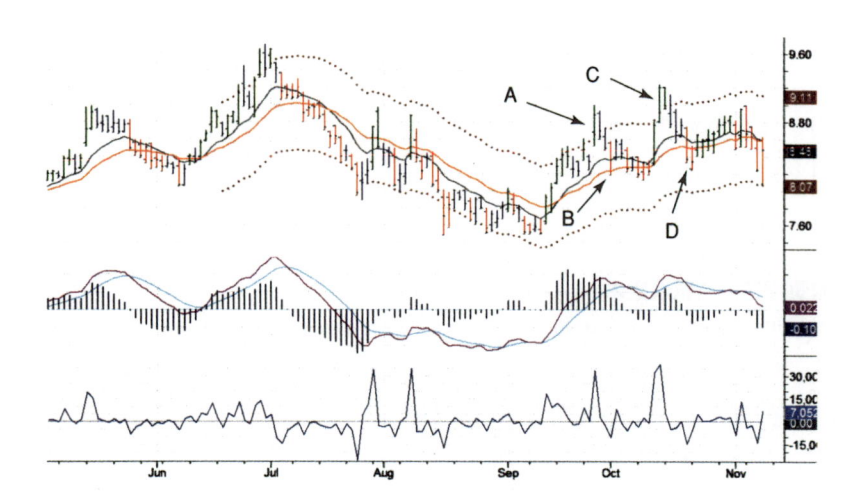

1．価値をみて買うゾーン
2．過大評価ゾーンの売却目標

問題79　支持帯、抵抗帯、目標

次の記述と、チャート上のアルファベットを組み合わせよ。

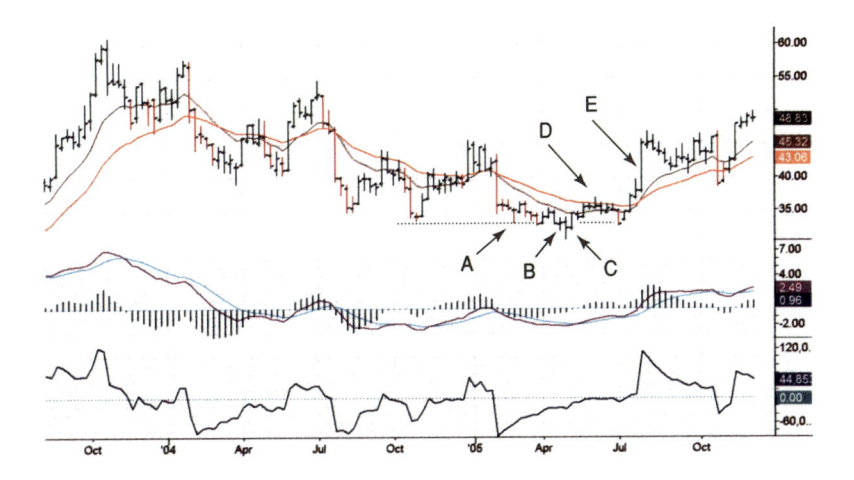

1．支持線を割ったところ
2．支持線の上で引けて、買いシグナルを発している
3．支持帯が形成されている
4．上部チャネルライン上の、2番目の売却目標
5．EMA上の、最初の売却目標

問題80　複数の目標
次の記述と、月足上のアルファベットを組み合わせよ。

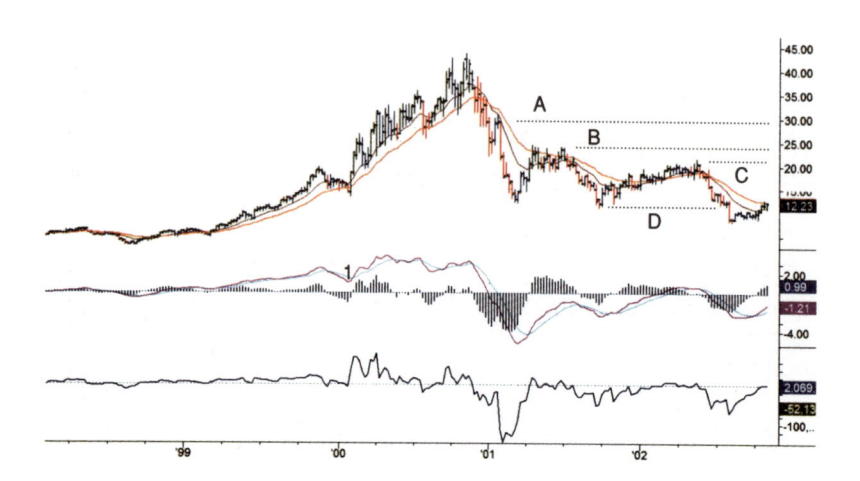

1．最低目標価格
2．支持帯
3．上げ相場の目標

問題81　保有、買い増し、利益確定

ポイントＡでは58.78ドルまで下落している。ポイントＢでは58.71ドルまで落ち込んだが、新安値を付けてから持ち直している。このダマシの下方ブレイクアウトが起きたとき、同時に、指標のいくつかで強気乖離がみられた。トレーダーが、上部チャネルライン付近を目標にして買いを仕掛けた場合、このチャートの右端で取る行動として適切なものはどれか。

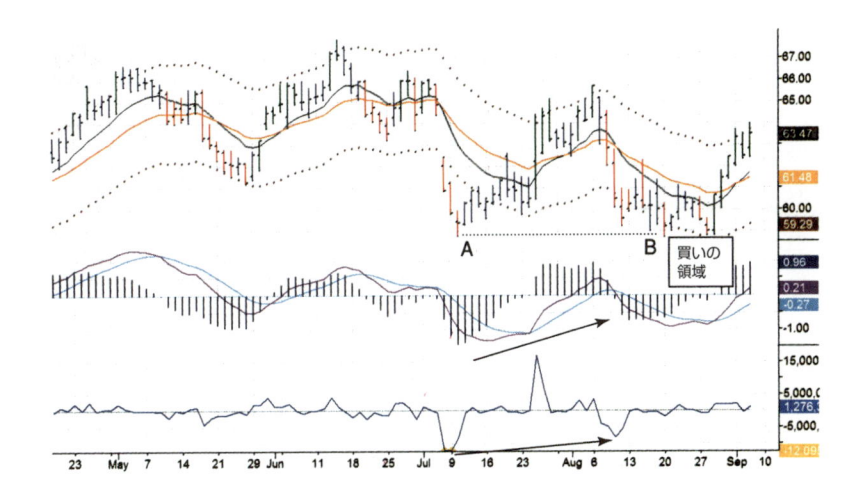

A．売却して利益を確定する。
B．半分を売却し、半分はホールドする。
C．ホールドしながら、ストップをきつくする。
D．このうまくいっているポジションを買い増しする。

1．A
2．AとB
3．AとBとC
4．上記すべて

問題82　利益を生むトレードのさばき方

トレーダーが上昇トレンドに気づき、価値水準近辺で買いを仕掛け、上部チャネルライン近辺で売る。ポイントAで買い、ポイントBで売る。ポイントCで買い、ポイントDで売る。そしてポイントEで再び買う。窓を空けて上部チャネルラインを上抜いたとき、彼はもっと大きな利益を狙うことにした。このチャートの右端でとるべき適切な行動はどれか。

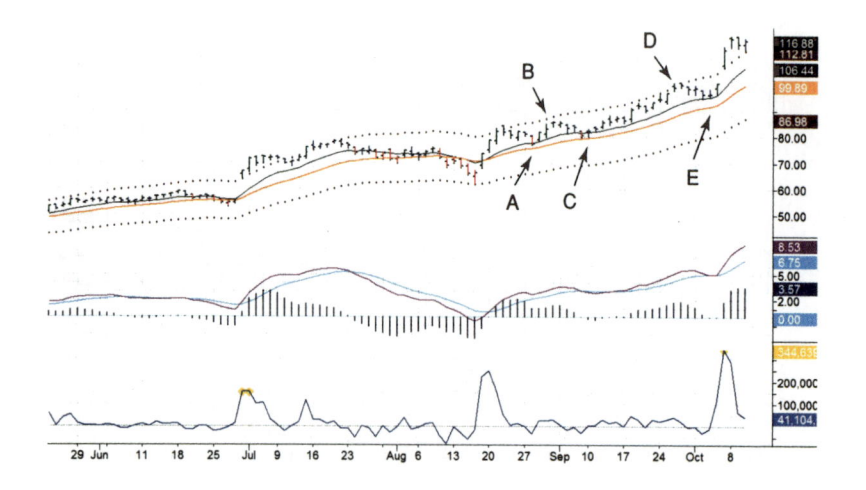

1．売却して利益を確定する。
2．ポジションの半分を売却する。
3．ポジションを維持する。
4．ポジションを買い増す。

問題83　ストップを置く

トレーダーが、ダマシの下方ブレイクアウトを伴った強気乖離に気づいた。買いを仕掛けることに決めたものの、ストップを置かなければならない。ストップを置く場所としてアドバイスをするなら、次のどの水準になるか。

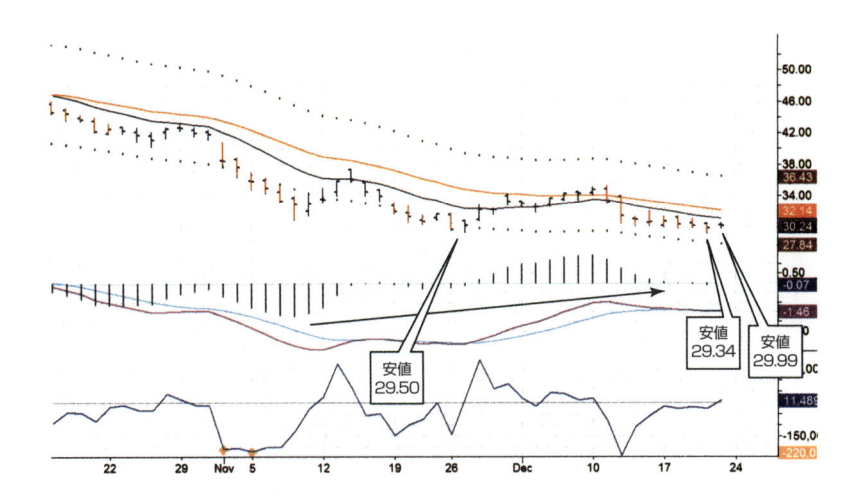

1．29.49
2．29.33
3．29.34
4．29.98
5．28.99

問題84　力積システム

力積システムは、マーケットの動きの慣性とパワーの両方を反映している。力積システムに従って、トレーダーがチャートの足に色付けできるソフトもある。白黒チャートでも、力積システムのルールではその足が何色になるかは分かる。次のコメントと、アルファベットが割り当てられているチャート上の足を組み合わせよ。

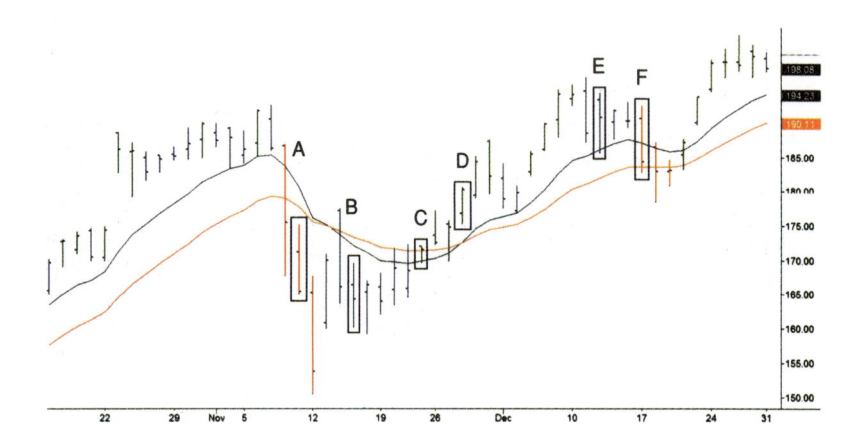

１．力積システムは緑。買う、もしくは何もしないか。空売りをしてはいけない。

２．力積システムは赤。空売り、もしくは何もしないか。買ってはいけない。

３．力積システムは青。ポジションをとってはいけない。

問題85　新高値－新安値指数のシグナル

新高値－新安値指数の週足は、株式市場の重要な転換点を予想するのに役立つことがある。新高値－新安値指数に関する次のコメントと、チャート上のアルファベットを組み合わせよ。

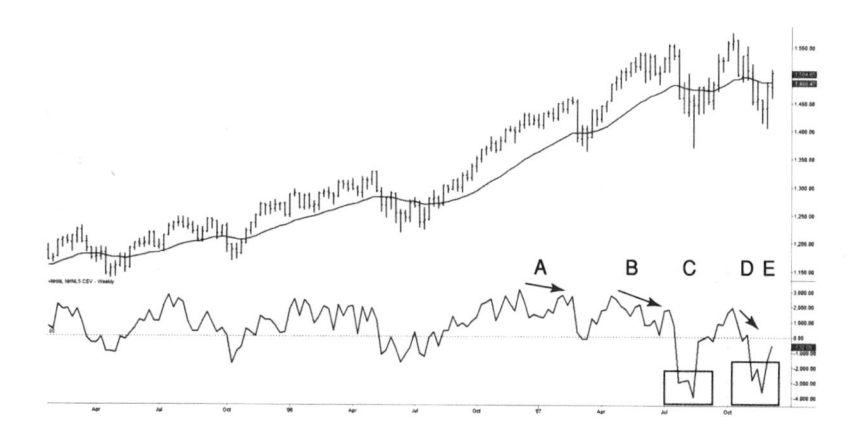

1. 突っ込みが表すのは、行き過ぎた状況も長くは続かず、反転が近いということだ。
2. 乖離が表すのは、そのときの支配的な群衆が弱っており、反転が近いということだ。

問題86　チャート右端での決断

トレーダーが上昇トレンドに気づき、ポイントＡで買いを仕掛ける。ポイントＢのチャネルを抜けたところで売却する。しばらくして新高値を更新し損ねる。価値水準の下まで下落し、安値の更新が止まったポイントＣで再び買いを仕掛ける。このチャートの右端で適切な行動はどれか。

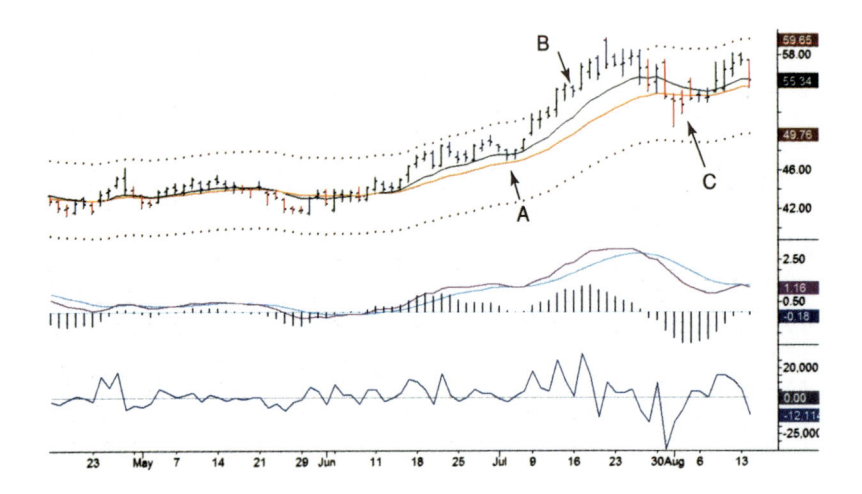

1．保有し続ける。
2．買い増しする。
3．売却する。

第2部確認テストの解答と解説
Answers

問題34 売却計画
解答：1 「成功を保証してくれる」は誤り。

　計画を紙に書き出すことで、大抵の人は心理的に強力な影響を受ける。マーケットの気まぐれに左右されていると感じることも少なくなる。計画を紙に書き出し、その紙に従って執行することは、分析とトレードという2つの仕事を分離し、緊張を和らげるのに役立つ。とはいえ、金融マーケットの世界には成功を保証するものなどない。

問題35 売却の3タイプ
解答：4 「トレードにいらいらして売却する」は誤り。

　トレード計画には、利益目標とストップが入っていなければならない。さらに、経験を積んだ裁量トレーダーなら「エンジンノイズ」を聞いてマーケット状況の変化を感じ取り、トレードを手仕舞うだろう。一方、いらいらして売ってしまうのは素人だ。

問題36 売却計画を立てる
解答：4 「目標に届いたら、目標をさらに遠くに動かすべきだろうか」は誤り。

株の購入は、仕事を探すのに似ている。知りたいのは仕事と報酬であり、給料がその仕事に見合うかを決めるのだ。目標を動かすのは、トレードの後半に考えるべきこと。それも経験を積んだトレーダーだけに許されることだ。

問題37　売却目標
解答：4　上記すべて

利益目標を定めるには、非常にさまざまな手法がある。選択肢は実質的には無限だといってもよい。だが、最も重要な要素が２つある。第一に、目標設定プロセスの論理を理解し、衝動的な行動を慎まなければならない。第二に、どんな手法であっても、そのよしあしを評価するために記録をつけなければならない。

問題38　株価が移動平均よりも下にあるとき
解答：1　AとD

移動平均は、価値に関する平均的な合意を表しており、そのときのマーケットの価値水準を表している。また移動平均の傾きは、価値が増加しているのか減少しているのかを示している。

株式市場に絶対はない（売買手数料、スリッページ、そして準備不足のトレーダーは損失を被るという事実は除く）。

指標が強気を示しながら、価格が指数移動平均線よりも下にあるとき、EMAは、反発の最初の目標になる。

問題39　売却目標としての移動平均

解答：4　「目標で売るなら、売却の評価など重要ではない」は誤り。

　週足は、何度も何度も日足を打ち負かしている。原則として、リスク・リワード・レシオが魅力的なときにトレードをしたい。どういう理由で手仕舞ったとしても、仕掛けと手仕舞いのよしあしは、いかなるトレードでも評価をしなければならない。

問題40　売却での後悔

解答：2　手仕舞いが早すぎたことを激しく後悔するあまり、次のトレードを引っ張り過ぎてしまうきらいがある。

　後悔は、トレードをむしばむ。利益を取り残したことで今日自分を責めれば、明日は欲をかきすぎることになり、おそらくは次のトレードを引っ張り過ぎてしまう。熟練したトレーダーは、計画を立ててそれに従う。成績を評価し、それを改善しようとする。
　明日の新しいトレードでの行動が、今日のトレード結果から影響を受けることがあってはならない。このゲームでは、お金を取り残すことは避けられない。あらゆるトレードで天井と大底をとらえられるのは、仮想売買のトレーダーと嘘つきだけだ。

問題41　利益目標としてのEMA

解答：1　下げ相場の安値から反発してくるとき。

　EMAを目標価格として使うのは、価格がEMAよりも下にある場合だ。相場が上昇トレンドにあるときや、高値近辺にあるときで、こう

いうケースはあまりない。下げ相場の安値から反発してくるときに、EMAは反発の最初の適切な目標になる。

問題42　目標価格としてのチャネル
解答：1　週足で強力な上昇がみられたときは、日足のチャネルを目標とする最適なタイミングだ。

　上昇や下落が規律的なパターンをみせるのは、大きな上昇トレンドではそれなりによくあることだ。したがって、価値水準以下に下げてきたところで買い、上部チャネルラインで示される過大評価ゾーン以上では必ず利益を確定するというのは合理的だ。予定どおりの場所で、予定どおりのタイミングで売るとうまくいく。
　短期トレードの、チャネルラインで売却する計画かもしれない。もしくは小さめのポジションを、長期の順張りトレードとして持つ計画かもしれない。どういう計画であれ、ゲームの最中に計画を変更してはならない！

問題43　チャネルを用いた成績評価
解答：3　上記すべて

　儲けたお金や失ったお金に気が向いてしまうと、どんなトレードでもトレーダーは気が散ってしまう。トレードでは、意思決定のよしあしに集中することが大切だ。金額に目が行き過ぎると、そのお金で何が買えるかなどと考えてしまい、トレーダーは集中力を失う。
　目的は、可能なかぎり最高のトレーダーになることであって、お金はあとからついてくるものだ。

問題44　売却目標

解答：1―A　2―B

　下げ相場の安値から最初に反発してくるときは、大きな抵抗帯に突き当たることが多い。EMA近辺に控え目な利益目標を置くのが賢明だ。上昇トレンドの最中に、下部チャネルラインまで下げてくることはめったにない。EMA近辺で買いを仕掛け、上部チャネルライン近辺で利益確定に備えておくのが賢明だ。

問題45　飽くなき欲求

解答：3　BとD

　トレード心理の問題のひとつは、マーケットの誘惑にはきりがないことだ。どの画面をみても何千ドルもの金額がちかちかと輝き、トレーダーの多くは自分を抑えられなくなり、手に入らないものまで手に入れようとする。そうやってバランス感を失い、損失を被ることになる。
　トレードで鍵となる言葉は、人生における言葉と同じ「十分」だ。利益目標を設定するのに取引チャネルを用いると、トレードの現実的な目標を定めるのに役立つ。

問題46　上昇の頂点

解答：3　最高値で売ろうとする試みは、非常に高くつくことが多い。

　上昇の最高値は、マーケットで最も高くつく。最高値を取ろうとして失われてきた代償は莫大なものになる。トレードに関することなら何でもそうだが、大切なのは極端なものを求めないことだ。値動きは、

頭と尻尾を残して狙うくらいのほうが安全で現実的だ。ストレスが軽減するほど、得てしてより良い結果が手に入る。

問題47　上部チャネルラインよりも上の価格

解答：4　上部チャネルラインよりも上で引けながら、高値更新に失敗したら、トレーダーはその日のうちに売ることを考えるべきだ。

　エンベロープやチャネルは、短期トレードの優れた目標になる。それでも時々は大きく急上昇していくこともあるし、最初の計画よりも、もう少しだけ持っていたいという誘惑を感じることもある。上昇が非常に強力なとき、株価は慎重にチャネルラインに沿って歩いていくことがある。そのまま数日間にわたって上昇を続けることになり、ときには数週間ということもある。それでも短期のスイングトレーダーなら、上部チャネルラインを抜けたあとで、上昇にまごついて新高値をつけ損ねたところで売却するのが賢明だ。

問題48　利益目標

解答：3　時間軸を大きくとるほど、利益目標は遠くなる。

　短期間よりも長期間のほうがマーケットは大きく動く。短期のスイングトレードでは、目標をすぐ近くに置く必要があり、長期の順張りには遠くに目標を置く必要がある。目標価格の設定で、あらゆるトレードに共通な手法というものは存在しない。

問題49　支持帯と抵抗帯
解答：4　「トレンドは、常に取引レンジの端で止まる」は誤り。

　価格レンジは、多数の買い手と売り手が金銭的、感情的にそこに大きく関わっていることを表す。マーケットでは、群衆の気質や態度は変化し続ける。密集ゾーンの端がギザギザになっていることが多いのはこれが理由だ。

問題50　保護的ストップ
解答：4　「あらゆるトレードで起こり得る損失に絶対的上限をかけてくれる」は誤り。

　トレードの前にチャートをよく検討し、トレードがまずい方向に動きだしたらどこで撤退するかを決めておかなければならない。トレードに入る前に決めたほうが、ずっと客観的になれるからだ。保護的ストップを必要としないトレードはない。
　それでも株価は、ストップの水準で窓を空けて値を飛ばすことがある。ストップは、ひどい損失に対して完全とはいえない。だが、私たちの取り得る防衛策としては最良のものだ。

問題51　抵抗帯の突破
解答：2　AまたはB

　価格が抵抗帯の上に抜けるのは、新しい上昇トレンドが始まるシグナルか、ダマシの始まりかのどちらかだ。ブレイクアウトが本物なら時間を無駄にしている暇はない。押し目を待っていてもうまくいかな

い。発射台を離れたロケットが発射台に戻ってくることはない。また長期軸で検討し、ここが天井であり、このブレイクアウトはダマシであると判断した場合でも、レンジに戻ってくるのを確認するのが賢明だ。ブレイクアウトそのものは、明確なシグナルを発するわけではない。長期軸で検討し、その枠内で考えたほうがうまくいく。

問題52　ストップを使わないトレード
解答：2　ギャンブルだ

　ストップは、あらゆるトレーダーを現実につなぎ留めてくれる。さまざまなタイプのストップがあり、またその使い方もさまざまだ。だが、最も経験を積んだトレーダーでさえ、うまくいっていないトレードがどこまでいったら手仕舞うべきかは考えてある。

問題53　ストップの変更
解答：3　AとC

　ストップを動かしていいのは、トレードと同じ方向だけだ。買いポジションであれば上へ、売りポジションであれば下へだけだ。うまくいっていないトレードのストップを反対方向に動かし、「より良い結果になるように余裕をもたせる」のは敗者のやり口である。
　トレードが始まってからよりも、トレード前のほうが客観的でいられる。トレード前に計画を立ててあるはずだ。いったんトレードが始まったら、リスク水準を減らすことは許されても、増やすことは許されない。

問題54　トレードの再仕掛け
解答：1　プロにはよくある戦術だ

　初心者は通常ひとつの銘柄に1回しか手を出さず、1回うまくいかなかっただけで別の銘柄に移る。一方プロは、適当な銘柄をみつける難しさを分かっている。ストップを近いところに置き、重要なトレンドをとらえるまで、ひとつの銘柄に何度も手を出すことに抵抗はない。

問題55　ストップをどこに置くか
解答：2　どの程度のリスクを取るつもりなのか。

　ストップの設定は、リスク管理と資金管理の不可欠な要素だ。トレードの前に、どれだけの金額を儲けるつもりで、目的のためにどれだけのリスクを取るつもりなのかを決めなければならない。潜在的な利益とそのときのボラティリティを測るのは大切なことだが、結局あらゆる問題はどれだけリスクを取る用意があるかに収斂される。

問題56　直近のトレードが与える影響
解答：4　上記はすべて当てはまらない。

　直近のトレードの結果に次の計画が影響を受けるようでは素人だ。マーケットもある程度は不規則であり、あらゆるトレードで結果を予測するのは難しい。プロは、どのようなトレードでも個々のトレードを信頼していない。信頼するのは一定期間以上の自分の成績だ。プロなら、直近のトレード結果のような小さなことで、考え抜かれた計画を変更するようなことはしない。

問題57 「鉄の三角形」
解答：1—B　2—A　3—C

ストップは、チャート分析に基づいて設定される。自分でリスクを抑えようと思っていたとしても、トレードでリスクをどこまで取るかは資金管理ルールが教えてくれる。この数を１株当たりドルリスクで割れば、トレードのサイズが決まる。

問題58　指値注文
解答：2　「執行を保証してくれる」は誤り。

執行を保証してくれるのは成行注文だけだ。一方、指値注文では特定の価格、もしくはそれよりも有利な価格での約定が求められ、それができなければ、まったく執行されない。

スリッページは運用成績を下げる大きな原因のひとつだが、トレーダーの間ではあまりそういう認識はされていない。指値注文はこのスリッページを回避するのに役立つ。スリッページを気にしなくていいのは、うまくいっていないトレードから撤退するときだけだ。したがって、ストップには成行注文を使ったほうがうまくいく。

問題59　ソフトストップ
解答：3　相場の振れにひっかからずにすむ。

ハードストップは、一定の注文としてマーケットに実際に出される。ソフトストップは、頭のなかにある数字だ。システムトレーダーは、初心者のトレーダー同様ハードストップを使わなければならない。相

場の振れにひっかかるのを防ぐためにソフトストップを使うのは、経験を積んだ裁量トレーダーだけだ。ハードストップもソフトストップも労力は変わらない。ストップを置く水準も同じだ。違うのはその執行だけである。

問題60　直近安値から1ティック下のストップ
解答：4　「安値を抜けると、さらに下落することが多い」は誤り。

　直近安値のすぐ下にストップを置くことには問題がある。最初の底よりも2番目の底のほうがわずかに低くなるダブルボトムが、非常に頻繁に描かれるからだ。直近安値のすぐ下は、素人が大急ぎで逃げ出し、プロが買いを仕掛けるところだ。ときには滝のように下落し、前回の安値を一気に突き抜けていくこともある。だが、これはむしろ例外的な動きだ。ストップを使うことは不可欠とはいえ、直近安値の1ティック下に置くよりも、ずっとましなやり方がいくらでもある。

問題61　前回の安値水準にストップを置く
解答：4　「前回安値の1ティック下よりも、前回安値にストップを
　　　　　置くほうが、スリッページは大きくなることが多い」は誤り。

　前回の安値水準ちょうどにストップを置いてストップが発動すると、スリッページは、その安値の1ティック下に置いた場合よりも小さくなることが多い。前回の安値を抜いて加速し、その下にあるストップが大きなスリッページを被ることはよくある。相場の振れにひっかかるリスクは、わずかに増加するだけだ。株価が前回の安値水準まで下がると、得てしてもう1ティック下がるものだ。

問題62　「1日分近い」ストップ

解答：1　直近の安値を挟んでいる両側の足をよく調べ、この2つのうち低いほうの少し下にストップを置く。

　直近の取引レンジ内にストップを置くのは、短期のスイングトレード向きだ。これは、マーケットにのるかそるかの決断をせまる。それでも、ストップ注文でスリッページを完全になくすことは不可能だ。

問題63　トレード期間

解答：4　「長期ポジションをとるトレードは、最も勉強になる経験だ」は誤り。

　時間は、トレードのきわめて重要な要素だ。時間がたつほどマーケットは大きく動き、収益機会が増えると同時に、反対方向に動いた場合のリスクも大きくなる。長期志向のトレーダーなら立ち止まって考えることもできるが、デイトレーダーの場合はほぼ自動的に反応しなければならない。
　トレードの勉強をする最良の方法は、小さなトレードをたくさん重ねることだ。長期トレードのゆったりしたペースでは、短期のスイングトレードに比べ、トレードの勉強をする機会は十分といえない。

問題64　ストップを遠くに置く

解答：3　ストップが置かれるのは、価格がみせる通常の振れの外だ。

　価格は蛇行するものであり、時間がたつほどその振れは大きくなる。ストップを近くに置くほど、相場の振れにひっかかるリスクは大きく

なる。ストップを遠くに置くときの最も重要なポイントは、価格がみせる通常の振れの外に置くことだ。ストップを遠くに置く場合の難点は、1株当たりのリスクを最大限に取ることで、保有できるポジションのサイズが小さくなることだ。

問題65　可動ストップ
解答：3　「価格が、ストップのすぐ上をうろうろしている場合は、相場の振れにひっかかるリスクを軽減するためにストップを下げるのが賢明だ」は誤り。

　ストップを遠くに動かしたいという誘惑がどれほど強くても、最初の決定を変えてはいけない。価格が有利な方向に動いた場合は、未決済利益の一部を守るためならストップを調整してもいい。
　価格が目標に達してもまだ保有しておきたい場合は、トレイリングストップに切り替えることができる。さらに大きな利益を狙うことは、トレンドが転換した場合に、利益の一部を返上するリスクを受け入れるということだ。

問題66　セーフゾーンストップ
解答：4　セーフゾーンは、トレンド上で最もよく機能し、取引レンジ内ではまったく役に立たない。

　セーフゾーンの目的は、ノイズを抑制しながらもトレンドを表すシグナルは通すことだ。ノイズとは、当日の値動き幅のうち前日の値動き幅から突き出た部分で、かつトレンドと逆方向に突き出た部分だ。
　例えばトレンドが上向きの場合、上方突出は通常の動きだが、下方

突出はノイズとみなされる。トレンドが下向きの場合、下方突出は通常の動きだが、上方突出はノイズとみなされる。セーフゾーンは、上昇トレンドにおける下方突出平均を反映しており、また下降トレンドにおける上方突出平均を反映している。

このように、セーフゾーンはストップをノイズの外側に置く。これは、ほかの手法と同様、トレンド上で最も機能するものであり、取引レンジのなかでは相場の振れにひっかかってしまう。

問題67　セーフゾーンを用いたトレード
解答：1　「セーフゾーンは、機械的なトレードシステムだ」は誤り。

セーフゾーンを使うためには、ルックバック期間と通常のノイズにかける係数を決める必要がある。これらはセーフゾーンストップを決めるために用いられる。係数は、それぞれのマーケットに対して別々に決定しなければならない。機械的なトレード方法とはほど遠い。

問題68　ボラティリティ・ドロップ・ストップ
解答：1　「ボラティリティ・ドロップ・ストップは、あらゆるトレードでより大きな利益が得られることを保証する」は誤り。

この手法の考案者であるケリー・ラボーンは、次のように述べている。「目標が達成されるまでは、トレイリングストップを使うことなど考えもしない。トレイリングストップを考慮するときとは、トレードの義務は果たしたけれど、マーケットが追加利益を秘めているような動きをしている場合だ」。

トレードからさらに儲けを絞り出すために、すでに得た利益をリスクにさらすというのがボラティリティ・ドロップ・ストップの手法だ。しかし、これによってあらゆるトレードで収益が増えることを保証するものではない。

問題69　マーケットの「エンジンノイズ」
解答：4　マーケットの値動きが気に入らないとき。

　裁量トレーダーは、すべてのトレードを予定していた目標まで続ける必要はない。おそらくマーケットは、あなたが最初に期待していたほど与えてくれないだろう。トレンドが弱っているシグナルをみつけたら、最初の予定よりも早めに売るのが賢い選択かもしれない。

問題70　「エンジンノイズ」での売却
解答：3　「『エンジンノイズ』での売却は、特に初心者に向いている」は誤り。

　利益目標での売却や保護的ストップは、どのレベルのトレーダーが使っても機能する。だが「エンジンノイズ」に反応して売却するには、はるかに高いレベルの経験が要求される。特に経験の浅いトレーダーは、退屈や不安から早く売りすぎてしまうというリスクがある。

問題71　新高値－新安値指数
解答：2　「新高値－新安値指数のシグナルは、天井と大底で対称的だ」は誤り。

新高値－新安値指数は株式市場の最も強力な指標かもしれない。しかし、天井と大底でその動きは変わってくる。この２つの領域では、マーケットの群衆は違う感情を持っている。天井は強欲で形成され、マーケットの大底では恐怖が支配的な感情となる。そして、強欲という感情は恐怖よりもはるかに持続する傾向がある。そのため、天井を示す最良のシグナルは大規模な乖離だが、大底を示す最良のシグナルが短期的な激しい突っ込みとなる。

問題72　マーケットの気に入らない動き
解答：3　「システムトレーダーなら、早めの手仕舞いを許容するような別のシステムに切り替えてもよい」は誤り。

　システムには従わなければならない。トレードの最中に別のシステムに替える決定を下すようでは、もはやシステムトレーダーではない。「エンジンノイズ」に反応してトレードを手仕舞ったり、トレードのサイズを落としたりするのは裁量トレーダーの仕事であり、また特権でもある。システムトレーダーなら、何らかのノイズを予想して自分のシステムに組み込むことができる。しかし、トレード中にシステムを変更することは許されない。

問題73　決算発表
解答：2　「決算発表が、株価の長期トレンドを変えることはない」は誤り。

　株を買うことは、将来の収益と配当を買っているということだ。これを一番よく知っているのがインサイダーであり、インサイダーの多

くはそれで利益を上げている。

　決算発表で株価が跳ねることはほとんどない。なぜなら、頭の切れる強気派連中はすでに購入しているし、賢い弱気派連中はすでに売却済みだからだ。それでも、誠実に運営されている会社の株が、決算発表のサプライズでトレンドを変えることは起こり得る。

問題74　マーケットの「鐘が鳴る」
解答：3　そのマーケットにとって、通常とはまったく違う出来事が
　　　　　起きたとき。

　マーケットの法則がなくなってしまったかのような、通常とはまったく違う出来事に気づいたとき、あなたにはマーケットの鐘の音が聞こえている。重力の法則がなくなることはないように、実際にはマーケットの法則もなくなることはない。常軌を逸した出来事は、バブルがはじける兆しだ。
　このような振る舞いが異常なのはあとからみれば非常に明確なのだが、バブルの真っ最中にはまったく正常なことのようにみえてしまう。この鐘の音が聞こえるのは、冷静で客観的なトレーダーだけだ。

問題75　新高値−新安値指数を用いたトレード
解答：2　「新高値銘柄はマーケットの弱さを主導し、新安値銘柄は
　　　　　マーケットの強さを主導している」は誤り。

　新高値銘柄（過去52週の最高値に達した銘柄）はマーケットの強さを主導している。新安値銘柄（その日、過去52週の最安値に達した銘柄）はマーケットの弱さを主導している。株式市場では、天井と底が

非対称であることが多い。

　天井はゆっくりと形成され、しばしば新高値 – 新安値指数の弱気乖離を示す。大底は素早く形成され、敗者たちがその保有している株をマーケットで投げ売るとき、新高値 – 新安値指数はしばしばパニック的な突っ込みを示す。こうして抜け目のない強気派に、投資機会を提供してくれている。

問題76　意思決定木と売買システム
解答：3　手仕舞いルールを変更する権限

　優れた売買システムは、完全に客観的だ。2人の別のトレーダーがこのシステムを与えられた場合でも、両者は仕掛け、手仕舞い、トレードサイズに関してまったく同じ結論を出す。裁量トレーダーの意思決定木にもまた、仕掛け、手仕舞い、トレードサイズが含まれるが、ルールの運用にはいくらかの柔軟性を認めている。

問題77　意思決定木
解答：4　「どのようにトレードの記録をつけるか」は含まれない。

　しっかりと記録をつけることは非常に大切だ。これはトレードで成功するための礎をなす。真剣なトレーダーは、記録をつけるなかで、記録管理の問題、ソフトウェアの選択、心理学に取り組んでいるはずだ。この礎の上に意思決定木は築かれるが、これが扱うのは仕掛け、手仕舞い、ポジションサイズなどトレードの個々の問題だ。

問題78　価値をみて買い、目標で売る
解答：1―BとD　2―AとC

　安定した上昇トレンドでは、移動平均で定義された価値水準近辺で買いを仕掛け、上部チャネルラインよりも上の過大評価ゾーンで利益を確定するとうまくいく。注意してほしいのは、マーケットには相当のノイズがあり、最良のシグナルが明確になるのはあとからみた場合だけであることだ。
　例えば、ポイントDで買っても、上部チャネルラインに届くことなく結局下がってしまった。完璧さを追求する人々はこのような展開に圧倒されるが、熟練トレーダーは優れた資金管理で身を守りつつ突進する。

問題79　支持帯、抵抗帯、目標
解答：1―B　2―C　3―A　4―E　5―D

　強気乖離を伴うダマシの下方ブレイクアウトは、テクニカル分析の非常に強力なシグナルだ。いったん重要な支持線を下にブレイクしたら、次に何が起こるかに目を凝らしていなければならない。下落は加速するのか。それとも尻すぼみになるのか。以前に割り込んだ支持線を上抜いて引けたら強力な買いシグナルだ。
　このシグナルはMACDヒストグラムの強気乖離によって裏付けられている。ポイントDとポイントEの間には、支持帯までの押しがみられ、買いトレードに飛び乗るすばらしい機会を提供してくれている。このような押しが頻繁に起こると期待してはいけない。これらはむしろ例外的な動きだ。

問題80　複数の目標

解答：1―B　2―D　3―A

　ラインDはひどい下げ相場の大底であり、大きな支持帯を示している。チャートの右端近辺では支持帯を割り込んだものの、さらに落ち込むことなく切り返し、支持帯よりも上で引けた。MACDの強気乖離を伴ったダマシの下方ブレイクアウトは、大きな買いシグナルを発していた。私たちがみているのは月足なので、大きな動きを期待するのが適当だろう。時間軸を長くとるほど予想も大きくなる。

　新しい上げ相場の始まりを期待するのであれば、直近の反発の高値に引かれたラインCは近すぎて目標にすらならない。この上昇の最も控え目な目安は、その前の大きな反発の高値に引かれたラインBだ。上場来高値をつけたときに形成された天井の下のほうに引かれたラインAのほうが、この強気な動きの目標としては適当だ。もちろんその高さまで達するには忍耐が必要だ。株価は最終的に前回の高値を抜け、上場来高値を更新していった。

問題81　保有、買い増し、利益確定

解答：3　AとBとC

　複数の強気乖離を伴ったダマシの下方ブレイクアウトは、強力な買いシグナルを発している。システムトレーダーもしくは初心者の裁量トレーダーは、目標で利益を確定しなければならない。この場合なら上部チャネルラインだ。より経験を積んだ裁量トレーダーなら、自分の判断次第でもっと上を狙ってみてもいい。バリュートレーダーが、過大評価ゾーンである上部チャネルライン近辺でポジションを買い増しするのはナンセンスだ。

問題82　利益を生むトレードのさばき方

解答：1　売却して利益を確定する。

　上昇が垂直な動きをする場合、どこで終わるかを予想するのはきわめて難しい。チャート上の一番右の足では、上部チャネルラインを抜けてから初めて高値更新に失敗している。モメンタムの低下は、利益を確定して家に帰れというシグナルを発している。この決断をさらに支持しているのは、高値に対応した水準に達しているMACDヒストグラムだ。また、ここでは勢力指数の大きな山がみられる。これは、上昇が続くというよりも、通常はその後価格が横ばいになる期間が続くことを意味する。

問題83　ストップを置く

解答：3　29.34

　ストップは、それなりに価格に近いところに置かれなければならない。だが、通常のマーケットノイズにひっかかるほど近すぎてはならない。29.34ドルは直近の下げのなかでは最も低いところにある。ストップをこの水準に置くことは、マーケットにのるかそるかの決断をせまる。強力な買いシグナルが出れば、すぐに上昇が続くはずだ。このシグナルがダマシであれば、この銘柄に構っている理由はない。

　29.33ドルすぐ下のストップには、スリッページのリスクがあるだろう。最安値を抜くと価格は走ることが多く、窓を空けたりスリッページにつながったりすることになる。このようにマーケットが横ばいのとき、直近立会日の安値の下にストップを置くと通常のマーケットノイズにひっかかってしまうだろう。

問題84　力積システム

解答：1—CとD　2—AとF　3—BとE

　力積システムの主な目的は検閲だ。トレーダーがトラブルに陥らないよう、してはいけないことを常に教えてくれている。

問題85　新高値－新安値指数のシグナル

解答：1—CとE　2—AとBとD

　トレンドが慣性だけで上昇を続けながら、その主導力が弱っているとき、マーケットの天井では乖離がしばしば観察される。株式市場の底入れ局面では、突っ込みが非常によくみられる。突っ込みには、パニック的に現金化が起きていることが表れている。新高値－新安値指数がマイナス数千まで落ち込んだ場合、大底が近いことは間違いないだろう。

問題86　チャート右端での決断

解答：3　売却する。

　チャートの右端では小さくとも利益がのっており、トレードは順調だ。しかし、気になるテクニカルサインがみられる。強気派にとって最も危険なサインは、MACDヒストグラムの激しい弱気乖離だ。
　この指標は、ポイントAでは価格と連動しながら上昇し、価格の上昇を裏付けていた。ポイントBでは価格は天井領域に戻ったものの、この指標はほとんどゼロラインを上回ることはなく、強気派が衰退してきていることを示していた。こういったマーケットの「エンジンノ

イズ」は、上昇トレンドが弱まっており、買いトレードからは撤退したほうがいいというシグナルを発している。

答案の評価

問題の解答がひとつで正解なら1ポイントが得られる。解答が複数あれば、比例して点数をつける。全部正解なら1ポイント、2つのうちひとつだけ正解なら0.5ポイントだ。

46〜53点　すばらしい
売却について十分に理解している。空売りに目を向けるときだ。

38〜45点　なかなかいい
トレードで成功するには、最高レベルの成績が必要だ。間違えた問題の解答を調べて、よく検討すること。数日後にもう一度問題を解いてから、次の章に進んでほしい。

38点未満　注意！
正答率が7割を割っても許されるようなプロの世界もあるだろう。だが、トレードでは致命的だ。この結果を受け入れるには、この世界の競争は激しすぎる。マーケットに飛び込む前に、十分な力をつけておく必要がある。2回目でも成績が悪いままなら、第2部で推薦されている書籍を調べ、よく勉強してから、もう一度確認テストを受けること。

第3部

どのように空売りをするか

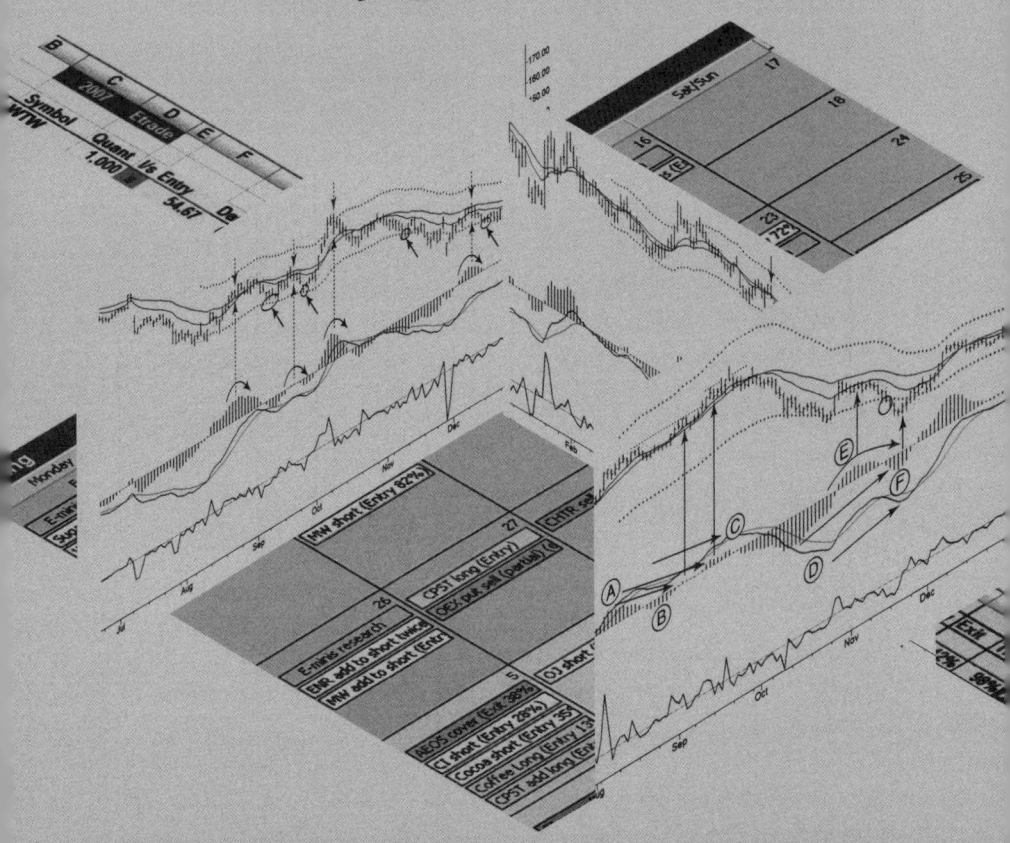

Part Three: How to Sell Short

静かに。あなたは秘密を聞きたいだろうか。

教えてあげてもいいが、けっして口外しないでほしい。それは「株価はいつか下落する」である。

もちろん本当だ。誰でも株を買うが、あらゆる株価は遅かれ早かれ下落する。

幸せに暮らすことが最良の"リベンジ"になるなら、マーケットでできる最もすばらしいことは、誰もが苦しむ値下がりを利益の源泉に変えてしまうことだ。

買った株が急落してしまったときのことを考えてほしい。そのトレードで反対の立場にいたとすれば、1ティックごとに損失を積み重ねるのではなく、逆に儲かっていたはずだ。下落から利益を上げたいのであれば、空売りについて検討する必要がある。

安く買って高く売るという儲け方は誰でも知っている。しかし、下落で利益を上げるやり方については何も分かっていない人が多い。ある程度分かってもらうために、基本的な説明をしよう

90ドルで取引されているIBMをみて、99ドルまで上昇すると判断した。100株を購入して持ち続け、株価が利益目標に達したときに売却すると、1株当たり9ドルの儲けになった。100株で計900ドルだ。ただし、売買手数料とSEC手数料を引かなければならない。子供でも分かるほど単純だ。

では、90ドルのIBMをみて、これが過大評価されており、80ドルまで下落しそうだという結論に達した場合はどうだろうか。どうすればそこから利益を得られるだろうか。

空売りをするには、他人から株を借りて、それをマーケットで売ることでトレードに入る。その後、同じ株数を買い戻し、貸し手に返却する。これが可能なのは、あるIBMの1株は、ほかのIBMの1株と同じものだからだ。株を他人から借りて売ってしまっても、借りた数だけきちんと返却するのであれば、どの株であっても問題ない。借り

た株を今日売って、あとで安く買い戻すことができれば、儲けることができる。

　人当たりの良いブローカーが、この取引を全部仕切ってくれるとする。現在90ドルで取引されているIBMを100株空売りしたいと伝えれば、彼はまず100株分の費用である9000ドルが、あなたの口座にあることを確認するだろう。彼はこれを保証金として留保しておく（話を簡単にするため、保証金についてはここでは論じない）。

　彼は袖カバーをつけると、よたよたと奥へ引っ込み、顧客の株券フォルダが並んでいる棚へと向かう。フォルダを調べていくと、ミレーおばさんがIBMを数百株持っていると分かった。彼女はそれを遺産として相続しており、何年も手をつけていなかった。彼女のフォルダから100株を借り、そこにあなたが彼女から株を100株借りているというメモを挟む。

　棚から戻ってきて、借りてきた100株をマーケットで売却し、その代金と取引に関するメモを保管庫に入れる。今やあなたはミレーおばさんから100株を借りて売ってしまったわけだが、その売却代金はあなたの口座ではなく、ブローカーの金庫に保管される。IBMを買い戻してミレーおばさんに株を返すためなら、このお金はいつでも使うことができる。

　あなたの分析は的中し、IBMは80ドルまで下落したとする。あなたはブローカーに電話を入れ、売りポジションを決済するよう指示した。この場合、彼は9000ドルの封筒を金庫から取り出し、IBM株を100株買う。ただし、株価は80ドルまで落ち込んでおり、100株を購入するのに必要な金額は8000ドルだけだから、1000ドルが残ることになる。この金額から売買手数料とSEC手数料を差し引いたものが、あなたの利益となるわけだ。

　ブローカーはこれをあなたの口座に移し、今回の空売りトレード中に留保されていた保証金を担保から外す。彼は100株のIBM株を持っ

てよたよたと奥の部屋へ引っ込み、ミレーおばさんのフォルダをみつけて100株を戻し、あなたが100株を借りているというメモを抜き取った。

　これで取引は終わりだ。あなたは自分の利益と保証金を手にし、ブローカーは売買手数料を手に入れ、ミレーおばさんは自分の株を取り返した。

　彼女が株を貸したのはなぜだろうか。米国の信用口座に関する標準的な同意書では、ブローカーは信用口座内の株を勝手に貸し出せるようになっている。もしくは、ミレーおばさんが利口なら、ブローカーが彼女の株を貸し出す権利に対して、ちょっとした金額を要求したかもしれない。

　彼女にしてみればリスクはまったくない。売却代金はブローカーが抑えている。さらに、あなたが差し入れた保証金もある。すぐに株を買い戻そうとしても十分な金額がある。

　もちろん、これは漫画調に単純化しただけだ。実際は、袖カバーもなければ、ほこりをかぶった株券が保管された奥の部屋なんてものもない。空売りの手続きは、すべて電子的に行われる。

　空売りの何がまずいのだろうか。株を買っても価格が上がらず、逆に下がることもあるように、空売りをした株の価格が上がることもある。

　例えば、IBMが90ドルから80ドルに下落するのではなく、95ドルまで上昇したとする。その時点で空売りした株を買い戻すと決めた場合、9500ドルを支払うことになる。株を売ったときの代金は9000ドルしかない。ブローカーは、ミレーおばさんの帳尻を合わせるために、同じだけの株数を買い戻さなければならない。したがって、あなたの保証金からさらに500ドルを徴収することになる。

　また、もしIBMが配当を発表すれば、ミレーおばさんはIBMを保有しているので、配当を受け取れるようにしなければならない。彼女

の株を借りて売却したのはあなたなので、自分の財布からその配当を彼女に払うことになる。

　価格リスクと配当の支払い。この２つのリスクがすべてだ。自分のリスクをあらかじめ見積もることができるし、それに耐えられるか判断することもできる。一般的に、人間は現実よりも幻想に対してはるかに大きな恐怖をおぼえる。そして、空売りに対する最も恐ろしい幻想は、天井知らずのリスクがあるという考えだ。

　90ドルでIBMを買ったとき、起こり得る最悪の事態はゼロまで下落して投資分を完全に失ってしまうことだ。これはひどい話ではあるが、トレードが始まる前に最大リスクは把握できている。

　一方、90ドルで空売りしたIBMが上昇した場合、損失は天井知らずだ。1株が1000ドルになったらどうするか。2000ドルならどうか。破産してしまうかもしれない。

　確かに、道を歩けば頭に隕石が降ってくるかもしれない。

　身近な危険を過小評価して、非日常的な危険を過大評価するのは、人間の心理としてよく知られた事実だ。私が住んでいるニューヨークでは、地下鉄での殺人が新聞のトップ記事になる。これによって、自宅のバスルームで滑ったり転んだりして亡くなる人の数のほうがずっと多いという事実が覆い隠されることになる。動物園で飼育員が動物に襲われれば全国ニュースになる。だが、自動車事故で何千もの人が亡くなっていることには、ほとんど誰も気づいていない。

　真剣なトレーダーなら、必ず行動計画を持たなければならない。この計画で大切なのは、自分のリスクを決めること、そしてストップロス注文を決めることだ。買った場合のストップは現在値よりも下に置かれ、空売りをした場合のストップは仕掛け価格よりも上に置かれる。

　ときにはマーケットの動きが速いこともあるだろう。スリッページが発生し、損失が想像以上に大きくなることもあるかもしれない。とはいえ、流動性があり、活発に取引されている大型株を空売りするな

らば、そのようなひどい目に遭うことは、そうそうないだろう。

　IBMを90ドルで空売りしながら、ストップを使わずに1000ドルまで上昇していくのをただただ眺めているだけ、という姿を想像してしまう人にできるアドバイスはひとつしかない。それは反対側にいる人にするアドバイスとまったく同じだ。つまり、90ドルでIBMを買いながら、ストップを使わずに価格がゼロになるまで眺め、投下資本を完全に失ってしまうような人へのアドバイスだ――「バカなことをいっていないでストップを使え」だ。

　幻のリスクに震える代わりに、株、先物、オプションの空売りをするときの現実的な注意事項について論じよう。本物のリスクや投資機会について話をしたい。

　株式市場では、初心者は誰でも株を買う。空売りをするのは、ほとんどがプロだ。毎年毎年彼らが空売りを続けているのはなぜだろうか。公益事業のように、みんなのためにやってくれているのだろうか。ギャンブルがしたいからだろうか。それとも、空売りは買いよりもずっと儲かるのだろうか。

　さあ、空売りについて、もっとよく考えてみよう。

第7章　株の空売り
Shorting Stocks

　空売りを実践するには、ある一般的な偏見から自分を解放しなければならない。大抵の人は、買いに心地良さを感じ、株価の下落から利益を上げることに居心地の悪さを感じる。
　私の考えでは、この先入観は大人になるうちに形成される。なぜなら、私が地元の高校でトレードに関する授業を受け持ったとき、子供たちは水を得た魚のように空売りをしようとしていたからだ。
　子供たちにトレードアイデアを持ち寄ることを課して、授業でそれらについて議論をした。そしてそのクラス用に口座を開き、そのアイデアに基づいてトレードをしたのだ。空売りの提案は、いつも買いの提案と同じくらい出てきた。ひとりの子供が買いと空売りの両方を提案することも少なくなかった。
　子供たちには分かっていた。トレードとは、動き続ける対象の方向に賭けることだと理解していたのだ。上昇に賭けるか下落に賭けるかは、たいした問題ではない。方向を正しくとらえ、最も有望な仕掛けポイント、利益目標、保護的ストップを決めるだけだ。
　子供たちは先入観を持つことなくマーケットに飛び込み、空売りに対する抵抗もなかった。そのクラスは、上昇でも下落でもいくらかの利益を上げることができた。失敗もいくらかあったが、勝ったときよりも、失敗を小さく抑えるように気をつけていた。
　私の考えでは、空売りをする人は自分の利益を追求している一方で、マーケットの重要な公益に携わっている。
　第一に、過大評価された株を売って供給を増やし、価格が上がれば上がるほど売りを増やすことで相場の激しい山をなだらかにし、マー

ケットの過剰なボラティリティを抑えている。

　第二に、株価が鋭く下落したとき、空売りをした人が一番に駆けつけて買い戻し、下落を和らげてくれる。買い方は怖気づいて、激しい下落の間、手が出ないことが多い。たっぷり利が乗ったポジションを反対売買で手仕舞い、実際のお金に変えるのは空売りをする人たちだ。彼らの反対売買によって下落は減速する。そして、このときバーゲンハンターたちが駆けつける。それからどうなるかはご存じのとおりだ。相場の大底が形成され、株価は再び上昇していく。

　このように、空売りは価格の過剰な振れを抑え、公共の利益に貢献しているわけだ。もちろん、空売りをする人が社会福祉士であるというわけではない。私たちは社会福祉士ではないが、偉大な経済学者アダム・スミスは200年前に、自由市場では各々が自身の利益を追求することが、他人の助けになると指摘した。

　弱気派がマーケットに役立っているといいがたいのは、弱気派が共謀して「売り崩し」をしている場合だろう。しかし、このただし書きは、株価を操作して引き上げるような買いにも同様に当てはまる。

　米政府はマーケットの取り締まりで適切な役割を果たそうとする。だが、その熱意のあまり、空売りに対して不合理な規制をいくつか打ち出してきた。なかでも最悪だったのが「アップティックルール」だ。

　これは現在値（最新の約定値）が1ティック（ティック＝最小価格変動幅）上げていたときのみ、空売りをできるというものである。いい換えれば、空売りをしてもいいのは上昇中の株だけだ。

　アップティックルールは、空売り集団が大量の売り注文でその銘柄を崩す事態から、買い方を保護しているかのようにみえる。しかし、こういった一般投資家の保護手段に対しては、ひとつ疑問がある。罪なき人々がバブルで吹き飛ばされないために、同じようにダウンティックルールがないのはなぜなのか。アップティックルールの論理を当てはめると、ダウンティックルールはダウンティックでの買い、

つまり下落中の買いだけを認めるということになる。

本書初版を執筆中、米国の株式市場では非常に大きな進歩が起こった。アップティックルールが廃止されたのだ。70年もの間、トレード風景の一部だったこのばかげたルールが、ついになくなったわけだ（ただし、米国の先物市場には、これまでもアップティックルールなどない。また2008～2009年の暴落時、米政府がいくつかの銘柄で空売りを一時的に禁止したことはあった）。

空売りには、買いに比べて非常に有利な点と、非常に不利な点がひとつずつある。

株を空売りするときの非常に有利な点は、株価が下落するときの速さが上昇時の2倍であることだ。これはあらゆる時間軸——月足（図7.1）、週足（図7.2）、日足（図7.3）、日中足——に当てはまる。

株価が上昇するためには買いが必要だ。しかし、下落するときは自分の重みで下がっていく。下落のスピードが速いことは、経験を積ん

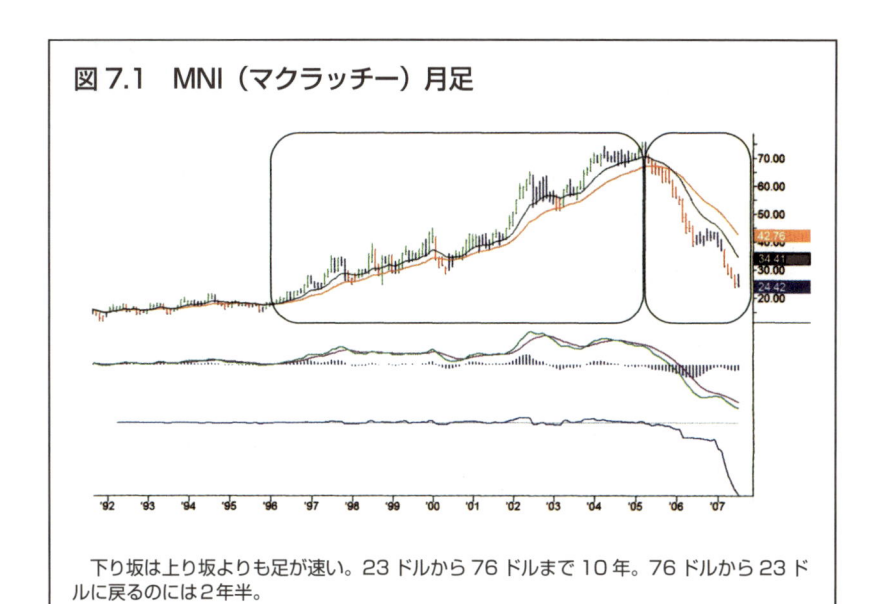

図7.1　MNI（マクラッチー）月足

下り坂は上り坂よりも足が速い。23ドルから76ドルまで10年。76ドルから23ドルに戻るのには2年半。

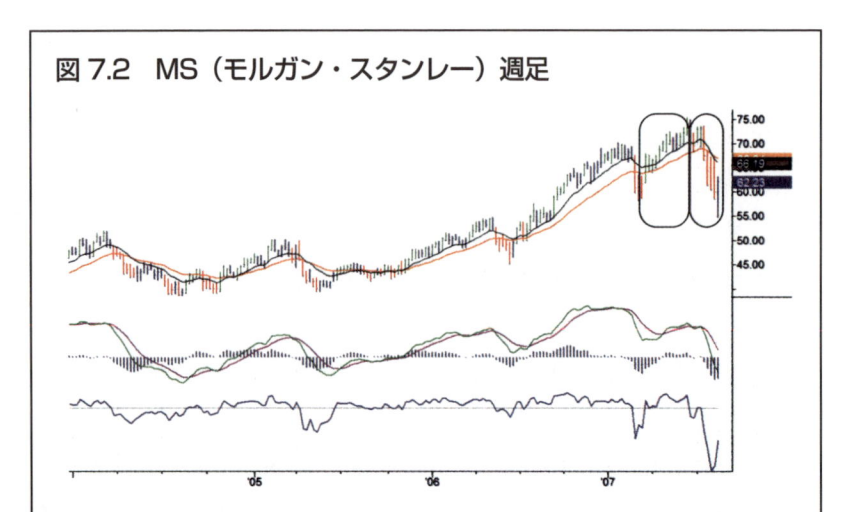

図 7.2　MS（モルガン・スタンレー）週足

　下り坂は上り坂よりも足が速い。58 ドルから 75 ドルまで 14 週間。75 ドルから 58 ドルに戻るのには 8 週間。

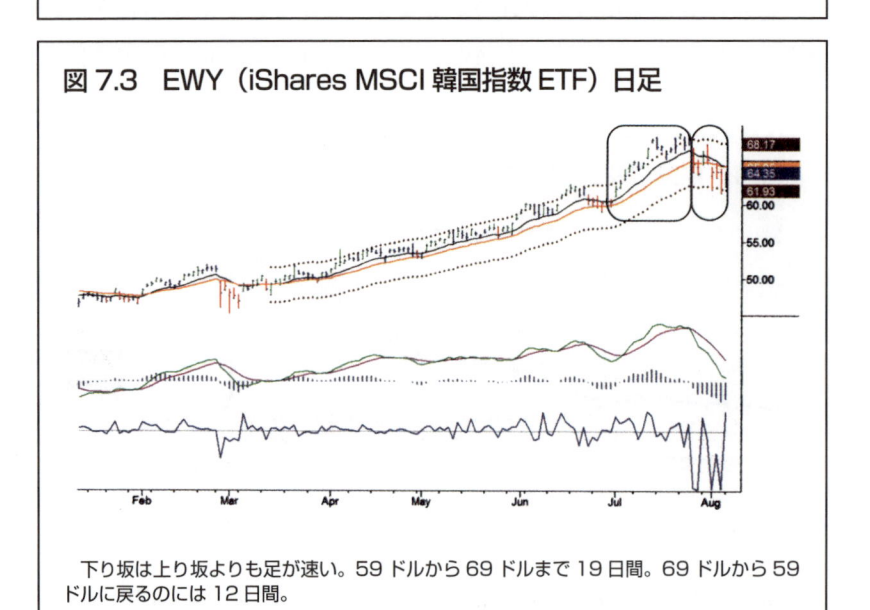

図 7.3　EWY（iShares MSCI 韓国指数 ETF）日足

　下り坂は上り坂よりも足が速い。59 ドルから 69 ドルまで 19 日間。69 ドルから 59 ドルに戻るのには 12 日間。

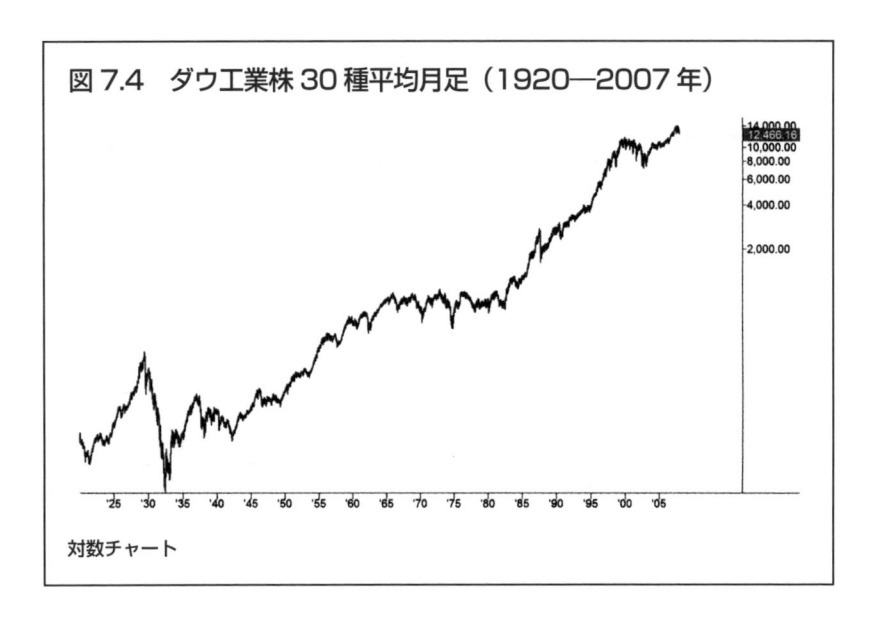

図7.4 ダウ工業株30種平均月足（1920―2007年）

対数チャート

だトレーダーにとっては大きな利点になる。トレードが速くなるほど、マーケットリスクにさらされる時間が短くなるからだ。

一方、株の空売りが非常に不利な点は、株式市場は全体的に、時間とともに上昇する傾向があることだ（**図7.4**）。この傾向は、これまで数百年間にわたって続いてきた。消えていった古い銘柄も多いし、新しい銘柄も上場され続けることから、このいわゆる「長期的上昇」には、さまざまな推定がある。だが、年率３％というのが妥当なところのようだ。つまり空売りは、緩やかな上げ潮に逆らって泳いでいるということだ。

株式市場のあらゆる行動には、常に２つの側面がある。ひとつは有益で、もうひとつは危険なものだ。この２つを完全に分けることはできないし、どちらか一方だけをとることもできない。コインの両面に目を向け続け、現実的になることが不可欠だ。ここまで論じてきた利点と難点に対して私たちはどうすべきだろうか。

一般的にいって、空売りでは買いに比べて短期志向が求められる。

波乗りをしている潮は、緩やかに上昇するが、下降トレンドは比較的足が速いからだ。空売りに"なんとかなるさ"と過度の時間をかけるのは意味がない。うまくいくかどうかを見定めるのに、空売りでは、買いトレードほどの時間をかけてはいけない。

初めての空売り

　よくある初心者からの質問に「空売りをする株のみつけ方」がある。私は、買って損をした銘柄について考えるよう勧めている。下がると思う銘柄について考え、最も嫌いな銘柄を探して空売りしてみよう。

　念のため、最初、あるいは2回目の空売りでは、たくさん儲けようとしないことだ。売るのはほんの少しだけにしよう。

　最初のよちよち歩きの段階では、お金の心配をしないようにする。銘柄の選定、利益目標の決定、ストップの設定、注文を出す手順など、考えるべきことは、ほかにもたくさんある。トレードサイズが小さく、儲けも損も気にならないうちに、こうした問題を解決しておく。

　トレードサイズは感情を大幅に増幅させる。サイズが大きくなるほどストレスも大きくなる。とりわけこのゲームを始めたばかりで、空売りの勉強をしている間は、ストレスを抑えるために、小さくトレードをする。サイズを大きくするのは、空売りがしっくりくるようになってからだ。時間はいくらでもある。

　この章を執筆する数週間前のある午前中、私が自宅でリアルタイムの画面の前に座ってトレードをしていると、ノートパソコンからメールの着信音が鳴った。それは、最近トレーダーズキャンプを卒業したズヴィ・ベンジャミーニからのメールだった。空売りを始める準備ができたという。私は、空売りをしたい銘柄の分析を、トレーダーズキャンプで論じた形式で丁寧に書いておくことを勧めた。数分後、メールが届いた（**図7.5**）。

図7.5　TVL仕掛け

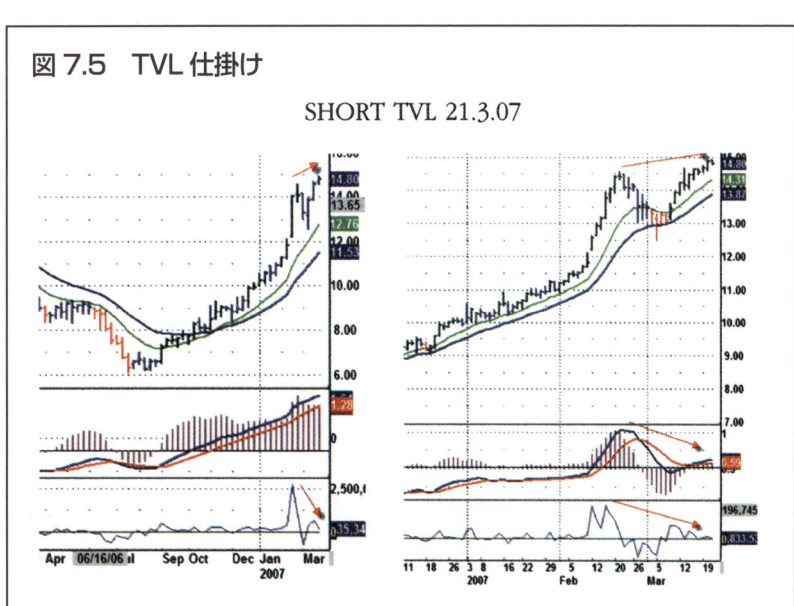

SHORT TVL 21.3.07

週足でダブルトップ、しばらくは青が点灯。勢力指数の乖離。日足ではMACDに大きな乖離、1カ月前から勢力指数の大きな乖離、この高値も弱ってきている。本日青が点灯。100株を14.79ドルで空売り

ストップ：15.2ドルにハードストップ。緑が点灯したら脱出。
目標：12.77ドル。短期移動平均の週足。
　　　足踏みを始めたら13～13.5近辺で部分的に利益確定。

メモ――アレックスからの警告：週足ではMACDヒストグラムが強い。株も明らかに強い（直近の暴落から影響を受けていない）。

　これは、賢い人は空売りをどうやって学ぶのか、またそのためのコストをどれだけ小さく抑えるかを示す良い例だ。このキャンプ参加者は、銘柄をみつけ、自分でそれを丁寧に書き出した。トレード日誌に優れた見出しをつくり、自分の意思決定過程を記録した。トレードに対する私の反対意見まで書き残している。
　反対されても、ひとりの独立した人間として、そのトレードに取りかかった。だが、そのサイズを非常に小さくしている。彼の損失リスクは1株当たり20セントであり、金額にして20ドルプラス売買手数料

だ。彼は金銭的リスクを非常に小さく抑えながら、このトレードから大変価値ある教訓を得ようとしている。損失によるストレスを感じることもなく、このようなレッスンをたくさん受けられるのだ。

そのとき私は、TVL（LINメディア）の空売りが気に入らなかった。そもそもタイミングからして空売りをする時期ではなかったからだ。株式市場は重要なダブルボトムを形成し、そこから反発したばかりのところだった。マーケットの潮は上向きであり、私はすでに自分の空売りポジションをほとんど決済してしまっていた。しかも、数週間にわたって、ほぼ毎日高値を更新し続けているような銘柄を空売りするのは正しいと思えなかった。

買いの場合、安値を更新し続けている銘柄を買うという考えは好ましくない。安く買うのはいい。だが、下げている途中で買うのはよくない。同様に、空売りをするなら高値を更新し続けている銘柄を空売りするという考えは好ましくない。上昇トレンドが天井を打って上げ

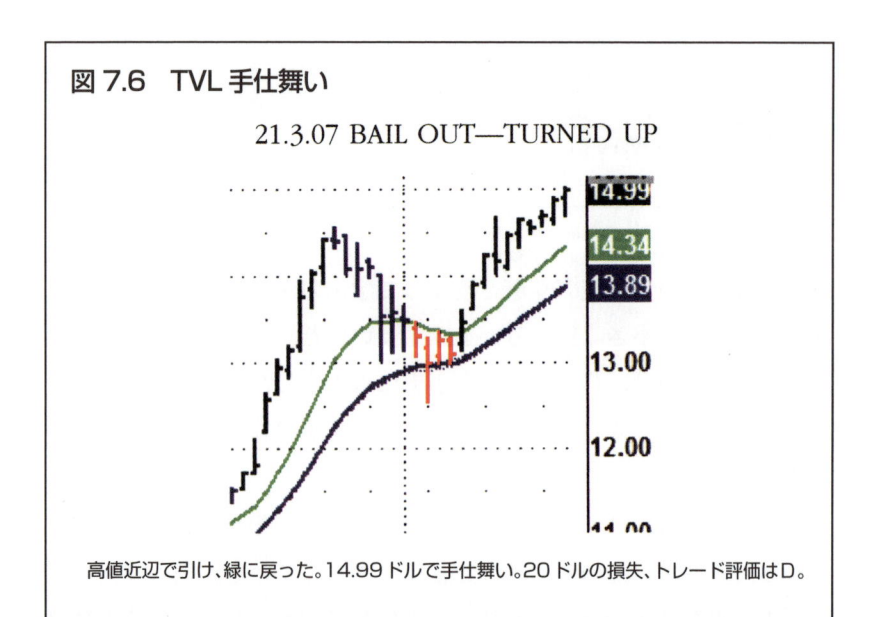

図7.6　TVL 手仕舞い

21.3.07 BAIL OUT—TURNED UP

高値近辺で引け、緑に戻った。14.99ドルで手仕舞い。20ドルの損失、トレード評価はD。

止まり、下がりそうだというそれなりの証拠をみてからにしたい。

このキャンプ参加者は、強いマーケットにおいて上昇している株を空売りするという２つの誤りを犯していた。だが、同時に重要な点でまったく正しい行為が２つあった。まず、すばらしい記録をつけていた。そして、非常に小さなサイズでトレードをすることで、誤りの代償をほとんどゼロですませた。安い授業料で大切なことをたくさん学ぶことができたわけだ。

その日、場が引けて、その後の報告メールを受け取った（**図7.6**）。

天井と大底の非対称

株の買いについて述べたときは、主に価値をみて買う場合とモメンタム買いの２つのやり方に焦点を当てた。しかし、空売りの銘柄を探すときには、単純にこれを使うわけにはいかない。

空売りは買いと違う。天井と大底では、また上昇トレンドと下降トレンドでは、群衆心理が異なるからだ。株式相場の大底は、細く鋭くなることが多い。だが、天井は長くでこぼこしたものになる。

株式市場の大底は、恐怖から形成される。買い方は損のストレスに耐え切れなくなったとき、パニックを起こして価格を顧みずに投げ売りをする。扉に手を挟んだような激痛に耐え切れず、どんな値段でもいいからそこから逃げ出したいと思う。

恐怖と苦しみは鋭く強烈な感情だ。気弱な買い方がパニック売りで振り落とされれば、再び上昇への準備が完了する。機が熟す前に買いを仕掛けたり、大底でパニックになって投げ売ったりしないかぎり、買いは比較的入りやすいといえる（**図7.7**）。

一方、株式市場の天井は、強欲から形成される。これは、楽しく、長続きのする感情だ。強気派はお金を儲けながら、友人たちに電話で買いを勧める。自分のお金が尽きたあとでさえも。大底に比べると、

図7.7　F日足

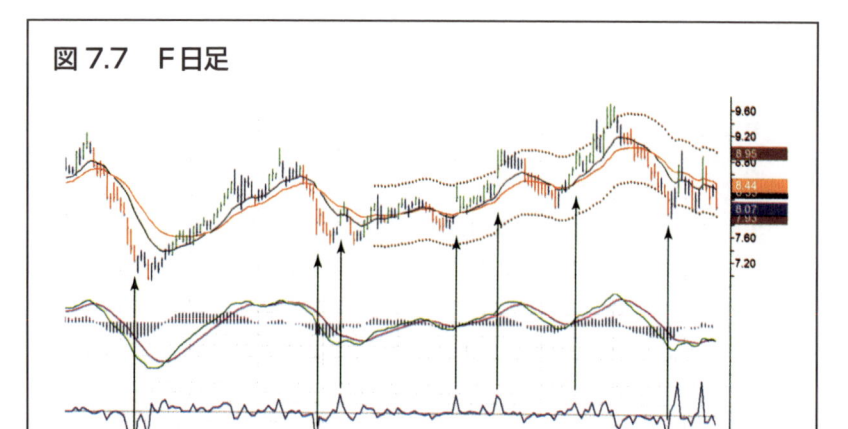

天井と大底の非対称性は、勢力指数にはっきりと反映されている。勢力指数の突っ込みは、大衆のパニックを示す良い目印になることが多い。大衆のパニックはマーケットを一掃するものであり、次の上昇の前兆でもある。勢力指数の突っ込みは必ずしも正確に底入れの日を言い当てるわけではないが、気弱な買い方が投げ売りをしていること、買いの機会は数日内にやってくるだろうことを示している。

天井は長続きし、不規則な動きになることが多い理由はこれだ。勢力指数が上に突き上げているのも天井を示しているわけではなく、むしろ進行中の上昇トレンドを裏付けるものであるとみてとれるだろう。

図7.7のチャートをみると、大底ははっきりと目につくが、天井は広く、ダマシのブレイクアウトも多くて、はっきりしないことが多い。強気派は、お金の工面ができると常にそれを気に入った銘柄に投じるからだ。天井がしっかり形成されたようにみえても、そこからさらに一段高がある。このような上方への短いダマシは、マーケットの天井で非常に典型的なものだ。

図7.8は私のトレード日誌から引用したものだ。RL（ラルフローレン）にダマシの上方ブレイクアウトが出て、いくつもの弱気乖離を伴っていたことから、私は7月にこの銘柄の空売りをした。

このとき、ダマシのブレイクアウトで下方向への視界が開けたと考

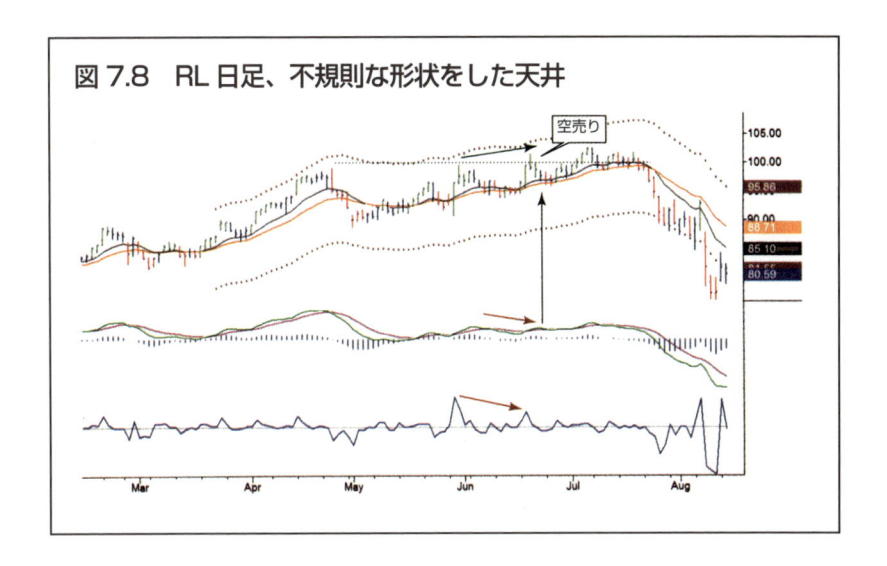

図7.8 RL 日足、不規則な形状をした天井

えていたが、実際は下落が始まるまで時間がかかった。しばらくは値を崩さず、私の忍耐力を厳しく試しながら高値水準をゆっくりと進み、ようやく期待どおりの動きを始めてくれた。

心臓に剣が刺さりながらもなお走り続ける闘牛のように、株価は高い水準を維持した。空売りが買いよりもずっと難しいのは、天井でみせるこの種の動きのせいだ。

ストップを天井から離して置く必要があるため、1株当たりのリスクは大きくなる。ストップを近くに置くと、買いのときよりも相場の振れにひっかかるリスクがずっと高くなるからだ。

空売りの主だった機会と危険に焦点を当ててみよう。

天井での空売り

天井近辺での空売りは、大底近辺での買いよりも難しいことが多い。下降トレンドの終盤では、マーケットはしばしば憔悴して、元気がなくなる。ボラティリティは小さくなり、価格は狭いレンジ内を推移す

図7.9　JCP週足

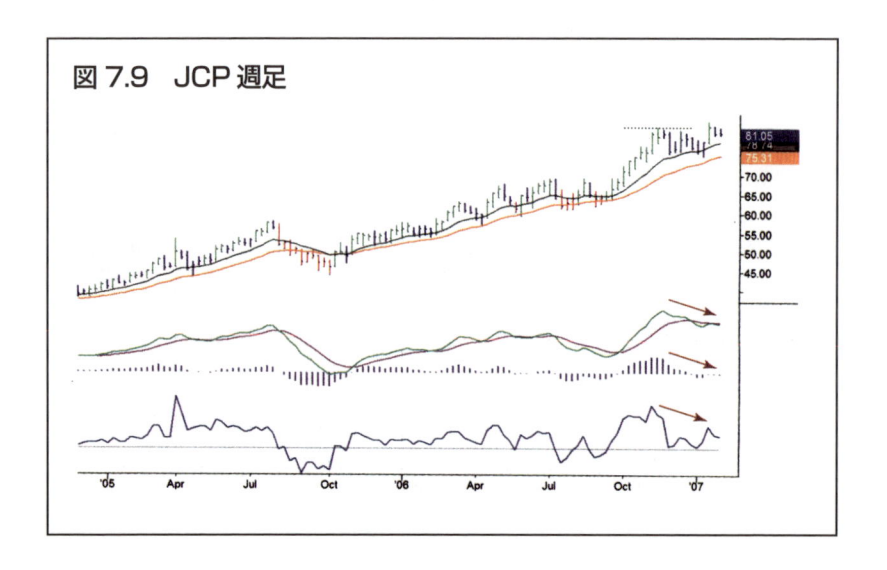

るようになる。一方、天井付近で相場が活況になっているときは、高いボラティリティと広い価格レンジが見込まれる。柵のそばに立っている馬によじ登るのが買いなら、草原を走っている馬に飛び乗るのが空売りだ。

　この問題を解決する鍵となるのは、資金管理である。小さめのポジションで空売りをし、ストップにかかっても再仕掛けができる備えをしておく。１回の仕掛けで許容リスクをいっぱいにとると、ダマシのブレイクアウト１回でゲームからはじき出されてしまう。

　資金管理ルールで許容される最大リスクよりも小さめのサイズで仕掛けたほうがうまくいく。いくらかのリスク資金は残しておいたほうが賢明だ。暴れ馬にしがみついておく必要があるのだ（**図7.9**）。

　2007年１月のウェブ研究会で、私はデボラ・ウィンターズというトレーダーからJCP（JCペニー）の分析を依頼された。その銘柄は何年もみていなかったのだが、チャートをみた瞬間、興奮を抑えられなくなった。株式市場が天井をつけそうな状況で、JCPの週足が「空売りだ！」と叫んでいるようにみえたからだ。

- 株価は高く、上場来高値のすぐ下に位置していた。
- 2週間前に新高値を付けたばかりだ。ブレイクアウトに失敗し、株価は取引レンジ内に戻っていた。新高値を付けるダマシのブレイクアウトは、強力な空売りシグナルだ。
- 週足は価値水準よりも上、すなわち2本の移動平均よりも上にあった。
- MACDライン、勢力指数に明確な弱気乖離がみられた。一方でMACDヒストグラムは乖離を示すことなく下落していた。

JCPの日足は天井が近いことを示唆し、週足のメッセージを裏付けていた（図7.10）。

ダマシの上方ブレイクアウトがみられ、新高値をつける鋭い突き上

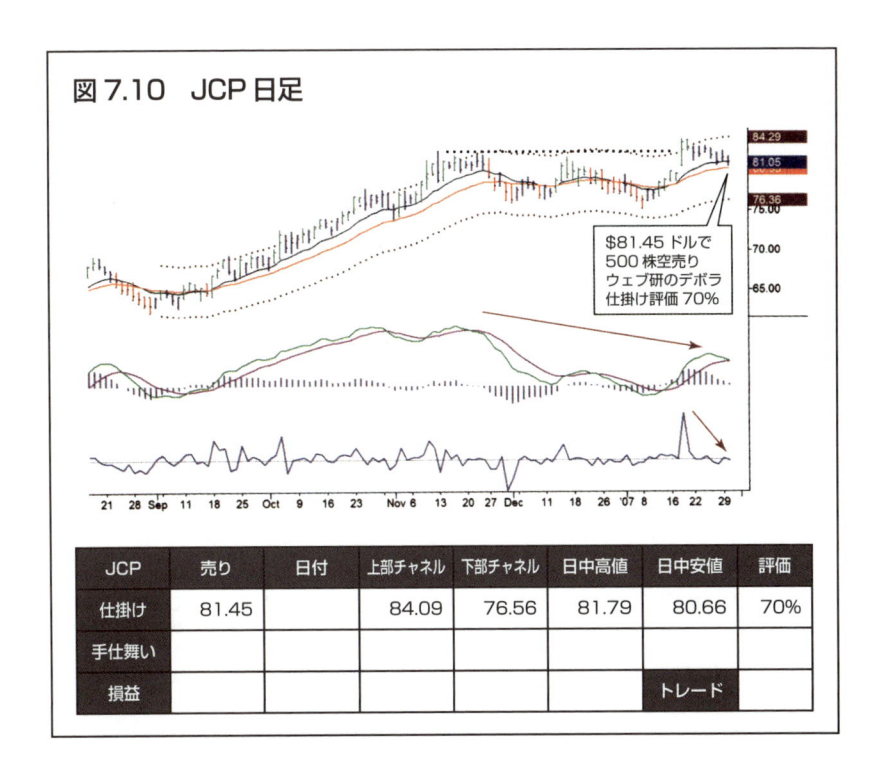

図7.10　JCP日足

$81.45ドルで500株空売り
ウェブ研のデボラ
仕掛け評価70%

JCP	売り	日付	上部チャネル	下部チャネル	日中高値	日中安値	評価
仕掛け	81.45		84.09	76.56	81.79	80.66	70%
手仕舞い							
損益						トレード	

げをみせたあと、レンジへとずるずる戻っていた。MACDラインと勢力指数には弱気乖離がみられたのに、MACDヒストグラムにはみられなかった。

　ウェブ研究会での銘柄選択が特に魅力的だった場合、私は数日以内にトレードする可能性があることをメンバーに宣言している。私はJCPでまさにこれをやった。

　私の利益目標は約75ドル、週足も価値ゾーンだ。88ドルよりも上まで我慢するつもりはなかった。魅力的というほどのリスク・リワード・レシオではなかったものの、値を崩す確率は上昇よりもずっと大きいというテクニカルサインが出ていた。

　売却や空売りで理想的なのは、日足の上部チャネルライン近辺だ。私は価値水準よりも下、すなわち日足のEMAよりも下での空売りは避けている。下部チャネルライン以下は値が下がり過ぎている領域な

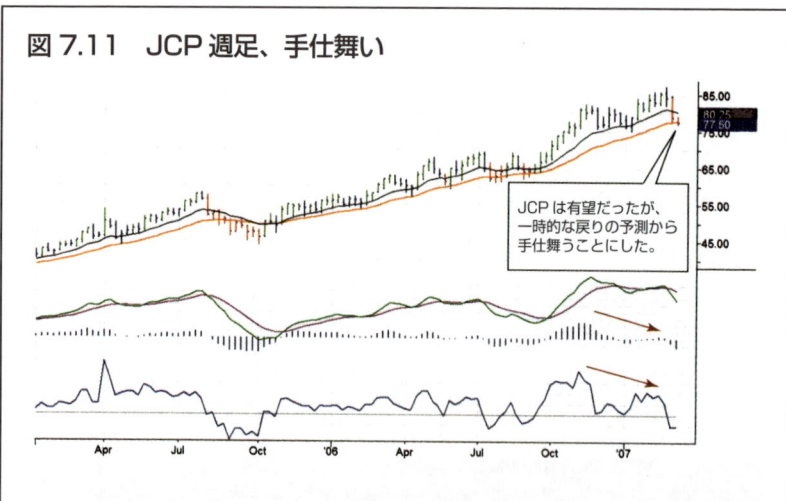

図7.11　JCP週足、手仕舞い

JCPは有望だったが、一時的な戻りの予測から手仕舞うことにした。

この週足は利益確定を示している。価格は、短期EMAを割り込み、さらに黄色の長期EMAまできている。しかしこの下落は減速してきているようだった。同時に勢力指数の週足は突っ込みを示した。これは大底を示す望ましいサインだ。週足のMACDヒストグラムは、底入れが期待される水準にまで下がっていた。下落のおいしいところは終わっていたようにみえた。最初の目標である75ドルに達するのを待っていても仕方ない。

ので、空売りは禁物だ。

　私はここで非常に弱気だったことから、好みよりも少し下だが価値水準近辺で空売りをした。あまり好ましい仕掛けではなかった。なぜなら、EMA近辺では、上部チャネルから価格を引き戻す「ゴムひも効果」の助けを得られないからだ。

　それでも仕掛けはうまくいった。安いところで売らず、日中高値に近いところで売れたので、売り評価は70％であった。

　日足をみると、空売りの心理的プレッシャーをいくらかでも理解するのに役立つだろう。手仕舞いを示すこのチャートで（**図7.11**と**図7.12**）、私の空売りはまったく機が熟していなかったと分かる。空売りを抱えてストレスを感じていた期間が、数週間もあった。

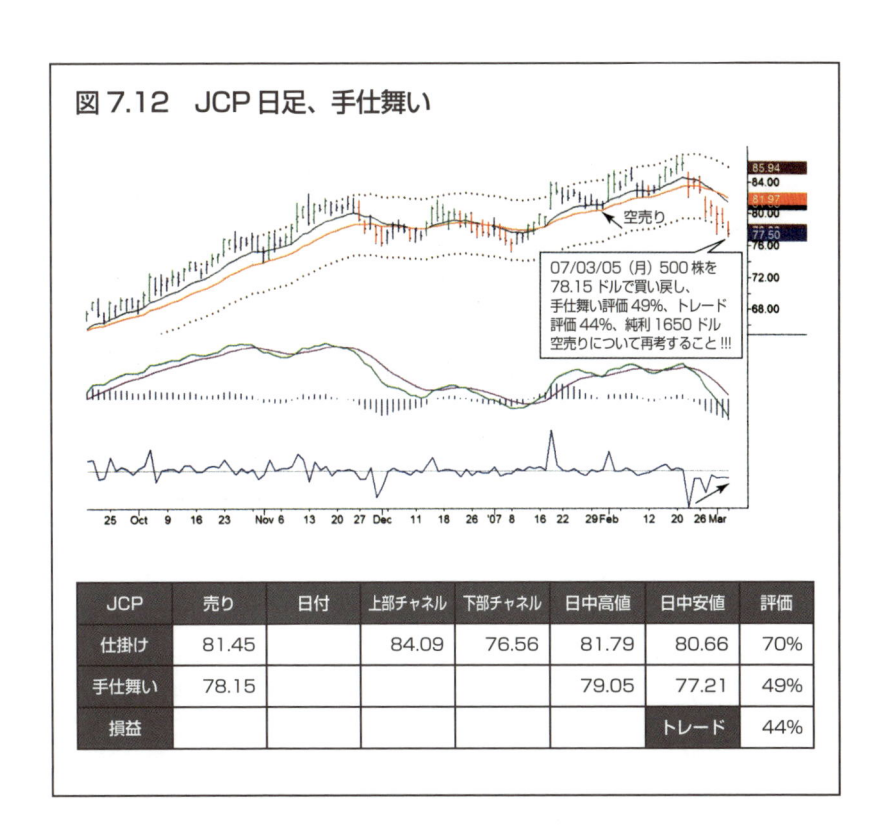

図7.12　JCP日足、手仕舞い

07/03/05（月）500株を78.15ドルで買い戻し、手仕舞い評価49％、トレード評価44％、純利1650ドル
空売りについて再考すること!!!

JCP	売り	日付	上部チャネル	下部チャネル	日中高値	日中安値	評価
仕掛け	81.45		84.09	76.56	81.79	80.66	70％
手仕舞い	78.15				79.05	77.21	49％
損益						トレード	44％

私が売りを持ち続けられたのには、大きな理由が２つあった。ひとつは、私がマーケットに対してきわめて弱気だったことだ。私は幅広く大量の売りを仕掛けていた。私が空売りしていた銘柄の多くはJCPよりもずっとうまくいっており、私は弱気な見方に自信を深めていた。

　もうひとつの理由は、トレード口座の資金から比べると売りポジションのサイズが非常に小さかったことだ。もし近いところにストップを置いていたら、このトレードはストップにかかっていただろう。

　強欲でなく、かつ口座資金が大きめなトレーダーには、ひとつの優位性がある。資金の0.25％分だけリスクを取ることもできるし、トレードが不利な方向に動いたらリスクを0.5％に増やすこともできる。それでもリスク上限の２％以内に十分収まる。

　小さい口座資金で大きなサイズのポジションをとるトレーダーに、このような選択肢はない。大きな口座資金を持っていることは、パワー

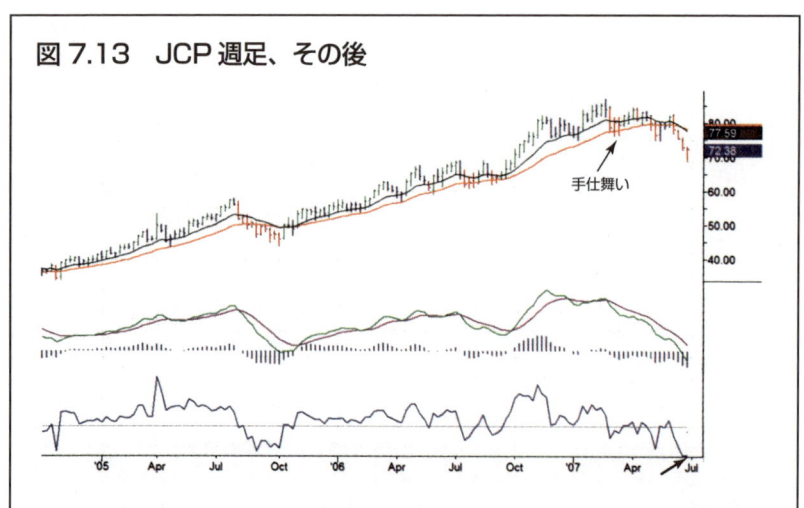

図7.13　JCP週足、その後

図入りの日誌をつける利点は、過去を振り返って自分の成功と失敗から学べる点だ。トレードを終えてから２カ月後にJCPをみると、売りを維持していれば私の利益は急増していたことが分かった。これは、未来の大金を取るか、少額でも目の前の金を取るかという問題だ。チャートの右端ではなく、中央で決定を下すことさえできれば、いつだって最良の選択ができる。

のある車を運転するようなものだ。常に「ベタ踏み」しようとは思わないだろう。余力を残してあると気分が楽だ。

このトレード中は、JCPに注意を促してくれたデボラとずっと連絡を取り合っていた。途中、彼女がタオルを投げそうになったときは、売りを保有し続けるよう励ましていた。友人の銘柄選択でトレードするときは、いつどこでトレードに入り、いつどこで出たかをその友人に知らせるのが私のルールだ。トレードを共有するのは、ともに食事をしたり一緒に旅行したりするようなものだ（**図7.13**）。

下降トレンドでの空売り

数年前、オーストラリアのテクニカルアナリスト協会主催の晩餐会がシドニーで開催され、私はそこで、ある建築家と同席した。彼は毎年スペインへ行き、パンプローナで牛追い祭に参加するという。

闘牛用の牛の一群が囲いから解き放たれ、中世都市の狭い通りを抜けて闘牛場へと走っていく。群衆は、この牛の一群に追われ、早く走らないと角で突かれたり踏みつぶされたりするリスクがある。私は、なぜそんなことをするのか尋ねた。彼がいうには、命の危険に身をさらすことほど生きているという実感を得られるものはほかにないとのことだった。

マーケットの天井で空売りを試みるのは、突進する牛の群れの前を走るのに似ているのではないかと時々思う。この趣味には、大きな利益の可能性だけでなく、挑戦して群衆の一歩先を行ったという満足感もある。

空売りには、もうひとつのやり方がある。強気の牛ともつれ合いながら走るのではなく、強気の牛が処理場へと送られるのを待つことだ。通路脇に立ち、電気ショックで強気の牛たちを処理するのだ。パンプローナで牛の群れに追われる人たちに比べれば、満足感はずっと低い

図7.14　NWRE 週足

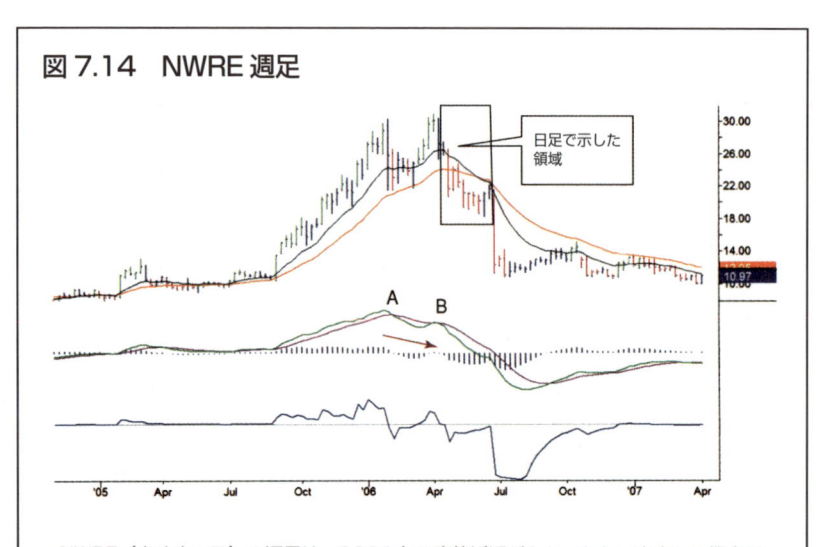

日足で示した領域

NWRE（ネオウェア）の週足は、2006年の高値近辺がとんでもない空売りの機会だったことを示している。新高値を付けたダマシのブレイクアウトに、AからBにかけ弱気乖離が伴っている。空売りをする人に向けて鐘が鳴っていたのだ。チャートの中央部分がすばらしいのは、トレードシグナルが際立って明らかになることだ。問題は、右端に近づくほどマーケットは分かりにくくなることだ。チャート中央部で注文を受けてくれるブローカーにまだ出会ったことがない。どのブローカーもチャート右端でのトレードを要求する。

だろう。だが、安定した報酬を家に持って帰れる確率はずっと高い。

もちろん、処理場の仕事にもリスクがないわけではない。足を取られた強気の牛に押しつぶされることもある。通路脇に場所をとって、最小限のリスクで強気の牛に電気ショックを当てなければならない。

すでに下降トレンドに入っている銘柄の空売りをみてみよう（図7.14）。週足上の四角で囲った部分を拡大し、日足を検討してみる。「通路」は日足のエンベロープだ（図7.15）。

考え方としては、チャート中央部でみられるような、価格が価値水準近辺にあるときに空売りをするというものだ。空売りを買い戻して利益を確定するタイミングは、価格が下部チャネルラインを下回ったときだ。価値水準で空売りをして、過小評価ゾーンで買い戻したい。

4月初旬に天井をつけてから値を崩したNWREが、価値水準にま

図7.15　NWRE 日足

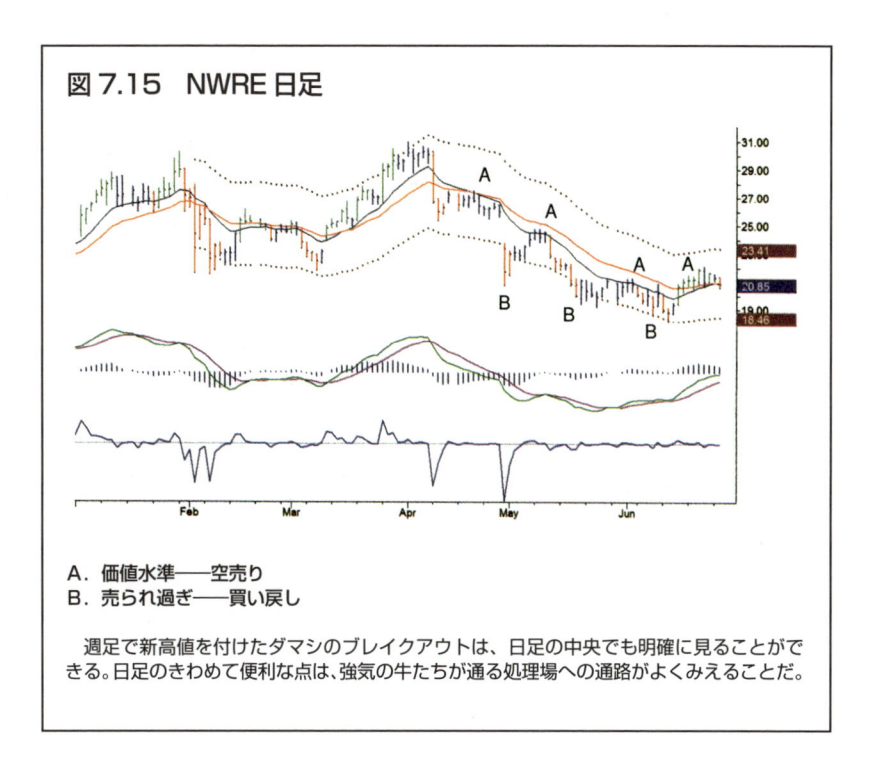

A．価値水準──空売り
B．売られ過ぎ──買い戻し

　週足で新高値を付けたダマシのブレイクアウトは、日足の中央でも明確に見ることができる。日足のきわめて便利な点は、強気の牛たちが通る処理場への通路がよくみえることだ。

で戻ってきた。2本の移動平均に挟まれたスペースが価値ゾーンだ。この戻りは空売りの機会を提供してくれた。NVREは窓を空けて下がり、下部チャネルラインを割り込んだ。

　5月には価値水準まで再び値を戻し、さらなる空売りの機会を提供してくれた。5月の中旬には、下部チャネルラインよりも下の売られ過ぎゾーンまで落ち込んだ。これは買い戻しのシグナルだ。

　価値ゾーンまで上げて、売られ過ぎ水準まで落ち込むというこの振り子のような動きは、チャートの右端まで続いており、その先も続いていくだろう。

　チャネル内での空売りは、明確に規定されたトレード機会をいくつも提供してくれる。それでも、マーケットには本当に単純なものなど存在しない。どこにでも危険が潜んでいるものだ。例えば、価格が価

287

値ゾーンや売られ過ぎゾーンに突っ込むときの深さは、週ごと月ごとに変化していく。

通路内では欲をだしてはいけない。早めに利益を確定し、次へ進むことでよしとしなければならない。

本書第１部で、エンベロープから何パーセントをとらえたかでトレードを評価する練習をしたが、ここではそれが非常に役に立つ。エンベロープ幅の30％をとらえたらＡトレードであることを思い出してほしい。いかなるエンベロープでも、その幅の３分の１は、EMAとチャネルライン間の距離の３分の２に等しい。自分をＡクラスのトレーダーだと考えているなら、このくらいは必ずとらえなければならない。

技術的にはそれほど難しい仕事ではない。だが、心理学的にはかなり厳しいことが多い。ここでの敵は、強欲と完璧主義の２つだ。この２つのせいでトレードを引っ張り過ぎて、手仕舞うタイミングを逃すことになるのだ。

チャネル内でのトレードで成功を収めるためには、現実的な目標を定め、利益を確定し、それに満足しなければならない。大きな動きをとらえ損ねるときもあるが、けっして自分を責めてはいけない。

このトレードでの教訓をまとめよう

- 週足で戦略的な決定を下し、日足で戦術的な計画を立てる。
- MACDヒストグラムの乖離は、テクニカル分析の最も強いシグナルのひとつである。
- チャネル内のトレードはリスクが小さくなるが、また潜在的な利益も小さくなる。
- あらゆる短期トレードは、そのトレードでチャネルから何パーセントをとらえたかで、評価されなければならない。
- チャネル内でトレードしているときは、現実的な利益で手仕舞えるように、引き金に常に指をかけておかなければならない。

ファンダメンタルズでの空売り

　ファンダメンタル派は、将来の需給関係と、トレード対象銘柄の企業会計データを調べる。テクニカル派は、買い方と売り方がチャート上に残した痕跡を追いかける。抜け目のないトレーダーは、この2つのタイプの分析手法を両方活用し、利益を上げることができる。

　両方の世界で専門家になることはできない。必ずどちらかのほうが強くなる。ファンダメンタル分析とテクニカル分析の両方を用いる場合、基本方針は互いのシグナルが矛盾しないよう気をつけることだ。一方が買いを主張し、もう一方が売りを叫んでいる場合、最も安全な策は何もしないことである。

　テクニカル分析では株でも先物でも指数でもFXでも、同じツールが使える。しかし、ファンダメンタル分析の領域はもっと狭い。ファンダメンタルアナリストは、債券と原油、またはバイオ銘柄と防衛関連銘柄で、両方の専門家になるのは非常に難しい。

　ファンダメンタル分析を用いたトレード方法は、大きく2つに分けられる。ひとつは広く、もうひとつは狭くだ。

　まず、自分のマーケットに影響を及ぼすような、大きなファンダメンタルズのトレンドを広く理解しておくことは有益だ。例えば、買い銘柄を探しているなら、バイオテクノロジーやナノテクノロジーのほうが基礎化学品や家電製品よりも進歩の余地があるという事実は知っておきたい。このような基本的な理解でも、マーケットの有望な領域で焦点を絞るのには役立つ。

　もっと焦点を絞ったやり方に、ファンダメンタル分析から特定のトレードアイデアを採用し、テクニカル分析でフィルターをかけるというものがある。鍵となる基本方針は、ファンダメンタルズの情報をアイデアの源泉として用い、テクニカルの研究を引き金として使うことだ。

テクニカル分析は、そのトレードを追求するよう背中を押してくれることもあるし、またそれ以上進むことを制止してくることもある（私はこの考えを強く信じているので、テクニカル分析の知識を持たずに株を買おうとする友人たちに、ここ何年も次のようにいっている――「www.stockcharts.comのような無料のウェブサイトで、自分の株の週足を開いて26週移動平均を表示させるんだ。長期移動平均が下を向いているのは下降トレンドを表している。そういう銘柄は買わないほうがいい」）。

私は、ファンダメンタルズの筋書きがどれほどよくできていても、テクニカル要因がこれを裏付けなければトレードはしない。このルールは強気、弱気の両方のシグナルに当てはまる。ファンダメンタルズがトレードを提案し、テクニカル要因がこのシグナルを裏付ける。これは非常に強力な連携だ。一例を挙げよう。

2007年2月10日の週末、シャイ・クレイズというスパイクのメンバーからメールが届いた（図7.16）。このグループのメンバーは、翌週向けの自分の選択銘柄から最良のものを送信し、週末ごとの賞を狙って競っている。ほぼ毎週末、私は気に入ったものを選んで自分でもそれをトレードする。

選択銘柄の多くはテクニカルなものだ。しかし、今回の選択銘柄には並外れて大量のファンダメンタルズ情報が入っていた。シャイの文面は次のとおり。

> WTW（ウエイト・ウォッチャーズ・インターナショナル）も、体重を落とすべきときがきたようだ。日足に大規模な弱気乖離がみられる。週足でみると価格は行き過ぎているし、MACDは今にも下げ始めそうだ。
> 　注意――決算報告書と決算報告電話会議が、2月13日火曜の引け後に予定されている。

> **図7.16　シャイ・クレイズの報告** 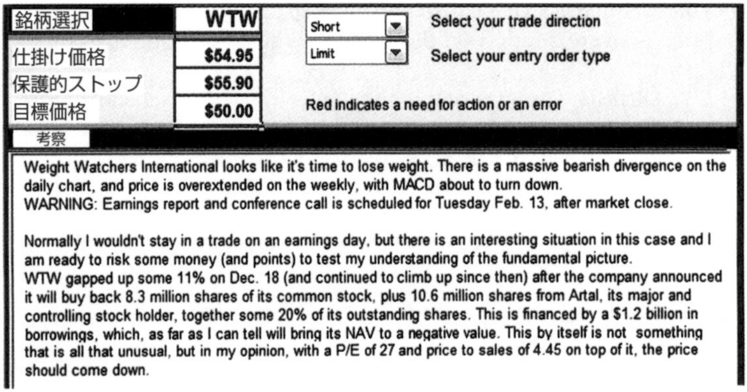
>
> | 銘柄選択 | **WTW** |
> |---|---|
> | 仕掛け価格 | $54.95 |
> | 保護的ストップ | $55.90 |
> | 目標価格 | $50.00 |
>
> Short / Limit
> Select your trade direction
> Select your entry order type
> Red indicates a need for action or an error
>
> **考察**
>
> Weight Watchers International looks like it's time to lose weight. There is a massive bearish divergence on the daily chart, and price is overextended on the weekly, with MACD about to turn down.
> WARNING: Earnings report and conference call is scheduled for Tuesday Feb. 13, after market close.
>
> Normally I wouldn't stay in a trade on an earnings day, but there is an interesting situation in this case and I am ready to risk some money (and points) to test my understanding of the fundamental picture.
> WTW gapped up some 11% on Dec. 18 (and continued to climb up since then) after the company announced it will buy back 8.3 million shares of its common stock, plus 10.6 million shares from Artal, its major and controlling stock holder, together some 20% of its outstanding shares. This is financed by a $1.2 billion in borrowings, which, as far as I can tell will bring its NAV to a negative value. This by itself is not something that is all that unusual, but in my opinion, with a P/E of 27 and price to sales of 4.45 on top of it, the price should come down.
>
> ※「考察」部分の訳は本文にあるとおり。

　通常なら、私は決算発表でポジションを持ち越さない。だが、今回は興味深い状況であり、ファンダメンタルズの理解を試すため、いくらかの金額で（そしていくらかの値幅で）リスクを取る用意がある。

　12月18日、WTWは自社株買いの発表後、窓を空けて11％も上昇した（そしてその後もさらに上昇を続けた）。

　発表の内容は、同社が830万株の普通株を自社株買いすること、さらに支配株主であるアータルからも1060万株を買い受けるというものだ。これらを合わせると、発行済み株数の20％もの株数に相当する。この資金は12億ドルの借入で賄われるが、私の知る範囲では、NAV（純資産価値）にとってネガティブだろう。

　このこと自体が尋常ではないとはいえない。だが、27倍のPERと4.45倍のPSR（株価売上高倍率）を考慮に入れると、株価は下がってしかるべきだというのが私の意見だ。

図7.17 WTW週足

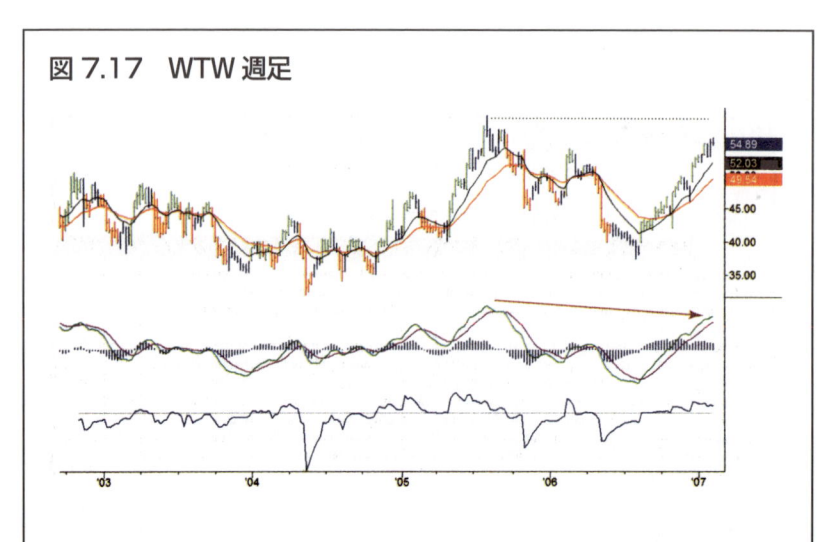

WTWは2005年の天井近辺にある大きな抵抗帯に近づきながらも、MACDラインは弱気乖離を描き、勢力指数は下落していた。

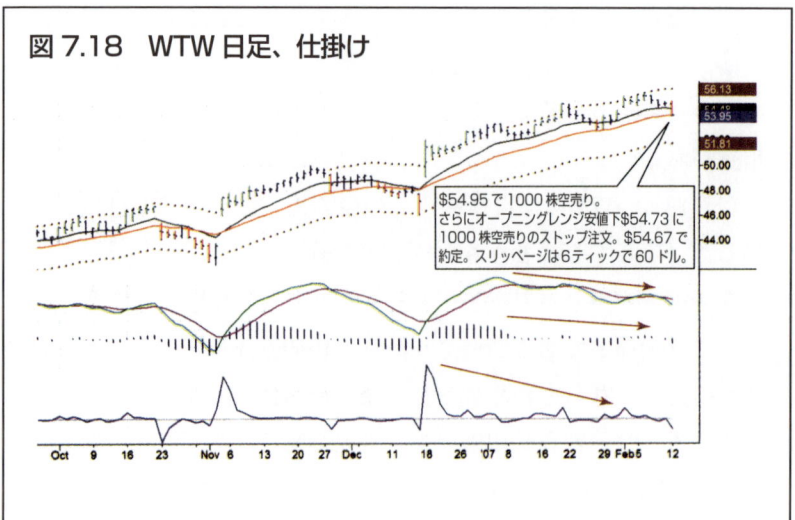

図7.18 WTW日足、仕掛け

$54.95で1000株空売り。さらにオープニングレンジ安値下$54.73に1000株空売りのストップ注文。$54.67で約定。スリッページは6ティックで60ドル。

日足では、MACDライン、MACDヒストグラム、勢力指数の大規模な弱気乖離が出ている。この銘柄は崖っぷちに立っており、今にも転げ落ちそうにみえた。

図7.19　WTW 5分足、仕掛け

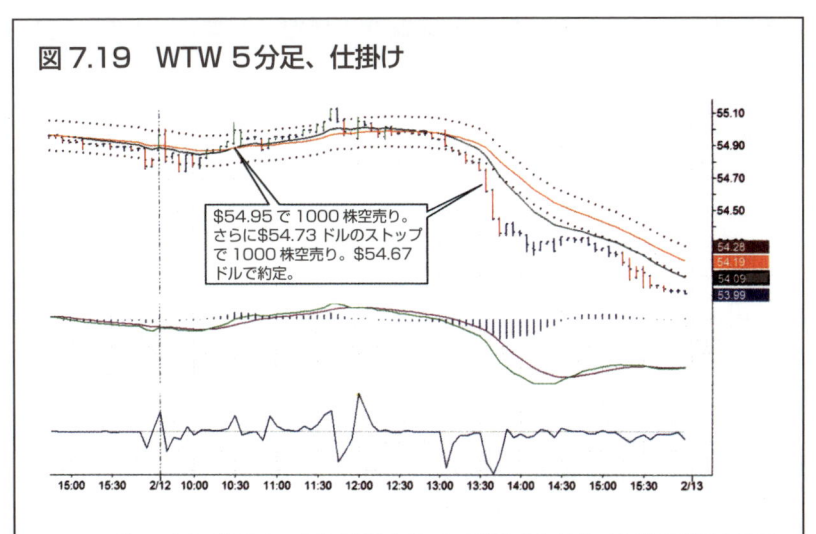

$54.95で1000株空売り。さらに$54.73ドルのストップで1000株空売り。$54.67ドルで約定。

ファンダメンタルズとテクニカルの不吉なサインの組み合わせが、ひどい弱気を示していたので、空売りポジションのサイズを2倍にした。シャイが推奨した水準で1000株を空売りしたあと、オープニングレンジの安値を割ったところ、54.73ドルでさらに1000株の空売り注文を出した。WTWは横ばいで始まり、上昇を試みたが反転して下へ走った。2番目に出した空売り注文は54.67ドルで約定し、60ドルのスリッページを被った。これは売買手数料の6倍にあたる。

　シャイのメールによれば、彼は54.95ドルで空売りをするつもりで、ストップは55.90ドル、利益目標は50ドルということだった。ファンダメンタルズに関する彼のメモ書きを私なりに理解した。この鳥は資本の大量出血をしながらも、より高みを目指して飛んでいる。それでもこれ以上飛び続けることは不可能だろうということだった。テクニカル的に週足はひどい状態だった（図7.17）。

　1回のトレードに使う金額がトレーダーにストレスを与え、意思決定を損ねることがある。私はWTWを売り増しして、通常の2倍のポジションサイズをとった（図7.18と図7.19）。

　それでも2％ルールのリスク上限よりもずっと小さなサイズである。しかし、通常の2倍のリスクを取っていたことで、このトレードに普段よりも注意を払っていたことは確かだ。そしてこの金額が、私の判

WTW	売り	日付	上部チャネル	下部チャネル	日中高値	日中安値	評価
仕掛け1	54.95		56.85	51.09	55.14	53.95	84%
手仕舞い							
損益						トレード	

WTW	売り	日付	上部チャネル	下部チャネル	日中高値	日中安値	評価
仕掛け2	54.67		56.85	51.09	55.14	53.95	61%
手仕舞い							
損益						トレード	

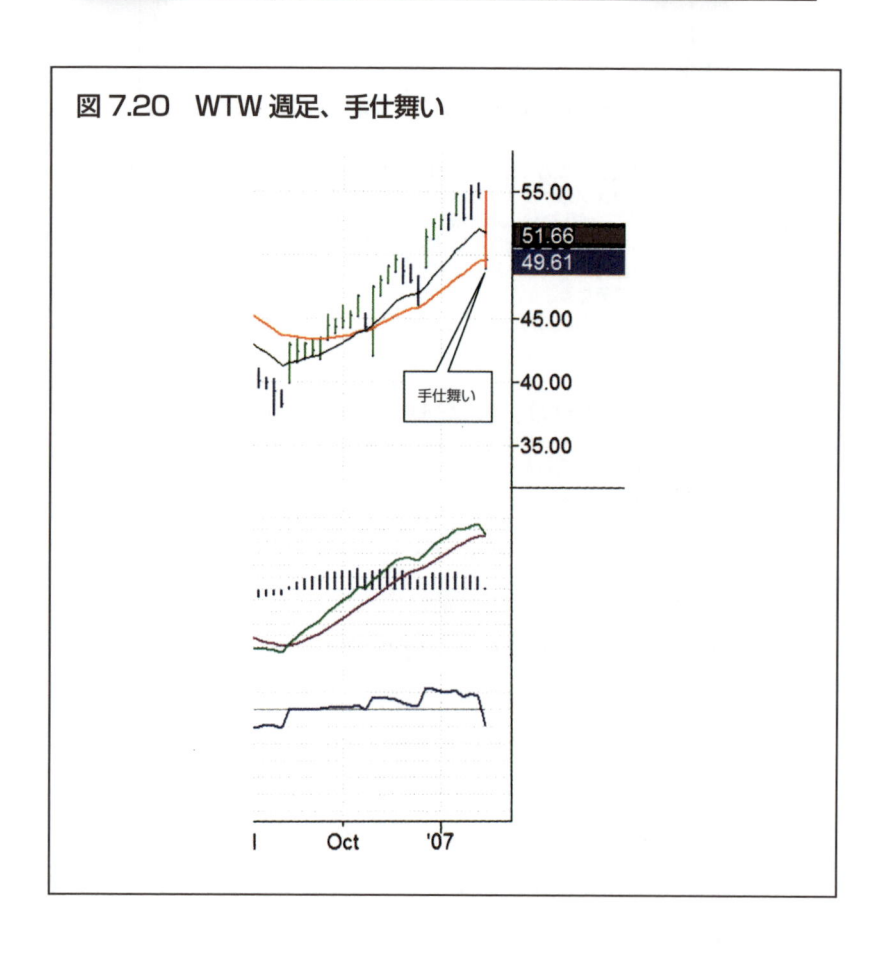

図 7.20　WTW 週足、手仕舞い

図7.21　WTW日足、手仕舞い

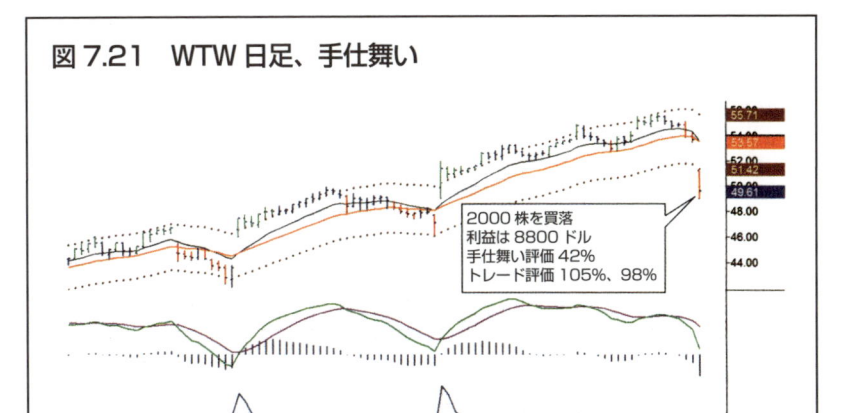

```
2000株を買戻
利益は8800ドル
手仕舞い評価42％
トレード評価105％、98％
```

　私は月曜に空売りし、その日WTWは安値近辺で引けた。火曜にはその水準あたりを推移した。水曜には経営陣の決算報告書と決算報告電話会議の内容が嫌気されて株価は窓を空けて下落し、シャイのトレード目標を達成した。
　WTWの価格を週足でみると、黄色で示した長期EMAを下に突き刺していた。私にしてみれば、このトレードはなすべきことを達成したといえる。ほんの数日前には、WTWは週足の価値水準よりも上にあった。過大評価された銘柄が価値ゾーンにまで落ち込んでいくのを期待し、空売りをするのは理にかなっている。今や目的地に到着しており、そこでうろうろしていても何の意味もない。
　もちろん、この銘柄がさらに下がり続け、過小評価されることも確かにあり得る。だが、それはまた別のトレードだろう。マーケットでのトレードにはさまざまな考え方があり、自分がしっくりくるものを選ぶ必要がある。このトレードは、私が気に入っている次の考え方に基づいている――「価値水準よりも上で空売りをし、価値水準で買い戻す」。私は、手仕舞って利益を確定するという選択をした。

断を鈍らせた。

　価格が大きく窓を空けて下に寄り付いても、いつもなら慌てて買い戻すようなことはしない。価格は窓を空けた水準で、下値を試しながらしばらくうろうろすることが多く、手仕舞いの機会は十分あるからだ。

　しかし、今回は２倍のポジションサイズでトレードをしており、トレードを始めてから48時間足らずで１万ドルの利益が乗ったため、この利益を絶対に取り逃がしたくないと感じてしまった。窓を空けて反発を始めた途端に落ち着かなくなり、決済をした（**図7.20**と**図7.21**

図7.22 WTW 5分足、手仕舞い

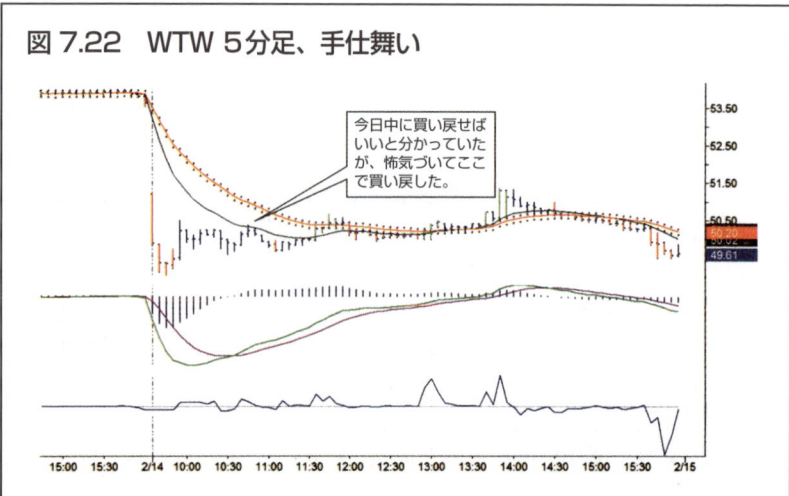

（今日中に買い戻せばいいと分かっていたが、怖気づいてここで買い戻した。）

私は裁量トレーダーなので、自動的な買い戻し注文を出していなかった。WTWが寄り付きでシャイの目標を超えていたとき、私は下落が続くか判明するの待った。WTWが反発し始めたときに、一瞬だけ間を空けながら両方のポジションを2回に分けて買い戻した。

WTW	売り	日付	上部チャネル	下部チャネル	日中高値	日中安値	評価
仕掛け1	54.95		56.85	51.09	55.14	53.95	84%
手仕舞い	50.39				51.38	49.03	42%
損益						トレード	79%

WTW	売り	日付	上部チャネル	下部チャネル	日中高値	日中安値	評価
仕掛け2	54.67		56.85	51.09	55.14	53.95	61%
手仕舞い	50.40				51.38	49.03	42%
損益						トレード	79%

と**図7.22**）。

　手仕舞いも若干だらしない結果に終わり、評価はたったの42％だった。トレード自体は79％というすばらしい評価だった。しかし、もう少しだけ放っておけばもっとよくなったかもしれない（**図7.23**）。

　このトレードの教訓をまとめてみよう。

図7.23　WTW、その後

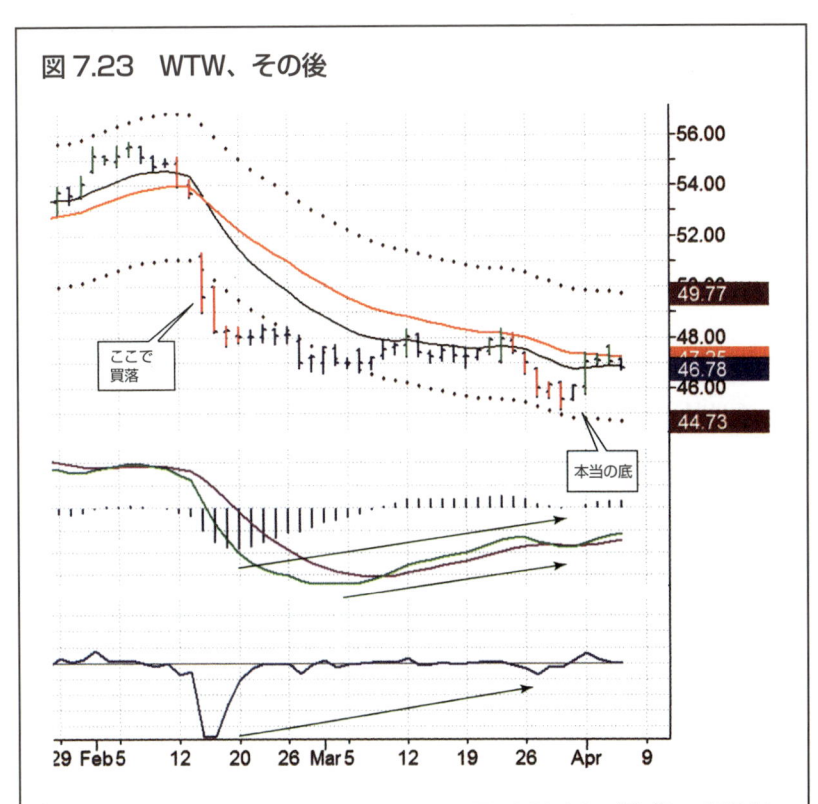

(チャート中の注記: ここで買落 / 本当の底 / 49.77 / 47.35 / 46.78 / 44.73)

　図入りの日誌をつけていると終了したトレードに戻るようになり、振り返って見るという利点を生かしながら学ぶことができる。このチャートは、8週間もたったあとの動きを示している。忍耐強いトレーダーなら1株当たりの利益を2倍にできたかもしれないと分かる。もっと儲けようとして、ポジションを2倍にする必要はなかったのだ。心の平静を保ちながら、通常のサイズで取引していれば、同じような結果が出せた。

- ファンダメンタルズの情報は、テクニカル分析の裏付けがある場合のみ、有益なトレードシグナルになり得る。
- 2本の移動平均間である価値ゾーンは、価格に対して磁石として機能する。価格は上からも下からも価値ゾーンに回帰する傾向にある。
- 1回のトレードにつぎ込んでいる金額は、意思決定に悪影響を及ぼす傾向にある。
- しっかりとした記録は有益だ。

図入りの日誌は有効な学習ツールだ。これまで示してきたように記録をつけ、そこに戻って検討すれば、経験を活用できるようになるだろう。自分の日誌を検討することは、より優れたトレーダーになるために役立つのだ。

空売り銘柄を探す

空売りの対象銘柄を探すのに、私は主に２つの方法をとっている。ひとつは易しく、もうひとつは難しい。

もちろん"易しい"ほうも、それほど易しいわけではない。これは、スパイクなどの情報源から空売り候補を探すというものだ。

私がトレード情報をどう扱うかはすでに述べた。トレードができそうなアイデアをもらい、自分のシステムを使ってそれらを分析する。トレードをするか否かの判断は自分自身で下す。本書ですでに述べたことだが、自分の売買システムがその情報を裏付けでなければ、私がトレードすることはない。

それでも、大勢の頭の良い人たちが株式市場でスキャンと調査をして銘柄選択を送ってくれるので、魅力的な空売り候補がよく目に入る。これらをトリプル・スクリーン・システムと力積システムにかけることで、トレードをするか否かを決めたり、パラメータを求めたりする。

一方"難しい"作業とは、全銘柄をみる方法だ。私は空売りに適した銘柄を探すのに、グループ（業種）ごと、またさらに細分化されたサブグループの指数をスキャンすることから始めている（**図7.24**）。

天井で空売りしたいのであれば、天井をつけそうなグループを探せばよい。下降トレンドで空売りをしたいのであれば、すでに形成されている下降トレンドを動いているグループを探せばよいのだ。魅力的なグループやサブグループをみつけたら、その構成銘柄リストを開き、そこから空売り候補を探す。

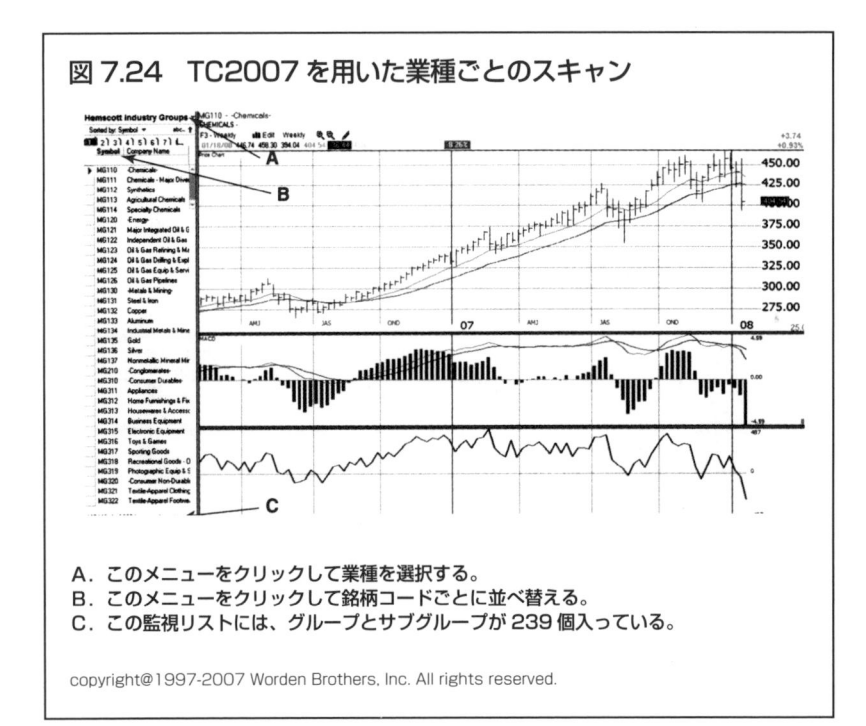

図7.24　TC2007を用いた業種ごとのスキャン

A. このメニューをクリックして業種を選択する。
B. このメニューをクリックして銘柄コードごとに並べ替える。
C. この監視リストには、グループとサブグループが239個入っている。

copyright@1997-2007 Worden Brothers, Inc. All rights reserved.

　100以上の業種をみることで、株式市場全体と付き合うことができる。選択したグループ内で個別株を分析し、自分の時間を効率的に配分できる。何人かの友人が、このプロセス全体を自動化しようと提案してくれた。しかし、要するに私はすべてのグループとサブグループを直接みて確かめたいのだ。私はこのスキャンを月に2回はやるようにしている。

　このとき使うプログラムとして、私はTC2007（www.rc2000.com）が気に入っている（図7.24から図7.28をつくるのにTC2007を用いた）。株式市場全体を239のグループとサブグループ（TCの呼び方ではインダストリーとサブインダストリー）に分類するやり方と、グループ、サブグループからその構成銘柄に簡単に切り替えられる点が気に入っている。

図7.25　TC2007でグループを選択する

A．気に入ったグループを選択する。
B．ここクリックすることで、サブインダストリーへと切り替わる。
C．失われた右肩。

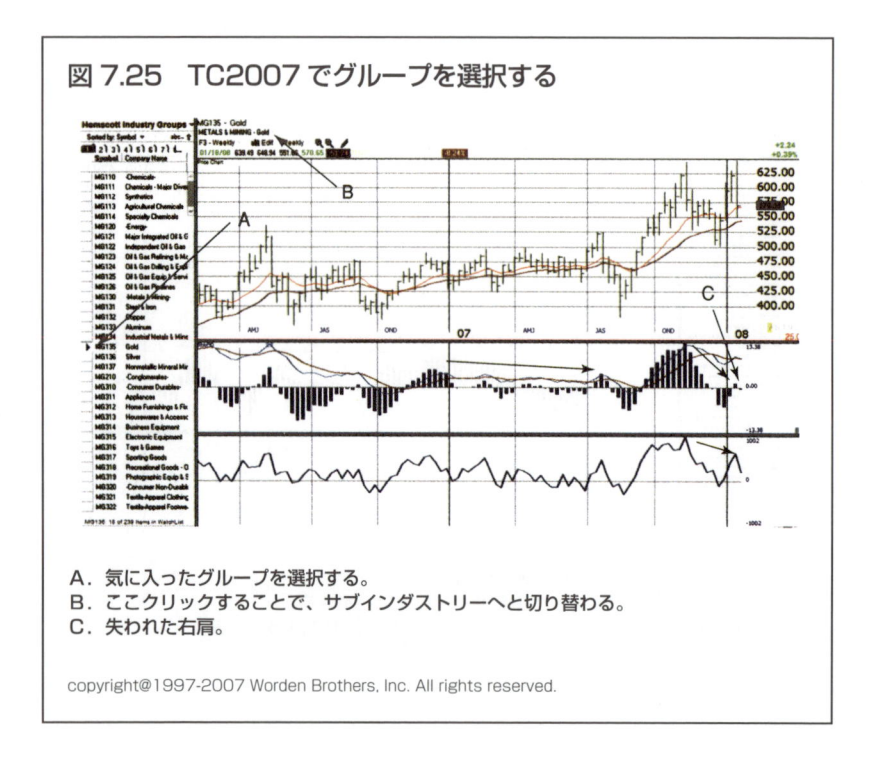

copyright@1997-2007 Worden Brothers, Inc. All rights reserved.

　図7.24はスキャンの最初の画面だ。証券の階層から「業種」を選択し、並べ替えの条件から「銘柄コード」を選択する。
　スキャンは週末にするので、週足でチェックをしている。私のお気に入り指標である、2本の移動平均、MACDライン、MACDヒストグラム、勢力指数もそのひな型に入れて、それぞれのグループのチャートを表示させていくわけだ。もちろん、このアイデアを実行するには、ほかのどんなソフトを使っても構わない。
　今日のスキャンで、魅力的なサブグループをひとつみつけた。MG135の金だ（図7.25）。
　週足で高値を最近ブレイクアウトして新高値を付けたものの、その水準を維持できずに抵抗帯を割り込んでいた。ダマシの上方ブレイクアウトにすぎず、これはマーケットの弱さを示す強力なサインだ。

図 7.26　構成銘柄への切り替え

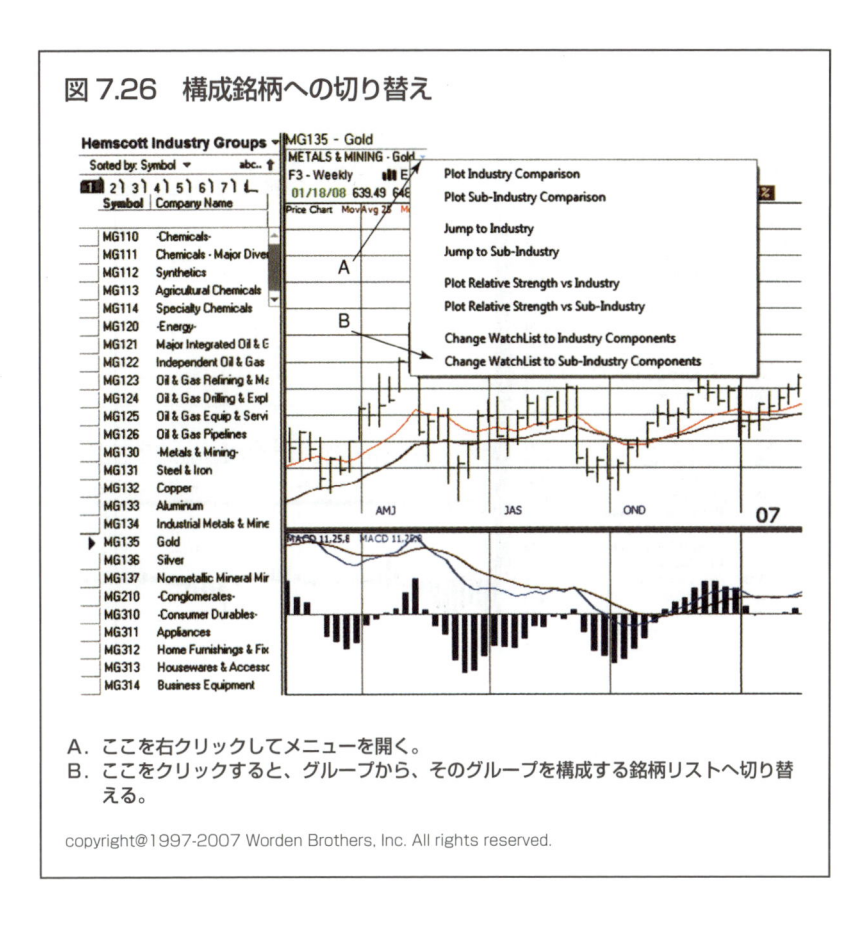

A．ここを右クリックしてメニューを開く。
B．ここをクリックすると、グループから、そのグループを構成する銘柄リストへ切り替える。

copyright@1997-2007 Worden Brothers, Inc. All rights reserved.

　MACDヒストグラムは弱気乖離を描いていた。これもまたマーケットの弱さを示す強力なサインとなる。これは、空売り候補を探したいサブグループをみつける良い目印だ。
　クリック2回で、選択されたサブグループからその構成銘柄（図7.26）に行ける。ここで空売り候補を探すことになる。
　ここで軽く整理しよう。グループ内もしくはサブグループ内で、銘柄コード以外の順序で銘柄を並べ替える必要がある。
　空売り銘柄を探す場合は、価格が一番高い銘柄を最初にみたい（図7.27）。

図7.27　構成銘柄を並べ替える

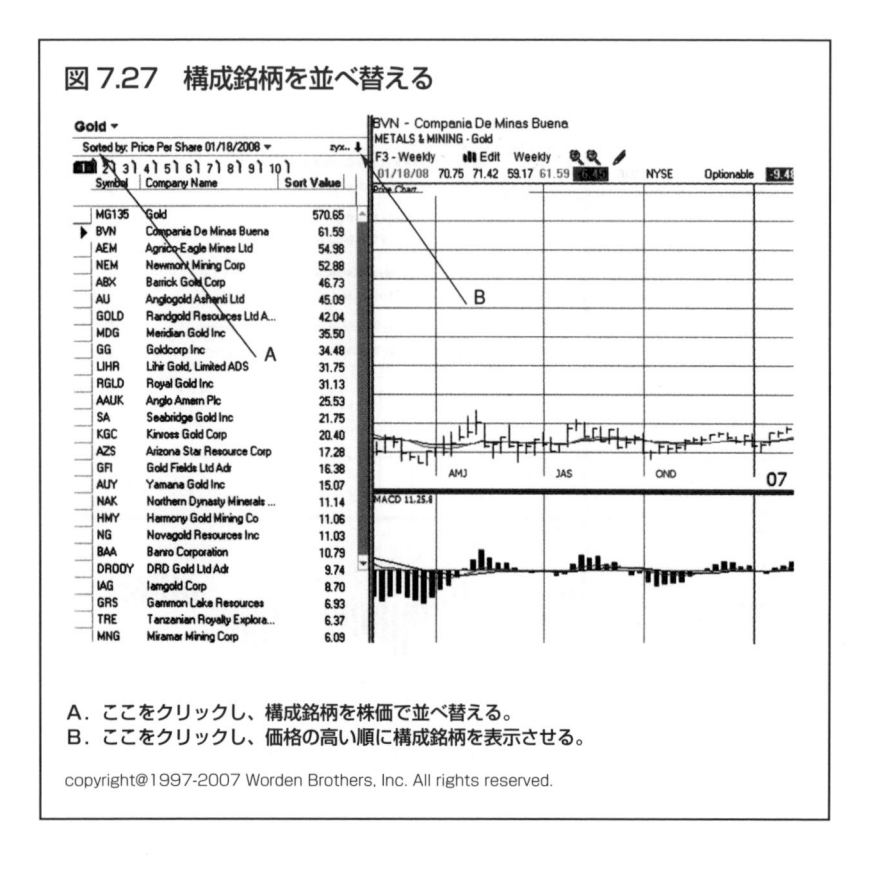

A．ここをクリックし、構成銘柄を株価で並べ替える。
B．ここをクリックし、価格の高い順に構成銘柄を表示させる。

copyright@1997-2007 Worden Brothers, Inc. All rights reserved.

　買い銘柄を探す場合は、一番安い銘柄から始めたい。安く買って、高く売ろう！（**図7.28**）

　ここから私は、TCからトレードステーション（www.tradestation.com）に切り替える。TCは銘柄をスキャンするのに非常に優れているが、トレードステーションには豊富なテクニカルツールがある。ここでも、特定のソフトよりも手順のほうが大切だといえる。

　ここまで述べてきたような銘柄探しのプロセスによって、株式市場全体に注意を払いながら、特定の銘柄にも目を向けることに十分な時間を費やすことができる。

図7.28 空売り候補を探す

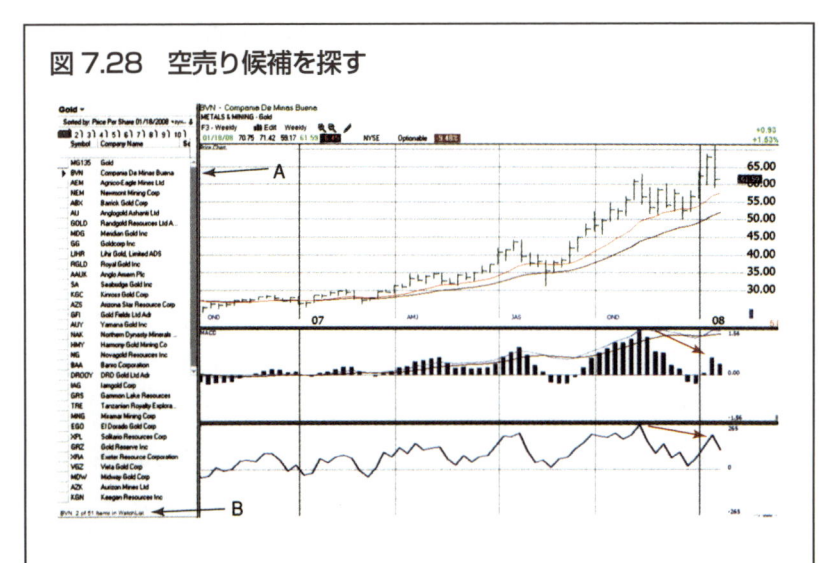

A．BVN は、このサブグループで価格が最も高い。
B．このサブグループには 50 銘柄が入っている。

　BVN(Compania de Minas Buena)のチャートパターンは、サブグループ全体のチャートパターンに酷似していた。週足では、強力な売りシグナルがいくつかみられる。日足に切り替え、どこで仕掛け、どこに目標を定め、どこにストップを置くかという戦術的な決定を下すときだ。最後に、トレード計画のための図入りの日誌をつくらなければならない。

copyright@1997-2007 Worden Brothers, Inc. All rights reserved.

売り残

　不幸が仲間を求めるなら、幸福は何を求めるのだろうか。もしかすると、孤独だろうか。
　大抵のトレーダーはお金を失う。安定した利益を上げるのは少数にすぎない。このことはよく知られている。
　うまくいったトレードは、大多数のトレーダーとは逆方向のトレードであることが多い。したがって、株を空売りするときには仲間が少ないことを知っておくことは有益だ。
　空売りをする人はめったにおらず、どの会社の株でも空売りされて

いる株数の割合は通常ほんの数％しかない。何かしらの銘柄で空売りをする人の関与の程度を測りたければ、売り残比率と反対売買日数という２つの指標がある。

売り残比率とは、弱気派が保有している空売りの数量と「浮動株」の数量を当該銘柄で比較したものだ。

浮動株とは、空売りのために手に入る株のことだ。この数量は、その会社の発行済み株数から、次の３つのグループ――経営陣に付与された制限付き株式の数、その会社の株式の５％以上を保有する「戦略的株主」が保有する株式の数、そして最後に会社の内部者が保有する株式の数――を差し引くことで得られる。つまり、会社の全発行済み株数から、簡単に売却できないこれらの株数を差し引くことで、生きた株（浮動株）の数量を求められるわけだ。

ブローカーは空売りの残高を取引所に報告しており、取引所はあらゆる銘柄の情報をまとめて一般に公開している。空売り残高の総数を浮動株数で割ると売り残比率が得られる。この数字には、あらゆる銘柄の空売りの激しさが反映されている。

売り残比率の増加は、弱気派の増大を表す。あらゆる空売りポジションが、最終的に買い戻さなければならないことを肝に銘じておこう。売り方が恐怖に襲われたときの逃げ足は速い。悪名高い「踏み上げ」である。つまり、売り残比率の増大は、狂暴な上昇が起きやすいことを警告しているわけだ。

売り残比率では、安全な水準と危険な水準に明確な線引きはできない。銘柄によってさまざまだし、特にオプションがある銘柄は、投機家が空売りをしながら同時にプットを売ることで実質的に２つのバランスを保っている。これは、非常に弱気だからではなく、スプレッドをトレードしているのだ。

おおまかにいうと、売り残比率が10％以下なら許容できるが、20％を超えたら空売りをしている人が大勢いると疑うべきだ。

弱気を測るもうひとつの便利な手段は、反対売買日数という指標だ。これは、ある銘柄の売り残総数を、1日当たりの平均出来高で割ることで求められる。この指標が示すのは、空売りをしている人すべてがポジションを買い戻すのに必要な日数だ。

　混雑した映画館で誰かが「火事だ！」と叫べば、実際に火が出ているかどうかにかかわらず、出口に人が殺到するだろう。上がろうが下がろうが株式市場では簡単にパニックが起こる。売り方は下落時にはのんびりしているが、荒れ狂う踏み上げ相場では出口に向かって駆け込むことになる。こうしてパニック上昇の悪循環がつくられる。

　映画館で群衆がパニックに陥ると、踏みつぶされる人が出てくる。反対売買日数が1日以下なら、扉が大きいわりに群衆は少なめであり、パニックは起きそうもない。しかし、反対売買日数が20日を超えると（場合によっては50日を超えることもある）、その銘柄は弱気派にとって安全上の問題があることを示している。脱出にこんなにも長い日数が必要であり、狭い出口に人が殺到して死人が出ることは間違いない。

　ただし、扉はあっという間に大きくなることをおぼえておいてほしい。反対売買日数は小さくなり、脱出は容易になる。例えば、1000万株の空売りが建っており、1日の平均出来高が100万株だったとしよう。この場合、反対売買日数は10日になる。しかし、出来高が200万株まで膨らむと反対売買日数は減って5日になる。

　おおまかにいうと、反対売買日数という指標は10日未満の場合は踏み上げの危険性は低いが、20日以上となると明確な警告として受け取れる。

　売り残比率と反対売買日数を入手するには複数の方法があり、大抵の数字が手に入る。例えば、人気の高いヤフーファイナンスのウェブサイトなら、銘柄コードを打ち込んで「Get quotes（株価検索）」をクリックし、ページを下にスクロールし、「Key statistics（主要な統計）」をクリックする。「Shares short（売り残）」と「Short ratio（空

図7.29　NURO 日足

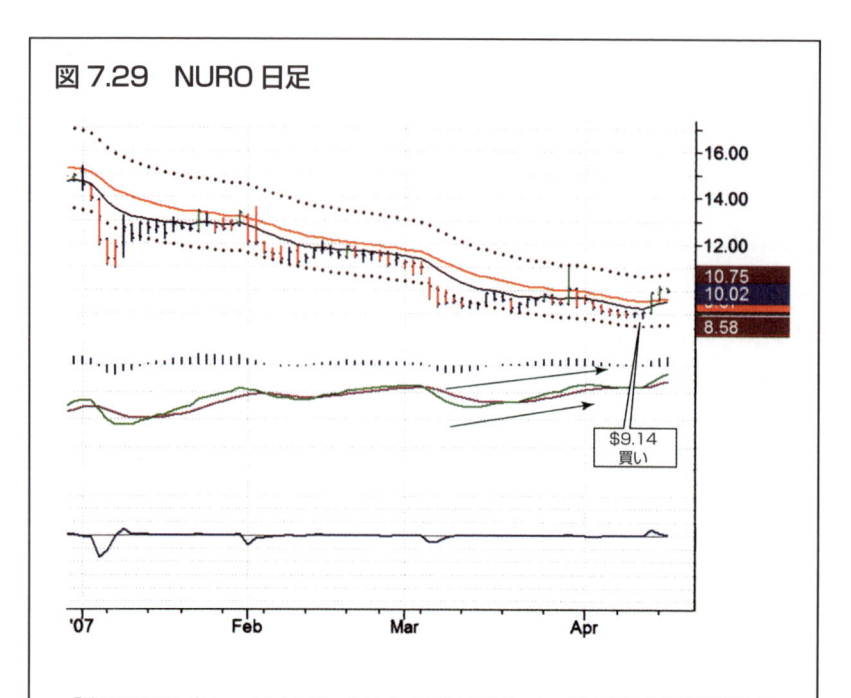

$9.14
買い

「私はNURO（ニューロメトリックス）に買いから入った。私の好きな乖離が現れていたし、踏み上げが始まっているという点も気に入っていた。当時、ほかにも魅力的な銘柄があったなかで私がこのトレードを選んだ理由は、売り残が浮動株の50％、反対売買日数が20日と、NUROの空売り残が積み上がっていたからだ。軽いひと押しが引き金となり、大きな買い戻しを引き起こしたことはいうまでもない。価格の跳ね上がりは非常に満足のいくものだった」

売り比率）」があるだろう。

　前出のトレーダー、ケリー・ラボーンは次のように語っていた。

　　私は、特に売り残でトレードをしているわけではない。いつもどおりにトレードを練り上げ、それから売り残をみてトレードをするか判断する。同じくらい魅力的なトレードがあったら、売り残比率が高い銘柄を買うことが多い。売り方はいずれ買い戻さなければならないから、意欲的な買い手が現れることは分かっている。ただし、ただ単に売り残比率が高いというだけの理由で株を

図7.30　HANS日足

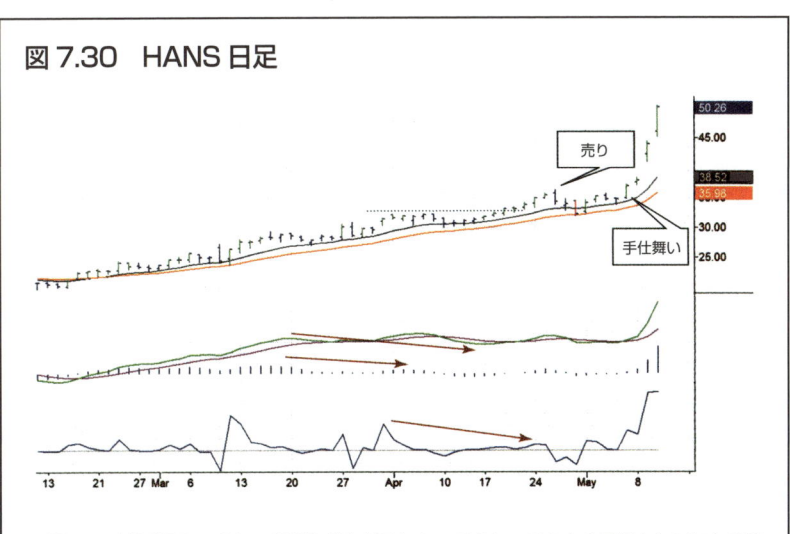

売り

手仕舞い

「美しい乖離が現れており、株価も前かがみになってきた。このとき見落としていたのは高い売り残だ。株価はすぐにどんどん上げてきて、損切りせざるを得なかった。その後、大手企業との大きな販売代理契約を交わしたことで、株価は窓を空けて上昇した」

買うことはない（図7.29）。

　私はまた、空売り候補を探すときにも売り残に注意している。この場合、主に候補銘柄から除外する目的で売り残比率を利用している。

　私は出口の扉に殺到する群衆の一部になりたくない。私たちがHANS（ハンセンズナチュラル）で空売りしたときのことをおぼえているだろうか（図7.30）。

　不幸は仲間を求め、幸福は孤独を求める。売り残比率と反対売買日数は、売り方が殺到していない銘柄を探すのに役立つ。

第8章　株以外の空売り
Shorting Non-Equity Instruments

　株の空売りには規制がある。だが、先物、オプション、FXの空売りは自由だ。単純な話で、これらのマーケットは空売りがなければ存在し得ないのだ。

　株のトレーダーは買いと売りを学ぶ必要があるが、空売りは任意だ。買い機会がほとんどない下げ相場であっても、抜け目のない強気派なら、ほかの業種が下げているなかで強い業種をみつけられる。それでも空売りのやり方を知っているトレーダーが、特に下げ相場では、万年強気派よりも有利に立っているのは明らかである。だからこそ空売りについて勉強してほしいのだ。

　株のトレーダーで空売りをする人は少数派だ。幅広く空売りがみられるのは先物、オプション、FXだ。実際のところ、先物やFXでの空売りの出来高と買いの出来高は完全に一致する。買い約定には、常に売り約定が対応している。

　空売りは、デリバティブ市場では欠かせない要素だ。先物、オプション、FXをいろはから説明する代わりに、それぞれのセクションの冒頭でマーケットに関する推薦図書を紹介する。先物、オプション、FXの空売りについて掘り下げる前に、その基礎を勉強するのに役立つだろう。したがって、個々のマーケットについて論じるときは、直接空売りの話から入ることにする。

先物の空売り

　株を買うことは、実際に存在する事業の一部を購入することだ。先

> **先物に関する推薦図書**
>
> 『ウィニング・イン・ザ・フューチャーズ・マーケッツ』
> ジョージ・アンジェル著
> 　先物トレーダーにとって最良の入門書だ（そしてこの著者の書いた本で、私が推薦しているものはこれだけだ）。
>
> 『ザ・フューチャーズ・ゲーム』
> リチャード・トゥーウェルズ、フランク・ジョーンズ著
> 　何世代にもわたって先物トレーダーたちを教育してきた小型の百科事典だ（最新版を入手すること）。
>
> 『エコノミクス・オブ・フューチャーズ・トレーディング』
> トーマス・A・ヒエロニマス著
> 　深遠な書だが、長い間絶版になっている。古本を探してみてほしい。
>
> 『投資苑2』
> 　最後に回したからといって、重要でないとは思わないでほしい。ここでは先物にひとつの章を割いている。

物を買うことは、将来その商品を購入するという拘束力を持った契約をすることにほかならない。その取引の向こう側にいる相手は、将来売却する契約をしている。つまり、あらゆる買いには売りが存在し、あらゆる買い契約には売り契約が存在するということだ。これらの契約は、売り方と買い方が差し入れている証拠金によって保証されている。

　『エコノミクス・オブ・フューチャーズ・トレーディング』はトーマス・ヒエロニマスの晩年の著作だが、これほど先物取引の基本的な原理をうまく説明している本はない。先物に関する本で、非常に深遠かつ聡明なこの本は、不運にも何十年にもわたって絶版になっている。

先物に関するヒエロニマスの語録

◎マーケットとは判断の均衡である。したがって、どのような的確な判断にもまずい判断が対応している。先物取引は刺激的なゲームだ。スコアが金額で表示される。

◎商品の契約は期限が短い。したがって、証券の投機的な筋書きは長続きするのに対し、上でも下でも商品の過熱はやがて次の受渡日には収束する。

◎短期間のうちに収穫された量は、次の穀物が入手できるまで維持されなければならない。供給がマーケットをちょうど満たすための平均価格はたったひとつしかない。

◎トレーダーたちの判断は統合されて、そのときの価格に反映される。均衡価格が発見され、その価格は変わらないというのが、そのマーケット参加者全員による統合的判断だ。しかし、その統合的な判断をつくりあげた人たちに、均衡が達成されたと考えている者はひとりもいない。いたとしたら、その人はポジションを持っていなかったはずだ。そしてその統合的判断が常に間違っているのは明らかだ。

◎マーケットでポジションをとることは、全判断に挑戦することだ。すなわち、マーケットは間違えていると表明することだ。

◎個々の投機家は自分のやりたいことをみつけ、やりたいようにやらなければならない。そしておそらくさらに重要なのは、他人のゲームに首をつっこまないことだ。マーケットは自ら筋書きを語ってくれるだろう。あなたの仕事はそれを素早く聞き取ることだけだ。

◎機会を最後まで利用し尽くすには、マーケットに対して狡猾すぎるくらいでなければならない。マーケットの知性をばかにするくらいでなければならない。取引所フロアのトレーダーたちは微調整にい

> そしんでいる。
>
> ◎全体的にみると、参加者間では損益ゼロになるが、諸手数料、仲介手数料、清算費を考えると負けている。
>
> ◎このゲームに大きな寄付をしてくれているのは、ポジションをあまりにも引っ張りすぎる人たちだ。
>
> ◎このゲームに最も大きな寄付をしてくれているのは、たまにしかトレードをしない人たちだ。
>
> ◎保有することで繰越日歩が発生する。その結果、先物価格は絶えず上昇していくことになる。しかし基本的価値というものは、時間がたったからといって変わるものではない。将来にわたって永遠に上がり続けることは不可能だ。したがって、価格構造全体が定期的に崩壊する。
>
> Hieronymus, Thomas A., Economics of Futures Trading, 1971
> Copyright©1934−2010 by Commodity Research Bureau—CRB.
> All Rights Reserved.

　おそらくこの本が「ハウツー」ものではなかったことから、復刊しようとする人もいなかったのだろう。古本が書店のウェブサイト上に時々出回るだけだ。私の持っているこの古い本をめくっていると、先物の空売りという話題に進む前にいくつか引用をしたくなる。

　もちろん、先物の売りには「アップティックルール」というばかげたものはない。先物の売り注文を出すときは、買いポジションを決済する場合と新規の売り建てをつくる場合で違いはない。

　インサイダー取引に対する規制もない。インサイダーの動向は、CFTC（米商品先物取引委員会）が定期的に発表している「建玉明細」報告で確認できる。

先物について

　株を購入することは、会社の部分的な所有者になることだ。先物を買っても何かを所有することにはならない。貨車1台分の小麦や、米財務省証券といった品物を、先々購入する拘束力を持った契約を結ぶことになる。その契約を売った相手方は、こうした品物を渡す義務を負う。

　個々の先物契約には受渡日があり、さまざまな受渡日（限月）の契約がさまざまな価格で売られている。プロの多くは、価格の反転を当てるために限月間のスプレッドを分析する。

　強力な資金管理の技術をもった人には、先物は非常に魅力的に映るかもしれない。高いリターンを約束してくれるが、氷のような規律も要求される。

　初めてトレードをするなら、動きのゆったりした株にしたほうがいい。トレーダーとして熟練してきたら先物に目を向けよう。あなたが非常に規律的なら、先物のほうが合うかもしれない。

　株と違い、先物には本来的に下限と上限がある。これらの水準は厳格なものではない。だが、売買の前に自分の位置が下限や上限に近いか見極めてほしい。

　先物の下限はその生産費だ。この水準を下回ると生産者たちは仕事をやめるようになり、供給が落ち込み価格が上昇する。粗糖が供給過剰になり、海外市場で値下がりして生産費を下回った場合、大手の生産者たちは操業を停止することになる。

　これには例外もある。非常に貧しい国が国内労働者には価値のない現地通貨を支払いながら、海外市場で商品を売却して強い通貨を獲得しようとすることもあり得る。価格は生産費を一時的に割り込むことになるが、長くは続かない。

　ほとんどの商品の上限は、代替物の価格だ。商品は、価格さえ正当であれば、ほかの商品に取って代わられる。例えば、主要な家畜飼料であるトウモロコシ価格が高騰すれば、小麦で家畜を飼うほうが安上がりになるかもしれない。多くの農家がこのように切り替えることでトウモロコシの購入を減らせば、トウモロコシ価格を押し上げていた

> 原動力も弱ってくる。
> 　熱狂したマーケットは、短期的にその上限を突き抜けるかもしれない。だが、長くは続かない。そして、正常な価格に戻る過程で抜け目のないトレーダーたちに収益機会を提供する。歴史の教訓は、周りが正気を失っているときに冷静さを保つ助けになる。
>
> ——アレキサンダー・エルダー著『投資苑2』（パンローリング）より

　ほとんどの先物市場では、空売りのほとんどが当業者かヘッジャーによるものだ。彼らは正真正銘のインサイダーだ。例えば、大手穀物商社が、まだ刈り入れの終わっていない農産物を有利な値段で売るため、先物を売って価格を確定するかもしれない。

　しかし、これはこのゲームの一部でしかない。有能なヘッジャーは先物部門を運用部門として運営しており、価格に保険をかけるだけの部署とはみていない。つまり先物の空売りで利益を上げようとしているのだ。

　ヒエロニマスが指摘しているように、先物価格が振れるときはきわめて重要な要因が働いている。商品には繰越日歩が発生し、倉庫費、借入コスト、保険料が価格に織り込まれる。この過程が衰えずに何カ月も続くのであれば、価格は目のくらむような高さまで徐々に昇っていく。実際には、比較的緩やかで安定的な上昇に穴があき、またたく間に急落して価格は現実的な水準に戻っていく。そして再び同じ過程が始まる。

　打ち寄せる波は、砂浜に小さな山を形成する。しかし、やがてそれは自らの重みで崩れてしまう。そして、同じ過程が始めから繰り返される。大抵の先物市場はまさにこれと同じだ。ゆっくりと積み上がり、あっという間に崩れる。

　先物市場にはすばらしい買い機会がいくらでもあるが、この本の

図8.1　ココア先物週足

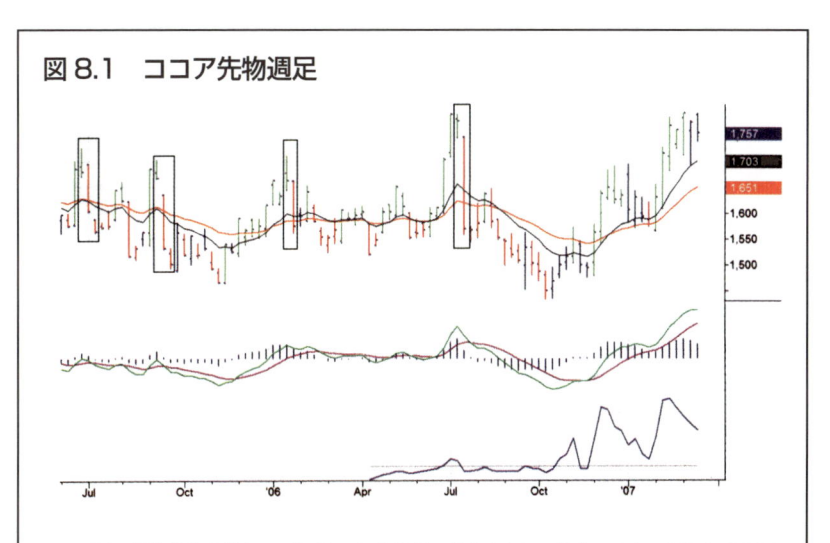

ココアは、長期的な価格レンジに入ったようだ。おおまかにいうと、1トン当たり1800ドルから1500ドルのレンジだ。1500ドルを割って下落した場合は大底に近い。1700ドルを超えてくるとこれは買われ過ぎゾーンに入っており、頭をぶつける危険があるのは明らかだ。

テーマは売りと空売りだ。したがって、買いは置いておいて、先物の空売りについてよくみてみよう。比較的緩やかで安定した上昇と鋭い下落という傾向を、どのように利用するかみてみたい。

ココア先物は、トレードが難しいマーケットしてよく知られている。アダム・スミスというペンネームのとある米国人ジャーナリストが、70年代にこんな冗談をいっていた――「ココア先物をトレードしたいと感じたら、その気がなくなるまで寝ていよう」。

ココアは短期間で激しい動きをすることでよく知られている。このチャートから分かるように、激しい動きのほとんどが下への動きだ（図8.1）。

これに比べれば平穏とはいえ、株式市場でも上昇のほうが下落よりも長続きする傾向がある。先物では、下落が鋭い振り落としに短縮されることが多い。ココアの、若干横ばい気味になっているこのレンジ

図8.2 金先物日足

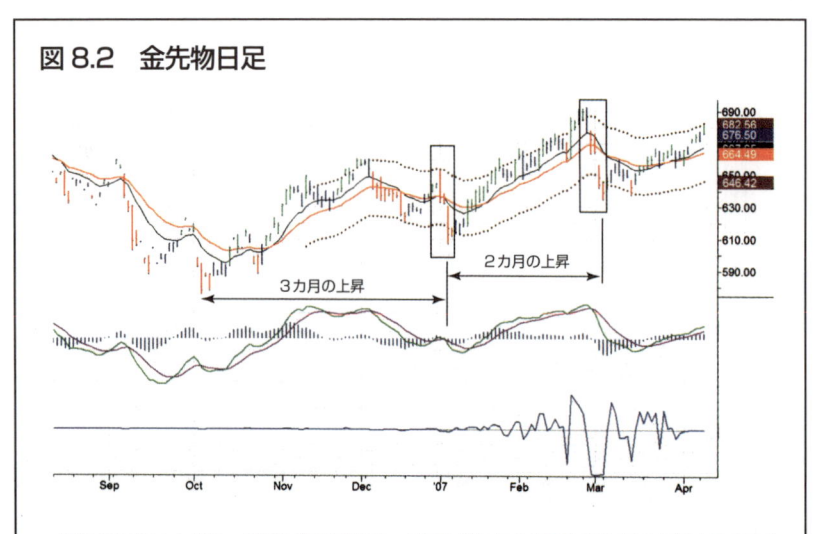

緩やかにはい上がり、急速に転げ落ちる。575ドルから660ドルまで上昇するのに金は3カ月をかけた。しかし、たった3日間で606ドルまで落ち込み、上げ幅の64％を失った。次の上昇は607ドルから692ドルで、2カ月以上続いた。その後、635ドルまで落ち込み、上げ幅の67％を失った。これにかかったのが、たったの4日である。長期にわたる穏やかな上昇で、ほとんどのトレーダーは安全だと思い込む。これが、空売りが成功するための下地になっている。

でさえ、ほとんどの上昇は数週間、または数カ月間も続くこともあるが、下落のほとんどは1週間で終わってしまう。下落の値幅も大きく、強気派に引導を渡して再び緩やかな上昇が始まるよう道を切り開く。

穏やかで浅い上昇幅のせいで、初心者は自分の買いポジションを安全だと考えてしまう。そして予期せぬ一撃を食らうように、突然の出来事が風船に穴を空け、大きな音をたてて空気が抜けていくのだ。

ほとんど売り方はプロであり、彼らが大きな利益を上げる一方で、一般のトレーダーは最初に振り落とされることになる。こうしてゲームの第2ラウンドの準備が整う。

図8.2の右端をみると、金先物は緩やかで安定した上昇の最中にある。平穏な様子で、強気派に向けて「ここはすてきなところだよ。遊びにおいで」と告げているかのようだ。

第8章　株以外の空売り

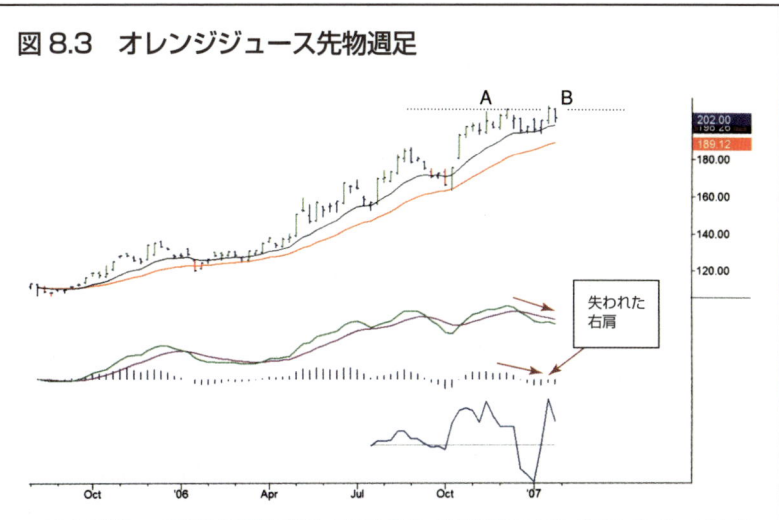

図8.3　オレンジジュース先物週足

（チャート内ラベル：A、B、失われた右肩）

オレンジジュース先物の週足が示しているのは、新高値をつけたダマシのブレイクアウトとそれに伴う弱気乖離だ。これは、テクニカル分析の非常に魅力的なパターンである。ポイントBでオレンジジュースはAの高値水準を抜けたが、その高さを維持できずレンジへと戻っていた。MACDラインは弱気乖離を描いていた。MACDヒストグラムは、「失われた右肩」というきわめて強力なパターンを示していた。これはジャッキー・パターソンというスパイクのメンバーがつけた名前だ（実をいうと、ジャッキーはもっと派手な名前を使っているが、少しだけおとなしい名前に変えさせてもらった）。
　エリアAでは、MACDヒストグラムは上昇してゼロラインよりも十分上にあり、左肩を形成している。その後ゼロを割り込んで「ブル（強気派）の背骨折り」を形成している。その後ポイントBでは、MACDヒストグラムもゼロラインを上回ることができなかった。ゼロを目指して上昇はしたものの、その後下げていった。

　抜け目のないトレーダーは、チャート（**図8.2**）の下のほうをみて、上昇が1カ月半続いており、42ドルも上昇していることに気づく。ここで金を買うなら絶対にストップを使わなければならないと分かっている。それもこの場合ならハードストップでなければならない。
　さらにストップ・アンド・リバース注文（途転注文）を使うのも理にかなっている。こういう注文が特に好きというわけではないが、逆指値で売りポジションをつくって、同時に買いポジションを閉じるには便利だろう。
　最後に、私の日誌から先物のトレード記録を紹介しよう（**図8.3**）。

317

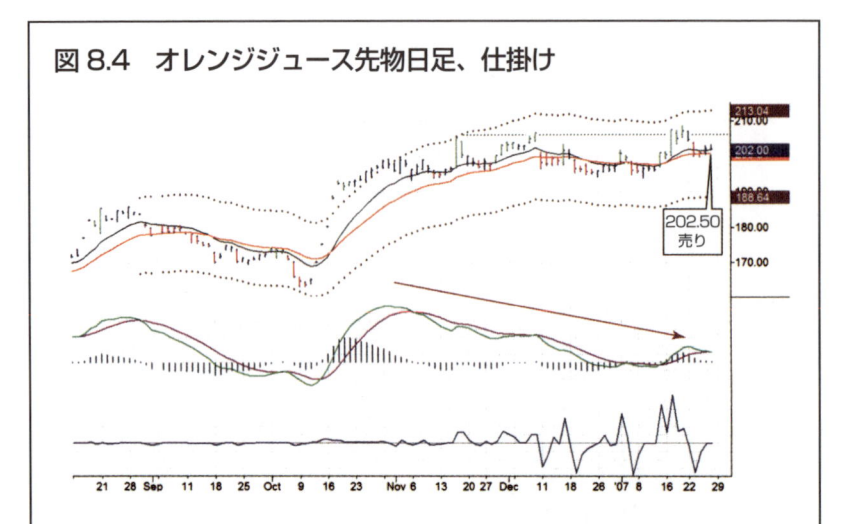

図8.4 オレンジジュース先物日足、仕掛け

この日足もまた、ダマシの上方ブレイクアウトとそれに伴うMACDラインの弱気乖離を示している。このシグナルは週足ほど強力ではないものの、週足と矛盾するものではないことは確かだ。週足と日足でどちらかが良いシグナルを発しているというのはよくあることだ。そしてそういうときは、週足が日足を必ず打ち負かすことになる。寄り付きからきわめて強力な上昇がみられたり、売る前に値が崩れたりということがないかぎり、月曜の場が開いたらすぐにオレンジジュース先物を空売りしようと決めていた。

OJ 3月限	売り	日付	上部チャネル	下部チャネル	日中高値	日中安値	評価
仕掛け	202.50	07/01/29	212.50	188.25	203.80	195.25	85%
手仕舞い							
損益						トレード	

このトレードは、先物の足の速さをどう利用するかが示されている。

週末の宿題をしているとき、オレンジジュース先物が私の注意を引いた。週末は大抵、約1時間を費やして米国の主要な先物市場を検討している。

先物の利点に、銘柄数が少ない点が挙げられる。銘柄が何千とある株式とは違い、先物はすべてをチェックするのが簡単だ。

月曜の寄り付き直後、風船のように膨らんだ価格に針が刺された。

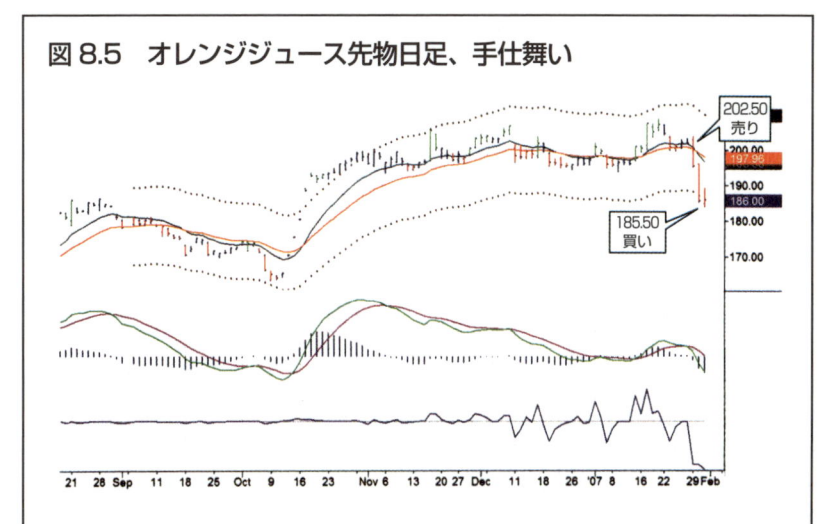

図8.5 オレンジジュース先物日足、手仕舞い

価格が日足の下部チャネルラインを突き抜いたとき、目標に到達していたのでオレンジジュースの空売りを買い戻した。トレードが終わるまで2日もかからなかった。おそらくこの値崩れは止まらないとは思う。だが、すでに利益目標に届いているので、これ以上トレードにとどまる理由はない。

OJ 3月限	売り	日付	上部チャネル	下部チャネル	日中高値	日中安値	評価
仕掛け	202.50	07/01/29	212.50	188.25	203.80	195.25	85%
手仕舞い	185.50	07/01/31			189.25	184.20	74%
損益						トレード	70%

のろのろとした上昇トレンドがはじけ、オレンジジュースを持ち上げていた熱風が噴き出たのだ（**図8.4**）。

このトレードは、感情的にも数字的にも満足のゆくものだった。ほかのトレードもこれくらいうまくいけばと思う（**図8.5**と**図8.6**）。

仕掛けは理にかなっており、手仕舞いのシグナルも非常に明確だった。先物の上昇は長くゆったりしており、下落は素早く激しい。こうして手の遅い強気派は痛い目をみることになり、手の早い弱気派は大きな利益を得ることができる。これを知っておくと役に立つ。

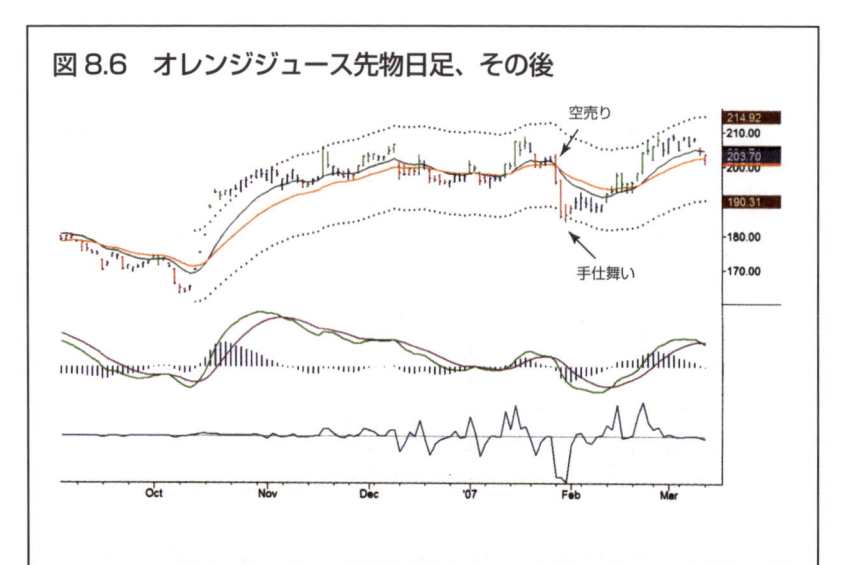

図8.6 オレンジジュース先物日足、その後

およそ２カ月後にオレンジジュース先物をみてみると、仕掛けも手仕舞いも非常に妥当だったと分かる。チャート右端で、オレンジジュースは再び沈み始めた。その前にダマシの上方ブレイクアウトが出ており、再びまずいことが起こる可能性を示唆していた。

オプションの売り

　オプションを扱う人たちは、はっきりと２つに分けられる。一方は、不幸にも毎年毎年損をしている初心者やギャンブラーである。もう一方は、オプション市場で安定して生計を立てているプロたちだ。
　この線引きは、どこでなされるか分かるだろうか。
　オプションのこの大きな区切りは、買い方と売り方の間に引かれる。一方はオプションを買う敗者であり、もう一方はオプションを売る勝者だ。
　私は、オプションの買いで財を築いた人には会ったことがない。オプションの買い方のほとんどが、オプションでうまくいったトレードを語ることはできる。具体的な話を２、３できる人もいるだろう。だが、こんなものは、ただの線香花火でしかない。投資資金の推移カーブが

> **オプションに関する推薦図書**
>
> 『オプションズ・アズ・ア・ストラテジック・インベストメント』
> ラリー・マクミラン著
> 　オプショントレーダーなら必ず手元に置いておくべきだ。この本は通読するのではなく、手引きとして使うものだろう。
>
> 『オプションボラティリティ売買入門』(パンローリング)
> シェルダン・ネイテンバーグ著
> 　本書を読んでいるプロは多い。
>
> 『インベスティング・ウィズアウト・フィア』
> ハーベイ・フリーデンターク著
> 　カバード売りに関して優れた見方を紹介している。

長期的に右肩上がりになっていることとは、まったく別の話だ。このような偶発的な勝利はスロットマシンの大当たりのようなもので、敗者たちにもっとお金を使わせるために背中を押すためのものでしかない。

　オプションは株よりも安くつくことから、哀れな初心者たちをひきつけるようだ。株の代わりにオプションを買う人も大勢いる。こういう人にはいつもいうのだが、それは死の危険をはらんだ幻想を追いかけているにすぎない。

　オプションが株と大きく違うのは、オプションは消耗していく資産であることだ。オプションを買うことは、銘柄を当てながら、またその値動き幅も当て、さらにそのタイミングも当てなければならないことを意味する。遊園地でみられるような、動いている３つの輪を通すようにボールを投げるようなものだ。

初心者がある株で強気になってそのコールを買い、その株が上がっていくのをみたとしても、損をすることがあり得る。トレンドはうまく当てたとしても、その株が目標に達するまで思ったよりも時間がかかってしまえば、そのオプションは期限切れで消滅してしまい、紙くずになるからだ。

　痛い目をみた初心者は、今度は長期オプションを買おうと決心するかもしれない。そして長期オプションは恐ろしく高いことを知るのだ。

　AMEX（旧アメリカン証券取引所）のフロアトレーダーとして値付けをしていた女性が、かつてこう話してくれたことがある。

　「オプションは希望のビジネスよ。希望を売ることもできるし、買うこともできる。私はプロだから希望を売るほう。朝フロアに来たら、人々が何を望んでいるかをみつけ、その希望に値段をつけて売ってあげるの」

　オプションというビジネスでは、買いではなく、売ることで利益が上がる。

　オプションを売ると、必ず誰かのお金を受け取ることでトレードが始まる。希望を抱いた買い方は売り方にお金を支払う。大抵は、この売り方のほうがはるかに経験豊かなトレーダーだ。法律家がいうように、占有は九分の勝ち目である。オプションの売り方の仕事は、買い方のお金にしがみついて逃がさないようにすることだ。

　哀れなオプションの買い方たちは、風のなかで身をよじりながら希望をお金に変えようとしている。その間、オプションの売り方はくつろぎながら時間がたつのを楽しんでいる。

　オプションの売り方は消耗していく資産を空売りしている。時間がその価値を削っていくにつれ、空売りの買い戻しにかかるコストはますます小さくなっていく。その価値はゼロまで下がってしまうかもしれない。こうなれば、売りポジションを買い戻す売買手数料も払う必要がない。

哀れな買い方にお金を少し返してやるくらい寛大になるのは、成功しているオプションの売り方にとって簡単なことだ。オプションを1ドルで売っておいて、そのオプションが今や10セントになっているのであれば、消滅するまで持っている理由はない。そのトレードで手に入るもののほとんどをすでに手に入れたのだから、最後の1セントまで絞りとることもないだろう。

10セントでそのオプションを買い戻したらトレードは終了し、将来のあらゆるリスクから解放される。こうして、平穏な心持ちで新たなオプションの売りを探すことができる。

人生の大抵のことと同じで、オプションでも群衆と違う行動をとるとうまくいく。大抵のトレーダーはオプションの買い一辺倒なので、逆の方策をとってオプションを売るというのは悪くない考えだ。「時間」は大抵のトレーダーを死に追いやる。これを利益の源泉に変えることは、経験を積むほどにますます心地良く感じられるようになる。

オプションを売るときの一番大きな選択は、カバードライティング（カバード売り）と、ネイキッドライティング（ネイキッド売り）だ。カバード売りでは、保有している株式に対してオプションを売る。ネイキッド売りでは、何も裏付けのないところからオプションをつくり、トレード口座の資金でそのオプションを担保する。

カバード売り

ある株式を保有しており、その株の上値が限定的であるようなら、その株のコールを売ってもいいだろう。すぐに売ったお金を徴収して、あとは次の3つのどれかが起こるのを待つだけだ。

①若干横ばい気味の状態が続いてオプションの権利行使価格に届かなかった場合、プレミアムが手に入って総収益が底上げされる。

> ②値下がりしてもそのプレミアムが手に入るので、痛手を和らげてくれる。
>
> ③株価が権利行使価格を上回ったときは、株の売却益に加えてプレミアムも手に入る。興味をそそる株はいくらでもある。自由になった資金で新しい買いを探そう。

　株を空売りしたあと、その売りポジションに対してプットを売ることができる。株価が横ばいであれば、受け取ったプレミアムを確保できる。株価が上昇しても受け取ったプレミアムで売りポジションの損失が軽減される。株価がプットの行使価格を下回ったらポジションを手仕舞うことになるが、受け取ったプレミアムを確保したうえに売買益も手に入る。

　カバード売りは主に、大きな株式ポートフォリオで、リターンを押し上げながら損失を軽減するために使われている。これは労働集約的かつ資本集約的な事業だ。カバードコールを1株分売るだけでは不十分だ。それでは手がかかる割に見返りが小さすぎる。ビジネスとして意味がないので、カバード売りには大量の株数が必要になる。

　株式のポートフォリオが大きいほど、カバード売りも大きな意味を持ってくる。分散された株式ポートフォリオで数百万ドルも扱う運用者は、ポートフォリオにカバード売りを組み込むと出資者に約束している。

ネイキッド売り

　オプションの世界で、緊張と期待、そして危険を伴う分野といえばネイキッド売りだ。保守的な投資家は自分の株に対してカバードコールを売る。だがネイキッドで売る人は、何もないところからオプションをつくる。自分を守ってくれるのは現金と自分の腕だけだ。利益確

定と損切りに絶対的な規律が要求される。

この章を書き始めたとき、ミシガンのダイアン・バファリン博士に電話をし、彼女のトレードのサンプルをいくつかもらえないかと頼んだ。彼女は、ネイキッドオプションの売り方として豊富な経験を持っている。彼女はオプション売りへの愛を明るく語ってくれた。

私がやっていることといえば、退屈なオプションの取引ばかりです。とても単純です。孫娘にも教えられるでしょう。私は彼女にこういったことがあります——「美術学校に行きなさい。線の見方が分かるようになるから。そうしたら、このラインが下げ止まったらプットの売り時だと教えてあげるわ」。

私はお金を受け取るのが好きで、払うのは好きではありません。期限切れで紙くずになるようなオプションを売ることに幸せを感じます。何人かの会計士が、私の確定申告の書類に不備があるといいました。買った価格が抜けているというのです。私は売ったオプションが期限切れで紙くずになったことを説明しなければなりませんでした。

私が好むのはネイキッド売りです。カバード売りは、オプションで儲けるためには株でいくらか損しなければならないという難点がありますので、好きになれません。私が探すのは、保有したいと思う銘柄で値を下げているものです。下げ止まれば、そのプットを売って10％のプレミアムを手に入れます。

いってみれば、客のエゴで稼ぐカジノディーラーの感覚です。金のネックレスを身にまとった派手な人たちがどんどん入ってきては、黄色いプラスチックのチップを私のテーブルの上に置いて、何百ドルもの金額を投じてくれます。

ルーレットが回転しているときは、客も楽しんでいます。しかし、そのルーレットは毎月第3金曜日には回転を止め、このとき

私は客のお金を徴収します。ただし、笑みをこぼしてはいけません。彼らと取引ができて自分がどれだけ幸せだったかと、気づかれてはいけませんから。

　私は心理学が本職なのですが、患者へのアドバイスが適切でも不適切でも、健康保険から支払われる金額は変わりません。頭の良さに応じて報酬の変わる仕事はトレードだけです。ただし、一生懸命に働かなくてはなりません。

　私は、オプションの売り方について教えてほしいとよく頼まれます。私はいくつか株式を選び、「これらを監視して、その価格リストとオプション価格を毎日記録するように」と指示しています。しかし、私のもとに来た人で、このリストづくりを１カ月続けられた人はひとりもいません。みんな怠け者なのです。

　株価は、上がることもあれば、下がることもあり、また横ばいになることもあります。株やオプションを買えば、儲かる筋書きはひとつ、損をする筋書きは２つです。しかし、オプションを売れば、利益の上がる筋書きが２つあり、ときには３つになることもあります。

　オプションを売るのは、株が動きを止めたときです。それまでの値動きが激しいほど、そのオプションを売って受け取れる金額も大きくなります。

　現在進行中の簡単なオプショントレードを２つ紹介しましょう。両方ともよく知られた銘柄で、ATI（アレゲニー・テクノロジーズ）とCHL（チャイナモバイル）です。2007年３月６日、両銘柄は、私が好むあるパターンを描いていました。私はこのパターンを自分の目で探しています。電子的なスキャンをつくれるほど私はコンピュータに詳しくありません。

　株式市場は２月27日に急落し、まだ底を探っている状況でした。高いボラティリティのおかげで、若干多めのプレミアムが乗って

第8章　株以外の空売り

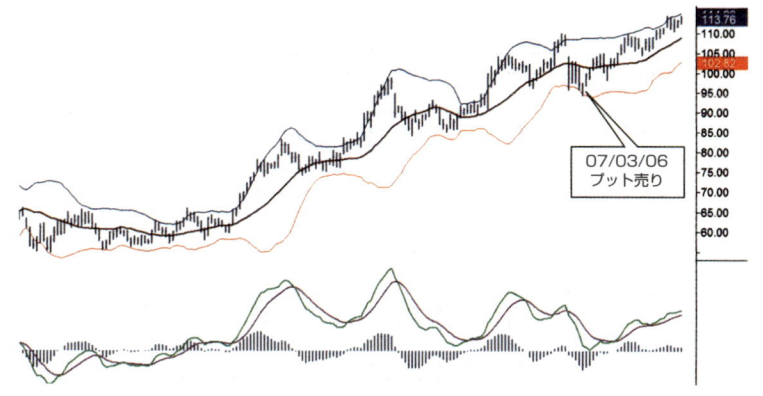

図8.7　ATI日足

07/03/06
プット売り

「ATIは3月5日にボリンジャーバンドの底を打ってから反発していた。MACDは下げ止まっていた。これが私の引き金になった。そのときは2つの選択肢があった。97ドルで1000株を買うこともできたが、マーケットが急落すれば9万7000ドルを危険にさらすことになる。あるいは、プットを売って4800ドルを手に入れることもできる。この優良な株を現在値よりも2ドル安い価格で買う約束だ。私は4月限95ドルのプットを4.8ドルで売り、4800ドルを手に入れた。これは今や、たった5セントの価値しかない。期日まで持って『支払い』欄にまたゼロを連ねることにしよう」

いました。結構なことです。安いものよりも高いものを売ったほうがいいですから。価格にそれだけ利益が組み込まれているのです（図8.7）。

　確かにマイナス面もあります。単に株を買っておけば、ずっと儲かったでしょう。この株は今、113ドルになりました。

　しかし、それでは9万7000ドルの資金を危険にさらさなければなりません。私も夜は眠りたいし、胃薬を飲む生活はしたくありません。実をいうと、株の買い増しをするように、もっと高い行使価格でもプットを売り続けていたので、この銘柄のトレードでの利益は、もっと大きいものでした。

　チャイナモバイルでも、同じ日に同じ理由でプットを売りまし

図8.8　CHL 日足

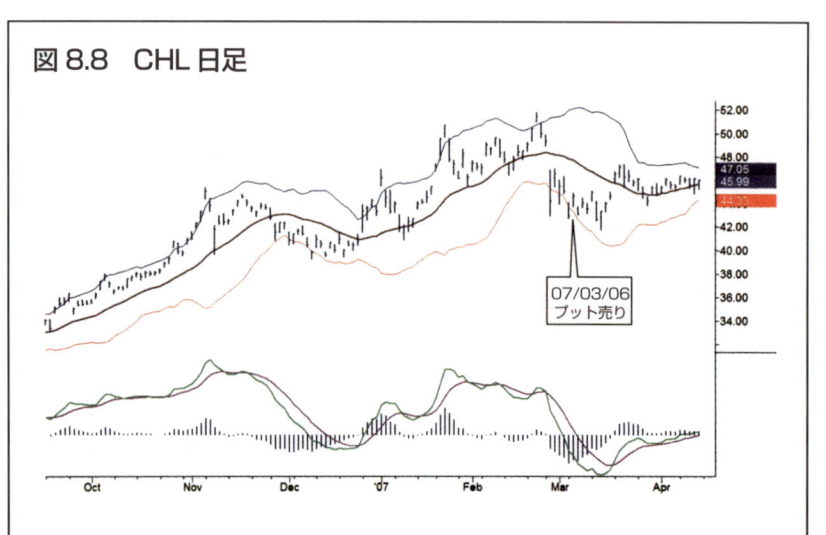

07/03/06
プット売り

「この銘柄に関しては、当初は私が間違っていたようにもみえた。アジアが売られていたなかで、この銘柄はどんどん下げていった。1週間後には41.70ドルまで落ち込んだ。しかし、私はポジションを閉じなかった。オプションには300ドルの損失が生じていたが、株はまだ損益ゼロのラインを割っていない。そして間違いなく時間は私の味方だ」

「今のところ株価は45.90ドルで、オプションでは1500ドルの利益が出ている。さらに1500ドルを生むには、ここから2カ月かかる。正しい見立てで儲かるよりも好ましいのは、間違っていても儲かることくらいだ！」

た（図8.8）。

　株価は44.5ドルで、6月限の45ドルプットは4.80ドルでした。6月限を選んだのは、10％のプレミアムを取りたかったので、それだけ限月を先にする必要があったからです。

　それから3カ月、その株が45ドルを割っていないことを考えると、私はまさに時間を売っていたといえます。もし株価が下落して、この株を買わなければならない場合でも、私は10％の割引を受けることになります。

　「オプションの売りがそれほどすごいのなら、なぜみんなやらないのか？」とよく聞かれます。私の考える理由は、オプショントレーダーの大半が、ギャンブル好きだからです。

彼らは耳寄り情報を探すばかりで、オプションをチェスのように扱う忍耐力は持ち合わせていません。オプションを買うのに必要な金額はわずかです（株価のおよそ10％）。

しかし、オプションを売るにはかなりの金額が必要となります。大抵のブローカーは、少なくとも10万ドルを持っていないとオプションの売りをさせてくれません。場合によっては25万ドルと2年のトレード経験が要求されることもあります。「あなたのためだから」とブローカーはいいますが、お金を失う公算の高いオプションの買いはやらせるのに、お金を失う可能性がはるかに低いオプションの売りはやらせないのです。

プットを売る場合の最悪の事態は、あらかじめ決めた価格で株を買うことです。しかし、何がひどいことでしょうか。それはまさしく何百万人もの投資家やトレーダーが毎日行っていることではないでしょうか。私は、どうしても買いたいと思う株のプットを、これなら喜んで支払うという価格で売ります。唯一の違いは、自分の資金をマーケットに投じることなく利益を上げることです。資金を安全な債券に回しておけば金利を生み続けてくれます。

ネイキッドコールを売っているときの、起こり得る最悪の事態とは何でしょうか。動きの激しい株で売りポジションを持ってしまうことです。しかし、これはまさに多くのプロのトレーダーが行っていることではないでしょうか。

私がオプションを好む理由は、利益を前払いで受け取れることです。「起こり得る最悪の事態」も、私にしてみれば何の問題もありません。

FX

先物やオプションのセクションでは、推薦図書のリストから話を始

めた。しかし、ここではそのようなリストを提供できない。FXトレードに関して「これはいい本だから読んでおくように」と自信を持って手渡せるものが見当たらないからだ。FXに関する本の山から、あれこれつまみ食いをしなければならないだろう。

　FX市場には、はっきりとした区分がいくつかある。そして、そのどこで取引をするかという選択で勝ち負けが大きく左右される。

　FX市場のトレーダー間に存在する違いから思い浮かぶのが、第三世界の国に存在する階層構造だ。少数の裕福な市民と、十分な分け前を受けていないような大多数の貧者が存在し、ほんの少しの中間層が薄い稼ぎを手放すまいとしている。

　インターバンク市場では巨額のお金が動いている。そこではディーラーたちが、1回に何千万ドルという金額の取引をしている。通貨先物をしている中間層は、寄り付きで空いた窓に打ちのめされる。通貨先物はほとんど週7日24時間取引されているからだ。そしてピラミッドの底辺にいるのが、FX業者の口座に小額の資金しか預けない、貧しい人たちである。

　ギャンブラー、敗者、搾取される側の、かわいそうな初心者たちは、手軽に金持ちになろうと、次の大きなチャンスを常に探している。数年前に、株式市場で端株の取引をしていた人たちが、オプションの買い方に流れていったように、早く金持ちになりたかった群衆は、身ぐるみはがれてFX市場に移住してきたのだ。

　FXの抱える問題は、ほとんどのFX業者が顧客の取引の相手方になるという点だ。買いや売りの注文を出すと約定の報告をくれるが、実際のところトレードなどしてはいない。単なる帳簿上の仕掛けでしかないのだ。結局は客が損をすることを、よく分かっているので、FX業者は客と逆のポジションをとる。目を輝かせた夢想家たちは、料金をこまごまと請求され、没落は加速することになる。

　FX業者が要求する証拠金は信じがたい額だ。400倍のレバレッジを

かけられるところもある。株式で必要な証拠金は50％、先物でもおそらく５％だ。0.2％の証拠金では、よくできた資金管理でもほとほと無理がある。

　客が売買をするときに課しているスプレッドに加え、FX業者はありもしない「ポジション」に金利まで請求する。実際のところ、顧客の注文はどこにも出されていないので、通常は本当にポジションが存在するわけでなく、帳簿上の仕掛けでしかない。ところが、金利が比較的高い通貨の取引をする場合、FX業者は買い建ての通貨には基準金利以下の金利しか支払わず、売り建ての通貨には基準金利以上の金利を請求するのだ。

　株をトレードする場合、あなたが儲けようが損をしようがブローカーは気にしない。彼らは注文を執行し、売買手数料を徴収するだけだ。一方、大抵のFX業者は注文をマーケットに送らず、顧客の取引に向かうだけである。FX業者はあらゆるトレードで顧客と逆に張っているのだ。顧客が儲けるためにはブローカーが損をしなければならない。これはまったくおかしいシステムだ。株式市場では１世紀近くも前にこのガンは摘除されている。しかし、FX市場までは掃除が行き届いていないようだ。

　貧弱な手腕と乏しい資金のせいで、顧客は破滅する運命にある。FX業者のオーナーはこれを分かっている。注文をマーケットに流し、儲けを他人と分け合うわけがない。

　スプレッド、売買手数料、そしてありもしないポジションに課される金利が、ギャンブラーの柩に釘を打ち込む。

　抜け目のないディーラーたちは、顧客の総ポジションを監視しており、何らかのマーケットで一方に傾きすぎると（例えば100万ドルくらい傾くと）、インターバンク市場でリスクを減らす。その一方で、さらにリスクを取り、顧客のポジションが極端に傾くとその逆のトレードをする業者もいる。

注文をマーケットに流すような本当に誠実な業者は、顧客に向かう業者と競合するうえできわめて不利な状況にある。顧客に向かう業者は、執行コストを払う必要がないので、誠実な業者よりも安い価格を常に提示できるからだ。適正に運営されているまともな業者もあることは間違いない。だが、彼らには分が悪いのだ。

　世界中で、当局がFX業界を浄化しようとして失敗している。私は、起業家がインターネット技術を駆使して小口のFXトレーダーにもっと公平な場をつくってくれることを期待している。そのような透明なシステムが現れるまで、あなたにいえるのは次の言葉だけだ――「手を出す前に十分注意すること！」。

　インターバンク市場に参加できるほどの何百万ドルというお金を持っているわけでもないし、顧客に向かう業者に口座を開設したくないというのであれば、選択肢はひとつしかない。通貨先物だ。

　これは70年代、シカゴマーカンタイル取引所に上場されたのが始まりだ。今ではもちろん、さまざまな大陸のさまざまな国々で通貨先物は取引されている。さらに重要なのは、電子的な取引が行われており、事実上24時間いつでも、確立された透明なシステムにアクセスできることだ。

　なぜ、通貨先物ではなく、FX業者を利用するのだろうか。通貨先物の取引をするには、数千ドルの証拠金を積む必要がある。ところが、FX業者では50ドルという小さな資金で口座を開設できて、100倍のレバレッジを提案してくれるところもある。これは、微々たる口座資金で5000ドルの通貨を買えるということだ。

　もちろん、そこで何かを「買っている」わけではない。だが、5000ドル全部に金利が請求される。

　いうまでもないが、通貨先物を取引するには、まず先物の取引方法を理解しなければならない。このテーマに関してはずいぶんと本が出ているし、私の推薦書も前のセクションで取り上げた。ここでの目的

図8.9 ユーロ通貨先物週足

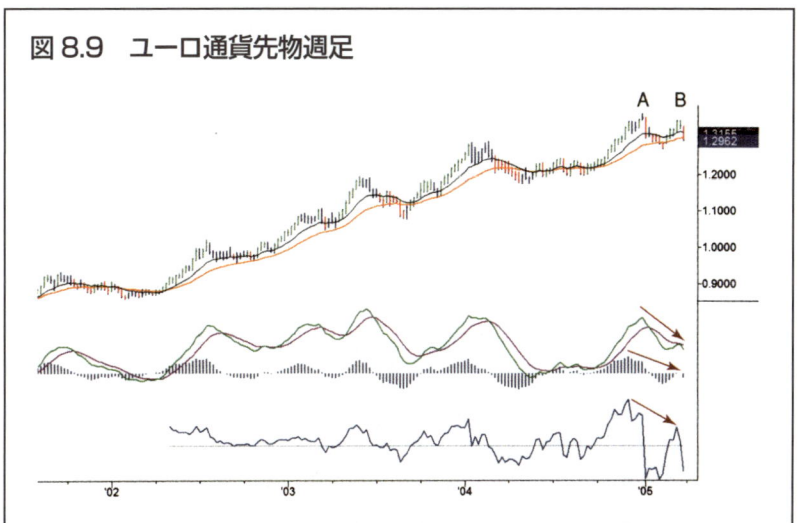

このチャートは、ユーロ通貨の4年間にわたる上昇を描いている。経済のファンダメンタルズに後押しされ、このトレンドは止まりそうもなかった。買い持ちもできるし、スイングトレードを試してみてもいいだろう。チャート右端で深刻な弱気乖離がみられる。強気派は、ピークAでは元気もよく、力強いが、その後価値ゾーンまで押されている。ピークBまでの反発は、MACDラインと勢力指数の強烈な弱気乖離を伴っている。MACDヒストグラムは、特に不吉なタイプの乖離、失われた右肩であった。売り、空売りを示すシグナルは、声高にはっきりと発せられていた。

は、FXの空売りと株の空売りの違いを指摘することだけだ。

　空売りはFXには欠かせない。なぜなら、ある通貨を買うことは、自動的にもう一方の通貨を空売りしていることになるからだ。通貨を買いながら空売りをしないのは、片面しかないコインのようなものだ。

　あらゆるトレードは、お金で測られる。住んでいる地域によってドル建てだったり、ポンド建てだったり、円建てだったりする。ドル建てのトレード口座でユーロを買った場合、ユーロを買って自動的にドルを空売りしたことになる。そのドル建て口座でスイスフランを空売りした場合は、自動的にドルを買ったことになる。

　FXトレーダーは、いわゆる「クロス」をすることで自国通貨建て以外の取引ができる。例えば、EURAUDはユーロ買い／豪ドル売り

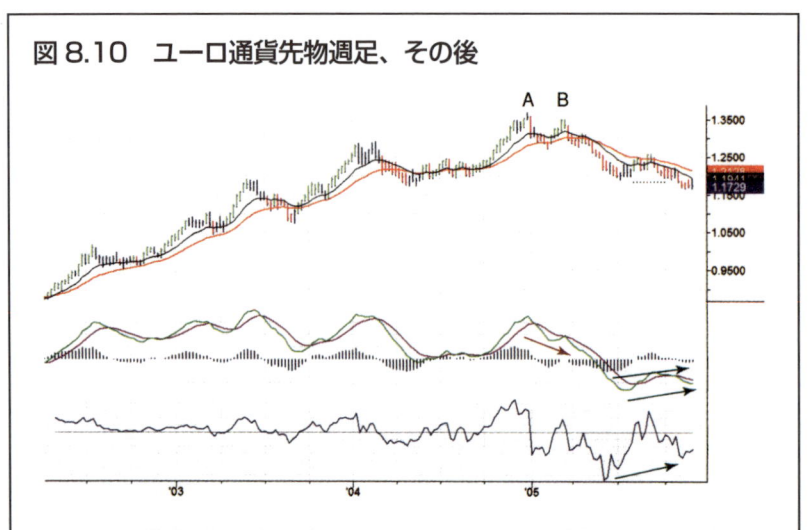

図8.10　ユーロ通貨先物週足、その後

ユーロの反落は当初、強気な群衆にあしらわれた。しかし、下降トレンドが深くなるにつれ群衆は目を覚まし、次の上昇の仕込みのために底値を探り始めた。ユーロが直近の安値を割り込んだとき、群衆はタオルを投げた。買いシグナルが点灯したのはそのときだ。下方ブレイクアウトのダマシやすべての指標で強気乖離が出ているのをみると、天井付近の売りシグナルを鏡に映したようだった。空売りを買い戻して買いポジションをつくるのに、これ以上のシグナルがそろうことは望めない。

を意味し、SWFJPYはスイスフラン買い／円売りを意味する。

　あらゆるFX取引はスプレッド取引だ。ある通貨の買いは自動的に別の通貨の空売りを意味する。コインの片面だけを売買することはできない。

　さまざまな研究が裏付けているように、FX市場は世界中で最もトレンドの強いマーケットのひとつだ（**図8.9**と**図8.10**）。上向きだろうが下向きだろうが、為替レートが大きなトレンドに入ると何年も続くことになる。

　これは、ある国の通貨の価値が、長い目でみれば、その国の政策によって決まるからだ。新しい政権が権力の座について経済政策を実行し始めると、通貨は新しいトレンドに入るようだ。

　もちろん、直線的に進むトレンドなどあり得ない。短中期的には、

向かい風のときもあれば追い風のときもある。トレンドに逆らうこのような動きは、短期トレードの機会としても、頻度としても、大きさとしても十分だ。

　肝に銘じておいてほしいが、株式市場でうまくいったトレードも、FXではまったくうまくいかないことがよくある。スイングトレードでは数日間から数週間にわたってポジションを持つことになるが、株式市場に比べると、FXでは相場の振れにひっかかることがはるかに多い。

　これは通貨が基本的に週7日24時間で取引されており、自分の標準時間帯でみているチャートが世界全体の活動の一部でしかないことが原因だ。自分が寝ている間や画面から離れている間に、大量の取引が行われている。ベッドで夢をみている間も、競争馬はトラックを走り続ける。そんな馬に賭けるのは大変なことだ。

　この問題を回避するためには、非常に長期のトレードをするか、もしくは非常に短期のトレードに移るという手もある。

　小さなポジションを建てて、ストップを非常に遠くに置き、良いときも悪いときも保有し続けることで長期トレンドに乗る方法がひとつ。あるいは、チャートの右端を拡大してデイトレードをすることもできる。その日の終わりにはポジションを閉じて、オーバーナイトリスクを回避するのだ。

第3部確認テスト
Questions

　マーケットには上げ下げがある。しかし、ほとんどのトレーダーや投資家は、買いから利益を上げようとするだけで、その動きの半分を逃している。どんな初心者でも買うことはできる。しかし、過大評価されたマーケットをみつけて空売りを仕掛けるのは、経験を積んだトレーダーでなければ無理だ。

　空売り、それはマーケットの下落から利益を上げることである。このゲームは、マーケットのプロたちのお気に入りだ。ほとんどのマーケットで空売りの大部分を占めているのはプロである。一方には大勢の素人がひしめき合っており、他方には経験でも軍資金でも有利なプロたちがいる。こういう状況で、どちらに勝ち目がありそうか考えてみてほしい。

　自分の口座をヘッジファンドのように運用してみるのは有益だ。常に買いと売りのポジションを持ち、マーケットの変化に対する自分の見方でポジションの傾きを調整するのだ。空売りがしっくりくれば、地に両足をつけてマーケットに取り組める。これは、どちらかの足だけで立つ――つまり買いしかしない――よりもはるかにいい。

　もちろん空売りにも難点がある。それも十分理解しておかなければならない。この章は、天井または下降トレンドでの空売りの基本的な考え方について確認するものだ。ここでは、空売りのメリットとデメリット、売り残、空売りの銘柄選択に関する問題を出す。また、株式以外の空売りに関する問題も掲載した。

答案をすべて書き出してから、解答と解説へ進むこと。

採点記録

問題	最大点数	1回目	2回目	3回目	4回目	5回目	6回目
87	1						
88	1						
89	1						
90	1						
91	1						
92	1						
93	1						
94	1						
95	1						
96	1						
97	1						
98	1						
99	1						
100	1						
101	1						
102	1						
103	1						
104	1						
105	1						
106	1						
107	1						
108	1						
109	1						
110	1						

採点記録（続き）

問題	最大点数	1回目	2回目	3回目	4回目	5回目	6回目
111	1						
112	1						
113	1						
114	1						
115	1						
総得点	29						

問題87　株の空売り
株の空売りが意味するのは、次のうちどれか。

1．ポートフォリオのなかから、過大評価された株を売却すること。
2．借りた株を売ること。
3．激しい下降トレンドで売ること。
4．上場廃止になると予想される株を売ること。

問題88　空売りのリスク要因
空売りの主なリスク要因に含まれないのは、次のうちどれか。

1．株が上昇するかもしれない。
2．株が配当を出すかもしれない。
3．所有者が、株の返却を要求するかもしれない。
4．株が暴落するかもしれない。

問題89　空売りの影響
株の空売りをする人は、規律あるマーケットを形成するうえで役に立っている。その理由として当てはまらないのは、次のうちどれか。

1．価格の上昇を抑える。
2．価格の下落を和らげる。
3．価格の振れを大きくする。
4．ボラティリティを抑える。

問題90　売り建てと買い建て
買いに対する空売りの主な利点は、次のうちどれか。

1．天井の見極めは、大底の見極めよりも易しい。
2．株は、上昇時よりも下落時のほうが足が速い。
3．上昇に売りから入るほうが、下落に買いから入るよりも易しい。
4．株は、下落時よりも上昇時のほうが足が速い。

問題91　空売りの難点
株の空売りでの最大の難点は、次のうちどれか。

1．株式市場は揺れ動く。
2．株式市場は、比較的穏やかに上昇し、急速に下落する。
3．株式市場は時間とともに上昇する。
4．株式市場にはアップティックルールがある。

問題92　空売りを学ぶ
空売りについて学ぶことに関し、次のうち誤った記述はどれか。

1．保有したくない銘柄を探す。
2．トレードに見合った経験を積むため、大きなサイズでトレードをする。
3．高値更新をしている銘柄の空売りは避ける。
4．高い銘柄を探す。

問題93　空売りと買い
空売りと買いを比較した次の記述のうち、正しいものを選べ。

1．底値を固めるよりも、天井をつけるほうが、時間がかかる。
2．底値圏は希望と強欲のうえに形成される。
3．買いよりも、空売りのほうが的確なタイミングが重要になる。
4．株が天井を打つときの支配的な感情は恐怖だ。

問題94　株式市場の天井で空売りする
株式市場の天井で空売りする場合に関して、次の記述のうち誤っているものはどれか。

1．ボラティリティが高いので、ストップは比較的遠くに置く必要がある。
2．ストップを遠くに置くには、大きめのポジションが必要だ。
3．ストップにかかったあとに再仕掛けすることは、何の問題もない。
4．資金管理ルールが許容する最大ポジションよりも小さめのポジションでトレードすれば、ポジションを簡単に手放さずにすむ。

問題95　下降トレンドでの空売り
下降トレンドでの空売りに関する次の記述のうち、正しいものを選べ。

1．チャネルの真ん中で空売りをするのは、価値水準よりも上で空売りをするということだ。
2．下部チャネルライン近辺で買い戻すのは、価値水準よりも下で買うということだ。
3．チャネル内での空売りに適切な機会は、たった1回しかない。
4．チャネル幅のうちどれだけをとらえたかというトレード評価は、空売りでは役に立たない。

問題96　下降トレンド上での空売り戦術
下降トレンド上での空売りに関し、誤っている記述を選べ。

1．週足で戦略的な決定を下し、日足で戦術的な計画をつくる。
2．チャネル内で空売りをすると、リスクとリターンの両方が低下する。
3．チャネル内で空売りをすると、相場の振れにひっかかるリスクが上昇する。
4．チャネル内で1回空売りするくらいでは、大きな動きをとらえることはできない。

問題97　ファンダメンタルズに基づいた空売り
ファンダメンタルズの情報に基づいた空売りについて、正しい記述を選べ。

1．ファンダメンタルアナリストは、テクニカル派よりも広いマーケットをカバーできる。
2．テクニカルの研究をアイデアの源泉として用い、ファンダメンタルズを引き金として使うことができる。
3．ファンダメンタルズの情報は、テクニカルな要因よりも重要だ。
4．最も強力な状況は、ファンダメンタルズがトレードを提案し、そのシグナルをテクニカルな要因が裏付ける場合だ。

問題98　空売り候補を探す
空売り候補を探す手法として、有効でないものは次のうちどれか。

1．最も弱い業種をみる。
2．情報や噂に耳を傾け、それらの銘柄を自分の分析的手法を用いて調べる。
3．ナスダック100のなかから最も弱い銘柄を探す。
4．著名アナリストが投資判断を引き上げた銘柄を空売りする。

問題99　売り残比率
売り残比率は（　　）を計測することで空売りの激しさを表している。

1．「浮動株」に対して、弱気派が空売りしている株数
2．あるトレーダーが保有している株数に対し、そのトレーダーが空売りをしている株数
3．買い建てているトレーダーの数に対し、売り建てているトレーダーの数
4．トレーダーの総数に対し、空売りの準備ができている口座を持つトレーダーの数

問題100　売り残比率に基づいてトレードをする
売り残比率を確認することはトレーダーの役に立つ。次のうち当てはまらないものを選べ。

1．売り残比率の上昇は、下降トレンドを裏付けている。
2．20％を超える売り残比率は、激しい急上昇が起きそうだという警告だ。
3．10％未満の売り残比率は、空売りが比較的安全であることを表している。
4．売り残比率の下落は、株価の崩落が近いことを示している。

問題101　マーケットは空売りを必要としている
空売りがなくても存在し得るマーケットは、次のうちどれか。

1．株式
2．先物
3．オプション
4．FX

問題102　先物を空売りしているのは誰か
先物市場で空売りのほとんどを保有しているのは、次のうち誰か。

1．一般投機家
2．当業者もしくはヘッジャー
3．CFTC（米商品先物取引委員会）
4．ヘッジファンド

問題103　先物の空売り
先物の空売りについて、誤った記述を選べ。

1．売り方は、将来の受渡を契約で拘束されることになる。
2．商品価格の下限は、生産費で決まる。
3．先物のインサイダー取引は違法である。
4．商品価格の天井は、代替物の価格で決まる。

問題104　穏やかな上昇と急落
商品価格は急落しやすい。その主な要因はどれか。

1．繰越日歩
2．価格操作
3．季節要因
4．代替物の価格

問題105　オプションの売り
オプションは、買いよりも売りのほうが、収益性がはるかに高い。その主な理由はどれか。

1．オプションの時間価値があるため。
2．買い手のほとんどが不十分な資金しか持っていないため。
3．オプションが、株とは違った動きをするため。
4．ほとんどの買い方が初心者であるため。

問題106　カバード売り
カバード売りが抱える主な難点はどれか。

1．株価が横ばいになると、そこから売買益を得られない。
2．株価が下落すると、買いポジションで損失が出る。
3．株価が権利行使価格を超えて上昇すると、ポジションを渡すことになる。
4．カバード売りには、大きな資金が必要である。

問題107　ネイキッドとカバード
ネイキッドとカバードの主な違いはどれか。

1．トレード期間
2．トレードがどのように担保されるか
3．トレードサイズ
4．分析の技法

問題108　ネイキッド売りに必要なもの
オプションのネイキッド売りで、トレーダーに最も必要なものはどれか。

1．現金
2．トレードアイデア
3．規律
4．タイミング

問題109　ブローカーとトレーダーの利益相反
ブローカーの利益が、基本的にトレーダーの損失に依存しているようなFX取引の舞台は、次のうちどれか。

1．インターバンク市場
2．通貨先物
3．現金で外貨を持っていること
4．FX取引の業者

問題110　FX市場
次のうち、FX市場に当てはまらないものはどれか。

1．長期では最もトレンドの出るマーケットだ。
2．国の政策というファンダメンタルズに大きく左右される。
3．FXのトレードを計画し、トレードに取りかかるのは簡単なことだ。
4．FX市場は、基本的に週7日24時間で取引されている。

問題111　より優れたトレーダーになる

より優れたトレーダーになるために最も大切なのは次のうちどれか。

1. マーケットを調査すること
2. しっかりと記録をつけること
3. 仕掛けと手仕舞いをうまくやるための技法
4. 運

問題112　勢力指数のトレードシグナル

次のチャートでは、勢力指数の突っ込みがみられた翌日に（普通の矢印）、価格が底をつけているのが分かる。また勢力指数の突き上げ後は、天井を打つことなく上昇トレンドが続いているようだ（破線の矢印）。この違い示しているのは、次のうちどれか。

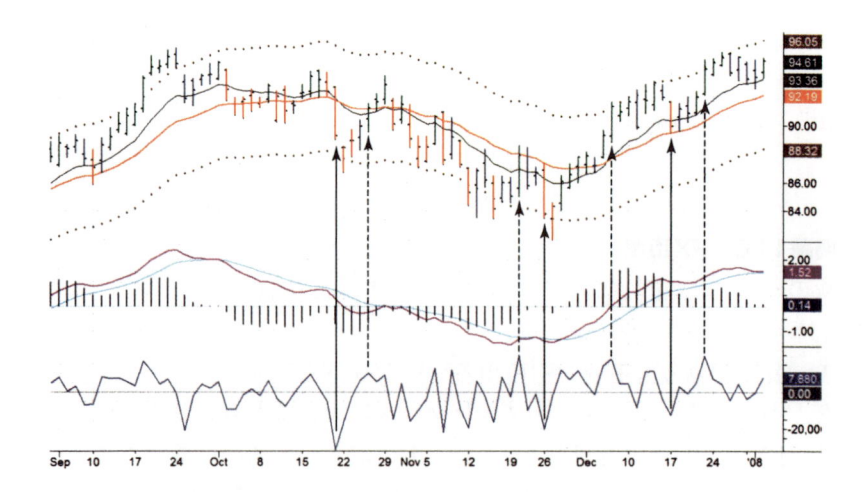

1. この指標は下降トレンドでのみ機能する。
2. この指標は上昇トレンドでのみ機能する。
3. 上昇トレンドと下降トレンドは非対称なので、違ったやり方でトレードしなければならない。
4. 下げ相場では、単一の指標に従ってトレードできる。

問題113　ダマシのブレイクアウトと乖離
次の記述とチャート上のアルファベットで、適切な組み合わせをつくれ。

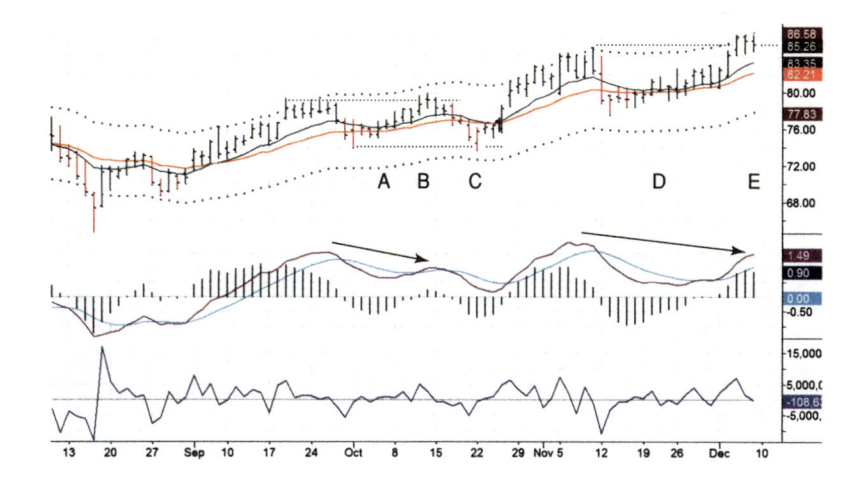

1．ダマシのブレイクアウト
2．乖離

問題114　空売りと買い戻しのシグナル

次の記述とチャート上のアルファベットで、適切な組み合わせをつくれ。

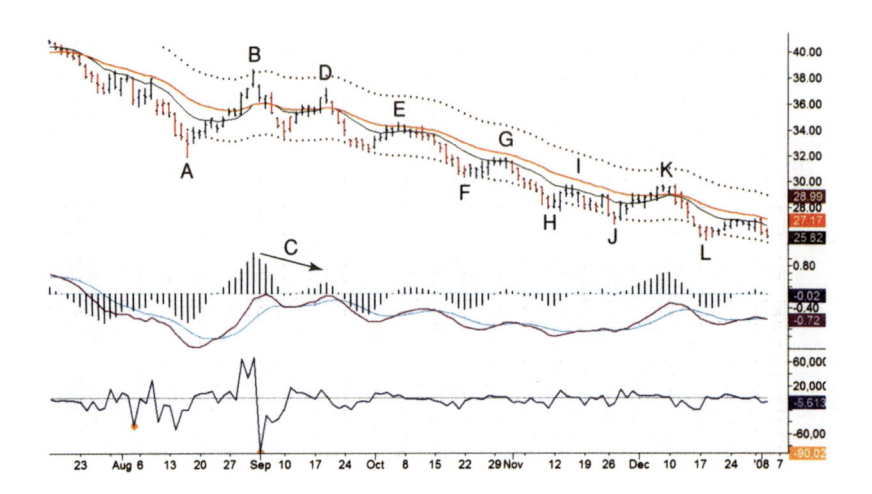

1．価値水準までの押し
2．過小評価ゾーン
3．カンガルーテイル
4．乖離

問題115　空売り戦術
チャートの右端から今後数週間のうちに実行すべき戦術を選べ。

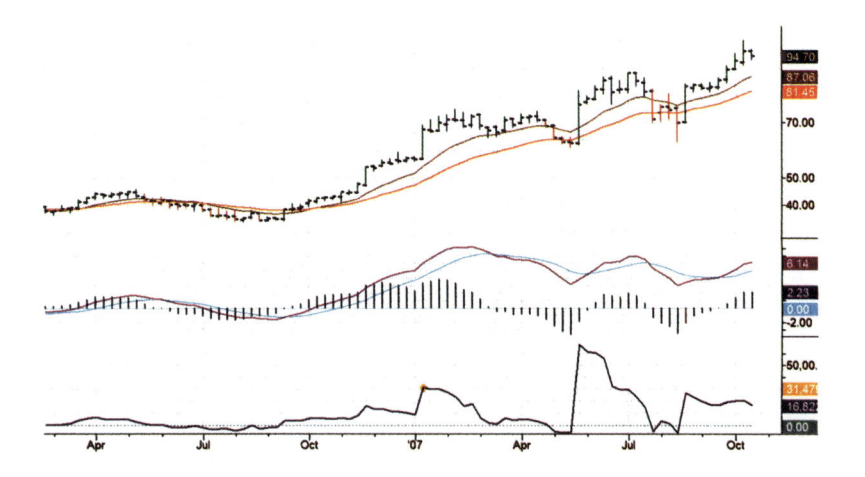

1．トレンドは上だ。94.95ドル近辺のこのあたりで買おう。
2．トレンドは上だ。直近の高値である100.50ドルをブレイクしたところで買おう。
3．力積システムは青が点灯し、MACDも下げ始めている。空売りをしよう。目標は短期EMA近辺の87ドルだ。
4．力積システムは青が点灯している。目標を長期EMA近辺の81ドルに定め、空売りをしよう。

第3部確認テストの解答と解説
Answers

問題87　株の空売り
解答：2　借りた株を売ること。

　株を売る理由には「過大評価されている」「今にも下げそうだと感じる」など、いくらでもある。これらの理由はどんな銘柄にも当てはまるが、株を空売りする方法はひとつしかない。その株を借りることだ。
　空売りは、買ってから売るという標準的な過程を逆にしたものだ。空売りは、あとで買い戻すことを目的として、借りてきた株を売ることから始まる。これによって、上昇ではなく下落から利益を上げることができる。

問題88　空売りのリスク要因
解答：4　「株が暴落するかもしれない」は誤り。

　暴落は、売り方にとって収益源になり得るが、上昇は損失につながる。トレーダーが空売りをしている会社が配当を発表した場合、その配当は株を買った人が受け取る。したがって、空売りをしている人は、借りた株の所有者に配当分を支払わなければならない。その所有者が株を売ろうと決め、しかも空売り用に株を貸し出してくれる別の所有者をブローカーがみつけられない場合、空売りをしている人は借りている株を返すために、予定よりも早く買い戻すことを強いられる。

問題89　空売りの影響
解答：3　「価格の振れを大きくする」は誤り。

　空売りをする人は、上昇中に売って値が高いときに供給を増やすことになる。値崩れしたときに買い戻しをすることで、価格の動きを和らげることになる。ほとんど売り一色の群衆とは逆のトレードをすることで、空売りをする人は価格の過剰な振れを和らげるのに役立っている。

問題90　売り建てと買い建て
解答：2　株は、上昇時よりも下落時のほうが足が速い。

　株の空売りの大きな利点は、株は上昇時に比べて約2倍の速さで下落する傾向にあることだ。これはどの時間軸にも当てはまる。月足でも、週足でも、日足でも、日中足でさえも当てはまる。株価が上がるには買われなければならない。しかし下がるときは、自らの重みで下がっていく。天井で売るにしても底値で買うにしても、マーケットには本当に「簡単」なことなど存在しない。

問題91　空売りの難点
解答：3　株式市場は時間とともに上昇する。

　株の空売りの大きな難点は、株式市場全体が時間とともに上昇するという傾向だ。これは何世紀にもわたって続いてきたものだ。さまざまな推定があるが、平均するとインフレ率を差し引いて年率3％の上昇というのが妥当なところのようだ。これが意味するのは、空売りは

緩やかな上げ潮に逆らって泳ぐということだ。このため、買いに比べて空売りでは短期志向が求められる。アップティックルールは、米国ではすでに廃止されている。

問題92　空売りを学ぶ
解答：2　「十分に見合った経験を積むため、大きなサイズでトレードをする」は誤り。

　空売りの勉強をするなら、下落を見込む銘柄を考え、保有したくないと思う銘柄に狙いを定めよう。安く買って高く売るというのが妥当な考えなら、値の高い銘柄のほうが空売り候補として望ましいだろう。
　買いの場合、安値更新を続けているような銘柄を買うのはいい考えとはいえない。同様に空売りの場合、高値更新を続けているような銘柄を売るのはいい考えとはいえない。
　トレードサイズは感情を大幅に増幅させる。トレードサイズが大きくなるほどストレスも大きくなる。最初のよちよち歩きの段階ではトレードサイズを小さくし、儲けようが損しようがまったく問題にならないくらいにしよう。こうすればトレードのよしあしに集中できる。

問題93　空売りと買い
解答：1　底値を固めるよりも、天井をつけるほうが、時間がかかる。

　株式市場の大底は細く鋭い傾向にあるが、天井は太く波打つ傾向にある。株式市場の大底は、恐怖という短くて強力な感情で形成されている。天井は強欲という明るい感情で形成されており、この感情は長続きする。下落は上昇よりも速いので、空売りでは正確なタイミング

がより重要になってくる。

問題94　株式市場の天井で空売りする
解答：2　「ストップを遠くに置くには、大きめのポジションが必要だ」は誤り。

　相場が天井付近で活況になっているときは、高いボラティリティと価格の大きな振れが見込まれるので、ストップの設定が難しくなる。ストップを遠くに置くほど1株当たりのリスクは大きくなる。1株当たりのリスクが大きくなると、ポジションのサイズは小さくしなければならない。大きな崩落をとらえる前に天井付近で空売りを繰り返すのは一般的ではない。資金管理ルールが決めた上限に収まるようポジションサイズを落とすことで、ポジションを簡単に手放さなくてすむようになる。

問題95　下降トレンドでの空売り
解答：2　下部チャネルライン近辺で買い戻すのは、価値水準よりも下で買うということだ。

　チャネルの真ん中では、価格は価値水準近辺にある。空売りを買い戻して利益を確定するタイミングは、下部チャネルライン近辺の過小評価ゾーンまで価格が落ち込んだときだ。チャネルは、何度も投資機会を提供してくれることが多い。価格は価値水準まで上昇しては、価値水準よりも下まで崩落することを繰り返す。チャネル幅の何％をとらえたかというスイングトレードの評価は、買いでも空売りでも同様によく機能する。

問題96　下降トレンド上での空売り戦術
解答：2　「チャネル内で空売りをすると、リスクとリターンの両方が低下する」は誤り。

　相場の振れにひっかかるリスクは、マーケットの天井で空売りをしようとするときに最も大きくなる。チャネル内での空売りは、相場の振れにひっかかるリスクを軽減してくれる。マーケットには、ただで手に入るものはない。リスクを減らすことは、それ相応に潜在的な利益も減らすということだ。この潜在的な利益は、天井では大きく、下降トレンドでは比較的小さくなる。

問題97　ファンダメンタルズに基づいた空売り
解答：4　最も強力な状況は、ファンダメンタルズがトレードを提案し、そのシグナルをテクニカルな要因が裏付ける場合だ。

　ファンダメンタル分析の対象範囲がテクニカル分析より狭いのは、マーケット間にはさまざまな経済的な違いがあるからだ。テクニカル派は、自分のツールを広く当てはめることができる。ファンダメンタルなアイデアは、テクニカル分析の承認を得なければならない。ファンダメンタルな筋書きがどれほど優れていても、テクニカル要因がそれを裏付けないかぎりトレードはしない。この両者が同じ方向を指したとき、非常に強力な連携がつくられることになる。

問題98　空売り候補を探す
解答：4　「著名アナリストが投資判断を引き上げた銘柄を空売りする」は誤り。

空売り候補を探す手法は、買い候補を探す手法と同じくらい多岐にわたる。鍵となる原則は、どんなアイデアでも自分自身の手法やシステムで確かめてみることだ。労働集約的に一定の業種やナスダックの時価総額上位100社から掘り起こすのもいいだろう。単に耳寄り情報や噂、投資判断引き下げのニュースに耳を傾けるのもいいだろう。いずれにせよ、自分の分析的手法を用いて情報やアイデアを検証するかぎり、どんなものでも役に立つだろう。

問題99　売り残比率
解答：1　「浮動株」に対して、弱気派が空売りしている株数

　売り残比率は、ある銘柄で弱気派が空売りしている株数を「浮動株」数と比較したものだ。浮動株とは、空売りをするときに利用できる株の数である。これは、会社が発行している総株数から、経営陣に認められた制限付き株式、「戦略的株主」の保有する株式、内部者が保有する株式を引いたものだ。ブローカーは、空売りされたが買い戻されていない株数を報告している。この数字を総浮動株数で割ると、売り残比率が得られる。これは、その銘柄での空売りの激しさを表している。

問題100　売り残比率に基づいてトレードをする
解答：4　「売り残比率の下落は、株価の崩落が近いことを示している」は誤り。

　売り残比率の上昇は、弱気派がけたたましく怒り始めていることを表している。あらゆる売りポジションは、最終的に買い戻されなければならない。踏み上げは、その上げ足の速さで悪名高い。

概して、10％未満の売り残比率は許容できる。しかし、20％を超えたら空売りをしている人が大勢いることを疑うべきだ。株価が下落してさらに多くの弱気派がパーティーに参加してきたとき、売り残比率は増加する傾向にある。また、上昇トレンドでは売り残比率は下落する傾向にある。このような上昇トレンドは長続きする可能性がある。

問題101　マーケットは空売りを必要としている
解答：1　株式

　空売りをしている株式トレーダーはほんの一部だが、先物、オプション、FXの世界では、空売りの出来高は買いの出来高と同数だ。あらゆる買い取引には、売り取引が対応している。株式以外の投資対象では、買いポジションの総数と売りポジションの総数は完全に一致する。

問題102　先物を空売りしているのは誰か
解答：2　当業者もしくはヘッジャー

　ほとんど先物市場では、空売りのほとんどが当業者かヘッジャーによるものだ。彼らは正真正銘のインサイダーだ。例えば、大手穀物商社は、まだ刈り入れの終わっていない穀物を有利な価格で売るため、小麦先物を売って価格を確定するかもしれない。しかし、これはこのゲームの一部でしかない。
　有能なヘッジャーは先物部門を運用部門として運営しており、価格に保険をかけるだけの部署とはみていない。これらのポジションで利益を上げようとしているのだ。

問題103　先物の空売り
解答：3　「先物のインサイダー取引は違法である」は誤り。

　先物を取引することは、先々に、ある商品を買い受ける、もしくは売り渡すという拘束力を持った契約を結ぶことだ。あらゆる取引は、売り方と買い方の両方の証拠金によって担保されている。株式とは違い、先物には本来的に下限と上限がある。生産費が下限を決め、代替物の価格が上限を決める。しかし、これらの水準は完全に固まっているというよりは、いくらか柔軟性がある。
　先物にはインサイダー取引に対する規制がない。なぜならヘッジャーが正真正銘のインサイダーだからだ。インサイダーの動向は、CFTC（米商品先物取引委員会）が定期的に発表している「建玉明細」報告でチェックできる。

問題104　穏やかな上昇と急落
解答：1　繰越日歩

　商品には繰越日歩が発生し、倉庫、借入、保険の費用が価格に織り込まれる。これらの料金が毎月加算されていけば、価格はじわじわとあり得ない高さにまで昇っていくかもしれない。だが実際には、比較的緩やかで安定的な上昇に穴が空くと、またたく間に急落し、価格は現実的な水準に戻っていく。そして再び同じ過程が始まっていく。

問題105　オプションの売り
解答：1　オプションの時間価値があるため。

株とオプションの主な違いは、オプションという資産が消耗していくことだ。この問題で列挙されている要因は、すべてオプションの買い方にとっては致命的なものだ。しかし、オプションの時間価値が消耗していくことは、このなかでも最も重要な要因だ。オプションの満期に向けて時間が進むにつれ、時間価値の消耗によってオプションの価値は下がっていく。つまり売り方は、買い方から受け取ったお金をより確実に自分のものにしていく一方で、買い方はより確実にお金を失っていくのだ。

問題106　カバード売り
解答：4　カバード売りには、大きな資金が必要である。

　若干横ばい気味の状態が続いてオプションの権利行使価格に届かなかった場合は、プレミアムが手に入って総収益が底上げされる。株価が下がったときもそのプレミアムが手に入り、株の下落を和らげてくれる。株価がオプション行使価格を上回った場合は、ポジションを渡すことになる。購入価格から売却価格までの売買益に加え、プレミアムもとることができる。
　興味をそそる株はいくらでもある。自由になった資金で新しい買いを探そう。オプションを売るといっても少なすぎては意味がない。それに見合うよう十分な数のオプションの対象株式を買う必要がある。したがって、相当な資金が必要になる。これが妨げとなり、ほとんどトレーダーはこのビジネスに参入できない。

問題107　ネイキッドとカバード
解答：2　トレードがどのように担保されるか

保守的な投資家は、自分の株式に対してカバードコールを売る。ネイキッドの売り方は、現金だけを担保に、何もないところからオプションをつくりだす。この取引が現物株によって担保されるのか、それとも現金によって担保されるのかが、カバード売りとネイキッド売りの大きな違いだ。ほかの違いは非常に小さい、もしくはないといってもいいくらいだ。

問題108　ネイキッド売りに必要なもの
解答：3　　規律

　ネイキッドで売る人はぎりぎりのところを渡っている。自分を守ってくれるのは現金と自分の腕だけであり、利益確定と損切りで規律は絶対的なものだ。十分な現金を持たずして、オプションを売ることはできない。また、優れたアイデアと適切なタイミングも求められる。とはいえ、潤沢な資金、アイデア、タイミングがそろっていたとしても、成功するためには完璧な規律が必要とされる。

問題109　ブローカーとトレーダーの利益相反
解答：4　　FX取引の業者

　ほとんどのFX業者は、注文を流さず、顧客の注文に向かう。彼らは、売りだろうが買いだろうが、顧客のトレードと逆のトレードをする。もし、あなたがインターバンク市場で取引をするか、通貨先物を売買するか、もしくは単に現金を両替するような場合なら、あなたが儲けようが損しようがブローカーは関心を持たない。彼らはあなたの注文を執行し、売買手数料を徴収するだけだ。ところが大抵の業者は、

あらゆる取引で自分の顧客と逆のほうに賭けている。したがって、顧客が損をすることで業者が利益を上げることになる。

問題110　FX市場
解答：3　「FXのトレードを計画し、トレードに取りかかるのは簡単なことだ」は誤り。

　営業担当者が、マーケットに関することで簡単だと語り始めたら逃げ出したほうがいい。確かにFXは週7日24時間取引されている。だが、これは自分で周到に計画したトレードが、寝ている間に地球の裏側で約定されているかもしれないということだ。ある国の通貨の価値は、長い目でみれば政策によって決まるという事実から、通貨が一度大きなトレンドに入ると、上だろうが下だろうがそのトレンドは何年も続くことがある。

問題111　より優れたトレーダーになる
解答：2　しっかりと記録をつけること

　長期的な成功や失敗に関わる最も重要な要因とは、記録のよしあしだ。記録をつけてそれを検討することで、自分の調査方法やトレード技法を改善することができる。がんばった分だけ運もついてくる。

問題112　勢力指数のトレードシグナル
解答：3　上昇トレンドと下降トレンドは非対称なので、違ったやり方でトレードしなければならない。

上昇トレンドは強欲によって押し上げられており、長続きする傾向にある。下降トレンドは恐怖によって押し下げられ、上昇トレンドよりも激しいが、継続する時間は短い傾向にある。

　天井と大底の基本的な非対称性が意味するのは、チャートの見方に関する一般的な原理は変わらなくとも、空売りでは正確なタイミングが要求されるということだ。単一の指標ではけっして十分とはいえず、それを裏付けるようなサインを探さなければならない。例えば、価格がチャネルラインに達しているときの突っ込みだ。空売りをしている人には、トレードの結果が出るまで待っている時間はない。

問題113　ダマシのブレイクアウトと乖離

解答：1―BとCとE　　2―AとD

　天井と大底は非対称な傾向にある。ダマシのブレイクアウトや乖離のようなテクニカルシグナルが、買い同様に空売りのシグナルを発することはある。しかし、タイミングに関しては話が違うようだ。例えば、ダマシの下方ブレイクアウトが1日で終わっているのに対し、各々のダマシの上方ブレイクアウトは3日間続いていることに注意してほしい。空売りでストップを設定するのは難しい。チャートの右端から2日後、この銘柄は値を崩す前に新高値をつけている。ストップを近いところに置くと、相場の振れにひっかかることになる。

問題114　空売りと買い戻しのシグナル

解答：1―DとEとGとIとK　　2―AとFとHとJとL
　　　3―AとBとD　　　　　4―C

はっきりとした下降チャネル内を動いている銘柄をみつけたら、移動平均で定義された価値水準以上で空売りをしてもいい。下部チャネルラインで定義された過小評価ゾーンまで落ち込んだら、いつでも買い戻せる。ほかのチャートパターンの多くと同じように、カンガルーテイルは天井同様に底値近辺でも機能する。

問題115　空売り戦術

解答：4　力積システムは青が点灯している。目標を長期EMA近辺の81ドルに定め、空売りをしよう。

この銘柄は、強力な上げ相場にあった。しかし直線的に進むようなトレンドなどあり得ない。買うべきところは価値水準近辺だが、今は価格が価値水準から離れすぎている。MACDヒストグラムは下げ始めており、力積システムは青が点灯、勢力指数は弱気乖離を示している。空売りが魅力的な選択肢になってきた。短期EMAが現実的な目標だ。価格が目標に近づいたら状況を再評価し、買い戻すか保有し続けるかを決めればよい。

答案の評価

問題の解答がひとつで正解なら1ポイントが得られる。解答が複数あれば、比例して点数をつける。全部正解なら1ポイント、2つのうちひとつだけ正解なら0.5ポイントだ。

25～29点　すばらしい

空売りについて十分に理解している。マーケットはあなたを待っている。経験から学ぶために、しっかり記録をつけておくこと。

21～24点　なかなかいい

　トレードで成功するには最高レベルの成績が必要だ。間違えた問題の解答を調べて、よく検討すること。数日後にもう一度問題を解いてから次のページに進んでほしい。

21点未満：注意！

　正答率が７割を切っているのは、トレードにとっては非常に危険な兆候だ。プロのトレーダーたちは、あなたのお金を巻きあげようとマーケットで待ち構えている。彼らと戦う前に、十分な力をつける必要がある。第３部をよく読み直して、テストをもう一度受けてほしい。２回目も成績が悪いままなら、そのセクションで推薦されている図書を調べて研究すること。このテストの成績が改善するまで空売りを控えること。

第 **4** 部

下げ相場の教訓

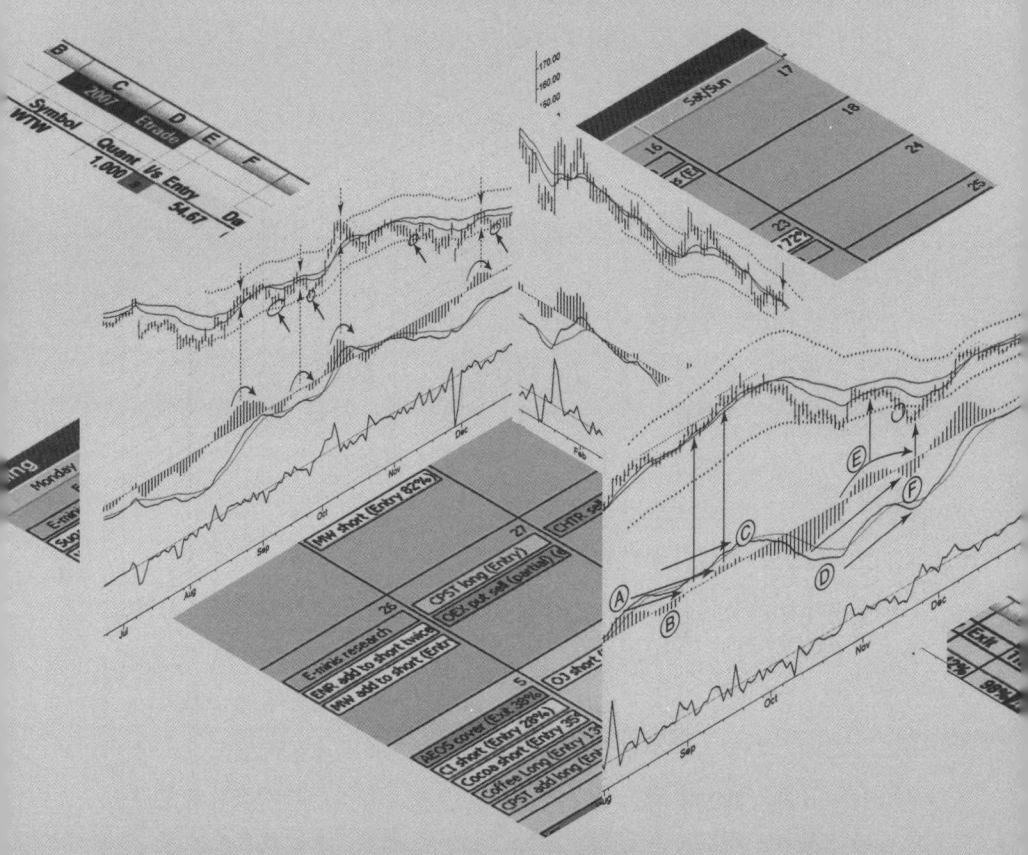

Part Four: Lessons of the Bear Market

株価が上昇すると、会社の経費もゆるくなる。2007年2月、米国株の大きな上げ相場が最後のピークへと向かっているとき、つきあいのある出版社が、私と友人2人をニューヨークの高級レストランでのディナーに招待してくれた。

　いい時代だった。しかし、私の調査では、強気派が息を上げているという警告が絶えず発せられていた。私が「トレード関連書では売りに関する書籍が一番少ない」という話をすると、この出版社の編集者は私の考えを気に入り、本（本書初版）を書くように勧めた。

　私は年内に原稿を渡す約束をした。そこから出版社が本を出すまでに数カ月かかるだろう。私は編集者に、「それまでに上げ相場の終了を予想しているので、下げ相場のなかで出版することになるだろう」と告げた。

　マーケットは、上であれ下であれ目標を超えて動くことが往々にしてある。2007～2009年の下げ相場は、尋常ではないほど深刻なものになった。しかし、2009年3月の最後の土砂崩れでは、世紀の大安売りを生みだした。

　この下げ相場を生き延びたトレーダーたちは、いつどこで売るかについて計画を立てる重要性を学んだ。そして、より多くの人が空売りに関心を持つようになった。これは、まさにプロがやってきたことだ。マーケットでは、空売りをすることで手早く利益を上げられることが多い。

　2010年2月、出版社から初版の改訂を勧める電話がかかってきた。この話は電話越しに行われた。経費で会食の場が設けられることはなかった。

　第1部（買いがテーマ）の大半は、私のほかの著書にも書かれていることだったので、縮小してダイジェストにすることに同意した。第2部と第3部（売りと空売りがテーマ）の考え方は、時の洗礼を受けたものであり、現在でも有効であることから残すことに決めた。そし

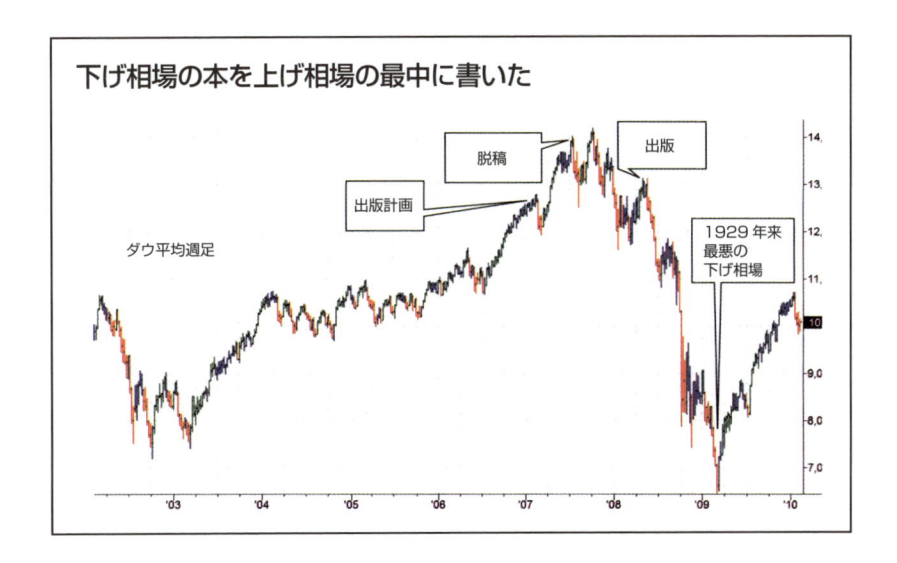

下げ相場の本を上げ相場の最中に書いた

ダウ平均週足

出版計画 / 脱稿 / 出版 / 1929年来最悪の下げ相場

てさらに改訂版では、この第4部を追加することに決めた。

　これは、重要でないからあと回しにしたわけではない。ここでは、売りと空売りの原理に関してトレードの実例を紹介している。史上最悪の下げ相場を教訓として利用できる今、私たちはますますうまくトレードできるようになっていることを確認しよう。

第9章　弱気派が利益を上げる
Bears Make Money

　得てして勝ちよりも負けからのほうが、学ぶことは多い。2007〜2009年の下げ相場は、厳しい教師だった。多くのトレーダーがつらい敗北感を味わった。

　ここでの教訓を総括するときがきた。あなたがこれからつくるトレード計画をより優れたものにするため、またあなたの前途を平穏なものにするための役に立てばと思い、改訂版では本稿を追加した。

暗がりで動き始めていた弱気派

　2003年から2007年半ばまで、上げ相場が始まってからずいぶんとたった。上げ相場でも下げ相場でも、ひとつのサイクルが4年半以上も続くことは、普通はない。そして2007年まで、時計を刻む針の音はますます大きくなっていった。

　私の考えでは、株式市場の最も優れた指標は新高値−新安値指数だ。その日の新高値銘柄といえば、その年の高値を更新している銘柄のことだ。新高値銘柄はマーケットの強さを主導している。その日の新安値銘柄とは、その年で最も安いところに達している銘柄だ。新安値銘柄はマーケットの弱さを主導している。

　取引所に上場されている株式すべてを部隊の兵士に例えると、新高値銘柄と新安値銘柄は将校だ。この部隊が攻撃を仕掛けているとき、将校たちが攻撃を率いているのか、それとも後方へ逃げ出しているのかをみるとよい。

　うまく統率された部隊は勝利を得る。だが、統率のなっていない部

図9.1 週次の新高値－新安値指数、2007年半ばまで

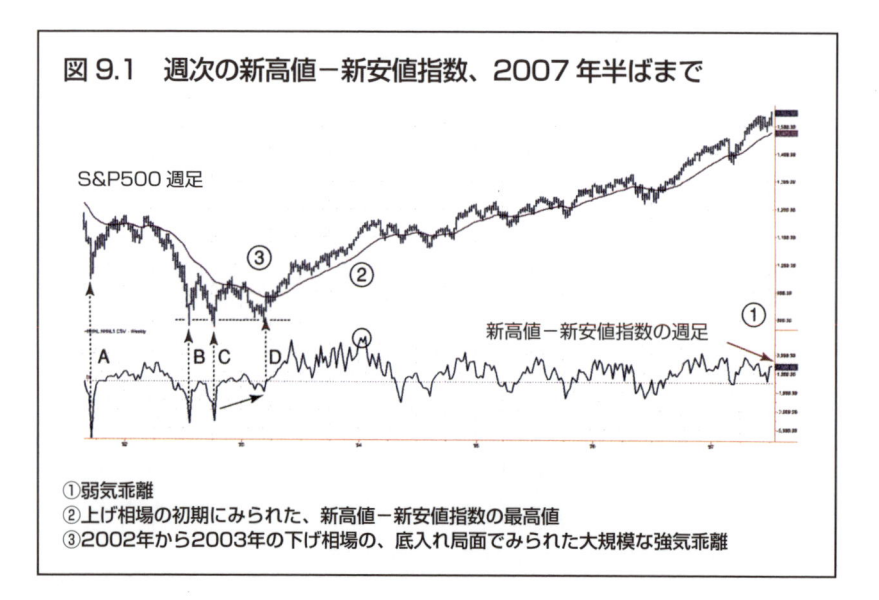

S&P500 週足

新高値－新安値指数の週足

① 弱気乖離
② 上げ相場の初期にみられた、新高値－新安値指数の最高値
③ 2002年から2003年の下げ相場の、底入れ局面でみられた大規模な強気乖離

隊は敗北することになる。私は数年前に、将校の訓練を受けたことがある。そのとき、さんざんいわれたのは「ダメな兵士など存在しない、ダメなのは将校のほう」ということだ。そのとおりだと思う。私は常に新高値－新安値指数に注意を払っている。

新高値－新安値指数の日次データをつくるには、新高値銘柄数から新安値銘柄数を引けばよい。新高値－新安値指数の週次データをつくるには、過去5営業日分の、日次の新高値－新安値指数を合算すればよい。

図9.1のチャート右端にある①のエリアでは、S&P500がさらなる高みを目指しているにもかかわらず、新高値－新安値指数の週足は極大値を切り下げている。つまり、この部隊は攻撃を続けているのに、将校たちは逃げ出しているわけだ。

統率のなっていない攻撃は、失敗することが多い。私が本書初版を書き始めたのはこのころだ。

②のエリアまでさかのぼると、新高値－新安値指数の週足は2004年

初頭に最大に達していることがみてとれる。上げ相場の初期段階で新高値－新安値指数が極大値をつけるのは、よくあることだ。人間の成長に似ている。人生の最初のころは最も急激な成長をみせ、あとになるとその速度は落ち、あと戻りさえする。

初期のほうで新高値－新安値指数が極大値をつけるのは正常なことだ。問題は、このピークから2007年までずいぶんと時間が経過している点である。この上げ相場は老化してきているわけだ。

最後に、もっとさかのぼって③のエリアをみてみよう。新高値－新安値指数が下げ相場の底値（大底だけでなく押し目でも）を見極めるのに役立つことが分かる。私たちがこれから探す買いシグナルはこれだ。このシグナルを検討してみよう。

●新高値－新安値指数の週足がマイナス4000まで突っ込んでおり、これは大衆のパニックを表している

ここは、トレーダーが群れをなして株を投げ売りするための、すばらしい買い機会になっている。新高値－新安値指数の週足がマイナス4000まで突っ込んだ場合、数カ月間とまではいかなくとも数週間は強力な上昇が続くはずだ。

これは下げ相場の最中でも同じだ。垂直な破線の矢印で示してあるように、**図9.1**のチャートをみると、このような突っ込みがA、B、Cの3つから確認できる（スパイクの名称は、このような突っ込みに由来している）。

2007～2009年の下げ相場で、このような突っ込みがどのように形成されたかは、このあとみてみよう。

●新高値－新安値指数の週足とS&Pの強気乖離が、きわめて強力な買いシグナルを発している

この乖離は次のようなときに起こる。マーケットが全般的に下落し、

やがて反発する。さらに下落し、同じところかさらに深いところまで下がる。同じように新高値-新安値指数も下へ突っ込んでから反発してゼロを上抜き、再び下落する。しかし、極小値は先ほどよりも浅い。

この一連の動きは、兵士たちが後退している間も将校たちが体勢を立て直し、もはや後方へ逃げ出しているわけではないことを示している。攻撃のときは近い。

チャート右端に戻ろう。弱気乖離がみられる（赤矢印）。これは、上げ相場もみた目ほどは強くはないことを示している。この動きによって、私は売りに関する本を書くときだという確信を強くした。

センチメント指標は先行する

センチメント指標は、マーケットの群衆からその心情を直接くみ取っている。センチメント指標に含まれるのは、強気コンセンサス、弱気な投資情報サービスの割合、プット・コール・レシオだ。あれこれのツールは群衆心理のパターンを反映しており、トレンド、大底、天井を見極めるのに役立つ（このような指標で私のお気に入りのサイトがwww.sentimentrader.comだ）。

センチメント指標のなかでも非常に単純なのがマスメディアである。大衆の感情が度を超しているとマスメディアが報じるとき、抜け目のないトレーダーたちは、トレンドの反転をうかがい始める。

2007年夏、私は国際的な大企業で講演をするためアジアに飛んでいた。東京からシンガポールへの便で、私はフィナンシャルタイムズ紙のある記事をみて、思わず背筋を伸ばした。同紙の上海駐在員によると、ホテルのサービススタッフや皿洗いが、デイトレーダーになるべく大挙して仕事を辞めており、地元のサービス業に労働力不足が生じているというのだ。

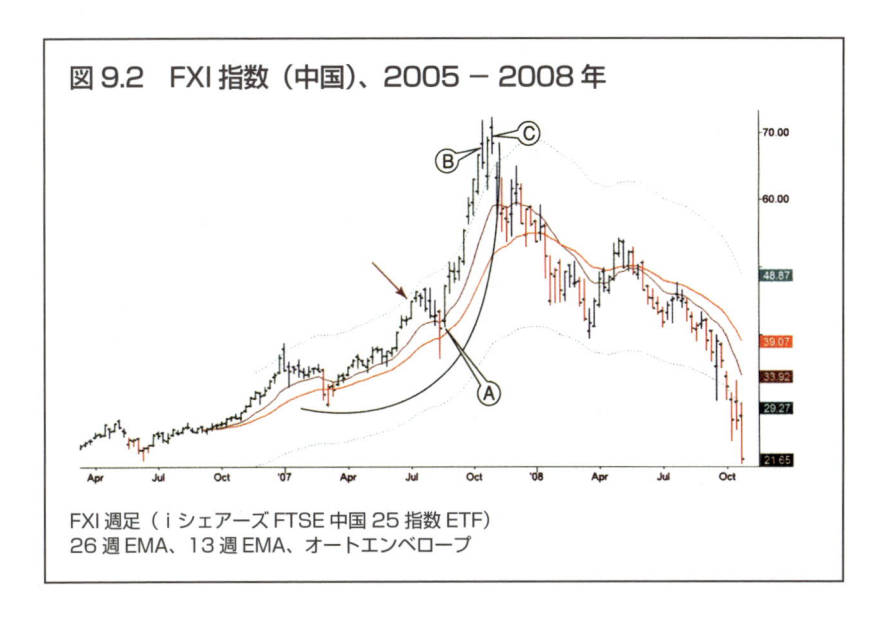

図9.2 FXI指数（中国）、2005－2008年

FXI週足（iシェアーズ FTSE 中国25 指数 ETF）
26週EMA、13週EMA、オートエンベロープ

　鐘の音が聞こえたように思えた。ベッドメイキングや皿洗いで生計を立てている人には十分な敬意を払っている。だが、株式市場はそういう人たちがそろって利益を上げられるように、つくられていない。この記事で思い出したのは、前出のバーナード・バルークの話だ。バルークは、靴磨きから株の耳寄り情報を聞いたことで保有していた株をすべて売却し、1929年の暴落を回避できた。

　最も投機とは縁遠い人たちが株式市場に大挙して押し寄せてきたら、新規ギャンブラーの供給も底をつき始めている。イケイケのゲームも終わりに近い。

　私はその新聞をシンガポールの会議へ持っていき、ホテルで鐘を拝借して、資産運用者である聴衆に聞かせた。**図9.2**のチャート上の赤い矢印が私の講演をした日だ。

　もっとも本当は、その鐘で私自身の頭を叩いたほうがよかったかもしれない。中国株は講演後、数週間にわたって下落したものの、反発してさらに60％も値を上げてから崩壊したのだ。

人間の心は、一般に考えられているよりもはるかに暗くなり得るし、明るくもなり得る。したがって、センチメント指標は一般的な警告として優れているが、正確なタイミングを当てるのには適していない。

図9.2の黒い曲線は、中国株指数が上げ相場のフィナーレに向かって放物線状に進んだことを示している。このパターンは、心理学的には行き過ぎを示している。自分の買いポジションが放物線状の動きをしていたら、シートベルトを締めて、使っている指標を放り投げ、ストップは前週の週足の下に置いておこう。

本書の最初のほうで言及した力積システムが、FXIの週足上で数々の有益なシグナルを発していた。このシステムは、マーケットの動きから慣性とパワーを計測することで機能している。短期EMAの傾きは慣性を反映しており、MACDヒストグラムの傾きはパワーを反映している。ひとつの足でこの両方が上昇すれば力積システムの足の色は緑になり、両方が下落すれば足の色は赤になる。2つの指標が食い違った場合、足の色は青になる。

図9.2のポイントAの足では、力積システムで緑が点灯し、上昇再開のシグナルを発していた。上昇は9週間続き、週足では毎日安値を切り上げていた。

ポイントBの足では、力積システムで青が点灯し、強気派の息が上がっていることを示していた。力積システムが青に戻ってからさらに1週間上昇したが、ポイントCの足で青に変わった。

ポイントCの足は、その日の安値近辺で引ける前に上場来高値をつけていることに注意してほしい。ダマシの上方ブレイクアウトは、テクニカル分析の最も弱気なサインのひとつだ。

ここからのFXIは、完全な下り坂だった。半値になるまで目立った反発もなく、反発後もさらに下落を続けた。

中国の株式市場が崩落したことで、上海の労働者不足は解決しているに違いない。

上げ相場の天井

　株式市場は裏切ることもないし、人をだますこともない。
　岸辺に波を寄せる海を考えてみよう。泳いだり、サーフィンをしたり、ヨットに乗ったりする時機を知るためにも、またすべてを投げうって高台に避難しなければならない時機を知るためにも、波を読まなければならない。海の言葉を学ぶには忍耐と経験が求められる。
　マーケットも、サインとシグナルという独自の言葉で私たちに語りかける。テクニカル分析の仕事は、この言語を解釈することだ。
　2007年の歴史的な天井近辺で発せられた株式市場のメッセージは何だったのだろうか。2種類の週足をみてみよう。ひとつは新高値－新安値指数が入ったチャート、もうひとつは私のお気に入りの指標が4つ入ったチャートだ（第1部で触れた「弾倉に弾丸は5発」を思い出してほしい）。
　週足から始めるのはなぜだろうか。これは非常に大切なルールだ。マーケットはさまざまな時間軸で同時に動いている。月足ではトレンドが上向きで、週足では下向きで、日足では上向きで、そして日中足チャートでは下向き、といったことが同時に起こり得る。
　大抵の人は単一の時間軸に焦点を置く。通常それは日足だ。しかし、それではマーケットのメッセージを表面しかみていないことになる。
　私はトリプル・スクリーン・システムを使っている。そこではまず、お気に入りの時間軸を選ぶことになる。私のお気に入りは日足だ。ただし、すぐにお気に入りの時間軸でみてはいけない。一段長期の時間軸でチャートをみてトレンドを調べてからだ。
　いきなり日足をみるのではなく、まずは週足を分析し、そこで戦略的な意思決定を下す。買いを仕掛けるのか、あるいは売りを仕掛けるのかを決めてから、どこで買うか、あるいはどこで売るかという戦術的な目的を持って日足に切り替える。

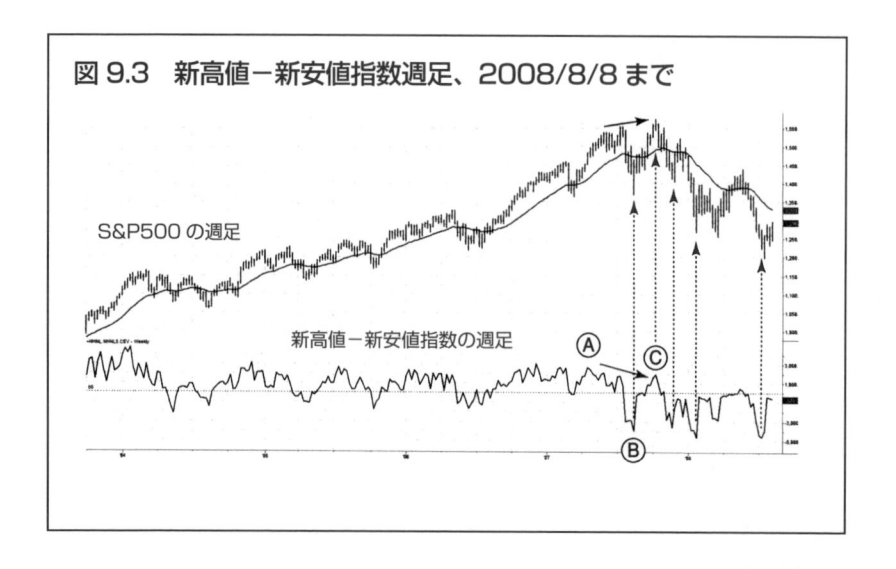

図9.3 新高値−新安値指数週足、2008/8/8まで

新高値−新安値指数の週足は、2007年の天井で古典的な弱気乖離を示していた（**図9.3**）。

ポイントAでS&Pは反発し、新高値−新安値指数の反発で裏付けを得た。そしてポイントBでマーケットは下落した。これは「上海でホテルのサービススタッフが不足している」という記事のあとだ。

ポイントBのブレイクは大きな警告を発していた。新高値−新安値指数がゼロを割り込んでいたのだ。これは私が「ブル（強気派）の背骨折り」と呼んでいるものである。

その後、米国株市場は回復し、中国株市場ほど極端ではないにせよ新高値まで上昇した。だが同時に、新高値−新安値指数は極大値を大きく切り下げた。

価格が高値を更新しながら新高値−新安値指数が極大値を更新しないのは、この先まずいことが起こることを示している。新高値−新安値指数がポイントCの極大値から下げ始めたとき、売り、もしくは空売りのシグナルが発せられていた。このチャート上では垂直な破線の赤矢印で印をつけてある。これ以上の正確さを求めるのは不可能だ！

余談だが、新高値－新安値指数の週足がマイナス4000まで突っ込んでいるとき、これがタイミングのいい買いシグナルになっていることに注意してほしい。このような突っ込みを垂直な破線の緑矢印で示した。これらは、下げ相場の最中であっても、少なくともこの先数週間は反発が見込まれるだろうと告げている。

2007年天井での弱気乖離

　2007年の株式市場の天井で私のお気に入りの指標が発しているメッセージを調べてみよう。
　2007年7月、マーケットは高値を付けた（図9.4のポイントA）。そこから急落し、価値ゾーンを刻みながら下部チャネルラインへと突っ込んでいった。ここは過小評価エリアだ。この下落は、この1年で最も深い突っ込みだった。これは弱気派が強くなってきているというこ

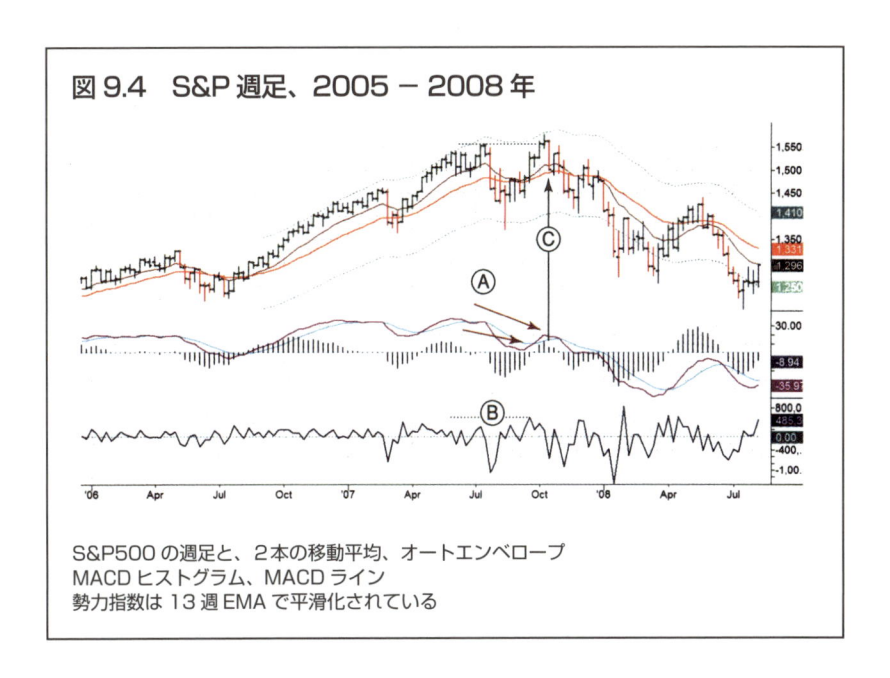

図9.4　S&P週足、2005－2008年

S&P500の週足と、2本の移動平均、オートエンベロープ
MACDヒストグラム、MACDライン
勢力指数は13週EMAで平滑化されている

とだ。ポイントBで底値を付けたとき、これらの指標がどういう動きをしたかに注目してほしい。

　8月にMACDヒストグラムは下降し、2007年3月の極小値を割り込んだ。これは、その前の年の極小値をも割り込んでいた。勢力指数も2007年8月に下落し、3月の極小値を割り込んでいた。これらの弱気シグナルは互いの正しさを裏付けるものであり、弱気派が強くなっていることを証明していた。

　同年10月、株式市場は再び反発して、歴史的な高値を更新した。ところが、複数の指標が7月の水準に届かないうちに反落を始め、明確な弱気乖離が形成されていた。これはMACDヒストグラムにもMACDラインにも現れていた。MACDヒストグラムの乖離と違い、MACDラインの乖離が現れることはめったにない。したがって、これはそれだけ強力なトレードシグナルだということだ。

　10月の天井で乖離が出現しなかった指標は、勢力指数だけだった。基本的に中立を保っていた指標がひとつあったものの、2つの指標が強力な売りシグナルを発していた。弱気派にはこれで十分だ。こだわりすぎて全部の指標が同じ方向を向くまで待つのは、マーケットでは好ましくない。

　2007年10月、S&Pの週足が上部チャネルラインに到達した。マーケットが過大評価され、群衆が喜んで強気になるところだ。上方ブレイクアウトを好み、上昇が続くことを期待するのは素人である。プロは大抵のブレイクアウトが失敗に終わることを知っており、喜んでその逆に賭ける。

　私は前回の高値水準に水平な線を引くのが好きだ。価格がその線を上抜き、主要な指標が潜在的に弱気乖離を示しているようであれば、突破されたその線にアラートを設定しておく。価格がその線を割り込んで引けた場合は、これをダマシのブレイクアウトとみなして、空売りに取りかかる。保護的ストップは直近の高値近辺だ。

MGMのバブルがはじけた

　2007年10月、私はアジアからニューヨークに戻る飛行機に乗っていた。隣の席に座っていた男性は、ヘッジファンドのファンダメンタルアナリストをしているという。専門はカジノ関連株とのことだった。私がファンダメンタルズの一番良い会社はどこかと尋ねると、彼は「間違いなくMGMだ」と答えた。

　私も彼もマカオから戻る途中だった。マカオでは、MGMがヴェネチアンという世界最大のカジノを開いたばかりで、彼がいうには、私が1階でみた巨大な玄関広間は、カジノ全体の40％にも満たない部分だという。その上にはVIPフロアがあり、最上階には、彼いわく"超VIPフロア"があるとのことだった。入場するには100万香港ドル（約13万米ドル）を担保に入れなければならないという。彼は大変強気で、自分の顧客の何人かはMGMを数百万株保有していると豪語していた。

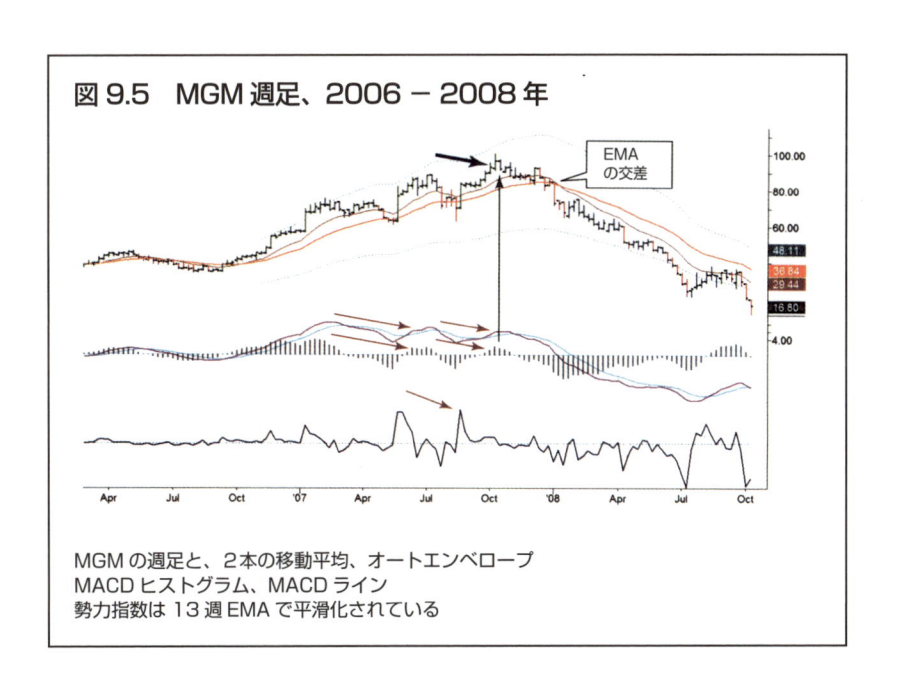

図9.5　MGM週足、2006－2008年

MGMの週足と、2本の移動平均、オートエンベロープ
MACDヒストグラム、MACDライン
勢力指数は13週EMAで平滑化されている

そこで私はノートパソコンを取り出し、MGMのチャートを開いてみた。この会話をしたところに斜めの青矢印をつけてある（**図9.5**）。

　私は、彼に次のように語った。「MGMは100ドル近辺であり、その上昇トレンドはすばらしくみえる。しかし、私なら価値水準よりも上（２本の移動平均よりも上）では買わない。私なら価値水準で押し目を待ち、そこで買いを仕掛ける」。

　今日このチャートをみてみると、私の目は節穴だったのかと思う。大変な強気というのはある種の感染力を持っており、冷静なアナリストでさえもやられてしまうのだ。

　実は、MGMが下落を始めたとき、私は70ドルを割ったところで少しだけ買いを仕掛けていた。しかし、これはすぐにストップにかかってしまった。

　今みると、チャートから大規模な弱気乖離が目に飛び込んで来る。「空売りをしろ！」と叫んでいるのだ。MACDヒストグラムの乖離とMACDラインの乖離（これは特に強力なサインだ）がみられ、2007年10月には勢力指数の弱気乖離も加わった。三連単だ！

　2009年１月、短期の13週EMAは長期の26週EMAを下抜き、古典的な弱気トレンドのサインを示した。そこからは下げ一辺倒だ。私は空売りの機会を逃してしまった。

　唯一の慰めといえば、私が『投資苑』を著したときの締めくくりとした言葉だけだ――「ほかの真剣なトレーダー同様に、私も学び続ける。そのことで今日よりも明日はより賢くなる権利を得る」。

　飛行機で一緒になったあの男性とはそれ以来会っていない。だが、彼と彼の顧客について考えずにはいられなかった。

　私のように、１株当たり数ドルの負けを1000株単位で被ることは、不愉快な話ですむ。しかし、保有している100万株の価格が100ドル近辺から１ケタ台にまで落ちていったら、これは大惨事だ。一財産が消えることを考えれば、これを失った人たちが株式市場に戻ってくる可

能性は低いと分かるだろう。

　私たちが経験した2007～2008年のようなバブルは、これからも繰り返される。だがそれは、新しい世代のトレーダーたちがマーケットに参入してきてからだ。

過熱銘柄を空売りする

　私は、トレードを記録するときは必ずその情報源も加えることにしている。どうやってそれをみつけたか（マーケットをスキャンしていたとき、友人からのメールなど）を忘れたくないのだ。
　トレードアイデアの出所のひとつに、スパイクがある。ISRGの空売りというアイデアは、デイブ・Fというスパイクの凄腕メンバーからのものだった。
　トレードの計画を立てるとき、私は戦略的な意思決定を長期チャート上（通常は週足）で行い、戦術的な意思決定を短期チャート上（通常は日足）で行う。ISRGの週足は、強いシグナルをひとつ、中程度のシグナルを２つ発していた（**図9.6**）。強いシグナルとはダマシの上方ブレイクアウトで、青い矢印をつけておいた。
　株価がブレイクアウトをして高値を更新しながらも、その水準を維持できずにブレイクアウトラインを割り込んだ場合、これは、大勢のトレーダーが直近の高値を否定していること、逆方向へ動いていく可能性が高いことを表している。
　この原理は、マーケットの大底では反対に機能する。ダマシの下方ブレイクアウトは反発の前触れだ。
　ブレイクアウトの方向にトレードをするのが好きなのは初心者だ。プロは大抵のブレイクアウトが失敗に終わることを知っている。むしろブレイクアウトの逆に賭けるのはプロだ。彼らはブレイクアウトの逆方向にトレードする。

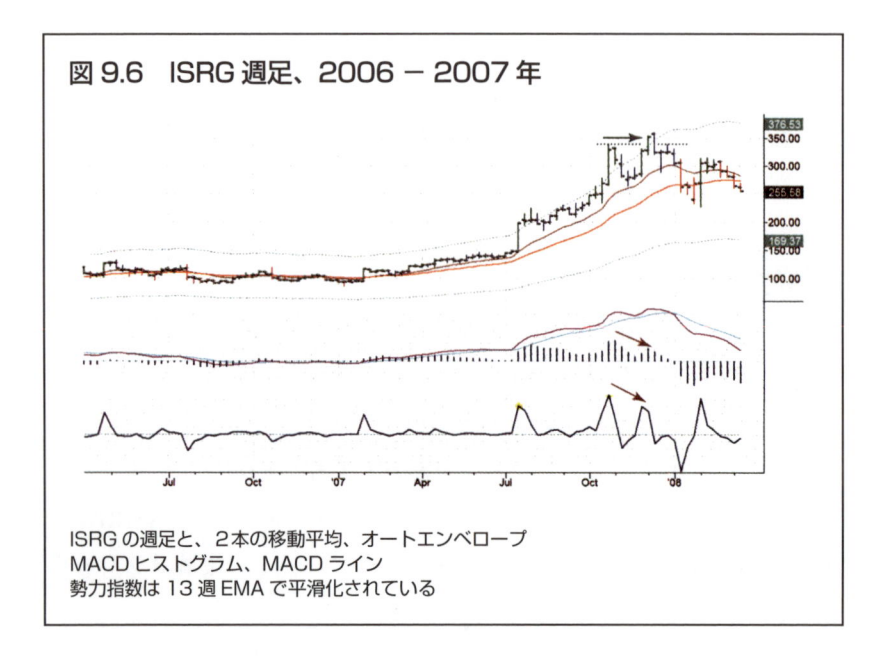

図 9.6　ISRG 週足、2006 − 2007 年

ISRG の週足と、２本の移動平均、オートエンベロープ
MACD ヒストグラム、MACD ライン
勢力指数は 13 週 EMA で平滑化されている

　ダマシのブレイクアウトが強力だった一方で、MACDヒストグラムの週足と勢力指数には中程度のシグナルが発せられていた。両方とも下向きのトレンドになっていたが、弱気乖離は出ていなかった。
　真の弱気乖離は２つの極大値からなっており、２番目の極大値が最初の極大値よりも低くなっている。さらにこの２つの極大値の間で、一度ゼロラインを割り込まなければならない。２つの極大値の間でマイナスの領域に達しなかった場合は、真の乖離とはいえない。
　ISRGの日足には、贅沢なことに３つの弱気乖離が出ていた（図9.7）。特にMACDヒストグラムの３番目の極大値はあまりにも弱く、ゼロラインを上抜くことすらできなかった。私たちはこのタイプの乖離を、「失われた右肩」と呼んでいる。MACDライン、MACDヒストグラム、勢力指数の弱気乖離は完璧な三連単だった。
　週足は空売りを勧めており、日足は空売りだと叫んでいる。この連携は、トレードするには非常に好ましい状況だ。週足と日足が食い違っ

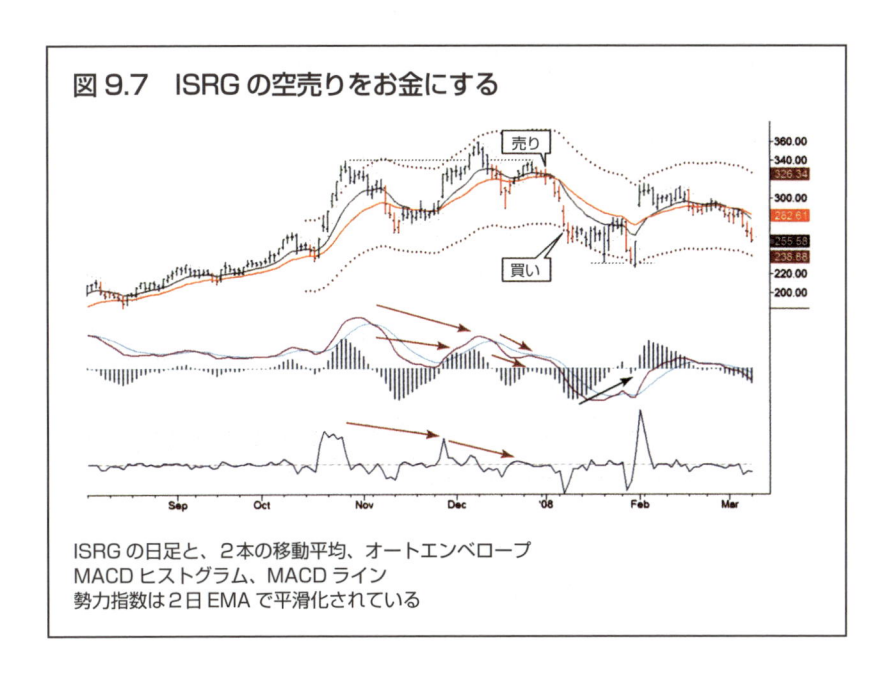

図9.7　ISRGの空売りをお金にする

ISRGの日足と、2本の移動平均、オートエンベロープ
MACDヒストグラム、MACDライン
勢力指数は2日EMAで平滑化されている

ている場合、私はトレードをしない。一方がトレードを軽く勧め、他方がそのトレードを非常に強力に勧めてくる場合は、その組み合わせに賭けてみる。

　典型的な上げ相場では、価格は上昇し、移動平均まで押して再び上昇する。価値が破壊される下げ相場では、この逆のことが起こる（MGMを思い出してほしい）。下げ相場での価値水準までの戻しは空売りの機会を提供し、次に続く崩落から利益を上げることができる。

　このチャートをみて分かるように、私は価値ゾーン近辺でISRGを空売りし、売られ過ぎゾーンである下部チャネルライン近辺に下げていくところで買い戻した。この銘柄選択はスパイクのメンバーからきている。ここで提案されるトレードは1週間前後のものが多く、私は、スパイクからの銘柄選択は基本的に週末を持ち越さないようにしている。それでも時々はスパイクのトレードをしばらく持ってしまうこともある。

今回は下降トレンドにおける空売りシステムに従って価値水準で空売りをし、価値水準よりも下で買い戻した。このような短い動きをとらえるのは、大きなトレンドを最初から最後までとらえるよりもずっと現実的だ。

　買い戻したあと、ISRGは安定した動きをみせた。そしてさらなる安値を2度試し、その後は窓を空けて上昇した。

　これは、トレードシグナルによくみられる対称性の良い例だ。12月の天井では、ダマシの上方ブレイクアウトに弱気乖離が伴い、その後に下降トレンドが続いた。2月にはダマシの下方ブレイクアウトに強気乖離が伴い、急反発の前触れとなっていた。

下げ相場は価値を破壊する

　経済恐慌が起こると、景気後退が一般にもたらした損害をメディアはこぞって報道する。失業と倒産がニュースになっていたとき、下げ相場が資本家に何をもたらしたかを**図9.8**は示している。

　SHLD（シアーズ・ホールディングス）は大半が機関投資家に保有されている。2007～2009年の下げ相場で、SHLDの株価は200ドル近辺から40ドル以下まで下落し、その価値の80％を失った。95％を失ったMGMほど悲惨ではないにせよ、大量の血と汗と涙が流された。

　機関投資家のお気に入り銘柄がひどい下降トレンドにあるのを検討し、個人トレーダーが、機関投資家の損失からどのように利益を上げられるのかをみてみよう。

●ポイント1と1a

　上げ相場が最後の高値に向かっていくなかで、ダマシの上方ブレイクアウトに伴う2つの弱気乖離が、上げ相場の終焉を示すシグナルを発していた。このはっきりしたシグナルは、抜け目のないトレーダー

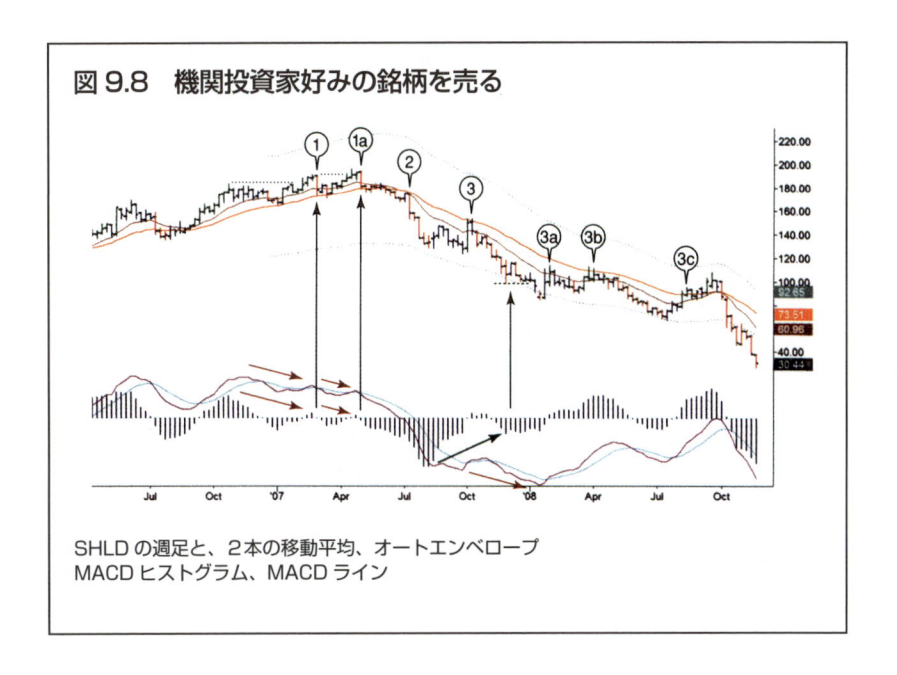

図9.8 機関投資家好みの銘柄を売る

SHLDの週足と、2本の移動平均、オートエンベロープ
MACDヒストグラム、MACDライン

たちに売却と空売りに取りかかることを勧めていた。

●ポイント2

短期の13週EMAが長期の26週EMAを下抜くことで、下げ相場を裏付けていた。

●ポイント3と3aと3bと3c

価値水準までの戻り。下げ相場が直線的に推移することはない。下降トレンドには定期的に反発が入る。それも、ときには非常に鋭い反発になる。ポイント3cの反発をみてほしい。再度値を崩す前、間にある安値から50％近い反発をしている。売りポジションを抱えたままで、この反発を最後までやり過ごすことを想像してほしい。短期でトレードしたほうがストレスが少なく、大抵は見返りも大きくなる理由はここにある。

3bに続くエリアでは、大きな下降トレンドが「バスカービル家の犬」というシグナルを発している。『投資苑』で紹介したこのシグナルは、通常なら信頼できるパターンが失敗し、いつもとは違う結果に終わった場合に発せられる。
　MACDヒストグラムの強気乖離は、テクニカル分析で最高のシグナルとして挙げられる。このような乖離のあとには、2番目の安値から反発することが見込まれる。しかし、反発に失敗して直近安値を割り込んだら、ファンダメンタルズに関する何かしらの変化が、マーケットの水面下で起きていることが示唆されている。
　直近安値を下抜いたとしても、この時点では売却してはいけないし、ドテンして空売りをかけてもいけない。MACDヒストグラムには乖離がみられるが、MACDラインは乖離せずに極小値を更新していることに注意してほしい。この2つの指標が食い違っていた場合は、トレードを見送るのが最善策だ。

　このチャートをいくつかに分けて分析する前に「全体的」なコメントを2つ書いておく。

● **大きな下げ相場では、価値が崩壊する過程で、常軌を逸した下げ方をみせる傾向がある**
　これは上げ相場の鏡映しだ。上げ相場も常軌を逸した上げ方をする傾向がある。大きな上げ相場と下げ相場には、群衆心理の大きな流れだけでなく、経済の大きなトレンドが反映されている。マーケットの群衆が持つ力は、いかなる個人の力をも凌ぐものだ。大きなトレンドが持つ力はあまりにも大きく、私たちの想像力をしばしば上回る。こうして最終的な目標を予想することはきわめて困難になる。

● **長期チャートを一瞥すると、大きなトレンドに乗ってポジションを**

とることが簡単にみえてしまう

　バイ・アンド・ホールド（この場合はショート・アンド・ホールド）は金持ちへの最短距離のようだ。しかし、現実はこの正反対である。大きなトレンドに最初から最後まで乗るのは、きわめて難しい。ほとんど超人的といえるような忍耐力と、トレンドの押し目で激しいドローダウンをやり過ごさなければならない。

　これよりもはるかに実践的なのは、週足を用いてトレンドを明らかにしてから日足に切り替え、週足が示す方向でより短期のトレードを行うというやり方だ。機敏なトレーダーが、全体の潮の流れではなく小さな波をとらえて利益を上げる様子をみてみよう。

　個人トレーダーが機関投資家よりも有利な点がひとつあるとすれば、それは空売りが許されていることだ。

　私的でないファンドの多くは、その約款で空売りを禁じている。2007年夏、私はアジア最大といわれるファンドのマネジャーとの朝食会で、上げ相場の天井が近く、下げ相場が目の前であることを示すチャートをみせた。彼は自分のスタッフのほうを向いて、冗談めかしながらこういった。「僕らの自宅も危ないね。もっとディフェンシブなポジションをとらなくちゃ」。

　彼は何百億ドルものポジションの責任者だった。しかし、両手を縛られていたも同然だった。空売りが許されていなかったのだ。

　個人トレーダーには、そのような制限がない。空売りをすることで下げ相場から利益を上げることができる。機関投資家たちが買いポジションを保有しながら反転に望みを託し、「ディフェンシブ銘柄」を必死で探す一方で、個人トレーダーは価格が上昇すればさっと空売りを仕掛け、下落すれば再び買い戻すことができる。2007～2009年の下げ相場でのSHLDにこの考えを当てはめてみよう。

大勢が下降トレンドにあるときのスイングトレード

　週足で、弱気乖離が売りと空売りのシグナルを発していたことを思い出してほしい。これらの強力なシグナルは、2本の移動平均線が交差していたことでも裏付けられていた。長期チャートから売りと空売りの戦略的な指示を受けたら、日足を開いて手仕舞いもしくは仕掛けに関する戦術的な決定を下す。これがトリプル・スクリーン・システムの本領だ。

　図9.9のチャートは下げ相場の最初の6カ月を示している。この間にSHLDは180ドル弱から100ドル以下まで滑り落ちた。

　非常に単純な戦術を使おう。MACDヒストグラムを監視しておき、それがゼロラインよりも上にあるときに下げ始めたら、常に空売りをするのだ。この強気な上振れが反転するのは、大きな下降トレンドが再び始動し始めるサインだ。日足で、下部チャネルライン近辺の売られ過ぎ水準まで落ち込んだら、売りポジションの利益を確定する。

　チャート上には、このような空売りシグナルが4つ見受けられる。それぞれを垂直な破線の矢印で示した。個々のシグナルは、実質的な高値から1日とずれていない。かなりの高精度だ。

　買い戻しのシグナルでは、最初の2つはタイミングが最適だった。3番目と4番目はずいぶんと早すぎ、相当な利益を取り残している。

　これは完全なシステムではないし、買い仕掛けには使えない。しかし、非常によく機能している。週足で戦略的な空売りシグナルを発している銘柄をいくつか選んだら、日足に切り替えてこのシステムを使ってみてほしい。

　ただし、完璧主義は善の敵である。完璧さの追求は忘れよう。自分のエゴにとっては大切なことかもしれないが、エゴのためにこのゲームをしているわけではない。利益を上げるのが目的のはずだ。

　最高値や最安値を取りにいくわけではないという事実を受け入れよ

図9.9 MACD反転システム

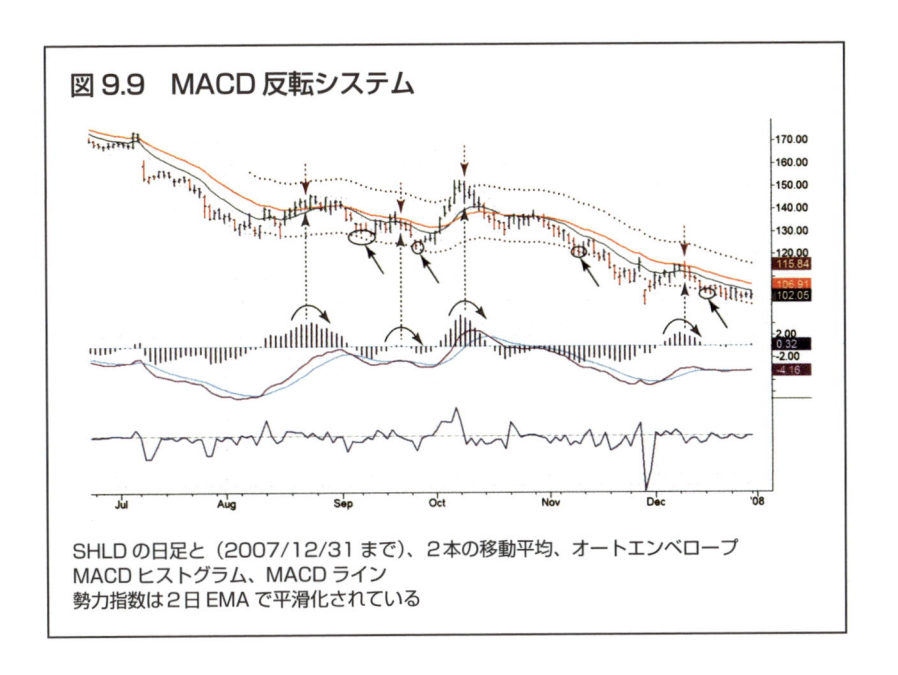

SHLDの日足と（2007/12/31まで）、2本の移動平均、オートエンベロープ
MACDヒストグラム、MACDライン
勢力指数は2日EMAで平滑化されている

う。トレンドの中間から、これでいいと思える程度をつかんだら、その結果に満足するのだ。

それでは、SHLDの続きをチェックし、このシステムが2008年も機能していたかをみてみよう。

下降チャネルでのトレード

ある銘柄が「型にはまった動き」を始め、大きな上昇トレンド、もしくは下降トレンドをすぐにとらえられることが往々にしてある。これはどの銘柄にも当てはまるわけではないが、このパターンをみつけると、トレードがATMにでもいくような感覚になってくる。

トレードは簡単だという誤解をされたくないので、あまりこの話はしたくなかった。これだけは忘れないでほしいのだが、遅かれ早かれその型から飛び出してしまうときが必ずやってくる。このパターンが

効かない最後のトレードでは損失を被る。したがって、トレードのサイズは一定に保ち、作戦の実行中にこれを大きくすることは、けっしてしないでほしい。トレンドの最後は常に損失を被る。掛け金を増やし続けていくとポジションが最大になったときに、損失を被ることになる。そして積み上げてきた利益を吹き飛ばしてしまう。完璧主義が善の敵なら、強欲は成功の敵だ。

　肝に銘じておいてほしいきわめて重要なポイントがある。これらの日足（このチャートでも、前のチャートでも、次のチャートでも）は、週足の大きな下降トレンドという文脈のもとで検討されなければならない。単純な話だ。私は週足を分析してそこで戦略的な決定を下すまでは、日足をみないことにしている（顧客からチャートが添付されたメールが届き、銘柄について意見を求められることがある。送られてくるのが日足だけの場合、私はお決まりの返事をする。「私は、先に週足を分析しないかぎり日足はみないことにしている」）。

　プロのトレーダーにもエッジが必要だ。私のエッジで重要な点は、多角的にみることだ。どんな株でも少なくとも２つの時間軸でみる。ほとんどの人はマーケットを一方の目だけでみているようなものだ。

　図9.10のチャートには、２つの短期売買システムが表れている。

　ひとつは先にも書いたMACDの反転システムだ。この空売りシグナルは、垂直な赤矢印で示しておいた。下部チャネルライン上の買い戻しシグナルは緑色の丸で囲っておいた。

　もうひとつのシステムとは、型にはまった空売りだ。こちらは、より正確なタイミングと、より一層の経験、そして大変な注意が求められる。

　日足でしっかりとした下降トレンドが確立されたら、型にはまった動きが始まるだろう。２本のEMA間まで戻りをつけるものの結局反転し、下部チャネルライン近辺の売られ過ぎ水準まで値を崩すだけだ。これらの空売り機会は斜めの赤矢印で示しておいた。また、買い戻し

図9.10　型にはまった空売り

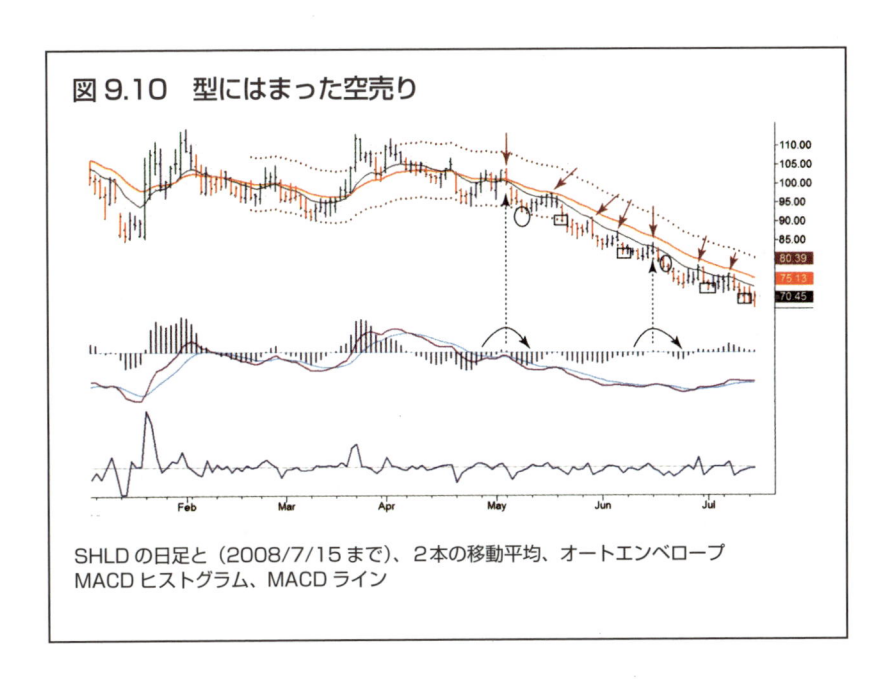

SHLDの日足と（2008/7/15まで）、2本の移動平均、オートエンベロープ
MACDヒストグラム、MACDライン

をすべきエリアは緑色の四角で囲んでおいた。

　経験を積んだトレーダーでも、このようなシグナルの最初のひとつや2つは見逃してしまう。しかしその後はパターンがはっきりと分かるようになる。価値ゾーンで空売りを仕掛けて、次の足の高値よりも上にストップを置く。下部チャネルライン上に利益確定の買い戻し注文を置く。

　下降トレンドはどこかで底入れする。強力な上昇が始まり、ストップにかかるだろう。値動きが型から飛び出したときは、別のゲームを探すときだ。毎年安定した利益をもたらしてくれるシステムなど存在しない。トレンドが型にはまっている間に、できるだけ搾りとっておこう。

　機能しなくなった売買システムを捨ててはいけない。棚にでも入れておいて、マーケット環境が変化するのを待つのだ。将来このシステムが再び日の目をみる可能性は高い。

SHLDの日足で、チャネルが時間とともに狭くなっていることに注意してほしい。2007年には20ドル以上の幅があったが、2008年半ばには10ドル以下になった。これは株価が下落したせいだ。

　チャネル、またはエンベロープとも呼ばれるが、これは利益目標を立てるのに使い勝手の良いツールだ。チャネルの幅は楽観主義と悲観主義、熱狂と落胆との間の隔たりを反映している。

　私は、どのトレードでも日足チャネルの30％をとらえたトレードをAトレードと評価している。もちろん、優等生を目指してA＋やA＋＋を狙ってもいい。時々ならこれもうまくいく。

　ただし、忘れないでほしいのは、高い評価を得るには、より長い期間トレードをする必要がある。そして、その未決済利益ポジションを保有している点にこそ、リスクが潜んでいるのだ。

　自分を商店主だと考えてみよう。商品はポジションだ。大抵の小売業者は、高い回転率が商売の健全性のしるしだと教えてくれるだろう。自分の商品を回転させよう。安く買って高く売る、もしくは高く売っておいて安く買うのだ。Aトレードを確保したほうが、A＋＋のトレードを求めて大きなリスクを取るよりも、得るものが多い。

サプライズに備える

　天まで育つ木はない。そしてゼロまで下げる下げ相場もない。投資家やトレーダーが、苦しんで、嫌悪感を抱き、絶望的になってすべてを売り払う。その株を買い上げるのは、より屈強で、資金力があり、先を見据えている投資家たちだ。

　売りに出されている株の数は徐々に減少していく。これによって、価格を下げる圧力も小さくなっていき、下落は立ち止まる。この間に、抜け目のないバーゲンハンターたちがどこからともなく現れる。苦境にある売り手たちの陰鬱な感情が広く行き渡り、次の上げ相場の土台

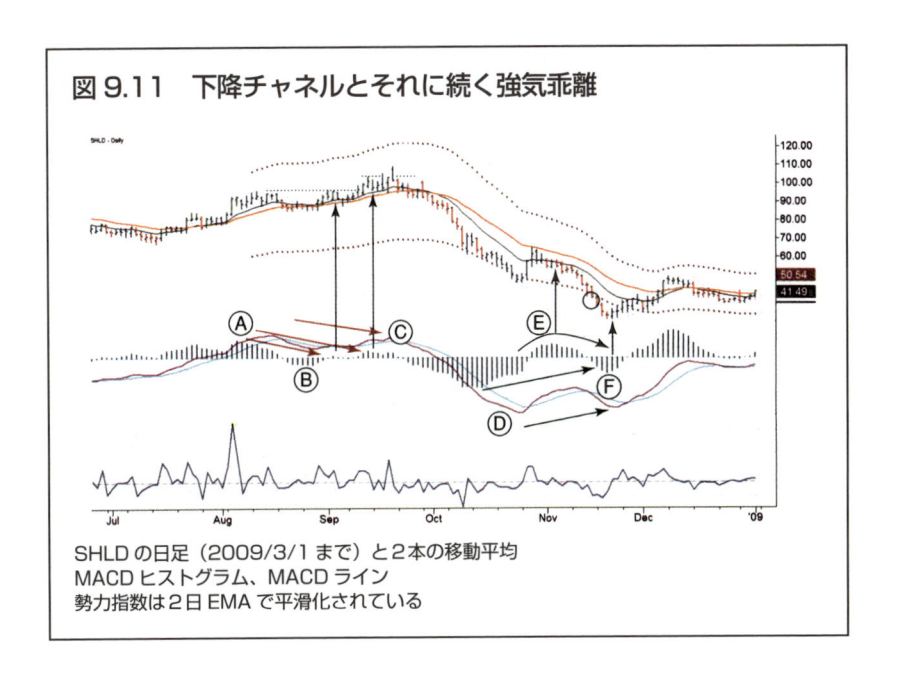

図9.11　下降チャネルとそれに続く強気乖離

SHLDの日足（2009/3/1まで）と2本の移動平均
MACDヒストグラム、MACDライン
勢力指数は2日EMAで平滑化されている

を形成する。

　図9.11は2008年のSHLDの日足だ。下げ相場中の反発が、2008年9月のA－B－C弱気乖離で終了した過程をみることができる。MACDヒストグラムは、ポイントAで極大値をつけ、ポイントBでゼロを割り込んだ。その後、ポイントCで弱々しく反発したのに対し、その戻りの過程で、株価は前回の高値を抜いていた。この弱気乖離はCの高値が入り組んでいることからして、非常に雑なものだったことに注意してほしい。

　MACDヒストグラムの低下による売りシグナルが、天井で2つ出ていた。ひとつ目は不発に終わり、2つ目も下がるには下がったが、その前に一瞬上昇してからだった。この最後の反発で、ストップを近いところに置いていたトレーダーたちが放り出された。

　初心者とプロの違いのひとつは、初心者はストップにかかったらそこで諦めてしまうことだ。プロはマーケットには多少の波が立つこと

を覚悟している。彼らは気分良く何回も仕掛けを試み、そのたびに小さな損失を被ることを受け入れる。

11月になると、弱気派が力強く頭をもたげてきた。そして、もうひとつの「MACDの反転空売りシグナル」が出てきた。しかしこの間に、はるかに重要なパターンが姿を現し始めていた。

10月のMACDヒストグラムの極小値（ポイントD）をみてほしい。記録的な深さだ。弱気派の相当な強さが表れている。MACDヒストグラムでこのように記録的な低い数値をつけると、反発も短命に終わることが多い。

しかし11月には、MACDヒストグラムはゼロラインを上抜いた。これはベア（弱気派）の背骨折りだ！

株や指数のMACDヒストグラムが記録的に低い数値をつけてからゼロラインを上抜いた場合は、その銘柄コードを監視リストに必ず登録するようにしている。そして底入れするのを待ち、指標がより浅い水準から再浮上してきた場合は買いを仕掛けたい。これはMACDヒストグラムの強気乖離であり、テクニカル分析の非常に強力なシグナルである。

価格は11月に安値を更新したが、MACDヒストグラムはポイントFの水準までしか下がらなかった。そこからの小反発で強気乖離が完成した。弱気キャンプに遅れて乗り込んだ人たちは捕まってしまったわけだ。

MACDヒストグラムとMACDラインの両方で、鮮やかに乖離が出ていることに注意してほしい。振れやノイズもなく、まったく規律的に乖離が現れている。私が週足の状況を無視しようと思った唯一の理由は、日足にみられたMACD乖離のシグナルだ。週足の力積システムは赤いままだが、日足は強気乖離を描いているので買いを仕掛けよう。もちろんポジションを守るために、直近の安値近辺にストップを置く。

「上げ相場に抵抗なし、下げ相場に支持なし」

　遠い昔のことに思えるが、銀行が甘い審査で、やたらとお金を貸していた時代があった。この悪行は最近出版された本のなかでも存分に描かれている。例えば、グレゴリー・ザッカーマン著『史上最大のボロ儲け』(阪急コミュニケーションズ)や、マイケル・ルイス著『世紀の空売り』(文藝春秋)などのすばらしい書籍もある。

　2007年、チキン(弱虫)たちはねぐらへと帰っていった。2008年には、チキンナゲットに姿を変えた者もあれば、ごみ箱へと投げ捨てられた者もあった。BAC(バンク・オブ・アメリカ)もこの不運なチキンの一羽であった。

　図9.12は、重要なメッセージをいくつか発している。

● BACが青息吐息で55ドルの最後の高値を目指していたとき、斜めの赤矢印で示したように、弱気乖離がいくつか出ていたことに注意

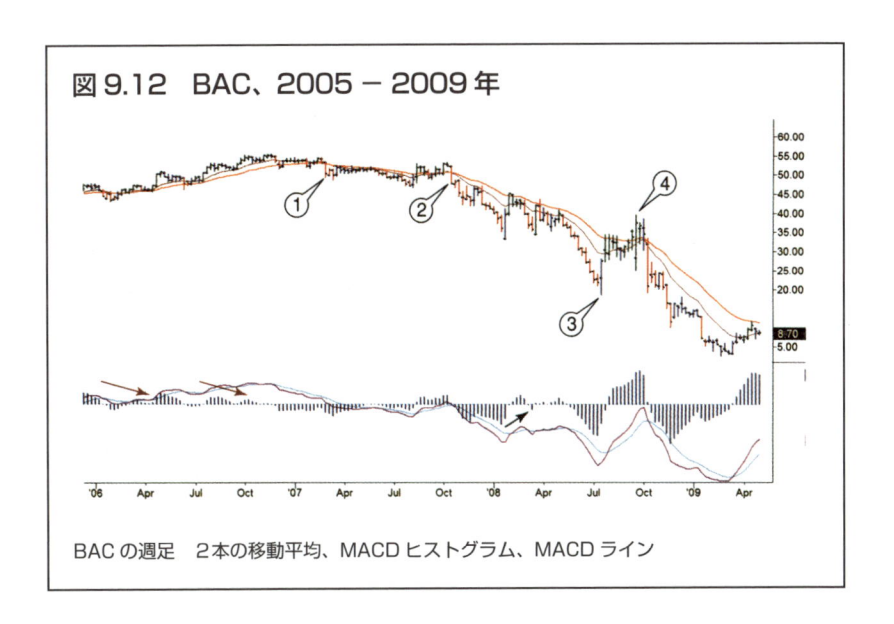

図9.12　BAC、2005 − 2009年

BACの週足　2本の移動平均、MACDヒストグラム、MACDライン

- ●ポイント①のエリアでは、短期の13週EMAが長期の26週EMAを下抜いて、下げ相場を裏付けた。BACが再びこの水準を上回ることはなかった。2007年にも、その後も、そしてこの原稿を書いている2010年の今日においても。
- ●2発目の弾丸は相場の振れを指している。再度下落する前に、短期EMAが長期EMAを上抜いた唯一の週だ。これが表しているのは、完璧なパターンなど存在しないことと、トレードにおいては、偶発的な相場の振れも通常のリスクでしかないということだ。
- ●下降トレンドの過程で、一時的な鋭い反発がいくつかみられた。その最も強い反発で、BACはポイント③からポイント④へと戻りをつけた。これは、2カ月足らずで19ドルから39ドルに達した強烈な戻りだ。この銘柄は、1ケタ台まで下げていく過程で、一瞬ではあるが2倍になったのだ！　これでもまだ下げ相場の最初から最後まで売りポジションを持っていたいだろうか。

　下げ相場の反発がこれほど激しいのにも理由がある。扉に指を挟んだ不幸な売り方たちは買い戻しを先に延ばした揚げ句、ついにはどんな価格でもいいから買い戻すというパニックに走るからだ。この必死の売り方たちがゲームから焼け出されたら、再び下落過程が始まることになる。

　その下げ相場は、39ドル近辺の高値を挟みながらBACを3ドルまで押し下げた。週足で戦略的な決定を下し、日足でこれを実行したほうがいいことを思い出すために、もう一度このBACのチャートをみてほしい。ここでは戦略的な方向性が示されている。それからより短期の日足を開き、仕掛けや手仕舞いに関する戦術的な決定を下そう。

　週足では激しくストレスを感じる期間が、日足ではどう映るかみてほしい。弱気相場に水を差した、20ドル弱から40ドル近辺への激しい

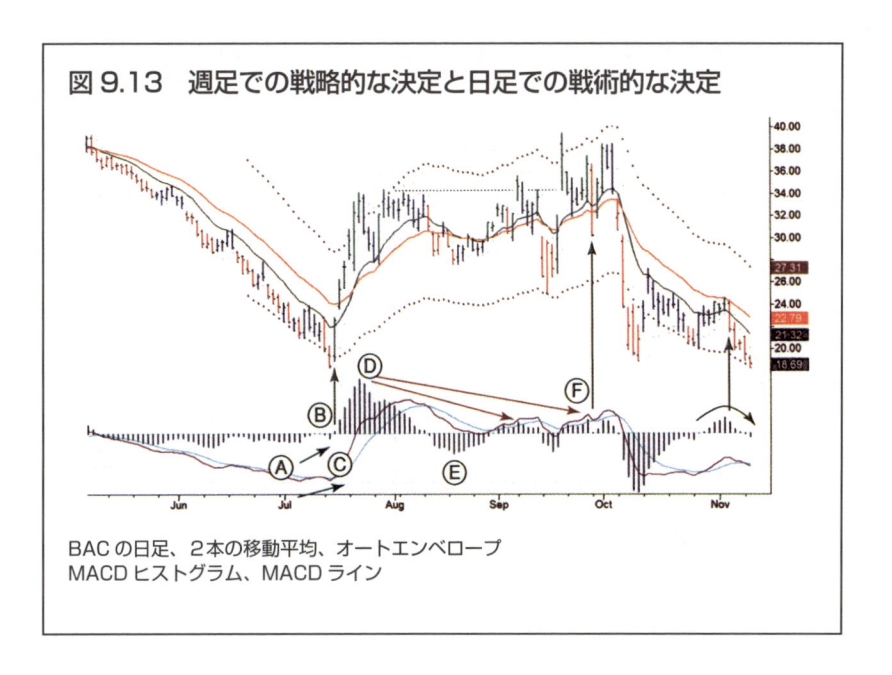

図9.13　週足での戦略的な決定と日足での戦術的な決定

BACの日足、2本の移動平均、オートエンベロープ
MACDヒストグラム、MACDライン

反発を検討する必要がある。この上昇で多くの弱気派が振り落とされた。この銘柄が銃撃を受け、1ケタ台にまで落ち込んでいったのはそれからだった。

　まず、BACの日足（**図9.13**）は、下げ相場の反発はすぐそこに来ているという十分な警告を発している。ポイントA－B－Cにみられるのは、テクニカル分析の非常に強いシグナルである強気乖離だ。このメッセージは明らかである。買いを仕掛けるか、もしくは傍観するかしかない。そしてMACDヒストグラムの強気乖離の牙にかかったまま、空売りを続ける理由などあり得ない。ローラー車が自分のほうに向かってきたら、道を空けよう！

　ほとんどの売り方は、この反発の最初の5日間で倒れている。残った者たちも、ダマシのブレイクアウトでほとんどが青息吐息になっている。その間に、MACDヒストグラムがポイントD－E－Fで弱気乖離を形成していた。

弱気乖離が完成すると株価は急落した。画面の右端では再びMACD反転システムが始まっており、空売りのシグナルを発している。

週足がトレードの戦略的な方向性を示してくれる一方で、日足はもっと具体的だ。入るタイミング、出るタイミング、手を出すべきではない時期を示してくれる。トレードを計画しているマーケットは、必ず２つの時間軸で検討することの利点はこれだ。

戦略的な決定を下すためには、週足を検討することから始めよう。日足から始めてしまうと先入観を持ってしまう。

長期チャートは、けがれのない無垢な目でみること。戦略的な決定を下し、それを書き出す。短期チャートに目を向け、仕掛けや手仕舞いの計画を立てるのはそれからだ。

誰がために鐘は鳴る、あるいは２度吠える犬

FRE（フレディマック）は、アップルパイと並んで米国の象徴だった。かわいそうなフレディは、このところ信用を失っている。前の経営陣も首が飛び、その株も超低位株としてないがしろにされている。2007〜2009年の下げ相場の主役がクレジットバブルの崩壊なら、この惨事の震源地はFREだった。

図9.14には、この暴落がスローモーションで反映されており、70ドル超だった株価が、チャートの右端ではたった76セントまで転げ落ちている。テクニカルシグナルを検討し、この残骸から何を学べるのかみてみよう。

ポイントAでは短期EMAが長期EMAを下抜き、下げ相場を裏付けている。それでもFREはこのとき50ドル超で取引されていた。このシグナルは、今回の下落中はずっと有効であった。これはこのチャートから得られる主要な教訓のひとつだ。下げ相場で買いポジションを持ってはいけない！

図9.14 FREの転落

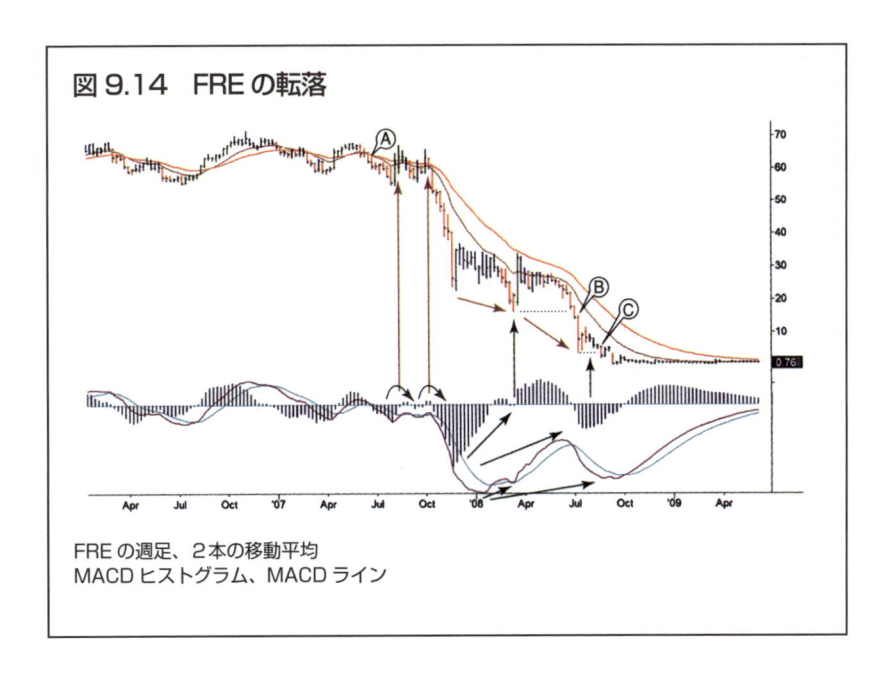

FREの週足、2本の移動平均
MACDヒストグラム、MACDライン

　このようなEMAの交差を週足でみたら、買いポジションから手を引かなければならない。この10年間、FREだけでなくエンロンやグローバル・クロッシングなどの惨事もマスメディアで盛んに報じられてきたが、この基本的なルールに従っていれば、どんなトレーダーでもこのような惨事を回避できたはずだ。

　2007年、MACDヒストグラムの週足でゼロラインを上抜く試みが2度みられたが、2度ともゼロライン上で頭打ちとなった。これは、この相場が下げ相場であり、空売りをしてそのままにしておけというメッセージを裏付けていた。これらMACDヒストグラムの下落は、垂直の赤矢印で示しておいた。

　MACDの強気乖離は、非常に珍しいシグナルだ。一銘柄の週足で数年に一度もお目にかかれない。バスカービル家の犬シグナルとは要するに強気乖離が失敗に終わることだが（次ページコラム参照）、こちらはもっと珍しい。間髪を置かずに2匹の犬が同じチャート上に現

> **バスカービル家の犬シグナル**
>
> 　『投資苑』にも書いたことだが、このシグナルは通常なら信頼できるパターンが失敗に終わることだ。強気乖離を目にしながらマーケットが反発せずに下落することになったら、これは何かしらのファンダメンタルズの変化がマーケットの水面下で起こっているということだ。方向転換して空売りをしろというシグナルである。

れたという話など、ほとんど聞いたことがない。だが、まさにこれが起きたのがFREだった。

　緑の垂直な矢印は、強気乖離を示している。ひとつ目は2008年3月に完成したが、反発は2週間もたたずに尻すぼみになった。

　7月にはポイントBで3月の安値を割り込み、乖離をくつがえした。こうして直近の安値を割り込むことで、空売りシグナルとなるバスカービル家の犬が発動された。価格は、10ドル台から4ドル以下にまで落ち込んだ。

　2番目の強気乖離はその直後で、MACDヒストグラムとMACDラインの両方でみられた。ここでもFREに火がつくことはなかった。

　ポイントCで7月の安値である3.89ドルを割り込み、46セントという想像を超えた価格にまで落ち込んだ。そして、同社を救済するために米政府が介入して、これを保有することになった。

　バスカービル家の犬シグナルが連続して2回も出るのはきわめて珍しい。最後にこれをみたのはいつだったかは思い出せない。これは「絶対にない」とは絶対にいってはならないという教訓の好例だ。

　統計学者によれば、株式市場の確率には「ロングテール」があるという。長い尻尾とはかわいい表現だが、詰まるところ、一見起こりそうもない出来事を探すならマーケットを探してみろということだ。

このチャートから得られるもうひとつの教訓は、価格が「安すぎる」とはいってはならないことだ。70ドルだったFRE株は、20ドルで底値をつけようとしたとき「安すぎる」ようにみえた。5ドルでも、そして3ドルでも「安すぎる」ようにみえた。だが、3ドルで買った人には、そこから85％の下落が待ち受けていた。

「安すぎる」というのは存在しないのだ。強気の指標がシグナルを発してから支持帯で買いを仕掛けようと決めたら、保険として厳しいストップを置くことでポジションを保護しなければならない。

いまだに「FREは安すぎるし、買いではないか？」と聞かれることがある。私の回答は「米政府の管理下に置かれている間は、この銘柄はみない」だ。

テクニカル分析は、群衆心理の研究だ。小さな委員会の采配で命運が左右されるような会社は、テクニカルツールでは測れない。この会社を政府が引き受けて以降は、テクニカル分析はもはや役に立たない。内部情報に詳しいロビイストの友人がいるなら、FREに関してはその人のほうがチャートよりも良いアドバイスをくれるだろう。

ただし、そういう友人が、証言台であなたの敵に回ることもあり得るとおぼえておいてほしい！

バフェットの早すぎた買い

ウォーレン・バフェットは、金融界の天才として広く知られている。彼は、幼いころに新聞配達と中古ゴルフボールの販売で最初にまとまったお金を貯めた。そのお金を使って株式市場でトレードし、世界で最も裕福な人々に加わった。才能はあったが恵まれなかった幼少時代から、見事な成功と人気に恵まれた現在の地位まで成長していく話は、アリス・シュローダーの『スノーボール』（日本経済新聞出版社）に魅力的に描かれている。

私はバフェットを非常に尊敬している。だが、これは盲信ではない。長い目でみれば、彼は並外れた成功を収めている。だが、彼でも間違いを犯すことがある。銘柄選択がすべてうまくいくわけではない。また、学ぶことが多いのは、常に成功よりも失敗のほうだ。

　2008年の終わり、米国の株式市場は崩壊寸前だった。ベアー・スターンズは二束三文で叩き売られ、その投資家はほとんど一文なしになった。リーマン・ブラザーズは退場を宣告された。完全な会社などないという懐疑と恐怖が広がっていた。誰もが次に崩壊する大企業のことを考えていた。フレディマックのチャートはすでにみたとおりだ。

　この陰鬱な空気のなか、バフェットが30億ドルをGE（ゼネラルエレクトリック）に投資するという明るい話が発表がされた。バフェットをひきつけるため、同社は年率10％の金利を払うとのことだった。これは、同社の当時の借入レートだった5.5％のおよそ2倍だ。さらにバフェットは、22.25ドルで30億ドル分のワラントを受け取っていた。私はすぐに画面に目をやり、同社の株をチェックした（図9.15）。

　この発表があったのがB印の時点だ。

　ここまでGEは、およそ1年にわたって、しっかりとした下降トレンドを描いていた。週足のA印のところで、弱気乖離にダマシの上方ブレイクアウトが伴い、すばらしい売りシグナルが発せられていた。その2カ月後には、週足上でデッドクロスもみられた。そこからは完全な下り坂だ。GEの下落は、たびたび反発を挟みながらMACD反転システムのシグナルを発していた。このチャートでは湾曲した矢印で示してある。

　バフェットがGEへの投資を発表した日、チャートをみて最初に私の目に飛び込んできたのは、赤が点灯していた力積システムの週足だ。私はこのシステムをトレードすべてに適用している。

　あらゆる時間軸のあらゆるマーケットの動きは、2つのパラメータで規定される。ひとつは慣性、つまり短期移動平均の傾きだ。もうひ

図9.15　下げ相場でのGE

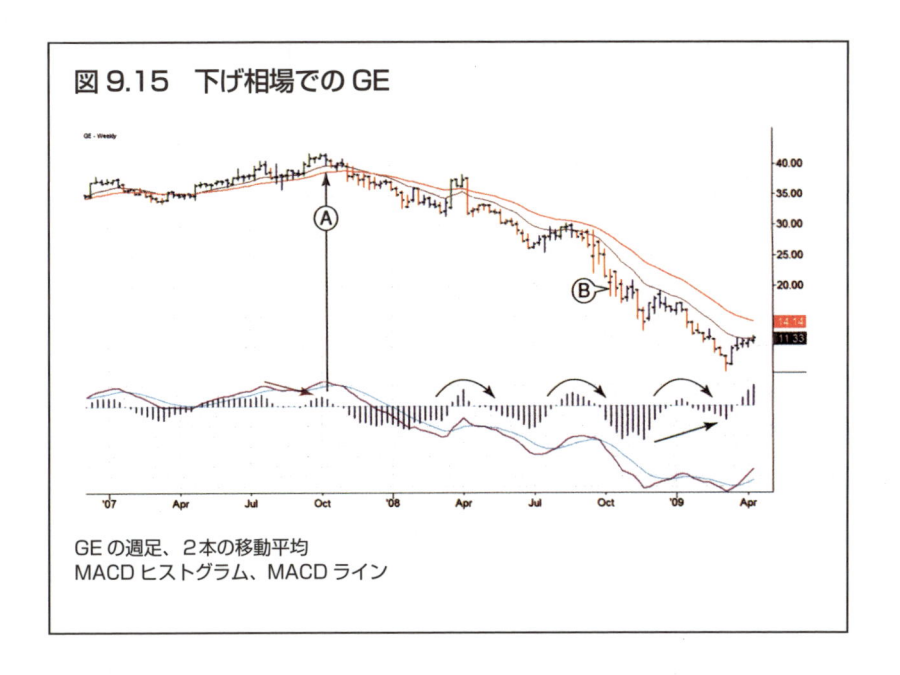

GEの週足、2本の移動平均
MACDヒストグラム、MACDライン

とつはパワーである。これはMACDヒストグラムの傾きで定義される。現在のMACDのバーは、ひとつ前に比べると上昇しており、強気派がパワーを得ていることを示唆していた。これが沈み始めたら弱気派が優位になり始めたということだ。

　慣性とパワーの両方が上昇すれば、このソフトウェアでは足の色が緑になる。これは、買いを仕掛けるか何もしないかのどちらかしか許されず、空売りは許されないことを表す。慣性とパワーの両方が下落するとその価格の足は赤くなり、許されるのは空売りか何もしないかだ。買いを仕掛けるのは論外となる。

　力積システムは何をすべきかを教えてくれるわけではない。だが、何をしてはいけないかは教えてくれる。これは、検閲機能として適切な統制を担っている。金融マーケットでほとんどの人に欠けているのはこれだ。

　バフェットがGEを買った週、力積システムは赤が点灯していた。

もしもこの偉大なる男が私に意見を求めていたら、待つように提案していただろう。

3週間後、GEは赤から青に変わった。しかし、MACDヒストグラムは記録的な極小値をつけた。記録的な極小値は弱気派が強力であるというシグナルであり、通常はその極小値も再び試されることになる。価格が一時的に反発することはあるだろうが、その水準、もしくはもっと安い水準まで下げることが多いからだ。

2回目の試しでMACDヒストグラムが極小値を切り上げれば強気乖離の出現だ。これはテクニカル的に非常に強力な買いサインである。まさにこれが起きたのが2009年3月だった。

私はこのときこの銘柄への注意を促してくれたバフェットに感謝しながらGEを購入した。バフェットが購入したというニュースが流れるまで、GEに大して注意を払っていなかった。

この説明でバフェットを批判しているわけではない。GEに投資をしたときには、会社としての理由や政治的な理由があったかもしれない。それに、GEが提示した有利な条件には時間的な制約もあっただろう。しかし、バフェットがGEを購入してからこの原稿を書いている今日まで1年以上たっても、GEは彼の購入水準よりもずっと下を推移している。

この話が示しているのは、投資の理由がファンダメンタルズ的に並外れたものであったとしても、チャートをみてテクニカル分析の基本的な原理を適用することも役に立つということだ。ファンダメンタルズの知識と最新のテクニカル分析を横断することで、最良の洞察が得られることになる。

その火に少し油を注ごうか？

本章の執筆中に、グラント・クックというスパイクの精鋭メンバー

から次のようなメールを受け取った。

> 本当にすごいことを発見した。下げ相場は、2倍型や3倍型のETFが新規設定されるのと同期している。
>
> この投資対象には、そのボラティリティと目新しさから、とんでもない振れがみられた。おそらく最も悪名高いのが、UYG（ダウジョーンズ米金融株指数にレバレッジ2倍で連動するETF）あるいはSKF（UYGと真逆でダウジョーンズ米金融株指数にレバレッジ2倍で空売りするETF）、そしてURE（ダウジョーンズ米不動産指数にレバレッジ2倍で連動するETF）あるいはSRS（UREと真逆でダウジョーンズ米不動産指数にレバレッジ2倍でショートするETF）だろう。
>
> SKFは、暴落のさなかにヘッジファンドマネジャーたちが殺到したことで、300ドルの高値に達した。だが、現在は20ドル以下で取引されている。SRSは300ドル近い高値をつけたが、現在は6ドル近辺で取引されている。これらのトレードツールに組み込まれているレバレッジとタイムディケイが、この動きを増幅しているのは明らかだ。
>
> それにしてもなんて動きだ！ 新興国市場も、ひどいデフレの脅威に反応するように激しい動きをする。
>
> 良かったことといえば、米政府のマーケット支援策だ。本当に驚かされた。ウォール街と金融マーケットに対する、メディアや一般の人々の反発や嫌悪感は相当ひどい。にもかかわらず、FRBは低金利や買い戻しなど断固とした支援を行った。
>
> 私を含めて誰も予想していなかったほど、戻りは強力だった。ふてぶてしい介入と表現されることになるだろうが、私も同感だ。たしかFRBはこれを「国際的な金融システムの救済」と呼んでいた。そうみえないわけでもない。

図9.16 並外れた空売り

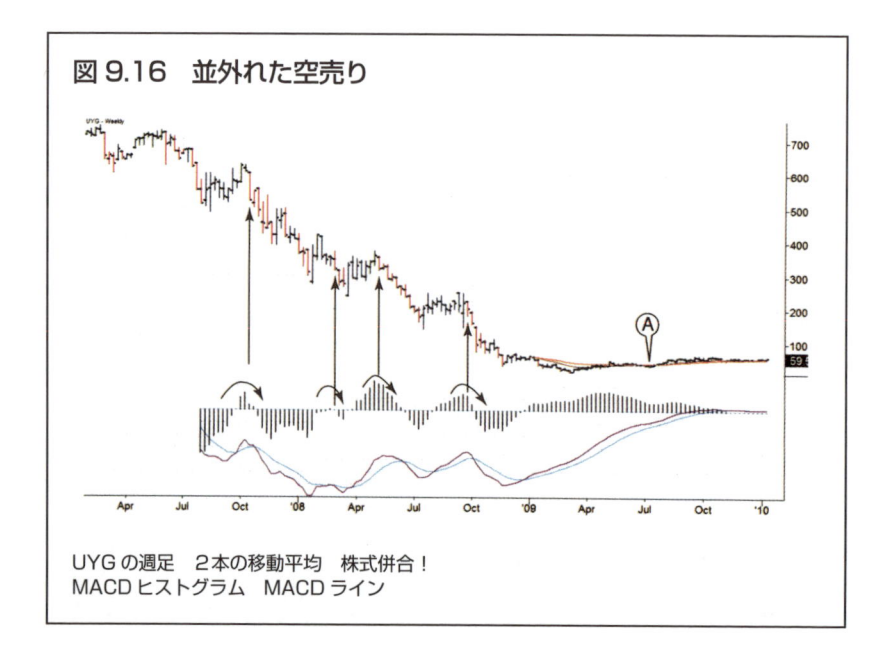

UYGの週足　2本の移動平均　株式併合！
MACDヒストグラム　MACDライン

　図9.16のチャートでは、目まいがするほどの金融セクターの下落がみられる。UYG（プロシェアーズ・ウルトラ・フィナンシャルズ）は、2007年の新規設定時に付けた70ドル超から、2009年3月の1.37ドルまで98％下落した。ここでは、これまで論じてきた基本的な原理がいくつか示されている。

- 短期週足EMA（13週）と長期週足EMA（26週）の相対位置は、上げ相場と下げ相場を規定している。短期EMAが長期EMAを下抜けば、それは下げ相場を裏付けている。これは遅行指標ではあるが、大きなトレンドを規定する。下げ相場の間、ずっと売りモードだったが、2009年9月、6ドル近辺になってようやく上向いてきた。
- 下げ相場の過程で、MACDヒストグラムが真ん中のラインを上抜いてから下がりだすのは、空売りのシグナルだ。このチャートでは、1年の間にこのシグナルが4つ現れている。さまざまな業種からな

> る銘柄リストをこの手法で監視すれば、このようなシグナルは大量にみつかるだろう。これは厩舎で複数の馬を飼っているようなものだ。そのうちの1頭くらいはいつでも出走する用意ができているかもしれない。1頭だけで出走することもあれば、何頭かが一斉に出走することもある。
> - 通常の振れでトレードをするのは、下げ相場もしくは上げ相場の間ずっとポジションを保有し続けるよりも易しい。2003年3～8月の下げ相場での反発をみてみよう。この反発で、UYGは240ドルから372ドルまで上昇した。これは、たった6週間で50％超の上昇だ。このような爆発が起こっている間も、売りポジションを持っていたいだろうか。
> - 投資対象が下部チャネルライン近辺に達したら、利益確定の用意をしよう。

このチャートが示しているのは、金融マーケットのパニックと絶望感の深さだ。素人は息絶え、プロたちは職を失った。しかし、雪の下を流れる水が春の始まりであるように、マーケットは着々と上昇への準備を始めていた。

下がりゆく株を空売りする

下げ相場から利益を得るためには、最高値で売る必要はない。長い下落の過程では、十分な空売り機会が現れる。株価が下げていく様子をみていると、溺れていく人が頭に浮かぶことがある。息をするために頭を上げようとするが、再び水面下に沈んでいく。

この例は、私のトレード日誌から引いてきたものだ。2008年10月に新安値を付けた銘柄は多いが、ORLY（オライリーオートモーティブ）もそのひとつだった。MACDヒストグラムの週足も極小値を更新し、

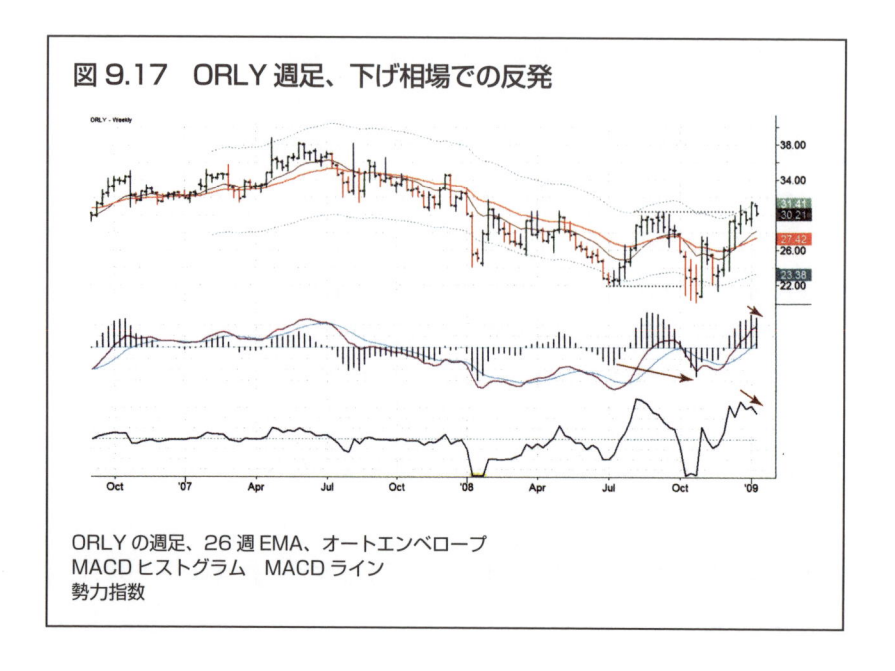

図9.17　ORLY週足、下げ相場での反発

ORLYの週足、26週EMA、オートエンベロープ
MACDヒストグラム　MACDライン
勢力指数

弱気派の並外れた力強さを反映していた。これは10月の底値が試される、もしくは底値を抜くことになりそうだというメッセージだった。

2008年10月の大底からの戻りで、ORLYはその年の夏に付けた高値を超えるほどまで反発した。この反発も表面上は順調にみえたが、待ち受ける困難の前兆である、10月の弱気サインをくつがえすほどではなかった。

週足の右端では多数の弱気シグナルが連続して出ている（**図9.17**）。これはORLYが天井をつけており、下方への反転が近いというメッセージだ。なによりも、価格がブレイクアウトした動きを維持できず、基本的に抵抗水準近辺で足踏みをしていた。勢力指数の週足は悪化し始め、その後MACDヒストグラムの週足も下げ始めた。これによって力積システムの週足も緑から青に変わり、空売りが解禁された。

日足（**図9.18**）には、シグナルの見事な組み合わせができていた。

図9.18　ORLY日足

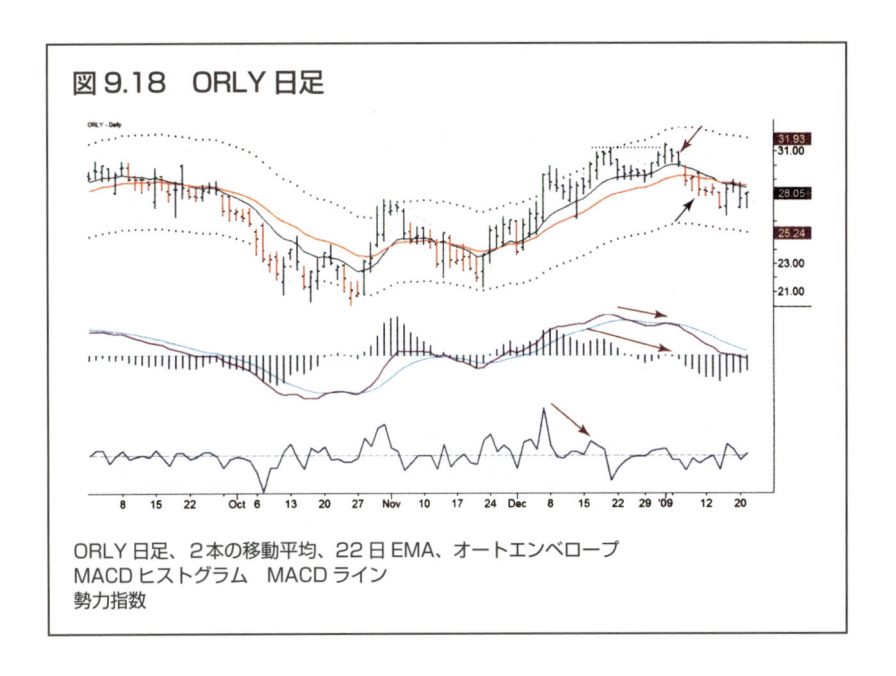

ORLY日足、2本の移動平均、22日EMA、オートエンベロープ
MACDヒストグラム　MACDライン
勢力指数

　MACDヒストグラム、MACDライン、勢力指数と3つの弱気乖離を伴ったダマシの上方ブレイクアウトだ。私は、ORLYを30.35ドルで1月6日の火曜日に空売りした。
　私はこの売りポジションを、1月9日の金曜日に28.49ドルで買い戻した。力積システムの日足は赤だったので持っていてもよかった。だが、これはスパイクの銘柄選択だったので週末を持ち越したくなかった。それに、私が好きなトレードスタイルはスイングトレードだ。これはポジショントレードよりも時間軸は短くなるが、デイトレードよりはずっとゆったりしている。
　私は十分な振れを気持ち良くとらえ、そのトレードの帳簿を閉じて週末を迎える。そして、土日は新しいアイデアを探すのだ。
　自分の性格に合った手法を選ぶことが大切だ。私のやり方は、人によっては性急すぎると感じられるだろうし、また別の人にはのんびりしすぎていると感じられるだろう。だが、私にはこれがしっくりくる

のだ。自分に合った時間軸を選び、それにこだわろう。

第10章　底値を探る
Groping for a Bottom

　2008年秋、株式市場が容赦なく、じりじりと値を下げていたとき、マーケット参加者のほとんどは、ますます暗い雰囲気になっていった。下落過程で起こる踏み上げさえも、短く弱々しくなっていった。

この株式市場はゼロまで下がらない

　第3部の終わりにS&Pの週足をみたとき、新高値－新安値指数の週足がマイナス4000を割り込むと、強力な買いシグナルになることをみた。このシグナルは、**図10.1**のチャート上では垂直の緑線で示されている。

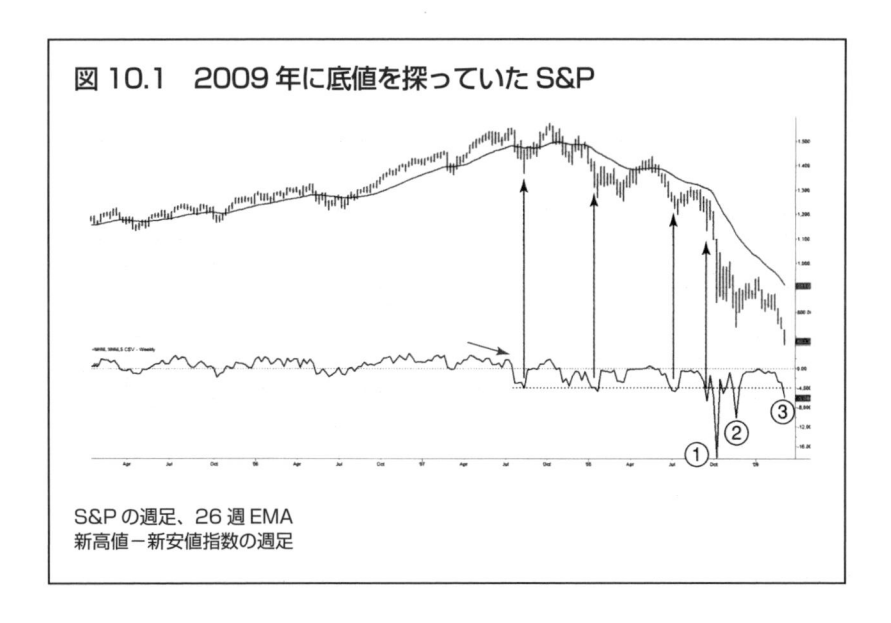

図10.1　2009年に底値を探っていたS&P

S&Pの週足、26週EMA
新高値－新安値指数の週足

これらのうち最初の線には、しっかりとした反発が続いた。しかし、ほかの2つの線に続く上昇は、短期的で若干弱々しいものだった。これは、弱気派が力をつけており、強気派が衰退していることを表していた。

　米国株式市場の歴史をみると、下落過程で新高値－新安値指数の週足がマイナス4000を割り込むことは時々あった。しかし、この指標がマイナス6000を割り込んだことは1度たりともなかった。

　ところが、2008年10月、未曾有の出来事が起きた。新高値－新安値指数の週足がマイナス1万8000まで暴落したのだ。

　この突っ込みは、まさに狂乱のパニックを反映していた。ベアー・スターンズは、中心街にある本社の価値にも満たない価格で身売りされ、消滅した。リーマン・ブラザーズは清算を強いられ、ウォール街で最も耳にする言葉は「カウンターパーティ（取引先）リスク」になった。金融機関は相手方の契約不履行を懸念し、取引することを互いに尻込みしていた。

　米政府はこの空気のなかで介入した。金融システムを現金でじゃぶじゃぶにすることで窮地を脱したのだ。大量の資金をマーケットに供給し、保証を賦与した。

　批評家たちは今でも政府の失策をあげつらい、多額の資金が誤った使い方をされたと批判している。だが、もし政府の介入がなかったら、マーケットは凍りついて機能停止に陥っていたかもしれないと一般には考えられている。

　ポイント①で示した新高値－新安値指数の過去に類をみない突っ込みは、マーケットが「生きるか死ぬか」の水準まで達していたことを表している。この指標がひどく売られ過ぎていた水準からゼロまで戻ったことは、「死ぬ」ではなく「生きる」を選んだことを示している。マーケットの行く末がはっきりしてきた。問題は、いつ底入れするかだ。

　2008年10月、マーケットは新安値をつけたが、新高値－新安値指数

の週足は「たったの」マイナス1万で底入れして、極小値を切り上げた。2009年1月にはゼロまで反発し、株式市場は再び弱含んだ。

　2009年3月、出来高が細るなか、株価は10月と11月の安値を割り込んだ。新高値－新安値指数の週足はどうなっているだろうか。この指数はマイナス5854まで下落した。これは、過去の下げ相場では底入れでつけてきた水準だ。この数字だけでは、これが下げ相場の大底なのか、それとも下げ相場で反発の前につけるような、通常の極小値なのか判断できない。そして、もちろんポイント①②③にみられる大規模な強気乖離は、大底の可能性が高いことを示している。

「二重らせん」は買いシグナル

　図10.2のチャートが発しているメッセージは、間違えようがない。パニックに陥るなと教えてくれている。空売りを買い戻し、急いで

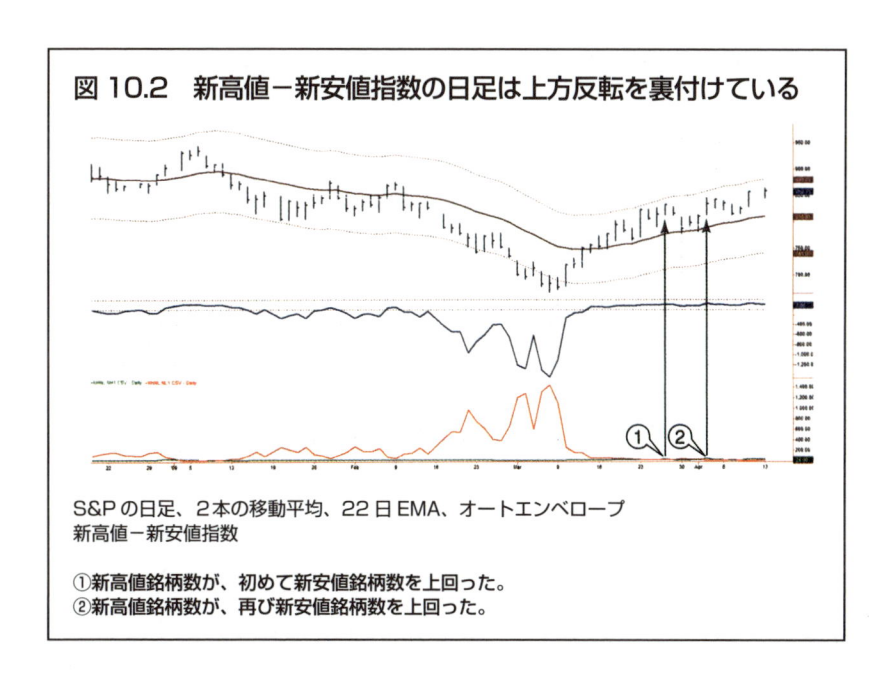

図10.2　新高値－新安値指数の日足は上方反転を裏付けている

S&Pの日足、2本の移動平均、22日EMA、オートエンベロープ
新高値－新安値指数

①新高値銘柄数が、初めて新安値銘柄数を上回った。
②新高値銘柄数が、再び新安値銘柄数を上回った。

買い物リストをつくれとシグナルは告げている。

　マーケットを異なる時間軸でみていても、テクニカルのトレードシグナルが同時に現れるようなことはめったにない。プロはこの問題を克服するルールを持っている。だが、初心者はこの問題に気づいてすらいない。また神経質なトレーダーは、完璧さを求めるあまり電車に乗り遅れてしまう。

　その好例が、2009年３月にマーケットが底値をつけたときだ。週足をみると底入れのシグナルが目に飛び込んでくる。しかし、日足は口をつぐんだままだった。マーケットが新安値をつけるなかで、新高値−新安値指数も価格と同調して下がっていき、乖離のサインはみられなかった。

　最後の下げでも、チャートの下の欄に示されている赤線が新安値銘柄の数が増加していることを示していた。一方、緑線は横ばいで推移し、新高値銘柄の数が少ないことを表していた（**図10.2**）。

　新高値−新安値指数の週足が「強気乖離！」と叫んでいる一方で、新高値−新安値指数の日足は、３月には何も示していなかった。どうすべきだろうか。

　長期チャートのシグナルのほうが、短期チャートのシグナルよりも重要だ。つまり、週足のほうが日足よりも強いということだ。両方が同じ音を奏でるのが理想だが、現実的にはどちらかを選ばなければならない。トリプル・スクリーン・システムでは、分析を常に長期チャートから始めなければならない。長期チャートで戦略的な決定を下し、それから日足で短期的な戦術的タイミングを計るのだ。

　新高値−新安値指数の日足は、４月になって新高値銘柄数（緑線）が新安値銘柄数（赤線）を上回り、ようやく週足と同じ音を奏でるに至った。新高値−新安値指数の日足は非常に繊細なので、確固たる買いシグナルとして受ける前に、強気の交差が２回現れるのを待つことが多い。アイダホ州在住でスパイクのメンバーであるスティーブン・

モリスは、ふざけて「二重らせん」とか「ダブルアレックス」と呼んでいた。

パーティーにちょうど間に合った

　図10.3と図10.4と図10.5にあるDECK（デッカーズアウトドア）の3つのチャートは、スパイクのメンバーであるスティーブン・アルコーンから最近送られてきたものだ。ほかにも日中足がいくつか添えられていたが、紙幅の都合から割愛した。彼からのメールには、次のように記されていた。

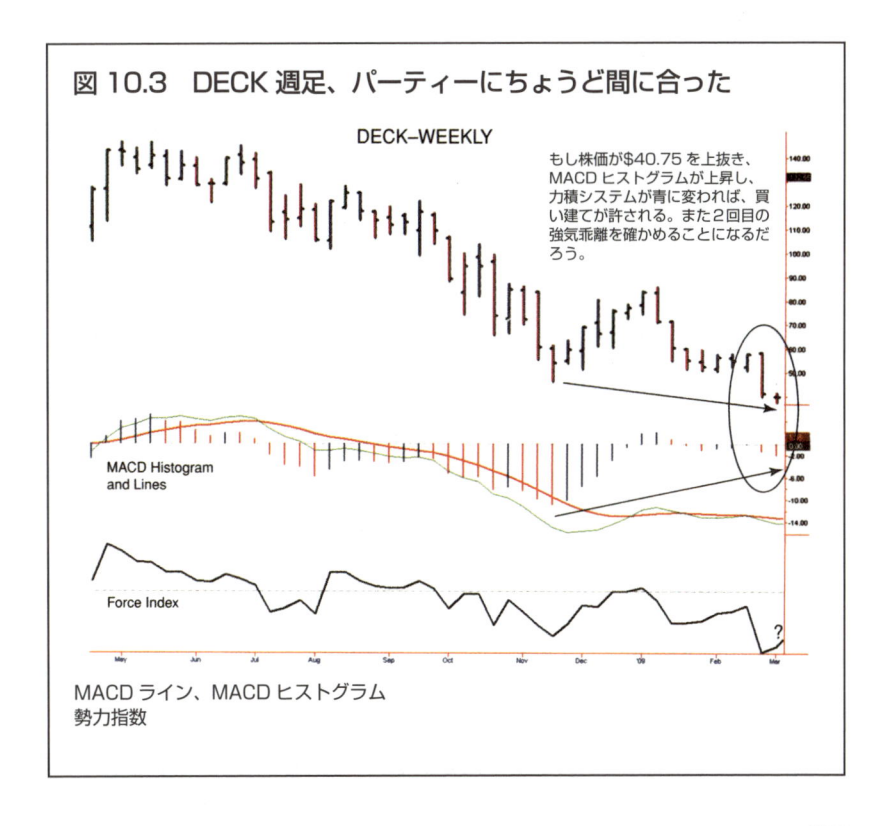

図 10.3　DECK 週足、パーティーにちょうど間に合った

もし株価が$40.75を上抜き、MACDヒストグラムが上昇し、力積システムが青に変われば、買い建てが許される。また2回目の強気乖離を確かめることになるだろう。

MACDライン、MACDヒストグラム
勢力指数

図 10.4　DECK 日足

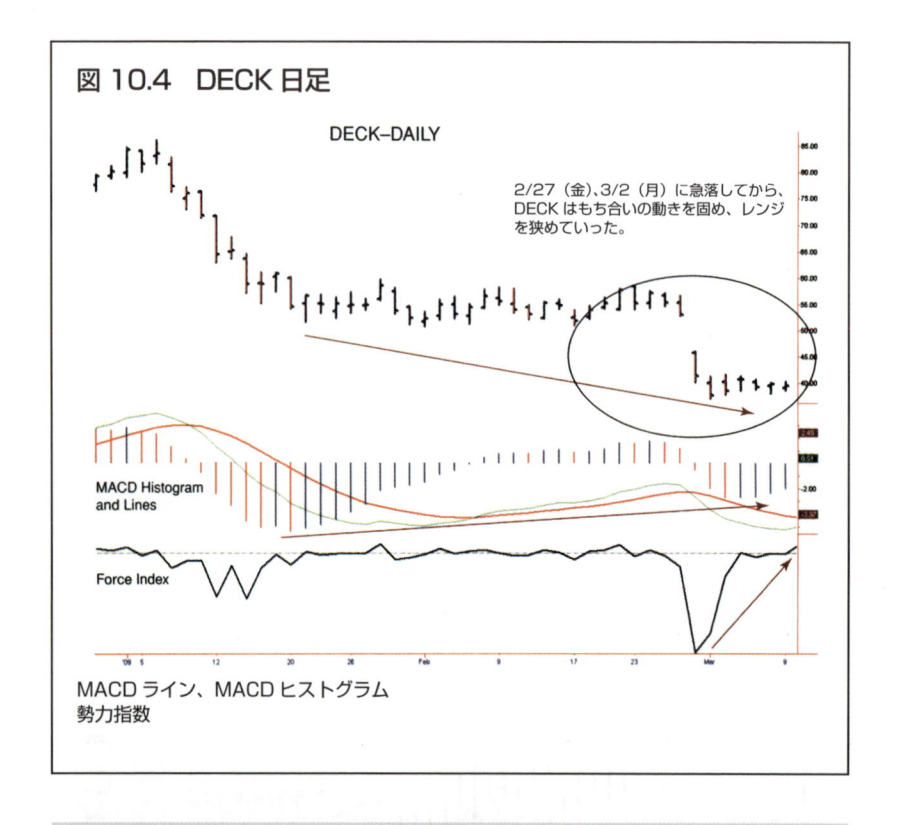

DECK-DAILY

2/27（金）、3/2（月）に急落してから、DECK はもち合いの動きを固め、レンジを狭めていった。

MACD Histogram and Lines

Force Index

MACD ライン、MACD ヒストグラム
勢力指数

> 　添付したのは、私の初トレードの日誌だ。3月10日に買いを仕掛けた。その日が大きな上昇の始まりとなった。DECKは6週間にわたって上昇を続けた。私は恐る恐るこの銘柄で何回かトレードをして、結果的に利益を上げることができた。あの楽しかった日々を振り返ってみて分かったことがある。本当にたくさんの投資機会が突然現れ、たいした経験も技術も持たないのに儲けることができた。しかし、今のマーケット環境とは全然違っていた。

　スティーブは謙虚な男だ。スパイクでは良い成績を収めている。チャート上のコメントは彼のものだ。
　私は自分の生徒によくいうのだが、高い技術を学ぶことは難しいが、

図10.5　DECK日足

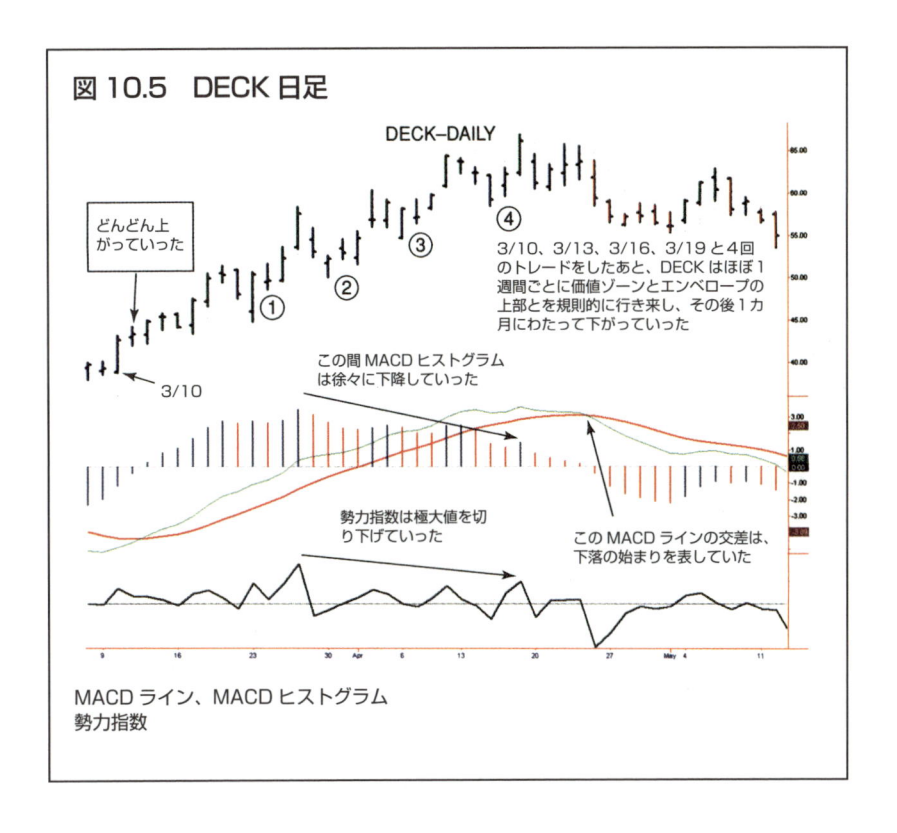

DECK-DAILY

どんどん上がっていった

3/10

①　②　③　④

3/10、3/13、3/16、3/19と4回のトレードをしたあと、DECKはほぼ1週間ごとに価値ゾーンとエンベロープの上部とを規則的に行き来し、その後1カ月にわたって下がっていった

この間MACDヒストグラムは徐々に下降していった

勢力指数は極大値を切り下げていった

このMACDラインの交差は、下落の始まりを表していた

MACDライン、MACDヒストグラム
勢力指数

習得するのはもっと難しい。スティーブは私の講習を聞いたことがあったかのようだった。さらに、誰もが恐れをなして傍観しているなかで、学んだことを実践する勇気も持ち合わせていた。

　スティーブのコメントやチャート上の書き込みに付け加えることはほとんどない。計画を立てるためのツールとしてチャートを用い、同時に日誌としても活用していることに注意してほしい。私が駆け出しのトレーダーだったころも、チャートにテクニカル指標のシグナルを大量に書き込んでいた。今では矢印か円がいくつかあれば、重要な要素はほとんど思い出すことができる。

　スティーブが同じ銘柄を繰り返し取引していたのは、非常にプロらしいやり方だった。

大抵の初心者は、ある銘柄でトレードをしたら勝とうが負けようが別の銘柄へと移っていく。バーでいろいろな女性に声をかけながらも、相手の話に耳を傾けたり、一歩踏み込んだりするタイミングが分からないような、自分に自信が持てない男を思い出してしまう。そういう人は、拒否されるとそれを悪く受け止めてしまい、一度無視されたらその人はもう口をきいてくれないだろうと考えてしまう。

　一方、プロのトレーダーは、繰り返し同じ銘柄でトレードをする傾向にある。自分の望む方向で最終的に適切な仕掛けができるまでは、ストップにかかってもひるむことなくその銘柄に何度も何度も手を出す。スティーブはこのトレードをした時点では経験が浅かったが、MACDラインが交差し、DECKのパターンが変化しつつあることに気づくまで、動きをいくつかとらえていた。

　私も最初のころは、大量の心理的コメントを日誌に書き込んでいたものだ。仕掛けや手仕舞いで感じたことを書き出していた。心理はトレードの道具だ。心理がどう機能するかに注意を払うことは、トレーダーとして成功するための助けになる。経験を積めば心の働きもよくなり、リスク管理と資金管理に目がいくようになる。

私の好きな大底シグナル

　マーケットの大底を見定めるのに非常に重要なパターンは、強気乖離を伴ったダマシの下方ブレイクアウトだ。このパターンはどの時間軸でも機能する。だが、もちろん長期の時間軸で出ているシグナルのほうが重要だ。週足でこのパターンを探してみよう。週足は大局的な天井と大底を見極めるのに有効な時間軸だ。

　図10.6はRIMM（リサーチ・イン・モーション）のチャートである。技術系企業で、ブラックベリーは同社の製品だ。その依存性から冗談で「クラックベリー（クラックはコカインのこと）」とも呼ばれている。

```
図 10.6   RIMM 日足
```

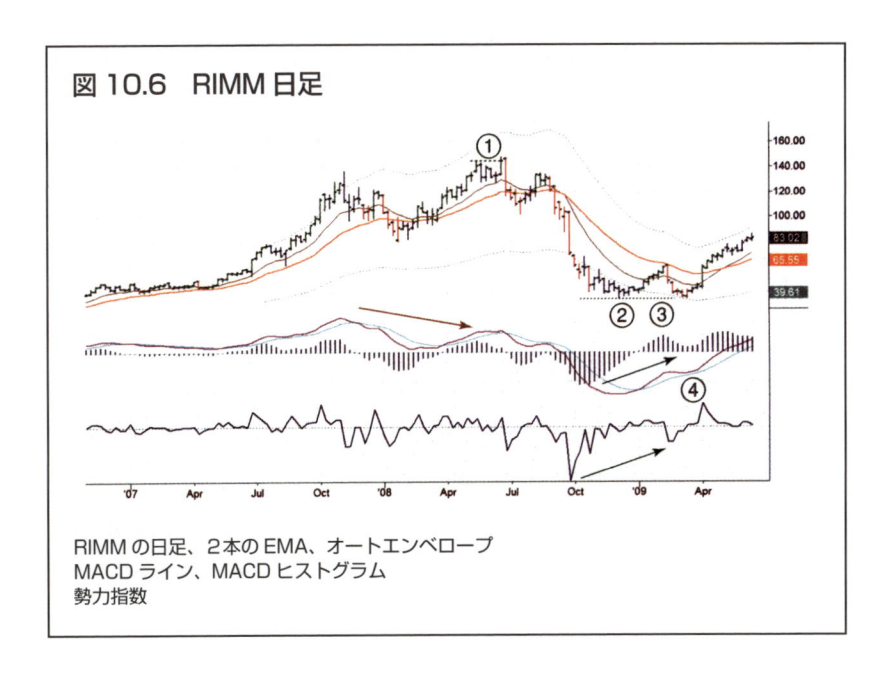

RIMM の日足、2本の EMA、オートエンベロープ
MACD ライン、MACD ヒストグラム
勢力指数

　この銘柄は、この下げ相場の初期にはしっかりしているほうだった。2008年には高値も更新した。この年の夏には抵抗水準を上抜いたが維持できず、チャート上に①で示した抵抗線を割って引けることとなった。

　MACDの週足にみられた弱気乖離が、売りシグナルであるダマシの上方ブレイクアウトにさらに重くのしかかった。そこからのRIMMは完全な下り坂だった。150ドル近辺から40ドルを割り込み、価値の4分の3を失うまで1年かからなかった。

　2008年10月、RIMMは40ドルの下に支持帯をみつけた（②）。2009年1月には反発し、MACDヒストグラムもゼロラインを上抜いて「ベア（弱気派）の背骨折り」をみせた（③）。ポイント④の領域では再び支持帯まで落ち込み、さらに安値を更新した。2008年にRIMMが付けた最安値は35.09ドルだったが、2009年3月にはさらに4セント安い35.05ドルまで落ち込んだ。ストップを「直近安値の1ティック下」

に置くのが好きなトレーダーたちを放り出すには、この安値更新で十分だった。

　このようなブレイクアウトを探す利点は、簡単にみつけられることだ。重要な安値の下にアラームをセットしておこう。アラームが発動したら、突破された支持線までマーケットが戻った場合に備え、買いを仕掛ける準備をする。このようなブレイクアウトを探せば潜在的な買い候補がいくらでも得られる。

　④にみられる強気乖離は「失われた右肩」の一種だ。②の底ではゼロよりも下だった。③の高値は弱気派の力がくじかれたことを示している。そして④の安値では弱気派の力が衰え、この指標を真ん中のラインより下に押し下げることができなかった。力積システムが赤から青に変わり、買いが解禁された。そしてそこから、クラックベリー株を買おうと上へ上へと高みへ昇っていった。

　方向を逆にするだけで、似たようなやり方がマーケットの天井でもうまく機能する。ただし、底値付近に比べると天井付近ではボラティリティが高くなる傾向にある。したがって、ボラティリティに関しては十分に寛容でなければならない。

上がってきたところで売る

　過去の天井や大底をみつけるのは易しい。チャートの中央であれば優れた買い機会もはっきりとみえる。問題は、右端に近づくにつれ状況がはっきりしなくなることだ。

　「上昇トレンドの大底で買って天井で売ることで、末永く幸せに暮らしましたとさ……」。初心者は古いチャートをみて、こんな幻想を抱きがちだ。経験を積んだトレーダーなら、この夢は先月の当選番号でロトくじを買うようなものだと分かっている。

　過去は確定したものであり、はっきりとみることができる。未来は

図10.7　CEPH 日足

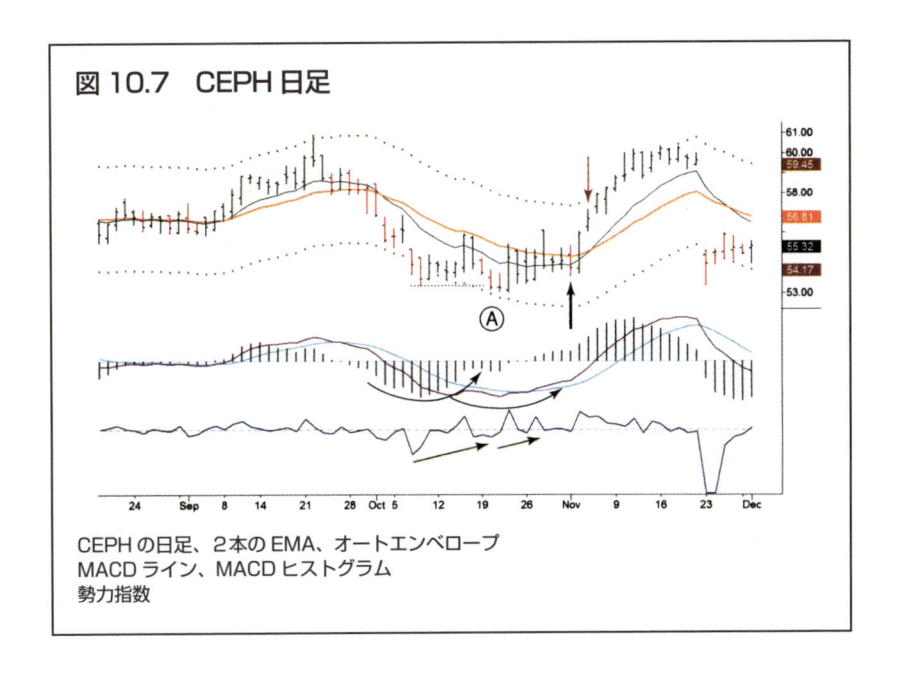

CEPH の日足、2本の EMA、オートエンベロープ
MACD ライン、MACD ヒストグラム
勢力指数

流動的で、驚きにあふれている。プロのほうが素人よりも謙虚な理由はこれだ。

　私たちは、時々現れる動きをとらえるだけで十分満足である。マーケットの混沌から規律的なパターンが生まれるのを待ち、そこに飛び乗って目標近辺まで便乗し、それから飛び降りるのだ。

　うまく資金管理をしながらこの過程を何百回も繰り返せば、投資資金の推移カーブは満足のゆく角度で上昇トレンドを描いていくだろう。この原理を説明するために、私のトレード日誌からいくつか紹介しよう。

　2009年11月の最初の週、スパイクの主要メンバーのひとりが翌週用の銘柄として取り上げたことで、CEPH（セファロン）が目についた（図10.7）。

　CEPHは下げ相場のさなかにあった。ところが、月曜日に週足（ここには載せていない）で力積システムが赤から青に変わり、買いが解

423

禁されていた。

　日足ではダマシの下方ブレイクアウトがみられた（A）。また勢力指数は強気乖離を描いていた。これは弱気派が衰えてきたことを示唆している。これにMACDの弱気パターンが続いた。MACDヒストグラムとMACDラインが弧を描いて底をつけたのだ。弱気乖離ほど強力ではないものの、なかなか好ましいパターンだった。

　CEPHは月曜日に価値ゾーンを一時的に割り込んだ。この日（緑の垂直な矢印）、54.62ドルで買いを仕掛けた。火曜日には上方へ大きく反転し、このトレードの勝利は確実なものになった。水曜日も上昇は続き、売られ過ぎゾーンである上部チャネルライン近くまで到達したものの、伸びが鈍ってきた。垂直の赤矢印をつけた日、私は57.05ドルで売って、利益を確定した。

　トレード評価は53％だった。チャネル幅の半分強をとらえたということだ。私は、チャネル幅の30％以上をとらえたトレードをAトレードと評価している。

　私は早く売りすぎたのだろうか。確かにそうだ。日足が緑から青に変わり、強気派の衰えを確認してから手放したほうが賢明だったかもしれない。それでもこの種の間違いは許容範囲だ。私は価値水準で買い、買われ過ぎゾーン近辺で売却し、次に来る短期のスイングトレードに備えたのだ。

　別のトレードでは、ダマシの下方ブレイクアウトにA－B－Cの強気乖離が伴い「買いだ！」と叫んでいた（**図10.8**）。O（リアルティインカム）はここには載せていないが、週足で青が点灯しており、買いが解禁されていた。

　私は価値ゾーンのすぐ下で買いを仕掛けた。垂直の緑矢印で示した足だ。このポジションは、垂直の赤矢印で示したところで2回に分けて手仕舞った。最初の半分は、上部チャネルライン近辺の買われ過ぎ水準に近づきつつあった緑色の足で売却した。翌日、青色の足が現れ、

図10.8　O日足

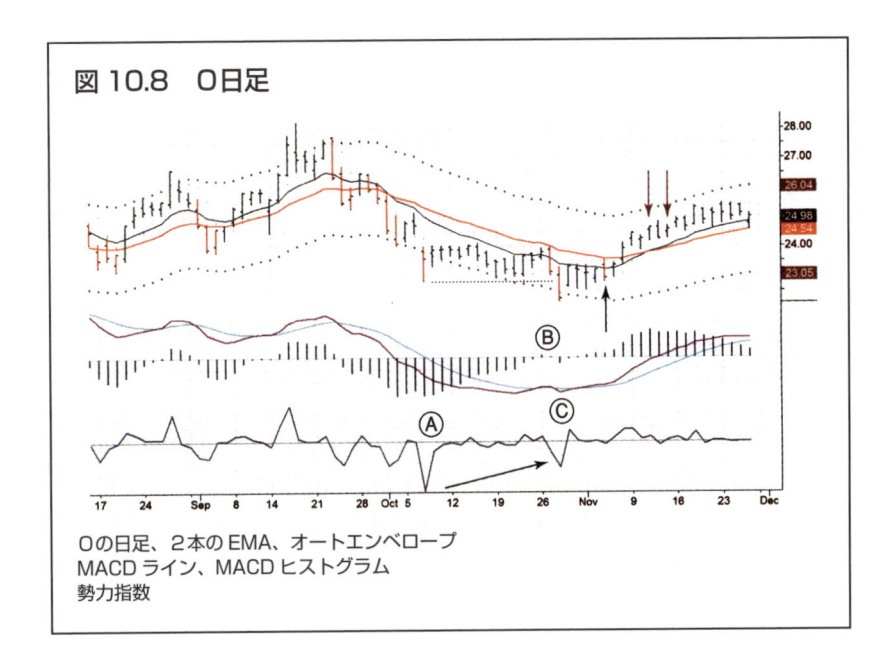

Oの日足、2本のEMA、オートエンベロープ
MACDライン、MACDヒストグラム
勢力指数

次の日にポジションを売却するよう促された。近頃は売買手数料が非常に安いので、トレードを1回ではなく複数に分けて行っても問題ない。このトレード評価は39％と44％だった。

　このトレードは大底で拾ったわけでもないし、上昇の最高値で売ったわけでもない。それでも、大底と天井の間で、非常に満足のゆく値幅を取ることができた。最初の売りシグナルは、上部チャネルライン近辺の買われ過ぎゾーンに近づいたときに発せられた。2番目のシグナルは、日足の力積システムが緑から青に変わったときだ。これは強気派が力を失っていることを表していた。

　トレーダーの多くが取り損ねたお金を悔やんでいる。しかし、長い目でみてより生産的なのは、利益に対して落ち着いた姿勢、現実的な姿勢で臨むことだ。

転ばぬ強気はない

　2009年3月、目を見張る上方反転で、株式市場では幅広い銘柄に上昇がみられた。2009年末には、マーケットが上げ相場にあることにほとんど疑いの余地がなかった。

　上げ相場は、4年もしくはそれ以上続くことが多い。だが、直線的に進行するわけではない。チャールズ・ダウやロバート・レアから始まるテクニカル分析の古典をひもとくと、典型的な上げ相場には3つのステージがあると記されている。

> ①第一ステージは、先行する下げ相場の終わりに現れる、でたらめな安値から回復していく段階だ。
> ②第二ステージは、実体経済の成長を反映した上昇だ。
> ③第三ステージは、先行する2つのステージに続く投機的爆発だ。これは、次の下げ相場に飛び込むための飛び込み台を形成する。

　これらのステージは、スムーズに移行していくわけではない。むしろ逆だ。上げ相場にみられるこれらのステージには、厳しい調整が入る。

　2009年終わり、私たちがいたのはどのステージだっただろうか。明るい第三ステージでもなければ、第二ステージでもないことは確かだ。なぜなら、経済がまだ停滞状態にあったことは間違いないからだ。私たちがいたのは、先行する下げ相場の安値から回復する過程にあった、第一ステージだった。

　第一ステージに入ってからすでに9カ月もたっていること、また新高値－新安値指数が弱含んでいることを考えると、マーケットで一時的な下げがくると予想するほうが賢明だろう。

　GOOG（グーグル）は、この上げ相場を主導する銘柄のひとつだった。先行する下げ相場でも、この銘柄はほかに比べるとしっかりして

```
図 10.9  GOOG 週足
```

力積システム
が青に変化

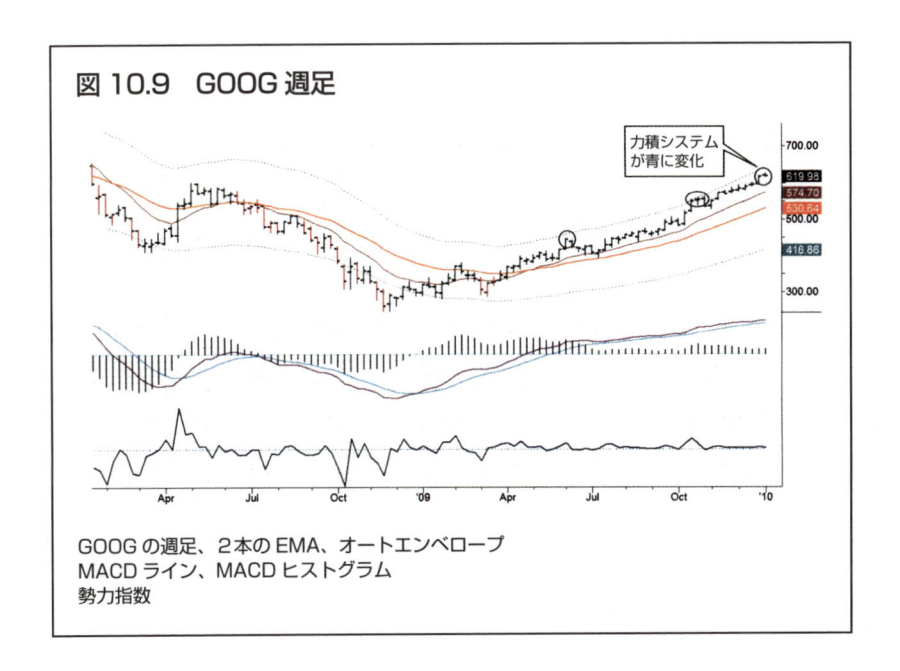

GOOG の週足、2本の EMA、オートエンベロープ
MACD ライン、MACD ヒストグラム
勢力指数

いたことに注意してほしい。

　2009年3月、マーケット平均が安値を切り下げるなか、GOOGは2008年の安値よりもずっと上にあった。これは、GOOGが新しい上昇トレンドを主導する銘柄である可能性が高いことを示していた。

　もちろん相場を主導していく銘柄であっても休息は必要だ。**図10.9**の週足をみると、GOOGが上部チャネルラインに近づくたびに、買われ過ぎたことで数週間の休息を必要としていたことが分かる。上昇を再開するのはそのあとだ。

　チャートの右端では買われ過ぎシグナルが再び現れており、また同時に力積システムの週足は青が点灯している。このシステムで緑が消えたということは、トレーダーに空売りが解禁されたということだ。

　足を踏み出す勇気が生まれる源泉は、ひとつではない。そのうちのひとつは、自分の分析ツールへの信頼だ。

　2009年12月、GOOGは非常に強い動きでその年の新高値へと上昇し

```
図10.10　GOOG 日足
```

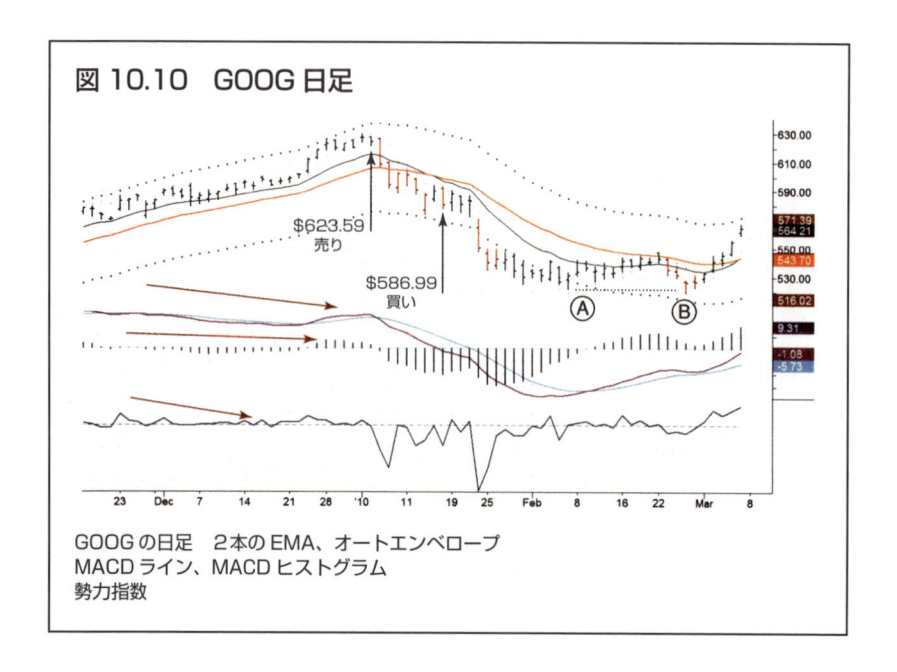

GOOGの日足　2本のEMA、オートエンベロープ
MACDライン、MACDヒストグラム
勢力指数

　ていた。それでも、週足の力積システムは緑から青へ変わり、日足では指標の多くが大規模な弱気乖離を示していた。この銘柄は、比較的リスクの低い投資機会を提供していた（**図10.10**）。

　12月31日の垂直な矢印が指す日は、私が売りポジションを仕掛けた日だ。日足の力積システムが緑から青に変わり、価値水準から十分上で空売りを仕掛けた。前日の高値近辺に保護的ストップを置いた。

　GOOGが下部チャネルラインまで下げたところで買い戻した。チャネル幅の64％をとらえることができた。

　株価はいったん下げ止まってから、再び下落し始めた。しかし、私はそれでも構わない。すでに利益を上げていたし、GOOGが一度下部チャネルラインに達したら私のシステムは空売りを許さない。そのシステムでやって行くつもりなら、システムを信じることは大切なことだ。

　2010年2月の反転に注意してほしい。ポイントAでGOOGは522.46

428

ドルまで下がり、ポイントＢで520ドルまで安値を更新したものの526.43ドルで引けた。これはダマシの下方ブレイクアウトであり、底入れを示す最高のシグナルのひとつだ！

チャートをみて、MACDと勢力指数がこのとき発していたメッセージが分かるだろうか。

私の日誌からトレードをもうひとつ検討してみよう。本書の最後をこれで飾ることにしたい。

売りを叫ぶ声

図10.11に掲載したチャートを初めてみたのは、2010年４月11日（日曜日）にニューヨークでクラスを持っていたときだった。教室に２人のオーストラリア人がいたので、EWA（ｉシェアーズのMSCIオーストラリア指数ファンド）を取り上げた。これはオーストラリア

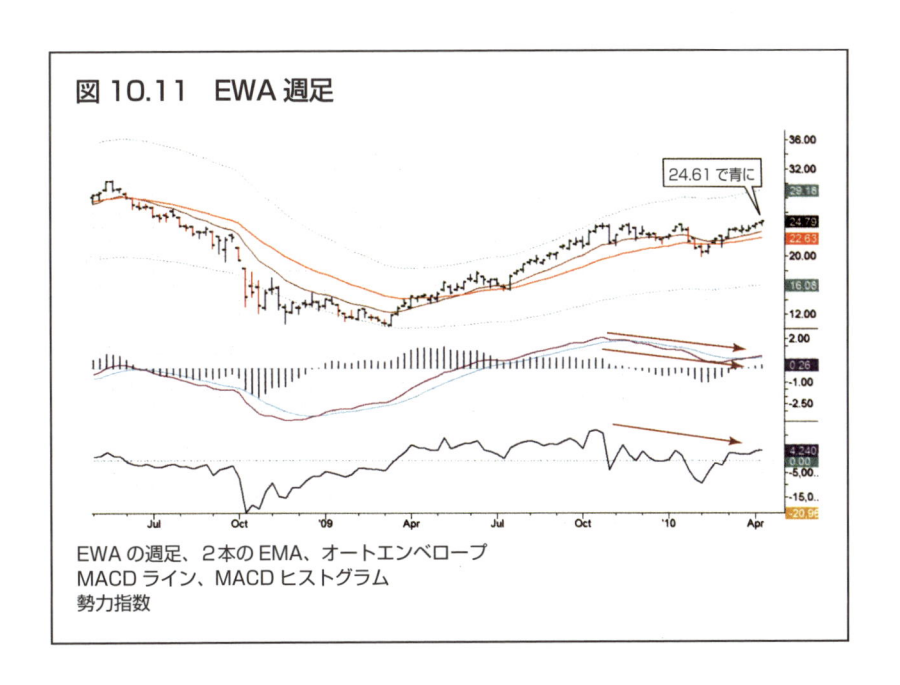

図10.11　EWA 週足

EWA の週足、２本の EMA、オートエンベロープ
MACD ライン、MACD ヒストグラム
勢力指数

図10.12　EWA 日足

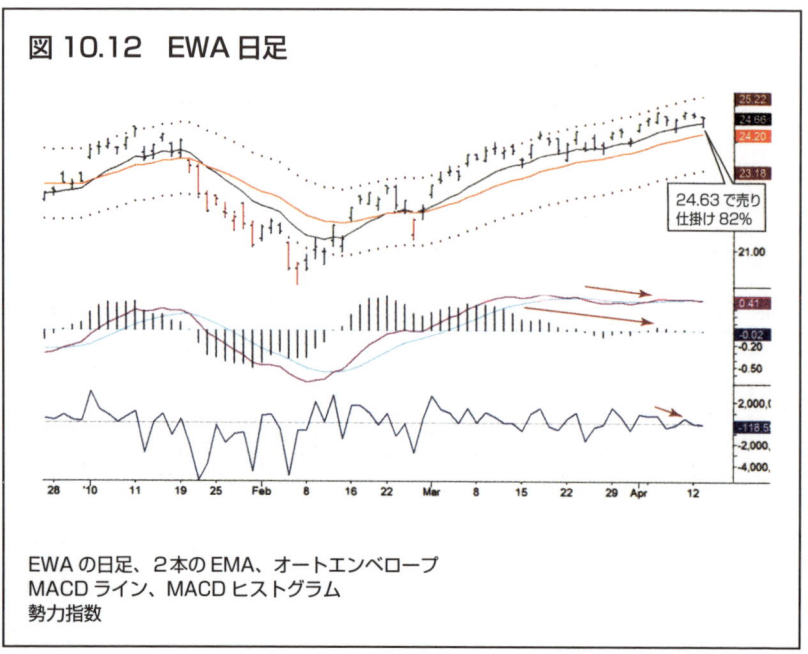

24.63 で売り
仕掛け 82%

EWA の日足、2本のEMA、オートエンベロープ
MACD ライン、MACD ヒストグラム
勢力指数

図10.13　EWA 週足

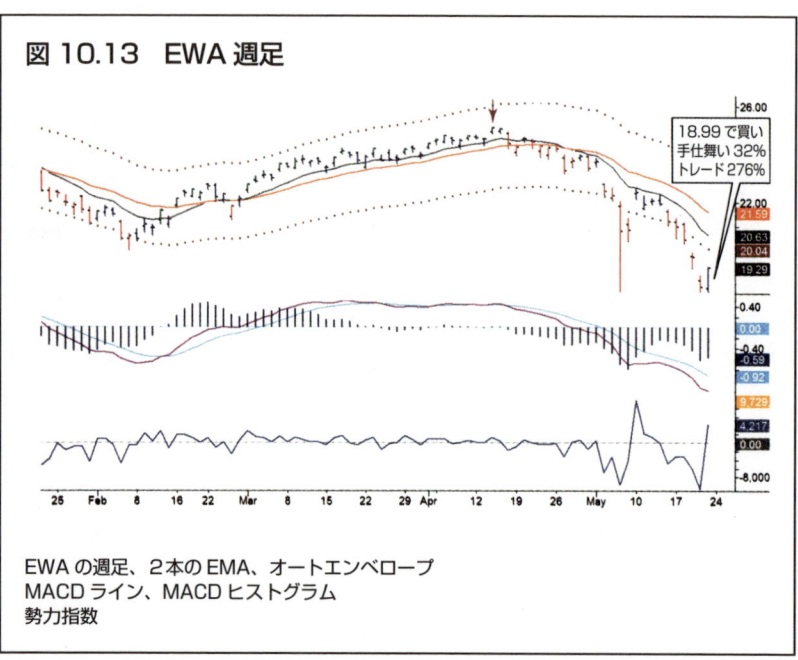

18.99 で買い
手仕舞い 32%
トレード 276%

EWA の週足、2本のEMA、オートエンベロープ
MACD ライン、MACD ヒストグラム
勢力指数

株のETFで、私は１度もトレードしたことがなかった。

　週足は刺激的なシグナルを発しており、2009年３月から１年にわたって続いた上昇が終わりを迎えているようにみえた。EWAはダブルトップを形成しており、週足の力積システムが青に変わるポイントのほんの数セント上に位置していた。そこを突破すれば週足の弱気乖離で三連単になる（MACDヒストグラム、MACDライン、勢力指数）。私は**図10.12**の日足に目を向けた。

　日足のシグナルは、週足のシグナルによく似ていた。力積システムは青に変わり、私は火曜日に空売りを仕掛けた。直近の高値よりも上にストップを置き、１株当たりのリスクはほんの数セントに抑えた。こうして、何千株も空売りを仕掛けながらリスクを非常に小さくできた。

　下落が加速する間も私は保有し続けた（**図10.13**）。EWAが日足で下部チャネルライン近辺にまで下がったときも、力積システムは赤のままだったので保有し続けた。

　軽い崩落が起きたとき、私はアジアを旅行中で、画面から離れていたため、利益確定の最高の機会を逃してしまった。しかし、私は諦めなかった。私の経験では、通常なら崩落後は反射的に値を戻すが、崩落でつけた安値に向けてじわじわと下がっていき、少ない出来高で安値を再び試しに行くものだからだ。EWAにもまさにこれが起きた。日足の力積システムが青に変わったとき、私は崩落時の安値からそう遠くない水準で買い戻した。

　このトレードの教訓——単純な売買システムを用い、リスクを比較的小さく抑え、シナリオを心に描き、落ち着いて計画を実行すればうまくいく。

さいごに
Conclusion

　トレードで成功するには、明確さと規律が必要だ。しかし、ほとんどのトレーダーや投資家は、曖昧かつ優柔不断である。

　これは、彼らの生き方そのものだ。時間ならいくらでもあるかのように、難しい決断を先延ばししている。ブロードウェイの歌にあるように「明日は晴れるだろう」という夢をみ続けているのだ。実際には時間は限られているし、このように意思決定をしているようでは、明日は今日よりも悪くなるだろう。

　あなたの人生設計は本書の扱うところではない。だが、あなたのトレードを設計するところなら始めることはできる。

　次のトレードの具体的な仕掛けや手仕舞いはどうなっているだろうか。どうやってリスクを管理し、記録をつけるのだろうか。持っている株をいつ売るのだろうか。空売りで下落から利益を上げる用意はできているだろうか。

　この本を読み終えたあなたは、これらの質問に以前よりもずっと的確に答えられなければならない。

　私自身の、そして私の生徒たちのトレードを大きく改善してきた発見について、私は本書で読者に公開した。成功や失敗に関わる最も重要な要因は、記録のよしあしだ。初心者はさまざまな指標のパラメータをいじり続けたがるが、しっかりしたトレード記録に比べれば、それは些細な問題でしかない。どうやって記録をつけ、それをどうやって活用するかも本書で明らかにした。

　あなたはこれらの教えに従う気があるだろうか。それを利用して向上しようという気があるだろうか。

本書では、買いに関しては軽くしか触れなかったものの、売りと空売りについては十分な時間を費やした。買った銘柄に利益目標や損切り水準を設定するやり方は分かったはずだ。これらを設定する手法をいくつか論じてきたので、自分の性格に合った技法を選んで自分のトレードに適用してほしい。

　大抵のトレーダーと同様に、空売りをしたことがないのであれば、嫌いな銘柄をみつけて何株か空売りしてみることをお勧めする。小さなサイズの空売りを何回も試してみよう。

　積極的に空売りをしなければならないという義務はない。買い専門になると決めたとしてもかまわない。ただし、無知や恐れからではなく、自由な人間としてそれを選択してほしい。

　トレードの税制面については扱わなかった。私はその道の専門家ではないので、自分で本を調べ、有用な助言を探すよう勧めることしかできない。

利益の始末──個人配当

　オスカー・ワイルドが100年前にいっていた。「本物の理想主義者は富を求める。なぜなら、富は自由を意味し、そしてつまるところ自由とは人生を意味しているのだから」。

　お金は強力な動機になる。病院で宮仕えをしているよりも、もっと子供たちと一緒に過ごしたい、もっといい家に住みたい、北風から逃れてカリブ海に行きたい、といった願望に強く駆り立てられていたことが思い出される。

　金儲けを始めるなら、どこで満足し、いつ回転木馬から飛び降りるかを知っておくことは大切だ。もっと大きな家、もっとすてきな屋敷、もっとぴかぴかのおもちゃなど、いつだってもっと大きな人参がぶら下がっている。調子がいいときに方向転換をしなければ、魔法のお金

> **個人配当**
>
> 　四半期ごとに、私が自分で設定した目標を100％達成できた場合、もしくはそれ以上の成績を収めることができた場合に、四半期の利益から5％を「配当」として捻出することにしている。これは受取人に平等に配られ、そのお金をどうするかは受取人の自由だ。
> 　この配当プログラムについて、当初は誰にも教えていなかった。初めての配当である2002年第4四半期分は、直接手渡しをして皆を驚かせた。100ドル紙幣をホチキスでカードに留めるという演出をした。狙いどおり、インパクトがあった！
> 　現在のところ受取人は主に6名で、さらに地元の慈善事業も受取人になっている。その事業は、専門家が生命を脅かす疾患による問題に直面している患者の苦痛を緩和ケアするという、すばらしい仕事をしている。5％の配当で世界を変えることはできない。だが、受取人からは感謝されているのだ！
> 　四半期によっては目標を達成できないこともある。したがって、私がうまくやっているかに誰もが興味津々になる。こうして四半期ごとに新鮮な気持ちで臨むことができるのだ！
> 　四半期ごとの3番目の月に、配当が「出せそうかどうか」をみんなに伝える。これが、私の集中力を高める助けになっていることは確かだ。さらに、この仕事にも非常にやり甲斐があることを、私の家族もちゃんと感じてくれるようにもなるだろう。自分の「株主」がいるというのも悪くない。

を追い求めるのに残りの人生を費やすことになりかねない。そのような人生は悲しいだろう。

　目的は自由だ。ぴかぴかのおもちゃではない。このことをおぼえておいてほしい。

　この問題の解決法は、あなたの存在と同じくらいユニークなものになるだろう。自分自身の解決法を実行することになったら私のところ

に連絡してほしい。

　私が損得抜きで続けているのは執筆だ。執筆には何千時間もかけ、多大な精力を費やしている。これをトレードに向けておけば、それだけ利益を得られたはずだ。その利益を埋め合わせるほどの印税は入ってこない。それでも書く仕事は好きだし、私が書いたものを気に入ってくれた読者と関わりを持てるという見返りも悪くない。

　もうひとつの楽しみは教えることだ。2年ほど前、地元の高校で「お金とトレード」というクラスを教える仕事を買って出た。子供たちに現実的な経験をしてもらうため、4万ドルの口座を開いた。学期の終わりに損が出ていたら私がそれをかぶり、利益が出ていればその半分を学校に寄付し、残りの半分をクラスのみんなに配ろうと子供たちに話した。

　その年は時間がたつにつれ、自分の口座よりもこの小さな口座のほうにしばしば気をとられていたことには驚いた。その年は結局良い結果に終わった。子供たちもこの経験で喜んでくれたし、その後も学校から招かれ続けている。

　クラスで授業をし、グループの前で意思決定をすることで、ファンの前で試合をしながらぎりぎりのところでしのぎを削っているアスリートたちのことが頭に浮かんだ。

未来へと続く道

　私たちが、毎年同じ銘柄群でトレードしていることについて考えてみよう。たまには新しい会社がIPOで入ってくることもある。例えばこれを書いている週は、テスラモーターズ（TSLA）が新規株式公開された。それでも毎年売買している銘柄はほとんど同じだ。プロが勝ち続け、通常は新参者が負けることになるのはなぜだろうか。

　ロシアには「冬に馬車の準備をし、夏にソリの準備をしろ」という

ことわざがある。安く買って、株が上昇していく間は保有を続け、高い水準で売却する。下落が見込まれるなら空売りを仕掛ける。これがプロだ。これは、3月のセールで冬服を買ったり、秋のセールで夏用のスポーツ用品を買ったりするようなものだ。

もちろん株は売却をしなければならないので、もっと複雑だ。冬用の上着を売ることを考えてみてほしい。3月に訪れた寒波のさなか、寒い日もそう長くは続かないと分かっている。このポジションを売って利益を確定するときだと分かっている。マーケットを調査し、パターンを発見し、転換を予測することで、マーケットの群衆とは逆の方向に仕掛けたり手仕舞ったりすることができる。

落ち着かなくなるほど大きなサイズのトレードは、緊張を引き起こす。不安を感じていると、必ず群衆と同じになってしまう。どうすれば落ち着いて自分の頭で判断できるだろうか。特に最初のころはトレードのサイズを落とさなければならない。

2％ルールのことはすでに知っているはずだが、もっとリスクを落とすのも良い考えだ。リスクを落とすほどよりリラックスできる。利益確定や損切りの意思決定でもっと柔軟になれるはずだし、トレードにももう少し時間を割くようになるだろう。

強欲と恐怖という双子は死をもたらす。特に最初のころはそうだ。比較的小さなサイズでトレードをすれば、自ずと恐怖感は小さくなって頭も冴えてくる。ところが欲をかいてトレードサイズを膨らませると、恐怖が生じてゲームの邪魔をするようになる。

恐怖感を小さくすれば、適切な判断と十分な利益につながることになる。恐怖感が大きくなれば、決断を誤って大きな損失をもたらす。

トレードの大きな魅力のひとつは、自由を約束してくれることだ。そしてもうひとつの魅力は、生涯にわたって楽しむことができ、歳を重ねてもよりうまくなれる点だ。

記憶力、忍耐力、経験（これは歳の功だ）は、トレードに不可欠な

要素である。だが、そもそも経験を生かすためには、このゲームをものにするまで生き延び、ゲームを続けられなければならない。大負けをしたり負けが続いてゲームから退場させられたりしないように、自分の資金管理を組み立てる必要がある。経験から学び、それを生かすために、自分の記録方式をつくりあげなければならない。

　本書からのメッセージを真摯に受け取り、そのルールと教訓を利用できるのであれば、あなたの目の前には明るい前途が続いていくことだろう。その先には重要な分岐点が数多く待ち受けている。だが、そこでは正しい選択をしてくれることを願う。

　成功を祈る。

参考文献
References

Alcorn, Stephen. Personal communication, 2010.

Angell, George. Winning in the Futures Markets. New York, NY: McGraw Hill, 1990.

Bade, Margret. Personal communication, 2003.

Benyamini, Zvi. Personal communication, 2007.

Bleczinski, Robert S. The Unconventional Trader. An unpublished paper, 2007.

Bruin, Gerard de, Personal communication, 2007.

Buffalin, Dr. Diane. Personal communication, 2007.

Cooke, Grant. Personal communication, 2010.

Friedentag, Harvey Conrad. Options-Investing Without Fear. Chicago, IL: International Publishing Corporation, 1995.

Gawande, Atul, The Checklist Manifesto. Metropolitan Books, 2009.

Grove, Nicholas. Personal communication, 2004.

Hieronymus, Thomas A. Economics of Futures Trading. New York, NY: Commodity Research Bureau, Inc., 1971.

Kreiz, Shai. Personal communication, 2007.

Lovvorn, Kerry. Personal communication, 2007.

MacPherson, Malcolm. The Black Box: All-New Cockpit Voice Recorder Accounts of In-flight Accidents. New York, NY: Harper, 1998.

Mamis, Justin. When to Sell: Inside Strategies for Stock-Market Profits. New York, NY: Simon & Schuster, 1977.

McMillan, Lawrence G. Options as a Strategic Investment, 4th ed, Upper Saddle River, NJ: Prentice Hall, 2001.

Morris, Stephen. Personal communication, 2010.

Parker, Jeff. Personal communication, 2007

Patterson, Jacqueline. Personal communication, 2006.

Rauschkolb, James. Personal communication, 2007.

Rhea, Robert. The Dow Theory. New York, NY: Barron's, 1932.

Steidlmeier, J. Peter. Presentation at a CompuTrac conference, 1986.

Teweles, Richard J., and Frank J. Jones. The Futures Game, 3rd ed. New York, NY: McGraw Hill, 1998.'

Weis, David. Catching Trend Reversals: a video. New York, NY: elder.com, 2007.

Weissman, Richard L. Mechanical Trading Systems: Pairing Trader Psychology with Technical Analysis. Hoboken, NJ: John Wiley & Sons, 2005.

Winters, Deborah. Personal communication, 2007.

J・ウエルズ・ワイルダー・ジュニア『ワイルダーのテクニカル分析入門』パンローリング

アダム・スミス著『国富論』中央公論新社

アレキサンダー・エルダー著『投資苑』パンローリング

アレキサンダー・エルダー著『投資苑2』パンローリング

アレキサンダー・エルダー著『投資苑3』パンローリング

アリス・シュローダー著『スノーボール』日本経済新聞出版社

カーティス・フェイス著『伝説のトレーダー集団 タートル流投資の魔術』徳間書店

グレゴリー・ザッカーマン著『史上最大のボロ儲け』阪急コミュニケーションズ

ジェラルド・アペル著『アペル流テクニカル売買のコツ』パンローリング

シェルダン・ネイテンバーグ著『オプションボラティリティ売買入門』パンローリング

マイケル・ルイス著『世紀の空売り』文藝春秋

謝辞
Acknowledgments

　編集者のケビン・コミンズには「生みの瞬間」に立ち会ってくれたことに、つまり本書の執筆を促してくれたことに感謝している。ジョン・ワイリー・サンズ出版の方々にも感謝だ。数々の本で彼らと一緒に仕事ができたことは私の財産である。ワイリー以外でも、ジョアナ・V・ポメランツ、ガブリエラ・カダール、ナンシー・ディミートリが出版に関わってくれた。彼らには、古い仲間たちといろいろな旅をしていたような感覚をおぼえた。私の代理人であるテッド・ボナーノは、ほかの企画と同様、この企画がスムーズに進むよう助けてくれた。

　ふたりの娘たちも本書の編集を手伝ってくれた。ミリアムはモスクワ在住のジャーナリストだ。ニーカはプリンストン大学で博士号に向けてがんばっている。ふたりとも、忙しい時間の合間を縫って原稿を推敲し、建設的な意見をくれた。キャロル・キーガン・ケインは、怠惰と誤謬をけっして許さない番人だ。本書の最終チェックをしてもらい、誰もが見落としていた間違いを拾ってくれた。

　ケリー・ラボーンはアラバマ在住のトレーダーで、スパイクトレードの共同責任者でもある。本書に掲載した大量のチャートを快く用意してくれた。ジェフ・パーカーはノースカロライナ在住のトレーダーでもあり、スパイクのメンバーでもある。原稿を読んで鋭い質問を投げかけてくれたことで、本書の改善に貢献してくれた。パトリシア・リューは最高の共鳴板だ。私が原稿を読み上げ、彼女が不自然なところを直してくれた。elder.comの管理者であるイナ・フェルトマンは、数週間にわたって会社をひとりで切り盛りし、私が執筆と編集に十分な時間を割けるよう取りはからってくれた。

ここで紹介した方々には全員に感謝をしている。皆様の協力がなければ、おそらくは本書も日の目をみることはなかっただろう。心より感謝している。

2011年　ニューヨークにて
アレキサンダー・エルダー（医学博士）

訳者あとがき

　本書は"The New Sell and Sell Short: How To Take Profits, Cut Losses, and Benefit From Price Declines, 2nd Edition"を訳したものである。

　著者のアレキサンダー・エルダー博士は、旧ソ連からアメリカに亡命した精神科医という異色な経歴の持ち主だ。トレード前にルールやストップロスを定めること、含み損を抱えているときの心理状況、ストレスがトレードに与える影響、天井や底におけるマーケット参加者の心理など、メンタルな部分に焦点を当てた記述が随所にみられるのは、やはり精神科医としての経歴からかもしれない。

　これらは、自分の置かれた状況が判断に（大抵は悪い）影響を与えること、情報は選択的に認識されていること、保有効果などの行動ファイナンスの知見と一致している。すでに多くの邦訳が紹介されている著者が、今回は手仕舞いの「売り」と、信用の新規「売り」（空売り）に焦点を当てて著したのが、本書『利食いと損切りのテクニック』である。

　本書の内容は、大きく前半と後半に分けることができる。前半では、トレード計画の立て方、利益目標やストップロスの定め方、資金管理ルール、記録のつけ方、トレードの評価方法などのトレードに関する基礎論が解説される。後半では、具体的にどのようなシグナルでどのように売買すべきかという戦術が論じられる。その射程は株にとどまらず、先物、為替、商品、オプションまで解説されている。

　後半の戦術は、「売り」に焦点が当てられる。底入れ局面と天井局面ではマーケット参加者の心理状態が異なり、チャートが非対称にな

るという分析に基づきながら、「売り」の局面について詳しく解説される。

　本書では、著者が実際に行ったトレード例が豊富に紹介されており、これも本書の目玉のひとつだといえる。これらのトレード例は、売買のタイミングがチャート上で示されるだけではなく、そのトレードを実際に行っていたときの社会状況、著者自身の身の回りの出来事等が、当時の心理描写とともに詳しく解説されている。そして、ときには失敗例までもが紹介されている。

　エルダー博士のベストセラーである『投資苑』を初めて読んだのは、もう８年以上前になる。証券会社に就職して１年目、右も左も分からない状態でトレーディングに関する本を読み漁っていたころだった。よもやその著者の本を自分が翻訳することになろうとは、当時は露ほども考えていなかった。このような機会をいただけたことに、パンローリング社社長の後藤康徳氏、ならびに編集を担当いただいた敬静社の世良敬明氏に、この場を借りて感謝する。
　今回、翻訳の仕事をいただいた直後にけがをし、その影響が当初考えていた以上に長引いてしまい、翻訳作業に大きな遅れが出てしまった。このことで、関係者諸氏には多大な迷惑をかけることになってしまった。この点については言葉もないが、この場を借りてお詫びを申し上げたい。

2012年４月

木水　康介

【著者紹介】
アレキサンダー・エルダー（Alexander Elder）

医学博士であり、プロのトレーダーであり、またトレード講師である。これまで10冊の本を上梓しており、特に『投資苑』『投資苑がわかる203問』（パンローリング）は、トレードの古典的名著として、世界中のトレーダーに支持されている。

レニングラード（現サンクトペテルブルク）生まれのエストニア育ち。16歳でエストニアの医学校に入学し、船医としてソビエトの船に乗っていた23歳のときに、アフリカで船を飛び降りて米国に政治亡命。ニューヨークで精神科医として働きながら、コロンビア大学で教鞭をとる。

精神科医としての経験から、トレード心理学に独自の視点を投げかけるなど、著書、寄稿、書評が高い評価を受けるようになり、トレードの専門家として世界的に知られるようになった。現役のトレーダーであり、本書でも自身のトレードが数多く掲載されている。

1週間のトレーダー向け合宿研修会「トレーダーズキャンプ」の発起人であり、またプロとセミプロのトレーダー集団「スパイクトレード」の創設者でもある。同会では、各メンバーが最良の選択銘柄を持ち寄り入賞を目指す、コンテストが開かれている。ウェブ上でトレーダー向けのセミナーを運営するかたわら、セミナー講師として世界各国を飛び回っており、来日セミナーの経験もある。

東日本大震災の義援金として、パンローリング社と直接契約の版権から発生した前年分の印税を全額、日本赤十字社に寄託した。

本書読者からのニューズレター（英語）の無料登録を歓迎している。連絡先は次のとおり。

elder.com
PO BOX 20555, Columbus Circle Station
New York, NY 10023, USA
電話 718-507-1033
電子メール：info@elder.com
ウェブサイト：www.elder.com
　　　　　　 www.spiketrade.com

【訳者紹介】
木水康介（きみず・こうすけ）

東京都立大学人文学部ドイツ語専攻卒業。山和証券、東海東京証券を経て、現在翻訳業。証券会社では、ディーラー、トレーダーとして日本株、仕組債、金利為替系OTCデリバティブ、為替、香港株を扱ってきた。趣味はブラジリアン柔術。連絡先：kkimizu@gmail.com

```
2012年 6 月 3 日 初版第 1 刷発行
2013年 1 月 2 日      第 2 刷発行
2013年 5 月 3 日      第 3 刷発行
2016年 8 月 3 日      第 4 刷発行
```

ウィザードブックシリーズ ⑲

利食いと損切りのテクニック
──トレード心理学とリスク管理を融合した実践的手法

著　者　アレキサンダー・エルダー
訳　者　木水康介
発行者　後藤康徳
発行所　パンローリング株式会社
　　　　〒160-0023　東京都新宿区西新宿 7-9-18-6F
　　　　TEL 03-5386-7391　FAX 03-5386-7393
　　　　http://www.panrolling.com/
　　　　E-mail　info@panrolling.com
装　丁　パンローリング装丁室
印刷・製本　株式会社シナノ

ISBN978-4-7759-7162-8

落丁・乱丁本はお取り替えします。
また、本書の全部、または一部を複写・複製・転訳載、および磁気・光記録媒体に
入力することなどは、著作権法上の例外を除き禁じられています。

©Kosuke Kimizu 2012 Printed in Japan

【免責事項】
本書で紹介している方法や技術、指標が利益を生む、あるいは損失につながること
はないと仮定してはなりません。過去の結果は必ずしも将来の結果を示すものでは
なく、本書の実例は教育的な目的のみで用いられるものです。